서독 기민/기사당의 동방정책

고뇌하는 현실주의자

나남
nanam

나남신서 1512

서독 기민/기사당의 동방정책

고뇌하는 현실주의자

2010년 12월 1일 발행
2010년 12월 1일 1쇄

지은이_ 클레이 클레멘스
옮긴이_ 권영세
발행자_ 趙相浩
발행처_ (주) 나남
주소_ 413-756 경기도 파주시 교하읍
출판도시 518-4
전화_ (031) 955-4600 (代)
FAX_ (031) 955-4555
등록_ 제 1-71호(79.5.12)
홈페이지_ http://www.nanam.net
전자우편_ post@nanam.net

ISBN 978-89-300-8512-0
ISBN 978-89-300-8001-9 (세트)
책값은 뒤표지에 있습니다.

나남신서 · 1512

서독 기민/기사당의 동방정책

고뇌하는 현실주의자

클레이 클레멘스 지음 | 권영세 옮김

나남
nanam

Reluctant Realists
the CDU/CSU and West German Ostpolitik
by Clay Clemens

한국어판 서문

필자의 책 *Reluctant Realists: the CDU/CSU and West German Ostpolitik*의 한국어판에 서문을 수록하게 되어 매우 기쁘고, 영광스럽다. 이 서문을 통해 독일인들이 분단에 대처한 과정을 고찰하고, 독일의 경험이 분단된 한국의 당면과제와 어떤 식으로 연결될 수 있는지에 대해 간략하게 언급하고자 한다. 다만 필자가 한반도 분단이라는 복잡한 문제에 대하여 개괄적인 지식만 가지고 있기 때문에 다소 조심스럽고도 겸손한 자세로 접근하려 한다.

제 2차 세계대전 후 독일의 분단은 베를린 장벽 양쪽의 주민 모두에게 가혹한 경험이었다. 분단은 민족의 존립에서부터 지역경제, 개별가정에 이르기까지 모든 것에 영향을 끼쳤다. 새로 탄생한 독일연방공화국(Federal Republic of Germany)의 지도자들은 기민/기사당(CDU/CSU)의 연합을 필두로 적어도 십 년 동안은 소비에트 진영의 군사적 압박이 주는 위협으로부터의 안전, 발전해 가는 유럽공동체(EC)로의 편입, 그리고 경제재건 등을 포함하는 여타 정책들을 민족재통합이라는 자신들의 목표와 조화시키기 위해 노력했다. 하지만 냉전이 심화됨에 따라 분단체제의 조기 종식을 기대하는 것은 점점 비현실적인 것으로 여겨지게 되었다. 그 결과 교착상태가 전개되고,

민주주의, 자본주의 체제의 서독 지도자들은 공산주의 체제의 동독, 즉 독일민주공화국(GDR/German Democratic Republic)을 고립시키려 하였다. 기민/기사당은 동독을 인정하는 것이 분단체제를 고착화시키는 것과 다름없다고 보았기 때문이다. 오직 서독만이 독일을 대표한다는 주장이 함의된 그 입장은 실제로는 (국경 양쪽의) 바로 그 주민들로 하여금 매일같이 분단의 대가를 치르게 하는 시련을 가져왔다. 서독이 번영함에 따라 독재국가에서 힘들게 살아가는 동독 주민들이 가장 무거운 짐을 지게 될 것이라는 점 역시 명백해졌다.

1969년 이후 빌리 브란트(Willy Brandt) 총리가 이끄는 새 사민-자민당(SPD-FDP)은 기민/기사당과 다른 입장을 견지했다. 사민-자민당의 '동방정책'(*Ostpolitik*)은 동독이 사라질 것도 아니거니와 데탕트 시대에는 오직 외교(교류)만이 분단선 양쪽의 보통 사람들에게 가족상봉을 포함한 실리를 가져다 줄 수 있다는 실용적인 인식에 기초한 것이었다. 이러한 단기간의 실용주의는 동독 정권이 성공적으로 안착한 상황에서 "민족의 실체를 유지하면서" 민족이 영원히 둘로 갈라지지 않도록 한다는, 좀더 폭넓은 차원의 공식목표에도 나타나 있었다. 사민-자민당의 모든 지도자(구성원)들이 여기에 동의했을 뿐 아니라 그 중 대다수는 양독 간에 간극이 생기지 않도록 예방함으로써 상황이 허락하는 한 결국 통일로 가는 길이 열릴 것이라는 데에도 동의했다.

특히 사민당의 일부 구성원에게 '동방정책'은 실제 하나의 독일로 나아갈 기반을 닦는다는 훨씬 더 원대한 목표설정에 큰 역할을 했다. 또한 브란트의 재임기간 동안 '동방정책'은 "화해를 통한 변화"의 과정으로 받아들여졌다. 다시 말해 서방세계의 협력이 자연스럽게 동독의 내부개혁을 유도하고, 이러한 개혁은 점진적으로 더 친밀한 관계로 이어진다는 것이다. 하지만 동시에 이러한 비전은 사민당 내에서 논란거리가 되기도 하였다. 브란트와 사민당이 '동방정책'을 공공연히 통일 국가로 가는 길로 취급한다면 동독은 불안감을 느낄 것이고, 동구는 물론 서구까지 포함해 독일의 이웃국가들에게 적대감을 불러일으킬 것이라는 비판도 있었다(이후의 일어난 사건들이 보여주듯이, 새로운 통일 독일이라는 관념에 대한 중유럽의 거부감이 1990년대 들어 널리 퍼지게 된다).

기민/기사당은 '동방정책'을 쉽게 받아들이지 못했다. '동방정책'은 동독의 독재정권을 정식 외교관계로 인정하는 수준에만 못 미칠 뿐 거의 동등한 지위를 부여하고, 고전하는 동독 경제를 위해 재정적 지원을 하는 것을 용인하는 것을 의미하기 때문이다. 그래서 기민/기사당 내 다수는 십 년이 넘도록 이 새로운 정책의 실효적이고 선언적인 요소들을 인정하려 하지 않았다〔일부 우파는 이 새로운 정책이 공산 독재국가에 대한 유화정책이라고 더욱 맹렬히 비난했으며, 때때로 전전(戰前)의 국수주의적 발언이 다시 등장하기도 했다〕. 하지만 시간이 흐르면서 기민/기사당의 일부는 동독과의 새로운 관계를 되돌릴 수 없다는 사실을 마지못해 받아들이기 시작했다. 심지어 일부는 국민들이 이러한 "국내 데탕트"를 지지하는 사회적 분위기 속에서 사민당보다 "한술 더 떠야" 선거에서 이길 수 있다는 확신을 갖기 시작했다. 헬무트 콜(Helmut Kohl) 총리가 장기집권을 하는 동안 기민/기사당의 실용주의자들은 동서 간 이념차이를 무시하지 않고, 서독의 전통적인 법적·도덕적 통일론과 심지어 전전(戰前)의 국경을 회복하자는 주장을 희생시키지 않으며, 공산 정권의 압제를 비판하는 어조를 누그러뜨리지 않고, 또한 서구 안보동맹의 일원으로서 서독이 담당한 역할을 저해하지 않고도 자신들이 상대당만큼 동독에게서 많은 인도적 양보를 얻어낼 수 있다고 유권자들을 설득하려 했다. 다시 말해 콜과 기민/기사당은 점진적으로 두 개의 정책, 즉 실용적이고 “비즈니스처럼” 운영되는 ‘동방정책’과 친통일 · 반공산 수사(修辭) 간의 조화를 꾀하고자 했다. 또한 기민/기사당은 동독에 대한 양보를 주로 재정지원에 국한시킴으로써 두 마리 토끼를 모두 잡고자 했다. 분명 이렇게 하는 것은 고사상태의 동독 경제와 더 나아가 공산정권 자체를 안정화시킬 위험이 다분했고, 나아가 통일이라는 궁극적 목적에 위배되는 모순이 발생한다는 지적이 있었지만, 콜을 비롯한 기민/기사당은 두 정책을 동시에 추구하는 것이 결국에는 이익을 가져올 것으로 확신했다.

1982년 이후 자민당과 헬무트 콜의 기민/기사당은 “명확한 수사”와 (동독에 대한 대규모 재정지원을 포함하는) “비즈니스적 거래”라는 이중적 접근법에 대한 충분한 설명도 하지 않고, 이 사이에 나타난 모순을 해결하려 하지도 않았다. 그들은 동독과 그 주민들의 지위를 공식적으로 인정하지 않음으로써 이러한 이중적 접근법에 따른 정책 실행이 통일에 대한 논의의 가능성을 열어두고 있다고 주장할 뿐이었다. 어떤 이들은 동베를린이 본(Bonn)의 경제력에 더 의존하게 만들어 공산주의 지도자들이 어쩔 수 없이 스스로의 지위에 관하여 더 많은 양보를 할 수박에 없도록 유도하거나, 심지어 어떤 식으로든 모종의 큰 거래를 통해 동독이 공식적인 독립을 포기하게끔 하는, 더 명확한 정책을 추구해야 한다고 주장하였다. 이에 반대했던 사민당은 인권문제에는 별 관심을 보이지 않으면서도 동독정권을 정식으로 인정하고(심지어 서구동맹의 분열을 야기할 위험을 무릅쓰고서라도) 독일 대 독일 안보협력관계를 구상하는 것을 골자로 하는 새로운 ‘동방정책’을 시도하려 했다. 이 때문에 결과적으로 콜 정부는 좀더 수

월하게 자신들의 이중적 접근법을 중도실용으로 설명할 수 있었다.

어찌되었든, 콜 정부의 이러한 노력 덕분에 독일이 결과적으로 통일에 이르게 되었다고는 단정지을 수는 없다. 또한 콜 정부가 이 방법만이 분단을 종식시킬 수 있을 것이라고 실제로 믿었는지도 논란의 여지가 많다. 미하일 고르바초프(Mikhail Gorbachev) 재임기간에 소비에트 진영이 극적인 변화를 맞은 것과 같은 사건들이 비록 우발적이긴 하나 동독의 기반을 빠른 속도로 무너뜨리는 데에 큰 영향을 미친 것이 사실이다. 1989년 가을, 이러한 사건들로 용기를 얻은 일부 동독 주민들은 행동하기 시작했다. 장벽 안의 속박상태에서 벗어나려는 동독 주민들의 시도로 동독사회 내 혼란이 가중되고, 소련 정부가 이러한 혼란에 더 이상 관여하지 않음에 따라 공산정권은 붕괴되었다. 콜과 다른 서구 지도자들은 처음에는 예상치 못한 이러한 일들에 매우 당황스러워 하면서도 유럽 전역으로 위기가 확산되어 나갈까 두려워하며 변화의 속도를 조절해야 할지를 고민했었다고 고백했다. 결국 1989년 말부터 1990년 동독이 붕괴하자 콜은 이 좋은 기회를 놓치지 않고 능수능란하게 활용하여, 어느 누구도 그렇게 빨리 목격하게 될 것이라 생각지 못한 통일된 독일을 준비하기 위해 국내에서는 과감한 행보를, 대외적으로는 (거의 대부분) 교묘한 행보를 이어갔다. 명백한 것은 이러한 급진적 상황이 여러 문제점의 해결을 지연시키거나 더욱 복잡하게 만들었다는 점이다. 산산조각난 동독 경제를 어떻게 서독 수준으로 끌어올릴 것인가와 같이 급진적인 통일과정에서 나타난 문제들은 통일이 된 지 20년이나 지났음에도 여전히 독일을 괴롭히고 있다. 또한 구동독 주민들이 "승리한" 서독이 자신들의 과거의 삶은 인정해주지도 않으면서 현재의 곤경 또한 외면한다고 느끼는 심리적 분단은 여전히 지속되고 있다. 이러한

"마음의 장벽"은 민주주의 독일로의 평화적 통일이라는 놀라운 성공으로 기록되었어야 할 사건에 오점으로 남아 있다.

독일과 한국의 사례에서 유사성을 찾는 것은 솔깃한 일이다. 양 국가의 분단은 모두 동일한 전지구적 동서갈등의 산물로 동일한 시기에 발생했다. 또한 두 개의 독일과 두 개의 한국은 모두 냉전시기 내내 더 큰 진영에 편입되어 있었다. 더욱 주목할 것은 양자 모두 국가뿐만이 아니라 지역사회와 가족을 갈라놓은 분단에 따른 인적 희생을 치러야 했다는 점이다. 또한 두 경우 모두 어느 한쪽이 다른 한쪽과 비교할 수 없을 만큼의 번영을 누리고 있음에도 분단으로 인해 그 잠재된 경제력을 충분히 발휘할 수 없도록 만들었다. 물론 이와 더불어 두 경우는 맥락상 큰 차이점도 있다. 과거 나치 정권의 침략행위에 피해를 입었던 국가들에 둘러싸여 그 중심에 놓인 전략 지정학적 위치와 두 차례에 걸친 대규모의 갈등과 집단학살을 야기했던 역사적 과거 때문에 독일의 경우 통일에 대한 관념 자체가 어느 것과도 비할 수 없는 민감한 사안이었다. 반면에, 동서독은 서로 적대적이긴 했지만 서로를 상대로 참혹한 전쟁을 벌인 적도 없고 한국이 겪은 것과 같은 갈등으로 인한 불신의 유산도 없다. 뿐만 아니라 동독 정권은 냉전 시기의 동유럽 기준으로 볼 때 폐쇄적이고 강경하긴 했어도 초기의 스탈린주의적 단계를 탈피하여 1960년대에 이르러서는 통상적인 의미의 일당 국가가 되었다. 더욱이 동독이 군사적, 정치적으로 소비에트 연방에 전적으로 의존했었다는 사실이 고르바초프 재임시기에 동독을 빨리 붕괴하도록 만들었다. 이 밖에도 동서독 중 어느 국가도 어떤 단계에서든 자체적으로 핵무기를 보유한 적은 없다. 이러한 차이점으로 볼 때 독일 통일의 과정은 앞으로 한국이 겪을 그 과정에 비해 다소 덜 복잡했다고 할 수 있다.

양국의 역사에서 유사성을 찾는 것은 다소 잘못된 일일 수도 있고 잠재적으로 위험성이 있을 수도 있지만 교훈적이며, 유익한 일이다. 한국의 길고도 고통스러운 분단이 종식되는 것을, 그리고 그러한 분단의 종식이 한반도의 안정과 민주적인 미래를 열어줄 평화로운 방식으로 이루어지는 것을 바라보는 것은 미국을 포함한 전 세계의 관심사이다. 한반도 평화통일을 필생의 과업으로 여겨 온 사람들에게 독일의 경험이 교훈이 되리라 믿는다. 이들의 노력에 이 책이 작으나마 보탬이 될 수 있다면 필자는 무한한 자부심과 영광을 느낄 것이다.

2010년 11월

클레이 클레멘스(Clay Clemens)

추천사

독일 콘라드 아데나워 재단

한국과 독일은 2차 세계대전 이후 약 45년 동안 분단국이라는 운명을 겪어야 했다. 한반도에는 아직 분단의 상황이 지속되고 있으며 주민들은 서로를 만날 수 없다. 반면 독일은 1989년 기민당의 정책 그리고 특히 당시 총리였던 헬무트 콜을 통한 평화로운 혁명으로 인해 1990년 통일을 이룩할 수 있었다.

오늘날 우리 모두는 독일통일이 자유와 관련된 기본법의 준수와 모든 민족의 자결권을 통해서 이루어질 수 있었다는 것을 안다. 서독의 초대총리였던 콘라드 아데나워도 모든 다른 기민당원들처럼 국가의 통일이라는 목표에 대한 확신을 갖고 있었다.

1950년대부터 기민/기사당은 독일 내의 거래를 위한 과정에서 사회주의적인 독재로 인해 고통받던 주민들의 인도적 그리고 물질적 상황을 개선하려 했다. 또한 구동독의 세계적인 인정과 사회주의통일당의 부당한 정권을 최대한 저지하려 했다. 하지만 이러한 것들이 1960년대의 서독과 소련 그리고 동구와의 정상적인 관계에 장애물이 되기도 하였다.

1969년에 기민/기사당은 처음으로 야당이 되었다. 여당인 사민-자민당은 그들의 "새로운 동독정책"을 통해서 독일 내에서 두 개의 국가를 인정하려고 했다. 당시 기민당 내에는 통일이라는 목표를 위해서 동독주민들의 자유에 대한 요구와 모든 독일인들의 자결권을 주장해야 한다는 일치된 의견도 있었으나, 양독 관계나 그 당시 소련, 폴란드 그리고 다른 동구와의 관계가 나아갈 방향과 이들과 관련된 조약에 미칠 영향에 대해서는 의견들이 분분했다.

특히 동독 추방자들의 대표들은 통일이라는 목표에 대한 배신을 우려했다. 기민/기사당 내에는 동독을 포함한 동구와의 협상가능성들을 꼼꼼하게 살펴야 한다는 의견들도 있었다. 독일 내에서 주민들이 서로 연락을 할 수 있는 상황을 유지하고, 사회주의적인 정권을 필요 이상으로 공식적인 관계를 통해 재평가하지 않고, 독일의 분단이 영원할 것이라는 사회주의적인 선전에 대항해서 독일문제를 지속적으로 열린 문제로 남긴다는 것은 딜레마가 아닐 수 없었다.

1980년대에도 기민/기사당은 양쪽 주민들 간의 교류가 더 활발해지도록 노력했고 이를 통해서 하나의 독일이라는 의식이 살아있을 수 있도록 힘썼다. 연합당은 1982년 총리 헬무트 콜을 필두로 정권을 잡자 "계약은 지켜야 한다"(*Pacta sunt servanda*)라는 원칙의 정신을 받아 사회주의통일당과의 공식적인 대화를 지속시킬 수 있도록 노력했다. 통일을 위한 서독의 경제적인 지원들은 엄격하게 인도적인 문제들과 연관지어졌다. 1987년 큰 관심을 불러일으켰던 동독의 지도자이자 당의 서기장이었던 에리히 호네커의 본 방문도 동독의 지도부가 동독주민들의 서독방문 여행조건을 완화시켜줬기 때문에 성사될 수 있었던 것이다. 바로 이렇게 얻은 동독주민들의 서독여행을 통해서 동독주민들이 서독에 대한 인상을 느낄 수 있었고 1989년 동독주민들이 그들의 자율권을 주장하게 되었던 것이다. 또한 일 년 후 독일통일로 향하는 길을 닦아줬다고 할 수 있을 것이다.

클레이 클레멘스 교수는 1988년 *Reluctant Realists: the CDU/CSU and West German Ostpolitik*을 통해 독일이 통일에 이르기까지의 과정과 특히 기민/기사당의 입장과 정책들을 기록해주었다. 비록 1970년대의 문서들이 이제 공개되고 새로운 연구를 통해 오늘날의 연구수준이 더 발전되어있다고 볼 수도 있겠지만 미국학자의 입장에서 이러한 연구를 했다는 것이 이 책을 더 흥미롭게 만드는 것 같다.

반가운 소식은 이 책을 통해 독일의 경험을 한국국민들에게 알릴 수 있게 되었다는 것이다. 또한 이 책의 역자가 권영세 한-독의원친선협회 회장이라고 하니 더욱 신뢰가 간다. 그의 독일통일에 대한 지대한 관심과 한반도통일을 위한 끊임없는 연구와 의정활동을 익히 잘 알고 있기 때문이다. 그동안 그가 보여준 한국과 독일의 우호증진을 위한 열정에 대해 이 자리를 빌려 유럽의회 전(前) 의장으로서, 콘라드 아데나워 재단 총재로서 감사를 드린다. 아무쪼록 이 책을 통해 전해지는 독일통일의 경험이 한반도통일을 염원하는 한국국민들에게 많은 도움이 되리라 믿는다.

2010년 11월

한스-게르트 푀터링(Hans-Gert Pöttering)

콘라드 아데나워 재단 총재

전(前) 유럽의회 의장

추천사

통일부장관

지나간 역사의 흔적을 뒤적이는 것은 그 안에 인류의 지혜가 있고 우리가 가야 할 길이 있기 때문이다. 우리가 독일통일 과정을 되짚는 것도 우리보다 앞서 통일의 과업을 완수한 그들의 고뇌를 통해 한반도의 미래를 열어갈 지혜와 용기를 얻고자 함일 것이다.

그동안 독일통일에 관한 많은 문헌들은 과거 서독정부의 동방정책(*Ostpolitik*)을 빌리 브란트의 대동독정책, 즉 동서독간 교류협력정책이라는 좁은 의미로 다뤄 왔다. 서독정부가 동방정책을 통해 일관되게 추구했던, 동독의 정책과 노선의 변화라는 보다 본질적 정책목표는 상대적으로 주목받지 못했다.

이 책은 동서독 분단 이후 아데나워 정부에서 콜 정부에 이르기까지 동방정책의 변천과정을 자세히 설명하고 있다. 특히 빌리 브란트와 헬무트 슈미트로 이어지는 사민당 정부의 동방정책을 비판적으로 계승・발전시키고, 이를 기반으로 결국 통일을 실현한 기민/기사당 정부의 정책 추진과정을 상세히 기록함으로써 동방정책에 대한 객관적이고 포괄적인 이해를 돕는다. 저자는 이러한 기민/기사당의 정책을 '이중적 적응'(*ambivalent adaptation*)이라고 표현했지만, 이 책의 제목처럼 통일의 긴 여정에서 '고뇌하는 현실주의자'의 모습이 드러난다.

이 책은 독일통일 과정에 관한 책이지만, 한반도문제에 대처하는 우리의 모습을 되돌아보게 한다. 특히 이제 통일의 길목에 서서히 들어서고 있는 우리에게 많은 여운을 남긴다. 급변하는 한반도 정세 속에서 대북정책의 이상과 현실, 지속성과 변화를 둘러싼 대립과 갈등의 현주소를 생각하게 하며, 진정한 대북 포용정책에 대한 재성찰을 요구한다.

무엇보다 북한의 어두운 현실은 통일을 준비하는 우리에게 매순간 고뇌의 연속으로 다가올 수밖에 없다. 아울러 결국 무엇이 우리를 통일로 이끌 것인가에 대해 다시 한 번 생각하게 한다. 중요한 선택의 기로마다 독일의 지도자들은 합리적이고 현실적인 길을 선택했다. 그들은 대동독 정책에 대한 각 정파 간 이분법적 인식의 대결선을 넘어 서로의 생각을 변증법적으로 합치시키기 위해 끊임없이 노력했다. 그리고 역사의 신(神)은 이렇게 끊임없이 고뇌했던 독일인들의 편이었다.

독일통일에 대한 권영세 의원의 해박한 지식과 국제정치에 대한 소양이 없었다면 이 책을 정확하게 풀어낼 수 없었을 것이라고 생각한다. 무엇보다 평소 그의 한반도문제에 대한 소신과 철학, 통일에 대한 열정 없이는 힘든 작업이었을 것이다. 역자인 권영세 의원의 열정과 노고에 경의를 표한다.

이 책을 통해 한반도 통일의 긴 여정에서 우리의 모습을 되돌아보는 기회가 마련되길 바란다. 아울러 우리 모두가 지속가능한 통일정책에 대해 고민해보는 소중한 계기가 되길 빈다.

한반도의 통일에 대한 염원을 마음 가득 이 책에 같이 담는다.

2010년 11월
통일부장관 현 인 택

역자 서문

독일이 통일된 지도 벌써 20년이 흘렀다. 과거 냉전시절 미·소 양 진영의 첨예한 대결을 상징하던 베를린 장벽도 허물어진 지 오래고 "체크포인트 촬리"(Checkpoint Charlie)도 더 이상 없다. 또한 통일 전 구(舊) 동독지역에서 자라고 교육받은 앙겔라 메트켈(Angela Merkel)이 총리가 되어 '전체 독일'(*Gesamtdeutschland*)을 이끌어 온 지도 5년이 넘었다. 이렇듯 이제 독일의 분단 그리고 통일은 과거 속의 이야기가 된 것이다.

1990년대 초 우리 사회도 한반도 역시 머지않아 독일식으로 통일될 것이란 기대에 부풀어 있었고 모두들 그 '머지않아'가 언제일지만을 궁금해했다. 그러나 그 기대는 빗나갔고 지금까지도 남북분단은 해소되지 않고 있다. 물론 체제의 속성상 쉽게는 치유될 수 없는 북한의 경제난에 더해 김정일 국방위원장으로부터 3남 김정은에게로의 후계 작업이 진행 중이라는 점을 감안할 때, 우리에게도 독일처럼 '산사태와도 같이' 통일이 찾아올 날이 멀지 않았을지도 모른다. 그러나 중요한 것은 '아직도 우리는 분단 중'이라는 사실과 우리에게 통일은 여전히 미래의 일로 남겨져 있다는 것이다.

김대중, 노무현 두 정권 동안 상대적으로 '분단관리' 문제에 집중되었던 남북관계 논의는 올해 이명박 대통령의 8 · 15 경축사 중 통일세 언급을 계기로 다시금 '통일' 문제로 중점이 옮겨지려 하고 있다.

남북관계에 대한 우리 학계의 논의는 주제의 특성상 남북관계의 현실 상황과 밀접하게 연관해서 진행되어 왔다. 우리 사회에서의 남북한 관련 연구는 1990년대 들어 특히 활발한 모습을 보였는데 당시 독일 통일에 대한 관심과 그에 따른 우리의 통일가능성에 대한 기대로 인해 분단관리에 대한 것보다는 통일문제, 그 중에서도 통일 이후 북한지역의 재산권 처리문제, 행정 · 사법체제의 통합문제, 북한의 체제불법 청산문제, 그리고 남북한 주민의 사회심리적 이질성 극복문제 등 (흡수통일을 전제로 한) 통일 이후의 남북한 체제통합 문제에 집중된 모습을 보였다. 1990년대 초 신출내기 검사시절, 독일통일과정 연구를 위해 독일 법무부에 파견되었던 역자의 연구주제 역시 통일 이후의 체제통합과 관련된 것이었다.

1998년 출범한 김대중 정권에서는 이전 정권들과는 달리 빌리 브란트(Billy Brandt)의 '동방정책'(*Ostpolitik*)을 원형으로 하는 '햇볕정책'이 본격적으로 추진됨으로써 언제 올지 모르는 '통일' 대신 '분단관리'에 정책의 초점을 맞추었다. 이에 따라 학계에서도 자연스럽게 '분단관리'에 대한 논의가 비교적 활발하게 진행되었다. 그러나 당시의 연구결과들을 보면 햇볕정책을 둘러싼 우리 사회의 대립을 반영하듯 극단에 치우친 경향이 있었고 연구 중에 인용된 서독의 동방정책(*Ostpolitik*)의 예도 각자 보고 싶은 면만 보았을 뿐 전체의 모습을 그려내지 못한 아쉬움을 남기곤 했다.

통일은 우리세대의 지상과제이다. 우리 민족이 세계 속에 웅비(雄飛)하기 위함이라는 거창한 명목을 달지 않더라도 남북한이, 한 민족이 한 개의 국가로 한데 합쳐져야 하는 점에서는 어느 누구도 이의를 달지 않을 것이다. 분단관리를 우선하는 정책도 통일지향성을 잃지 않는 한도 내에서만 의미를 가진다. '아직도 분단 중'인 우리로서는 통일을 지향하는 현명한 분단관리를 통해 시행착오를 줄이면서 궁극적으로 통일을 이뤄내야 한다.

시행착오를 줄이는 방법은 역사상의 선례를 벤치마크하는 것이다. 역사상 이념과 체제를 달리한 분단의 예는 동서독 외에도 몇 개가 더 있(었)지만 분단과정이나 분단 중 양 주체간 관계양식 등 모든 면에서 동서독이 우리의 경우와 가장 가까운 예로 평가되고 있다. 남북한이나 동서독 모두 냉전구조와 그에 따른 블록구조의 부산물로 탄생되었고, 남한이나 서독 모두 분단 직후 상당기간 극심한 체제경쟁 시기를 우파정권이 담당해야 했다. 이후 좌파정권이 집권하여 각자 동방정책 또는 햇볕정책이라는 포용정책으로 선회하여 관계정상화를 모색하기 시작한 점에서도 공통적이고, 각각 10년 또는 10년 남짓한 기간이 지나 다시 우파정권으로 회귀하였으나 더 이상 대결정책을 피한 채 변증법적인 '합'(*synthesis*)의 정책을 도모한 점에서도 유사하다. 남북한과 동서독 모두 미국과 중국 또는 미국과 소련이라는 강대국과의 긴밀한 동맹관계 하에 각자의 상대방에 대한 관계에 있어 일정부분 영향을 받았던 점도 빠뜨릴 수 없는 공통점이다.

물론 차이점도 있다. 동서독의 경우 우리와 달리 패전이라는 분단의 직접적 원인을 스스로 제공했기에 통일은 전승 4대국의 동의라는 국제법적 제약 아래서만 가능했던 사안이었다. 우리에겐 동서독과 달리 베를린 문제가 없다는 점도 차이점이다. 또한 현재의 남북한 관계는 동서독과 달리 냉전시대 블록구조의 지배를 받지 않는다는 점에서도 다르다. 그러나 이미 평화적 방법으로 통일을 성취한 독일의 예를 앞서의 차이점과 공통점에 유의하면서 면밀하게 검토해 벤치마크하는 것은 우리로서는, 특히 남북정책을 입안하고 집행해야 하는 사람들에게는 역사에서의 시행착오를 줄일 수 있는 대단히 의미 있는 일일 것이다.

동방정책을 제대로 설명한 국내서적이 없어 아쉬워하던 역자는 아마존 사이트(amazon.com)를 둘러보던 중 우연히 이 책을 접하게 되었다. "고뇌하는 현실주의자, 서독 기민/기사당의 동방정책"(*Reluctant Realist: the CDU/CSU and West German Ostpolitik*)이라는 이 책의 원제목에서도 어느 정도 기대를 했지만 읽어본 결과는 기대 이상이었다. 역자가 고시공부를 하던 시절 이후 같은 책을 두 번 이상 읽은 것은 아마도 이 책이 유일할 것이다.

역자가 이 책을 매우 흥미롭게 생각하고 감히 번역까지 결심하게 된 것은 우선 이 책이 서독의 동방정책을 포괄적으로 설명했다는 데 있다. 이미 많은 독자들이 알고 있듯이 '동방정책'(*Ostpolitik*)은 ① 일반명사로 대(對) 동독 및 대 동구정책 전체, ② 일반명사로 대 동독 정책 일반, 즉 독일정책(*Deutschlandpolitik*), ③ 고유명사로서 빌리 브란트의 사민당에 의해 입안되고 집행된 '특정한' 대 동구 및 동독 정책이라는 세 가지 의미로 쓰이고 있는데 이 책은 서독 정부 수립 직후부터 통일 전까지 서독 정부들에 의해 추구된 첫 번째 의미의 동방정책 전체를 포괄적으로 다루고 있는 점에서 큰 의미를 가진다. 즉, 이 책은 아데나워(Adenauer) 총리 집권초기의 동방정책으로서의 서방정책, 이후 미국과의 관계가 소원해지면서 추구된 중립적인 동방정책, 이어진 사민당 정부의 빌리 브란트에 의한 세 번째 의미의 동방정책, 브란트를 승계한 헬무트 슈미트(Helmut Schmidt)에 의한 미묘한 변화와 두 총리에 의한 세 번째 의미에서의 동방정책 그리고 헬무트 콜(Helmut Kohl) 총리의 기민/기사당이 추구한 이중적이고 다소 모순적인 동방정책을 총망라하여 소개함으로써 독자들에게 동독과 동구에 대한 서독정부의 태도와 그 변화과정 및 경로를 상세히 보여주고 있다.

우리나라에서는 동방정책이 주로 위의 세 번째 의미, 즉 빌리 브란트에 의한 '고유명사로서의 동방정책'으로 이해되고 있다. 같은 분단국가였던 독일이 분단을 어떻게 관리했는지에 대한 우리 사회의 관심은 매우 큰 편이다. 그러나 관심의 크기에 비해 실제 이 주제에 대한 우리 학계의 연구결과는 양과 질 모두에서 그리 만족할 수준이 아니다. 결과적으로 독일이 통일을 이루는 데 성공했을 뿐 아니라 우리의 연구들 대부분이 김대중 정부의 햇볕정책 시기에 행해지다 보니 하나의 정책으로서 동방정책의 장점과 단점, 공과 과를 균형있게 설명한, 즉 객관성을 유지한 것은 거의 찾을 수 없었다. 이 점에서도 클레멘스(Clemens) 교수의 이 책이 빛을 발한다. 제목에서 보듯이 기민/기사당의 관점에서 서독의 동방정책을 조망한 것이기에 위 의미의 동방정책에 대해서도 정책 자체에 대한 설명에 더해 보수진영의 비판들을 상세하게 기술함으로써 그에 대한 객관적인 평가를 가능하게 하고 있다. 이 부분이 이 책의 두 번째 강점이다.

셋째로, 이런 종류의 책 대부분은 복잡한 국제정치학 이론이 절반 이상 포함되기 마련이어서 일반독자로서는 읽기 부담스러운 경우가 있는데, 이 책은 그렇지 않다는 점이다. 이 책은 마치 다큐멘터리 영화를 보듯 서독의 동방정책의 형성과 발전에 영향을 준 주요 인물들의 발언과 생각, 그리고 국내외 언론 및 주변국의 반응들을 저자의 직접 인터뷰나 문헌에 근거한 소개를 통해 생생하게 보여주고 있기에 전문가들은 물론 일반독자들도 편하게 읽을 수 있다는 장점이 있다.

마지막으로, 정책의 형성이 정당과 의회를 중심으로 이뤄지는 내각책임제 국가의 특성에 따라 서독 각 정당 내 정파들의 상호작용들이 상세히 기술되어 있어 서독 정치의 전개과정을 엿볼 수 있다는 점도 이 책의 부수입이라고 하겠다. 독일 정치에서 양대 정당인 기민/기사당과 사민당 간의 경쟁관계, 각 당의 내부 역학관계, 군소정당인 기사당과 자민당의 역할 및 이 두 당 간의 긴장관계 등과 더불어 독일 정치의 특유한 연립정부 전통의 배경, 대연정이 가능한 이유 등도 일정부분 엿볼 수 있다는 점에서 정치학 교과서로서의 의미도 가진다.

이 책을 처음 읽으면서 사민당 정부의 동방정책에 대한 기민/기사당의 대응에 관한 부분을 통해 세상에 새로운 것은 없다는 것을 새삼 느낄 수 있었다. 독자들도 기민/기사당의 대응과 김대중, 노무현 정부시절 야당인 한나라당의 대응이 매우 유사하다는 사실을 발견할 수 있을 것이다. 동방정책의 부작용 가능성에 대한 비판, 정상회담과 상호주의 결여에 대한 비판 등도 마치 우리가 독일의 예를 배워서 따라 한 것은 아닐까 하는 착각마저 들게 할 정도이다.

사실 이 책의 백미(白眉)는 사민당 정부의 동방정책에 밀려 연이어 집권에 실패한 기민/기사당이 야당 말기 무렵 좀더 유연한 방향으로 전환한 뒤 다시 집권에 성공하여 헬무트 콜 표, 또는 기민/기사당 표 동방정책을 펴나가는 부분에 있다. 저자가 '이중적 적응'(*ambivalent adaptation*)이라고 부르는, 기민/기사당의 야당 초기시절 완고한 대결정책의 전통과 후기의 변화된 국내외 환경을 고려하여 새롭게 추구하기 시작한 입장을 변증법적으로 완전히 합치시키지 못한—의도적이든 아니든—점을 설명하는 부분이 바로 그것이다. 사실 역자가 번역을 결심한 것도 바로 이 부분 때문이었다. 헬무트 콜의 고민과 그에 대한 역사적 결과를 벤치마크한다면, 과거 여당시절의 다소 대결적인 대북정책의 전통과 야당기간 동안의 햇볕정책에 대한 어쩔 수 없었던 부분적 적응의 전통을 동시에 물려받은 상태에서 새로운 대북정책 수립의 부담을 안은 이명박 정부의 정책입안자들에게 도움이 될 수 있을 거라고 보았다. 그러나 역자의 능력부족과 게으름으로 인해 이 정부가 임기 반환점을 돌고 있는 시점에야 비로소 이 책을 내게 되었다. 이미 이 정부의 대북정책으로 상생·공영의 대북정책이 확립되었으나 모든 정책은 진화하는 것이고 또 구체적인 사안에서 완결적인 답을 가지고 있지 못하다. 그런 점에서 이 책에 언급된 각 구체적 사안들에 대한 서독 정부와 야당의 대응, 또 그 결과들에 대해 독일과 우리의 국내외적인 환경상의 차이점과 공통점에 유의하면서 참고한다면 우리의 새로운 대북정책이 더 세련되고 완결적인 것이 되는 데 작은 도움은 될 수 있다고 믿는다.

당연히 이 책을 내는 데 많은 분들의 도움이 있었다. 우선 이 책의 저자 클레이 클레멘스(Clay Clemens) 교수께 고마움을 전한다. 선뜻 출판에 응해주시고 오랜 시간 지연되는 것도 참아주신 나남출판사의 조상호 사장님께 특별한 감사의 말씀을 드린다. 지금은 청와대에서 더 중요한 일을 하고 있는 박경은 보좌관, 박 보좌관을 이어 모든 일들을 훌륭히 해준 이효진 비서관 모두 이 책이 나오는 데 결정적인 역할을 해주었다.

가장 큰 고마움은 나의 아내 유지혜와 사랑하는 두 딸 민영, 이영에게 돌리고 싶다. 바쁘다는 핑계로 남편, 아빠로서 역할을 못했는데 이제 와선 번역서까지 낸다고 더 소홀히 한 것을 다 받아준, 내가 가장 사랑하는 세 여자에게 가장 큰 고마움을 전한다.

2010년 11월
권 영 세

들어가기에 앞서

"독일문제"(*German question*)가 다시 우리 앞에 놓여졌다. 그것이 희망적인 것이든 고통스러운 것이든 간에 인정하지 않을 수 없는 현실이다. 이 주제에 대한 지금까지의 연구는 객관적인 분석보다는 열정과 편견에 사로잡히거나 선전으로 일관한 경우가 대부분이었다. 게다가 영어로 된 연구결과로는 서독 역사에서 야당으로 더 오랜 기간을 보냈던 좌파에 대한 연구가 이제 재집권에 성공한 기민당에 대한 연구보다 오히려 더 많았다.

그런 사정으로 인해 많은 서구 학자들이나 언론은 1982년 헬무트 콜이 헬무트 슈미트의 뒤를 이어 총리가 된 뒤에도 서독의 동방정책이(*policy toward the East*) 바뀌지 않는 것에 놀라움을 금치 못했다. 클레멘스 교수는 이 책을 통해 기민당이 1980년대 들어 과거 그렇게 반대했던 사민당의 동방정책을 승계하게 되는 과정을 추적한다. 언제, 어떻게, 그리고 어떤 인물과 어떤 요인들에 의해 그러한 전환이 일어났는지에 대해 가장 객관적이면서, 권위 있고 완벽한 최초의 설명을 제공해주고 있다.

클레멘스 교수는 기민당이 한때 그렇게 비판해 마지않던 정책에 점차 적응하고 심지어 애착을 갖게 된 과정을 국내·외적 요인들을 통해 균형 있게 살피고 있다. 그는 기민당이 동독과 실제로 협상할 의지가 있었고 독일 통일이라는 목표를 유보는 하되 포기하지 않았으며, 그리고 지금까지도(이 책이 출간된 1989년을 의미함 — 옮긴이) 동방정책을 안보문제와 연계시키기를 완강히(다소 완화되긴 했지만) 거부하고 있다는 것을 명쾌하게 보여주고 있다.

물론 기민당의 이 입장이 바뀌고 있는지도 모른다. 만약 그렇다면 어느 정도로 바뀌고 어떤 결과를 가져올 것이며 특히 미국 정책에 대해 어떤 의미를 갖는가 하는 문제에 대해 이 책에서 실마리를 얻을 수 있을 것이다. 유럽 내에서 가장 중요하고, 군사, 경제, 그리고 기술적으로 미국의 가장 강력한 동맹국인 서독의 현재와 미래 정책을 이해하고자 하는 사람이라면 반드시 읽어야 할 책이다.

윌리엄 E. 그리피스(William E. Griffith, 1920~1998)
MIT 정치학 교수

머리말

1980년 10월 독일연방공화국(Federal Republic of Germany, FRG: 앞으로 서독 또는 FRG로 약칭함 — 옮긴이) 총선 직후, 선거에 참패한 기독교민주당/기독교사회당(Christlich-Demokratische Union/Christlich-Soziale Union, CDU/CSU: 앞으로 연합당 또는 기민/기사당으로 약칭함 — 옮긴이)을 조롱하는 만평이 한 신문에 실렸다. 맨몸으로 돌 벽을 뚫고 들어가려다 실패한 두 연합당 정치인이 퉁퉁 부은 머리에 붕대를 감고 낙담해 있는 모습이었다. 그 중 한 명이 말하길, "벌써 세 번째인데 안 되네 … 분명히 더 쉬운 방법이 있을 거야". 둘은 벽 한쪽에 나있는 커다란 문을 태연히 무시하고 있었다. 거기엔 굵은 글씨로 "동방정책"(*Ostpolitik*)이라고 쓰여 있었다.

이 만평은 1969년에 야당으로 전락한 기민/기사당이 외교정책을 붙들고 씨름하는 모습을 절묘하게 그려낸 것이었다. 13년 동안 야당으로 있으면서 기민/기사당은 사회민주당-자유민주당(Sozialdemokratische Partei-Freie Demokratische Partei, SPD-FDP: 이하 사민-자민당이라 약칭함 — 옮긴이) 연합정부의 동방정책에 처음에는 대응하고 나중에는 적응하면서 많은 난관에 봉착했다. 위의 만평이 시사하듯 연합당은 그 어떤 보상이 있다 해도 사민-자민당의 새로운 동방정책에 쉽사리 따라갈 수는 없었다.

야당 기간 내내 기민/기사당은 1969년 이후 빌리 브란트(Willy Brandt)가 도입한 새로운 대 소비에트진영 정책에 대체로 적대적이었다. 적대성의 양상은 시기에 따라 달랐고 그 강도도 정파에 따라 차이가 있었으며 사안에 따라서는 비타협적인 저항과 조건부 반대가 공존했지만, 대부분의 당 지도자들은 처음부터 브란트의 사민-자민당 연정이 도입한 동방정책의 근본 전제와 잠재적 결과에 대해 의구심을 가지고 있었다. 이는 1970년대 초 독일정치를 휩쓸었던 브란트 정책에 대한 첨예한 논쟁으로 발전되었다. 이후 10년 동안 기민/기사당은 사민-자민당 연정이 동구관계를 다루는 방식을 의심하고 비판했으며 때로는 극단적으로 저항하면서 동방정책을 둘러싼 논쟁은 더욱 격화되었다. 1982년 재집권을 준비하면서도 여전히 연합당은 사민-자민당 동방정책에 대해 가지고 있던 상당한 유보들을 해소할 수 없었다.

그러나 역설적으로 기민/기사당은 이미 야당시절부터 이 정책을 승계하고 유지하는 것이 불가피하다는 것을 시사하고 있었다. 이 정책에 대한 찬반논쟁이 뜨거웠던 1970년대 초반에도 이미 연합당 지도자들이 독일민주주의공화국(German Democratic Republic, GDR: 이하 동독 또는 GDR로 약칭함—옮긴이)을 포함한 동구권과의 새로운 관계에 적응하고 있음을 보여주는 징후가 곳곳에서 발견되었다. 따라서 1982년 연합당이 정권을 되찾았을 때 외교정책의 기조를 유지할 것이라는 예측이 우세했다. 기민/기사당의 신임 총리 헬무트 콜(Helmut Kohl)은 1982년 10월 13일 발표한 첫 공식 외교정책 담화에서 새 정부 하에서 논조는 어느 정도 달라지겠지만 동구관계의 실체적 내용에는 큰 변화가 없을 것이라고 선언했다.

이러한 선언의 실천적 의미는 사민-자민당이 10년 전에 체결한 조약들을 존중하겠다는 것이었다. 즉, 서독이 동독을 포함한 동구권 국가들과 맺은 정치적, 행정적, 상업적, 인도적 합의들이 연합당 정부 하에서도 유효하다는 것이다. 나아가 당은 소련 진영과의 상호관계를 확대하는 방안을 모색할 것도 약속했다. 이는 곧 전후 유럽의 양분과 독일의 분단 및 그에 따른 주권국가로서의 동독의 존재 등 유럽대륙의 영토적, 정치적 현상에 대한 사실상의 인정에 기초한 정책을 유지하고 추진하겠다는 뜻이었다.

그러나 연합당이 그동안 가장 우려했던 것이 바로 동방정책의 그러한 함의였다. 정책의 연속성을 불가피한 것으로 받아들인 이후에도 많은 연합당 구성원들은 그 정책에 대한 유보를 완전히 떨쳐버릴 수 없었다. 그러한 이중적 태도와 그로 인한 잦은 당 내부적 논쟁은 1982년 집권 이후에도 계속되었다. 어느 날 당이 소련 진영과의 협력조치를 취하면 일부에서 유화정책이나 민족적 중립주의라며 비난하고, 다음날 당이 새로운 입장을 발표하면 이번에는 다른 측에서 침략적 영토회복주의(*revanchism*)라고 비판을 퍼붓는 식이었다.

다음에 이어지는 장들에서 기민/기사당이 마치 운명적으로 예정되기나 한 듯 어쩔 수 없이 소비에트진영과의 새로운 관계를 받아들이게 되는 과정을 살펴볼 것이다. 종합적인 설명을 위해 전후 독일의 외교정책 역사를 돌아보고 간간히 국내 정치문제도 들여다볼 것이다. 또한 서독 정치의 향방을 결정한 몇몇 핵심 인물들과 수많은, 복잡하다 못해 때로는 이해하기 어려운 정책 이슈들도 살펴볼 것이다.

본론으로 들어가기 전에 매우 중요하지만 정의하기 쉽지 않은 두 가지 용어를 짚고 넘어갈 필요가 있다. "동방정책"(*Ostpolitik*)은 가장 단순한 의미에서는 "대 동구정책"(*Eastern policy*), 즉 러시아를 포함한 동유럽과의 관계에 대한 독일 정부의 행위를 의미한다. 비스마르크(Bismarck)에서 헬무트 콜에 이르기까지 모든 독일 지도자들은 나름대로의 "동방정책"(*Ostpolitik*)을 추진했다. 그러나 많은 사람들이 이 용어(*Ostpolitik*)를 1960년대 말에 브란트가 도입한 뒤 정도의 차이만 있었을 뿐 이후의 모든 정부가 추진한 특정한 관계 정상화 및 협상정책을 가리키는 말로 받아들여왔다. 역사적인 배경을 다루는 1장에서는 이 용어가 대 동구정책이라는 일반적인 의미로 사용될 것이다. 이어지는 장에서는 별도의 설명이 없으면 전후 유럽의 분할에 대한 인정을 전제로 동구 대화를 추진하는 특정한 정책을 의미한다.

소련(및 동유럽)과의 관계가 1945년 이후 독일의 분단과 불가분의 관계였기 때문에 일반적으로 동방정책은 민족분단에 대한 정책을 의미하는 "독일정책"(*Deutschlandpolitik*)을 포괄하는 것으로 받아들여진다. "독일정책"은 동방정책에 포함되는 개념이긴 하지만, 경우에 따라서는 독일에만 관련된 문제들을 기술하기 위해 독립적인 용어로 사용되기도 한다. 그러나 정책의 변화는 용어 의미의 변화를 가져와 1969년 이전에는 주로 통일정책을 의미했던 "독일정책"이란 용어가 그 이후에는 동서독 관계 일반을 일컫는 말이 되었다.

기민/기사당의 이중적 적응 (*ambivalent adaptation*)

기민/기사당이 사민-자민당 정책에 적응(*adaptation*)한 것은 당 지도자들이 우선 더 이상 동방정책으로 인한 변화를 무시할 수 없었고 또 그 정책이 더 이상 자신들이 오랫동안 경고했던 위험을 초래할 것이라고 우려할 필요가 없다고 느꼈기 때문이다. 1970년대 초만 해도 기민/기사당은 동방정책에 대해 일반적인 국내 여론의 시각과는 매우 동떨어진 입장을 취했으나 1982년에 이르러서는 일반 여론에 훨씬 더 근접한 모습을 보였다. 그것은 연합당의 태도가 바뀐 때문이기도 했지만 동방정책 자체가 잠재적 위험성이 적은 방향으로 부분적인 궤도수정을 했다고 보았기 때문이다. 이 책에서 저자의 논점은 다음과 같다.

1. 기민/기사당의 사민-자민당 동방정책에 대한 비판은 독일 단일성(*German unity*)과 동서 관계에 대한 당의 전통적인 믿음에서 비롯되었다. 즉 연합당은 새로운 동구관계가 장기적으로 영구적인 민족분단과 정치적 중립주의, 외교적 고립, 심지어 사회주의의 승리를 초래할 수 있다고 우려했다. 게다가 당의 주도권이 오랫동안 가장 보수적인 분파에 의해 장악되어 있었기 때문에 그러한 우려가 더욱 강경하고 때로는 과격한 방식으로 표출되었다.

2. 그와 동시에 서독 외교정책에 작용하는 국제적 제약조건과 국내적 요인들로 인해 연합당은, 특히 1972년 이후, 새로운 동방정책의 운영적 차원(*operational dimension*)을 받아들일 수밖에 없었다. 집권 이후 기민/기사당 정부는 소련 진영과의 관계를 과거로 되돌리거나 중단하고 통일지향적인 정책으로 회귀할 수 있는 상황이 아니었다. 그에 따른 국내외적 위험이 너무 컸기 때문이다. 동방정책을 거부하려 한다면 독일은 전후 공고화된 유럽 국가 체제를 상대로 외로운 싸움을 벌여야 했고 서구 동맹국들과의 관계가 소원해지는 것을 감수해야 했다. 또한 조약 상대국으로서 독일의 신뢰에 금이 가고 또 서베를린을 압박당하는 결과를 빚을 수도 있었다. 국내적으로도 당은 동구관계 정상화에 만족해하는 국민들에게서 멀어지고, 연정 파트너로서 자신의 가치를 떨어뜨리며, 이미 일정한 산업부문에서

큰 비중을 차지하고 있는 동구 무역에 차질을 초래할 위험에 직면했을 것이다. 기민/기사당 내부의 변화, 예컨대 기민당 당기구의 영향력이 커지고, 정권장악을 위해 강령을 명료화하고 초당적 협력을 강조하는 등 전략을 변화시킨 것도 새 정책에 대한 적응을 한층 더 완전하게 해주었다.

3. 기민/기사당이 동방정책을 후퇴시킬 수 없었듯이, 사민당도 그것을 계속 전진시킬 수는 없었는데 바로 이 점이 기민/기사당으로 하여금 동방정책의 장기적 영향에 대한 자신들의 의구심을 참아낼 수 있게 해주었다. 기민/기사당은 유럽 국가 체제의 요구와 동맹국들의 은근한 압력, 다툼이 없는 정상적인 외교정책을 바라는 국민들의 여망, 온건한 입장을 고무하는 연정정치(*coalition politics*)의 논리 등으로 인해 대화정책(*policy of dialogue*)을 받아들이지 않을 수 없었는데 이들은 동시에 사민당 동방정책의 속도를 늦추고 그 한계를 노정시킨 원인들이기도 했다. 그 결과 기민/기사당은 현상유지를 받아들이고 동구 진영과 협상 테이블에 앉는다고 해서 반드시 영구 분단과 중립화의 길에 빠져드는 것은 아니라는 결론에 이르게 되었다.

4. 그러한 변화는 1982년 무렵 기민/기사당의 미완의, 이중적인 동방정책 접근법으로 귀결되었다. 연합당은 (동서 대화에 대한 불신을 낳았던) 전통적인 가정과 목표를 이전 정권의 동방정책을 계속해서 일상적으로 운용하려는 의지와 결합시키기는 했지만 완전한 통합에까지 이르지는 못하였다. 기민/기사당은 사민-자민당 동방정책의 관행과 수단, 그것이 조성한 새로운 환경에 적응하면서도 동서 협력의 장기적인 전망과 위험에 대한 기본적인 생각은 버리지 않았다. 기민/기사당 지도자들은 사실상 두 개의 정책을 추구했던 것이다. 하나는 일상적인 협상과정의 연속성을 보장하는 것, 다른 하나는 동구

대화의 잠재적이고 장기적인 영향에 대한 자신들의 우려를 해소하기 위한 것이었다.

5. 기민/기사당의 적응(*adaptation*)은 동방정책의 단기적 실행, 즉 협상에 대한 국내적 합의를 재확립하는 데 기여했다. 그러한 합의는 앞서 언급한 서독 외교정책에 작용하는 국제적 제약조건과 전체 사회적 요인에 대한 공동의 인식, 그리고 그에 따라 정책의 운영적 차원을 장기적 목표에 대한 이론이나 개념으로부터 분리하려는 의지에 기초한 것이었다. 그러나 연합당은 브란트의 핵심적 전제, 즉 정책의 기초로서 유럽의 현상유지를 수용하는 것이 실제로 독일 통일의 전망을 밝게 하고 서독의 안보를 강화시킬 것이라는 생각은 결코 수긍하지 않았으며 따라서 동구관계에 대한 사민당의 장기적 목표를 결코 받아들이지 않았다. 그런 측면에서 1982년까지의 기민/기사당의 행보가 시사하는 바는, 서독의 국내적 합의가 동구관계의 미래에 대한 공통의 전망에 기초했다기보다는 여러 요소들의 복합적인 작용 결과 서독 정부가 선택할 수 있는 정책방안이 제한적일 수밖에 없던 상황 때문이었다는 사실이다.

서독 외교정책: 제한적 선택

1969년 이후 동방정책에 대한 기민/기사당의 대응을 이해하기 위해서는 먼저 서독 외교정책에 작용하는 제약조건들의 역할에 대한 이해가 필요하다. 연합당이 많은 당 지도자들의 유보에도 불구하고 그 정책을 받아들여야 했고 또 받아들일 수 있었던 것은 궁극적으로 그러한 제약조건들 때문이었다.

제약조건들이 외교정책 일반에, 특수하게는 서독의 경우에 결정적인 요인이라는 것은 필자의 독창적인 생각은 아니다. 지난 수십 년간 국제관계 이론은 정책결정자가 국가이익에 입각해 합리적 전략을 만들어낸다는 전통적인 관념에서, 체계적 요인이나 국내적 요인들이 정책형성을 결정한다는 개념으로 바뀌어왔다. 외교정책 비교연구를 위한 방법론에 천착했던 볼프람 한리더(Wolfram Hanrieder)는 모든 국가들이 한편으로 국제적 체제에 의한 방해와 도전이라는 외부적 환경과 양립 가능한 방식으로, 다른 한편으로는 국내적 합의를 얻을 수 있는 방식으로 행동한다고 주장했다. 국가의 결정이 이 간단한 실행가능성 기준에 얼마나 잘 부합하느냐에 따라 정책이 달라지고 성공과 실패가 결정된다. 더 나아가 한리더는 양립가능성과 합의라는 두 가지 기준이 상호 연계되어 있다고 주장했다. 즉, 국제적 체제와 양립 가능한 선택은 국내적 합의를 강화하는 반면 그렇지 않은 선택은 더 넓은 합의를 얻기 위해 국내적 변화를 강제한다.[1]

한리더는 주요 사례로 사민당이 1950년대에 기민/기사당의 콘라드 아데나워(Konrad Adenauer)가 펼쳤던 친서방 정책에 적응하는 과정을 들었다.

최근에도 게브하르트 슈바이글러(Gebhard Schweigler)는 서독 외교정책에 대한 형식적인 외부적 제약조건들이 1945년 이후 점차 완화되었지만 그 조건들의 상당부분, 예컨대 무력사용의 제한이나 서구와의 관계 등이 서독의 국내정치적 태도에 내면화되었으며, 그 결과 정치적 안정성과 서구 국가공동체에 대한 강한 애착을 가져왔다

---

1) Wolfram Hanrieder, "Compatibility and Consensus: A Proposal for the Conceptual Linkage of External and Internal Dimensions of Foreign Policy," in *Comparative Foreign Policy: Theoretical Essays*, ed. Wolfram Hanrieder (New York: David McKay, 1971), 242-64.

고 지적한 바 있다.[2)]

이 책의 목적은 한리더의 개념틀을 발전시키거나 서독 외교정책의 국내적 환경에 대한 슈바이글러의 명제를 검증하려는 것은 아니다. 이 책은 기본적으로 한 편의 정치사이며 서독의 정치와 외교정책에 관한 이야기이다. 그러나 제한적 선택이라는 개념을 유념하면서 기민/기사당이 어쩔 수 없이 동방정책에 적응해가는 과정을 살펴볼 필요가 있다. 이러한 적응과정은, 유럽에서 가장 중요한 국가의 외교정책을 형성해 왔고 앞으로도 형성해 갈 특수하고 고유하기도 한 요인들을 드러내주기 때문이다. 그러한 요인 가운데는 다음이 포함된다.

— 첫째는 서독의 외부 환경에 대한 민감성(*responsiveness to its external environment*)으로 이는 동서진영 간 관계의 변화, 동맹국들의 정책, 공산주의 국가들의 정책, 베를린의 특수한 상황에 대한 민감한 반응과 외교정책의 "예측가능성"에 대한 선호경향 등에서 두드러지게 나타난다.

— 정상적 상태로 회귀하고자 하는 서독 사회의 열망으로 이는 보다 일상화된 외교정책과 민족분단에 대한 (이상주의적이거나 법률주의적이 아닌) 보다 실용적이고 구체적인 접근법에 대한 희망, 그리고 중도적 연정정치와 초당적 협력에 대한 요구 등으로 발현된다.

2) Gebhard Schweigler, *West German Foreign Policy: The Domestic Setting*, The Washington Papers, vol. 12, no. 106 (New York: Praeger, 1984).

과거, 현재 그리고 미래

이 연구는 원래 기민/기사당이 야당으로 있던 1969년부터 1982년까지만 다룰 예정이었고 실제로 그 시기에 초점을 맞추고 있다. 기민/기사당이 재집권한 후 이중적 정책(*dualistic policy*)을 채택하지 않을 수 없게 한 중요한 변화의 대부분이 그 시기에 발생했기 때문이다. 기민/기사당이 사민-자민당의 동방정책에 적응하게 한 요인들은 그 정책의 형성기와 그에 대한 당시 야당, 즉 기민/기사당의 대응을 검토함으로써 보다 잘 이해할 수 있다. 1982년 이후 기민/기사당 정부의 공식 정책들은 야당시기 당의 행태에 비추어볼 때 비로소 가장 명확하게 이해할 수 있을 것이다.

1부에서 기민/기사당의 동방정책이 1969년까지 20년 동안 어떻게 변화해왔는지를 전반적으로 살펴보고 나머지 부분에서는 1970년대부터 1980년대 초까지의 중요한 시기들에 초점을 맞출 것이다. 2부에서는 1969년부터 1973년까지 동구 조약들의 협상과 비준을 둘러싼 논쟁을 다룬다. 조약들에 대한 기민/기사당의 대응의 원인과 범위, 결국 비준키로 한 결정을 살펴본다. 3부는 비준 후인 1973년부터 1982년 사이를 다룬다. 이 시기 초반에 연합당은 정책적, 정치적 패배의 여파로 난관에 봉착했다. 그러나 1970년대 후반 이후 사민-자민당의 외교정책이 난항을 거듭하면서 연합당은 동방정책에 대한 보다 신뢰성 있는 접근법을 발전시키기 시작했다. 4부는 전체 내용을 토대로 위에서 개괄한 가설들을 입증하고, 기민/기사당이 사민-자민당 동방정책에 적응하는 과정, 더불어 여전히 남아있던 동방정책에 대한 저항의 원인 및 그 지속성을 분석한다. 또한 서독 외교정책의 국내적 맥락에 대한 일반적 결론을 도출한다.

1982년 집권 이후 기민/기사당의 정책을 살펴보는 것도 여러 이유로 중요하다. 우선 야당시기에 대한 분석으로부터 도출된 결론들이 얼마나 유효한지를 확인할 수 있기 때문이다. 그러나 더 중요한 이유는 1982년 10월 정권교체 이후 기민/기사당의 적응이 크게 가속화되었다는 점이다. 그래서 책의 말미에 1982년부터 1988년까지 콜(Kohl) 정부의 동구정책을 내용으로 한 후기(*postscript*)를 덧붙였다.

연합당의 야당시절과 집권시기를 함께 탐구함으로써 우리는 특정 시기를 초월하는 중요성을 가진 문제들을 통찰할 수 있다. 미국 당국자들을 포함한 많은 해외 관찰자들은 보수적, 서방지향적인 연합당이 동방정책을 이어가는 것을 보고 적잖이 당혹했고 그 원인에 대해 여러 가지 추측을 내놓았다. 아직 남아 있는 민족 통일에 대한 열망, 독일 우파들의 변함없는 친러시아적 성향, "중유럽"(*Mitteleuropa*) 관념의 잔재, 유화정책에 대한 선호, 수출기업들의 압력에 대한 취약성 등 다양한 해석이 제시되었다.

그러나 기민/기사당이 동방정책을 계속 이어가기로 한 것은 결코 의도적이거나 자발적인 선택이 아니었다. 또한 포괄적이고 장기적인 전략에 대한 당내 진지한 논의와 구상을 통해 통일이나 평화, 안보라는 궁극적 목표를 위해 대화가 그 실천수단이라는 결론에 도달했던 것도 아니었다. 관찰자 가운데 기민/기사당이 통일이나 "공통의 안보"(*common security*), 중유럽 복원 같은 분명한 장기적인 목표를 가지고 있었다고 주장하는 이들은 이 변덕스럽고 분열된 정당이 당면했던 복잡한 현실을 간과하고 있는 것이다. 기민/기사당은 자신의 통제범위를 넘어선 환경들에 반응하면서, 장기적인 결과에 대한 숙고는 미뤄둔 채 단기적으로 점진적인 관계 진전을 관리하는 데 만족해야 했던 것이다.

또한 야당시절과 집권시기에 걸쳐 기민/기사당이 동방정책을 붙들고 분투하는 과정을 살펴봄으로써, 1982년 이후 서독의 핵심적 정치적 논쟁에 관하여, 비록 해답을 얻지는 못하더라도, 그 실마리를 얻을 수 있을 것이다. 비판세력들, 특히 사민당은 기민/기사당의 동방정책으로의 전향이 진정성을 결여한 기회주의적이고 일시적인 것이며, 결국 서독 외교정책의 진정한 연속성을 위협할 것이라고 주장했지만 이 책은 동구진영과의 협력적 관계에 대한 연합당의 의지가 실제로 얼마나 깊은지, 그리고 1990년대와 그 이후에도 지속될 가능성이 있는지에 대해 중요한 시사점을 제공해 줄 것이다.[3)]

클레이 클레멘스

3) 필자는 이 연구를 위해 연합당 정치인들의 의회 및 당 대회 연설, 기민/기사당 성명과 강령, 수십 명의 연합당 정치인들이나 대변인들, 언론인과 학자와의 인터뷰, 당과 서독 문제를 다룬 일간 및 주간지 기사들, 언론에 보도된 여론조사, 기민/기사당 정치인들의 비망록 등 출판물들, 주제와 관련된 논문들과 책들을 참고했다.

나남신서 · 1512

서독 기민/기사당의 동방정책

고뇌하는 현실주의자

차 례

제 1 부

기민/기사당 외교정책의 기원

제 1 장 연합당 동방정책
아데나워부터 대연정까지

제 1 장

연합당 동방정책

아데나워부터 대연정까지

2차 대전 이후 서독 기민당을 구성한 정치인들은 다양한 정치적, 종교적, 지역적 배경을 가지고 있었다. 이 이데올로기적 "조각보"는 몇 가지 공통요소들로 이어 붙여져 있었는데, 그 가운데 가장 중요한 것은 전통적 기독교 가치관에 입각한 새로운 정치·경제적 구조를 건설함으로써 나치주의(*Nazism*)의 유산을 일소하려는 희망이었다. 초기 주도세력은 주로 1933년 이전 가톨릭중앙당(Catholic Center Party) 출신들이었지만 독일 교회의 오랜 반목을 극복하려는 그들의 적극적 노력에 힘입어 기민당은 양대 기독교 공동체를 아우르는 광범위한 정치결사체로 발전해나갔다.[1)]

그러나 이미 초기부터 기민당 내에는 두 정치세력간의 분열이 싹트고 있었다. 초기에 팽배했던 이상주의적 열정을 정치적 성공으로 전환시키려는 세력과 보다 실용주의적인 성향을 가진 세력 간에 긴장이 존재했던 것이다. 전자는 라인란트(Rheinland)와 베를린에서 가

1) Pridham, Geoffrey, *Christian Democracy in Western Germany: The CDU/CSU in Government and Opposition* (New York: St. Martin's Press, 1977), 21-34.

톨릭 노동조합운동을 주도했던 야콥 카이저(Jakob Kaiser), 에른스트 렘머(Ernst Lemmer), 칼 아놀트(Karl Arnold) 등이 이끌었다. 이들은 자본주의와 사회주의 사이의 기독교적 "제3의 길"을 옹호했고, 독일이 정치적, 사회적으로 동구와 서구를 잇는 "교량" 역할을 해야 한다고 주장했다. 기민당의 1947년 알렌(Aahlen) 강령은 부분적으로 그러한 사상적 흐름을 반영한 것이었다. 그러나 이 "기독교 사회주의자들"(*Christian socialists*)에게는 처음부터 한계가 있었다. 이들의 풀뿌리 지지기반 대부분이 소련에 점령되어 스탈린주의화된 동부지역에 있었기 때문이다.

게다가 그들은 가톨릭계 쾰른(Köln) 시장을 역임한 콘라드 아데나워의 정치적 수완을 당해내지 못했다. 아데나워도 새로운 기민당의 창설에 참여했지만 기독교적 제3의 길에 대해서는 회의적 시각을 가졌고 오히려 독일을 반공전선의 보루로 만드는 것을 목표로 했다. 아데나워는 논쟁에 강했으며 풍자적 위트의 소유자였다. 지칠 줄 모르는 활동가였으며 때론 고집스러울 만큼 강한 인내심을 가진 협상가였다. 라인란트 출신의 노회한 아데나워는 당내 베를린파와 노동조합 출신들에 맞서 남부의 보수주의자들과 연합했고 이내 당대표 자리에 올랐다. 또한 서방 점령당국이 신생서독의 기본법(Grundgesetz, 서독의 헌법. 서독은 통일 전까지는 헌법이란 명칭 대신 기본법이란 용어를 사용했음 — 옮긴이) 제정을 위해 설치한 위원회의 의장을 맡기도 했다. 동시에 그는 국민들의 지지 속에 성공적 경제정책을 펼치던 루드비히 에어하르트(Ludwig Erhard)를 영입했다. 에어하르트는 정부의 계획보다 자유기업을 중시하면서 자본주의의 과잉을 막기 위해 독점제한과 사회복지정책을 가미한 이른바 사회적 시장경제체제(*social market economy*)를 구축한 인물이다. 아데나워는 1949년 국가수립 이후 첫 연방선거를 앞두고 당의 총리후보로 지명되었다.[2]

아데나워는 자신의 최대 경쟁자인 사회민주당의 쿠르트 슈마허

(Kurt Schumacher)를 근소한 차이로 물리친 후, 민족주의적이며 보수-자유주의적인 자유민주당 등과 중도우파 다수연정을 구성하고 국가재건에 본격적으로 착수했다. 그의 최우선적 목표는 서독을 안정되고 신뢰할 수 있는 모범적 국가로 바꾸어 히틀러(Hitler)의 유산을 청산하는 것이었다. 또한 그는 서독을 소비에트 공산주의에 맞서는 보루로 만들기를 원했다. 이 두 가지 목표를 달성하기 위해 아데나워는 위험한 좌우 극단주의를 일소해야 한다고 생각했다. 또한 사회민주주의도 극좌파의 체제전복 기도에 태생적으로 취약하다고 보고 그 세력을 무력화하고자 했다.

그러한 목표를 실현하기 위해 아데나워는 개인 중심의 통치체제를 구축했고 15년의 재임기간 중 적어도 10년 동안 당내 도전자나 연정 파트너의 반대에도 불구하고 자신의 방식을 고수했다. 그의 가부장적 통치하에 서독은 이른바 "총리민주주의 체제"(*chancellor democracy*)가 되었다. 무한한 자신감을 가진 이 노회한 실용주의자는 국가의 정치적 안정을 위해서는 국내외 정책에 대한 결정권을 자신이 계속 움켜쥐어야 한다고 믿었다.

아데나워는 기민당을 자신의 개인적인 정치적 도구로 바꿔놓았다. 그의 재선과 원활한 통치가 당의 명시적 목표가 될 정도였다. 총리에게 유일하게 영향력을 행사할 수 있는 이들은 10개 주의 주지사들이었다. 서독 기본법의 연방주의 체제하에서 그들은 독자적 권력기반을 가지고 있었고 당의 정책결정도 어느 정도 탈중심화되었기 때문이다. 그러나 이들 지역 "거물"들은 대체로 아데나워의 기본적 목표에 동의했다. 해가 갈수록 연합당*이 중도우파의 모든 계층과 종

2) Heidenheimer, Arnold, *Adenauer and the CDU: The Rise of the Leader and the Integration of the Party*(The Hague: Nijhof, 1960).

* the Union. 바이에른의 지역정당인 기사당이 기민당과는 형식상 별개 정당이긴 하지만 양당은 서로 상대지역에 후보를 내지 않고 각종 이슈에서 마치

파, 지역, 이해집단을 아우르는 광범위한 선거연합이라는 성격을 띠면서 원래의 이념적 모멘텀은 약해졌다. 이렇게 다양한 집단들을 대표하는 소규모 경쟁정당들을 끌어들이고 흡수하면서 당의 초기 이상주의는 점차 퇴색하고 실용적인 정치적 목표가 그것을 대신했다. 종교적 종파주의가 1950년대에도 여전히 기민당의 지도원리(*leitmotif*)였지만, 이는 초기 기독교 이상주의의 열정이 남아 있었기 때문이라기보다는 프로테스탄트 유권자들의 지지를 확보하기 위해서였다.[3] 이념적 측면에서 연합당은 자본주의와 사회주의 사이의 "기독교적 길"을 추구하는 것을 포기했다. 다만 온건노조의 지지에 기반한 기독교 사회주의파를 붙들어두기 위해 사회문제들에 대해 초기에 취했던 진보적 입장을 어느 정도 유지했다.[4]

이와 같이 아데나워 시기와 그 이후에도 연합당은 공식적으로 광범위한 기독교 정치세력으로서 사회주의적, 자유주의적 집단도 포함했지만 그 주도세력은 보수주의자와 실용주의자들이었다. 이는 아데나워 총리의, 그리고 에어하르트 경제장관의 성공 때문이었다. 번영하는 사회적 시장경제체제와 증대되는 대외적 영향력, 국제사회의 인정으로 연합당에 대한 국민적 지지가 높아지면서 그들의 현상타파 의지도 퇴색해갔다. 1957년 기민당의 유명한 선거구호였던 "실험은 그만!"은 당이 사회적, 정치적 신흥 주류집단의 이해를 대변함을 보여

하나의 당인 것처럼 협력했으므로 필자는 본문 중에서 기민/기사당을 한 당으로 취급해 이처럼 '연합당'이라고 표기하기로 했다 — 옮긴이.

3) 실제로 아데나워의 정책은 기민당과 마틴 니묄러(Martin Niemöller) 같은 프로테스탄트 지도자들 사이의 불화를 야기했고, 연합당 내에서는 프로테스탄트의 이해와 정체성을 지키기 위해 복음선교부(EAK)가 설립되었다.

4) 이른바 사회위원회라 불리는 이들은 라인과 루르 지역의 가톨릭 노동조합주의자들의 지지를 받았으나, 극보수주의자들로부터는 "성심(聖心)을 가진 볼셰비키주의자", 사민당으로부터는 기민당의 "사회주의 겉껍데기"라는 조롱 섞인 비난을 받았다.

줬다. 기업인들은 물론 소규모 자영업자들, 농민들도 기민당의 지지자가 되었다. 그에 따라 기민당은 대기업과 중소기업들을 제도적으로 대표하기 위한 당내 하부기구들을 두었고, 기존 농업단체들과도 계속 긴밀한 관계를 유지했다. 또한 에어하르트의 후원하에 경제, 산업계 지도자들이 기민당의 경제적, 사회적 정책을 좌우했고, 영향력에서 — 항상 그랬던 것은 아니지만 — 기독교 노동조합세력을 압도했다.

기민/기사당의 보수주의 성향을 강화시킨 것은 동유럽에서 추방된 독일인들의 영향이었다. 1945년 러시아와 폴란드, 체코슬로바키아에 귀속된 동부지역에서 1,300만 명가량의 독일계 주민들이 강제로 쫓겨났다. 슐레지엔(Schlesien), 북부 슐레지엔, 폼메른(Pommern), 동프로이센(Preussen), 주데텐(Sudeten) 출신들과 거의 20개에 달하는 여타 추방자 집단들이 있었으며 1950년대 초 한 소규모 독립정당이 그들을 대표하였다. 아데나워는 서서히 이 정당의 지지자들을 흡수해갔다. 추방자들은 개별적 연맹과 연합체를 유지했지만 점차 연합당을 자신들의 정치적 대표로 여겼고 일부만이 사민당을 지지했다. 추방자들 가운데 젊은층은 "고향"(*Heimat*)과의 일체감을 잃어갔지만, 정치인들은 자신들의 정치적, 역사적 존재가 사라질지도 모른다는 불안감에서 적극적 활동을 이어나갔다. 그들은 강한 민족주의, 반공산주의 성향을 지녔고 연합당 내에서 자신들의 이해를 대변할 기회를 얻었다.

그러나 연합당의 보수주의를 공고히 한 가장 큰 요인은 당의 이중적 구조였다. 1949년 이후 연합당은 사실상 기독교민주당, 즉 기민당과 기독교사회당, 즉 기사당이라는 두 개 정당의 복합체였다. 기민당은 바이에른(Bayern)을 제외한 서독 전 지역을 아우르는 전국정당인 데 비해 기사당은 바이에른만을 대표하는 지역정당이었다. 기민당과 마찬가지로 기사당도 1933년 이전의 가톨릭 정당에 정치적 뿌리를 두었는데 이 기사당의 전신은 바이에른 지역 가톨릭의 이해를 대변하며 프로테스탄트계 프로이센의 독일 지배에 저항한 역사를 가지고 있었다. 1945년 이후 정체성의 혼란을 겪은 기사당은 결국 배타적 지역주의 전통과 결별하고 기민당과 연방 수준으로 긴밀하게 협력하기로 결정했다. 양측은 서로 상대지역에서는 경쟁하지 않기로 합의하고 연방하원에서 공동의원단을 구성했다. 기사당은 연합당 내에서 5분의 1 내지 4분의 1 정도의 규모에 불과했지만, 매번 투표 전에 회의를 통해 독자적 방침을 정하고 단일블록의 힘으로 자매당에 맞섬으로써 자신들의 영향력을 극대화했다.

이런 특수한 관계를 이용해 기사당은 기민당을 더욱 보수적인 방향으로 몰아갈 수 있었다. 기사당은 각계각층의 이해를 대변하는 정당을 자처했지만, 지지자들의 압도적 다수는 가톨릭 교인들과 중산층, 보수주의자들이었다. 바이에른 주민들은 지역에 대한 강한 자부심을 가지고 있었는데 이는 바이에른 왕국이 수세기 동안 독립적이고 결속력 있는 정치적 단위를 유지했던 역사에서 비롯된 것이었다. 1950년대 이후 그러한 지역의식을 가장 성공적으로 대표한 정치세력이 바로 기사당이었던 것이다. 한 기민당 간부는 "기사당은 늘 국가정책을 지역정치적 관점에서 보는 경향이 있다"고 말했다.[5] 전통, 지속성, 질서에 대한 의식과 고향에 대한 애착(기사당 정치인들은 "바이에른인들의 땅에 신의 가호가 있기를!"이라는 말로 연설을 마무리하곤 했다), 농민과 중산층을 중심으로 한 지역사회 구성 등의 특성으로 인해 바이에른 제1당으로서 기사당은 매우 강한 반사회주의적, 반공산주의적 성향을 가졌다.

1950년대 중반부터 기사당을 이끈 프란츠 요제프 슈트라우스(Franz Josef Strauss)의 지략도 기민당에 대한 영향력을 강화하는 데 크게 기여했다. 이 단구의 다부진 정치인은 신랄한 어법과 독재적

---

5) 한스-요아킴 벤(Hans-Joachim Veen), 1984년 5월 17일 필자와의 인터뷰.

스타일로 인해 바이에른 강경 보수주의의 타고난, 때로는 빛나는 옹호자가 되었다. 그러나 주요 사안마다 자신의 역할을 앞세우려는 열망 때문에 항상 정치의 변화에 신경을 곤두세웠고 때때로 능란한 기회주의적 기질을 발휘하기도 했다. 한 측근은 "그를 한마디로 딱 꼬집어 표현할 말은 없다. 단지 여러 속성들이 있을 뿐이다"라고 말했다.[6] 예찬자들은 그가 분명한 지도 원칙을 가졌다고 보는 반면, 비판자들은 일관성이 전혀 없는 타고난 대중영합주의자나 혹은 — 냉정하지만 보다 널리 받아들여지는 세간의 평으로서 — 약삭빠르고 때로는 선동적인 기회주의자라고 보았다. 그러나 친구든 적이든, 그가 신랄한 보수주의적 언동과 갑작스러운 실용주의적 태도를 오가면서 의견을 양극단으로 분열시키는 성향을 가졌다는 데에는 의견을 같이 했다.

1950년대 이래 슈트라우스는 기사당의 이른바 "본(Bonn)에 소재한 바이에른의 요새"로서의 역할, 그리고 연합당이 의회 다수를 유지하는 데 기사당이 갖는 결정적 중요성을 십분 이용함으로써 기민/기사당의 전반적 정책기조가 보수주의를 향하도록 영향력을 행사했다. 아데나워와 에어하르트, 슈트라우스가 많은 부분에서 의견이 같았기 때문에 1950년대에 기민당과 기사당은 안정적 관계를 유지할 수 있었다. 그러나 그때부터 이미 슈트라우스의 야심과 스타일이 갈등의 씨앗이 되고 있었다.[7]

아데나워 개인과 (상당한 정도로는 에어하르트와도) 동일시된 경제적 번영과 정치적 안정 덕분에 연합당은 성공적 주류 정당으로서의 위

---

6) 디이터 슈미트(Dieter Schmidt), 1984년 4월 11일 필자와의 인터뷰.

7) 기사당에 관한 가장 종합적인 분석은 다음을 참고. Mintzel, Alf. *Die CSU: Anatomie einer konservativen Partei*, 1945-1972(Opladen: Westdeutscher Verlag, 1975); Mintzel, Alf, "Conservatism and Christian Democracy in the Federal Republic of Germany," in *Conservative Politics in Western Europe*, ed. Zig-Layton Henry(London: Macmillan, 1982), 143-59.

치를 확고히 했고, 따라서 누가 아데나워의 뒤를 이을지의 문제는, 그가 마지못해 물러난 1960년대 초반까지도 논의되지 못하였다. 그러나 그의 개인 중심의 통치스타일로 인해 연합당은 10년 이상의 집권에도 불구하고 조직으로서는 취약성을 면치 못하였다. 당이 1960년대에도 여전히 성세를 구가할 수 있었던 것은 주로 과거의 업적과 정부권력 내에서의 확고한 위치, 에어하르트와 같이 인기 있는 정치인들의 후광 때문이었다. 이후 에어하르트가 총리직에 올랐지만 그의 정치력은 아데나워에 훨씬 못 미쳤다. 연합당은 강력하고 응집력 있는 중앙집중적인 구조를 확립하지 못했고, 새로운 사고에 개방적이며 국민들이 동의할 수 있는 명료한 정강을 결여했다. 그로 인해 1957년 총선에서 50.7%였던 연합당의 지지율은 1965년에 46.6%, 1969년에는 46.1%로 떨어졌고 결국 정권을 내놓아야 했다.

1. 아데나워 외교정책의 요소들

1) 기민/기사당의 서방정책과 독일 단일성

1949년 9월 집권해 1969년 9월 실권할 때까지 기민/기사당은 스스로를 독일 외교정책 혁명의 수호자로 여겼다. 이 혁명은 가장 급진적이지 않을 것 같았던 콘라드 아데나워에 의해 시작되었다. 그는 전체주의적 파시즘과 공격적, 인종주의적 팽창주의라는 아돌프 히틀러의 잔재를 일소하고 독일이 처한 조건에서 전적으로 새로운 질서를 확립하고자 했으며, 그러한 노력의 일환으로 서방정책이라는 기치하에 이웃국가들과의 관계를 근본적으로 바꾸어나갔다. 물론 그러한 정책은 전후 독일의 운명이 서구 동맹국들에 의해 결정된다는 냉철한 계산에서 비롯된 것이었다. 그러나 아데나워에게는 그보다 더 원대한 목표가 있었다. 독일의 지정학적 지향성에 관한 수세기에 걸친 의심과 불확실성에 종지부를 찍고자 했던 것이다. 즉, 독일이 동유럽인가 서유럽인가, 아니면 양자간 균형자인가 하는 문제에 대한 그의 해답은 연방공화국을 확고하게 서방으로 지향하도록 하는 것이었다. 서방과의 조화로운 관계와 서구적 가치에 대한 헌신만이 독일이 세계정치에서 다시 건설적 역할을 할 수 있는 길이라는 것이 아데나워와 그의 후계자들의 믿음이었다. 서방정책은 또한 아데나워의 국내개혁을 강화시키는 계기이기도 했다. 파시즘이나 공산주의, 사회주의의 유혹으로부터 자유로운, 안정되고 지속적인 민주주의 국가를 건설하는 것이 그의 국내정치의 목표였다. 안보 측면에서도 서구와의 협력은 중요했다. 특히 미국과의 긴밀한 관계를 통해 동부국경에서의 지속적 위협으로부터 안전을 확보할 수 있었다. 미국은 1950년 서구동맹을 군사적으로 지원하기로 결정해 유럽의 안전 "브장자"로서의 역할을 분명히 한 바 있다. 마지막으로 서방정책은 "포츠담

(Potsdam)으로의 회귀"를 막는 정책이기도 했다. 포츠담 회담에서 독일은 자국 대표자도 없이 외부 강대국들에 의해 운명이 결정되는 수모를 겪었다. 연합당은 서구협력을 통해 그러한 국가적 무력화가 재연되는 것을 막을 수 있다고 보았고, 당시 소련을 견제하기 위해 논의되던 미국과 동맹한 서유럽 연합체 속에 서독을 완전히 통합시키는 것이 아데나워가 생각한 서방정책의 최적의 목표였다.[8)]

아데나워와 그 계승자들은 서방정책을 또 다른 목표인 민족 단일성(*national unity*)의 실현보다 우선시했다. 패전 이후 네 지역으로 분할 점령되었던(폴란드와 소련이 동부지방들을 관할했다) 독일은 1949년 점령지역에 두 개의 국가가 각각 수립되어 1955년 주권을 완전히 회복했다. 연합당은 민족통일을 위한 노력이 국제적 신뢰회복과 민주주의 재건, 안보확립, 주권보장이라는 목표에 장애가 되어서는 안 된다고 보았고, 그러한 목표들은 서방정책과 특히 (적어도 1950년대 중반까지는) 서유럽 통합을 통해서만 달성될 수 있다고 믿었다.

소련이 동독을 통제하는 상황에서 국가의 서쪽 절반을 냉전의 한 축인 서방진영에 묶는 것은 민족통일을 지연시키거나 더 어렵게 하겠지만, 아데나워는 그러한 대가를 치를 준비가 되어 있었다.[9)] 그

---

8) 바이에른에 기반을 둔 기사당은 서방정책의 실질적 세부사항을 지지하지는 않았지만 그 정책의 정신은 강력히 지지했다. 동구 공산주의로부터 서구의 기독교적, 문화적 유산을 수호할 필요성에 기반을 둔 새로운 서유럽의 부활이라는 서방정책의 정신이, 기사당이 바라보는 바이에른의 이미지와 상통한 것이다. 기사당 지도자들은 바이에른을 전통적인 기독교적 가치관의 수호자로 보는 세력과 전파자로 보는 세력으로 나뉘지만, 양측 모두 무신론적, 전체주의적, 군국주의적 동구 공산주의를 치명적 위험으로 보는 시각은 동일하였고, 그에 대항하기 위한 서구의 협력은 꼭 필요하다고 보았다. Mintzel, Alf, *Die CSU*.

9) Schwarz, Hans-Peter, "Das aussenpolitische Konzept Konrad Adenauers," in *Adenauer Studien*-I, ed. Rudolf Morsey and Konrad Repgen, Kommission für Zeitgeschichte bei der katholischen Akademie in Bayern, ser. B, vol.

는 서구와의 관계나 민주주의를 희생시키면서까지 통일을 추구할 생각은 없었다. 소련이 용인할 통일독일의 형태는 소비에트화되거나 완전히 중립화된 국가일 것이라는 생각에서였다. 군사력을 갖추고 서구와 연합한 거대한 하나의 독일은 소련으로서는 최대의 악몽이었을 것이다. 아데나워는 독일의 중립화는 중유럽을 진공상태로 만들어 사실상 소련의 패권주의적 도발을 고무함으로써 유럽 전체를 위험에 빠뜨릴 가능성이 있다고 판단했다. 그런 이유에서 그는 소련이 독일 단일성 문제에 대해 유연한 입장을 보일 때마다, 민족감정을 이용해 서독을 서구 동맹국들로부터 떼어놓으려는 시도로 보고 경계심을 늦추지 않았다.[10]

이러한 우선순위에 비추어볼 때, 기민/기사당 지도자들이 내심 공산주의 치하의 지역들을 포기하려 했던 것은 아닌가 하는 의문도 제기된다. 아데나워가 프로이센이 공산주의에 넘어간 것을 받아들였을 뿐 아니라 반기기까지 했다고 일부 역사가들은 주장한다. 19세기에 개신교 계열의 프로이센은 아데나워의 고향인 가톨릭계 라인란트를 점령하고 "프로이센화"하려 했다. 아데나워와 그의 추종자들은 독일이 파국적 전쟁을 일으킨 것은 프로이센 군국주의에도 어느 정도 책임이 있다고 주장했다. 이와 더불어 아데나워가 바이마르(Weimar)공화국 시기에 라인란트의 자치를 주장했다는 사실, 전후 독일을 서유럽 연합에 통합시키려는 정책을 추진한 사실을 들어, 그를 라인란트 분리주의자나 카롤링거주의자(*Carolingian*)로 보는 시각도 있었다. 카롤링거주의란 독일 서부지역과 프랑스를 여전히 샤를마뉴(Charlemagne) 시대의 상태로, 즉 민족으로 분열되기 전 교회에 의하 결합된 하나의 서구세계의 일부분이었던 상태로 보는 관점을 가리킨다.

10(Mainz: Matthias Grünewald Verlag, 1971), 71-90.

10) Adenauer, Konrad, *Erinnerungen* 1953-1955(Stuttgart: Deutsche Verlags-Anstalt, 1966), 20.

보다 현실정치적인 차원에서 분단은 가톨릭에 뿌리를 둔 기민/기사당에 유리했다고 할 수 있다. 공산당이 통치한 지역들에서는 인구의 압도적 다수가 개신교도였다. 따라서 가톨릭교도와 개신교도의 인구분포 차원에서 전체 독일과 서독을 비교하면 후자가 연합당에게 훨씬 더 유리했던 것이다.

기사당 역시 바이에른 지역당적 성격으로 인해 독일통일에 커다란 이해관계를 갖지 않았다고 할 수 있다. 초기 지도자들은 심지어 연방공화국의 수립을 바이에른의 자치에 대한 위협으로 보기까지 했다. 기사당의 지역주의는 마인(Main) 강 이북지역에 대한 바이에른인들의 뿌리 깊은 적대감에서 비롯되었다. 당내에는 바이에른을 여타 지역들에 맞서 기독교를 수호하는 보루로 보는 시각도 있었고 다른 지역들에 기독교를 전파하는 선교의 중심지라고 보는 관점도 있었지만, 양자 모두 프로이센과 북부독일에 대한 반감을 바탕에 깔고 있었다. 기사당에게 독일의 분계선은 남북과 동서 모두를 갈랐던 것이다.

그러나 위와 같이 볼 수만은 없는 측면도 있었다. 프로이센과 개신교의 지배에 대한 저항이 모든 형태의 통일에 대한 반대를 의미하는 것은 아니었다. 게다가 아데나워 세력이 과거 독일제국으로부터 서독을 단절시키려고 적극적으로 나섰던 것도 아니었다. 당시 사태를 낙관하던 기독교 사회주의자들과 달리 그들은 전승 4강국(미국, 영국, 프랑스, 소련. 이하 4강이라고 약칭함—옮긴이)들이 독일 단일성 실현을 위한 계획에 쉽사리 합의할 수 없을 것임을 감지하고 차선책으로 독일연방공화국의 수립을 받아들였던 것이다. 또한 아데나워는 프랑스와 긴밀한 관계를 모색하기는커녕 프랑스가 전후 독일을 약화시키고 깎아내리려 한다고 의심했다. 그가 유럽의 통합에서 미래 독일의 희망을 보기 시작한 것은 1948~49년 프랑스가 화해하려는 태도를 보이고 나서였다.[11]

2) 민족주의와 통일

아데나워와 그 이후의 연합당 지도자들은 분리주의자가 아니었을 뿐더러 통일을 지지하고 추진할 충분한 이유가 있었다. 기민/기사당은 통일을 민주주의와 안보, 주권이라는 요구에 종속시키기는 했지만, 독일 단일성의 깃발을 완전히 내려놓을 수는 없었다. 그럴 경우 불순한 우파세력이나 신나치주의 도당들이 손쉽게 그 깃발을 낚아챌 것이었기 때문이다. 바이마르 시대에도 그랬듯이 민족주의적 우파는 영토회복주의 정서를 선동하는 경향이 있었고, 이번에는 연합당과 정부를 겨냥해 서방정책이 민족의 영구분단을 초래할 것이라고 공격할 가능성이 있었다. 기민/기사당 일각에서는 이들의 공세에 허를 찔려 우파성향 유권자들의 표를 잃을지도 모른다는 우려가 제기되기도 하였다.

연합당은 또한 민족문제를 좌파가 독점하는 것도 원하지 않았다. 1950년대에 사민당은 단일성 문제를 활발하게 제기하였다. 연합당은 사민당의 입장이 국민의 지지를 받게 되면 장기적으로 위험한 문제가 발생할 것으로 보았다. 사민당은 서방정책이 서독을 일방의 군사동맹에 묶어둠으로써 독일분단을 고착화시켰고 그 대가로 중유럽의 진정한 영구평화도 확보하지 못했다고 주장했다. 이러한 주장이 먹혀들면 소련과의 화평을 도모하는 좌파정책과, 심지어 통일 여부와 상관없이 이론적으로 독일 중립화를 추구하는 주장에 대해 여론이 동조하게 될 것이고, 이는 곧 서방정책에 대한 국내적 합의를 잠식

11) Schwarz, Hans-Peter, "Adenauer und Russland," in *Im Dienste Deutschlands und des Rechtes: Festschrift für Wilhelm Grewe zum 70. Geburtstag am 16. Oktober 1981*, ed. Friedrich J. Kroneck and Thomas Opperman (Baden-Baden: Nomos, 1981), 373-75; Schwarz, Hans-Peter, *Adenauer: Der Aufstieg: 1876-1952* (Stuttgart: Deutsche Verlags-Anstalt, 1986), 425-617.

하고 기민/기사당에 정치적 타격을 가할 수도 있었다.

아데나워가 한때 독일 국가(國歌)의 제창을 허용해 연합국 관리들을 놀라게 한 사건이 있었다. 전기 작가인 한스-페터 슈바르츠(Hans-Peter Schwarz)는 이에 대해 그가 민족감정을 "차지해서 변형시키려"(*occupy and transform*) 했던 것이라고 해석했다. 즉, 민족감정을 선점함으로써 다른 세력들이 이용하는 것을 막고, 그것을 민주국가에 적합한 형태로 바꾸려 했다는 것이다.[12)]

이러한 행동은 단순히 민족분단을 수용한다는 부정적 이미지를 감당할 수 없었기 때문은 아니다. 1950~60년대에 대부분의 기민/기사당 지도자들은 이유와 강도는 달랐지만 진심으로 통일이 바람직하다고 믿었다.

그들의 통일여망은 빌헬름 제국이나 바이마르 공화국 시대 우파세력들의 민족중심주의적 쇼비니즘이나 나치주의의 인종주의적 팽창주의가 부활한 결과는 아니었다. 오히려 1945년 이후 연합당이 우세였던 지역에서는 그러한 극단주의가 힘을 발휘하지 못했던 것이다.[13)] 라인란트와 바이에른의 많은 가톨릭교도들은 열광적 독일 민족주의에 거부감을 가지고 있었다. 자신들이 민족 내에서 독립적 공동체라는 의식과 위계적이며 교리에 충실한 신앙에서 비롯된 "명백히 조화로운 질서"에 대한 의식은 가톨릭계 주민들이 인종차별적 독일 민족주의가 내세우는 전제주의적 주장과 메시아적 호소에 (면역은 아니더라도) 빠지지 않도록 해주었다. 더구나 라인란트와 특히 바이에른은 1871년 제국에 별다른 애착을 갖지 않았다. 두 지방은 그 이후 오랫동안 나름의 전통과 정체성을 발전시켰으며, 따라서 라인란트의 기

12) Schwarz, Hans-Peter, *Adenauer*, 708.

13) 비스마르크 시대와 "교회에 대한 투쟁" 시기부터 가톨릭교도들은 자신들을 아데나워가 "독일 정신의 암흑"이라고 칭한 극단적 민족주의의 희생자로 여겼다.

민당과 특히 바이에른의 기사당은 "범독일주의적"(*gesamtdeutsch*) 정서를 갖지 않았다.

기민당 내에서 진정한 범독일주의적 정서는 주로 북부와 중부의 개신교도 당원들 사이에 남아 있었다. 이 지역들은 과거 작은 공국들(*principalities*)로 나뉘어 서로 갈등관계에 있었기 때문에 남부보다 지역적 정체성 의식이 약했고, 대신 1871년 이후의 제국에 대해 더 강한 유대감을 갖고 있었다. 더 중요한 사실은 개신교도가 압도적 다수를 점하는 중부와 북부 주민들은 개신교도가 지배하던 대제국시대를 더 편안하게 느꼈다는 점이다. 그런 이유에서 기민당 내 범독일주의를 대표한 세력들은 이 지역들의 정치인들과 서베를린 출신들, 요한 밥티스트 그라들(Johann Baptist Gradl) 같은 동독난민들, 개신교도 명망가들이었던 것이다.

나아가 범독일주의적 성향 여부와 무관하게 모든 연합당 지도자들은 독일의 분단이 반역사적이고 비인도주의적이라는 생각을 공유했다. 그들은 1871년 비스마르크 제국이 정부체제로서는 많은 결함이 있었지만 하나의 정치적 공동체에서 함께 살고자 하는 독일민족의 의지를 구현했다는 데 의견이 일치했다. 그들은 민족 정체성이 1871년 제국에 의해 형성되었다고 보았다. 독일어 사용지역에 사는 사람들이 공유했던 언어와 문화, 역사의 모호한 특성에 비로소 구체적 형태를 부여한 것이 1871년 제국이었으며, 그 이후 발생한 일들이 아무리 재앙적(*catastrophic*)이었다 하더라도 이러한 공동의 민족 정체성 의식까지 파괴하지는 못했다고 보았다. 그들은 1933년 이전의 민족주의와 히틀러의 인종주의적, 전체주의적 제국주의는 독일의 민족적 열망이 왜곡돼 나타난 것에 불과하며, 그것이 독일의 영구적, 강제적 분단을 언제까지나 정당화하지는 못한다고 주장했다. 한 당대인의 평가처럼 아데나워는 더 커진 독일이 — 가톨릭계 라인란트에게는 결함 있는 체제였지만 — "사물의 자연적 질서"(*the natural order of things*)를 형성했던 시기에 성장했으며, 총리 재임기간에도 자신에게 부여된 "독일" 정치지도자로서의 의무를 더욱 강하게 의식하였다.[14]

연합당 지도자들은 또한 국경을 사이에 둔 독일인들이—특히 동독인들이—자신들이 한 민족의 일원이라는 감정을 유지한다고 보았다. 사민당과 마찬가지로 연합당도 "저쪽"에 사는 친구들, 가족들, 동족들이 더 나은 미래에 대한 희망을 가질 수 있도록 분단종식을 위해 노력해야 할 형제적 의무감과 연민을 가지고 있었다.

게다가 범독일주의 정서는 종종 영토합병주의(*annexationist*)나 실지회복주의(*irredentist*)적 어조를 띠기도 했다. 1944~45년에 독일이 상실한 지역들 출신의 정치인들은 개인적 경험으로 인해 분할에 대해 강한 혐오감을 가질 수밖에 없었다. 과거 독일에 속했으나 "폴란드의 행정관할"로 넘어간 슐레지엔, 북부 슐레지엔, 폼메른 등 오데르-나이세(*Oder-Neisse*) 국경선 동쪽지방에서 건너온 약 600만 명의 추방자들을 대변하는 정치인들은 자신들의 고향을 동독이나 서독과 같이 독일의 동등한 일부로 여겼다. 심지어 1938년 독일에 합병되었다가 1945년 체코슬로바키아로 귀속된, 따라서 현재 동서독과 "동등하지는 않았던" 주데텐 지방 출신들도 강한 범독일주의적 관점을 옹호했다.

추방자들 대부분은 독일이 통일되더라도 동부영토를 회복할 가능성이 희박하다는 사실을 알고 있었다. 그러나 서독이 중유럽의 현상을 변경하려는 노력을 하지 않으면, 향후 고향문제를 최종 처리하는 과정에서 자신들이 발언권을 행사할 기회조차 잃게 될 것을 우려했

---

14) 한스-페터 슈바르츠와 빌헬름 그레베(Wilhelm Grewe)에 따르면, 임기 말 아데나워는 밀려드는 동독난민들을 동독의 열악한 생활환경에 대한 증거로 여겼다고 한다. Gespräche, Rhöndorfer, *Entspannung und Wiedervereinigung: Deutschlandpolitische Vorstellungen Konrad Adanauers* 1955-1958(Stuttgart: Belser Verlag, 1979), 14-57.

다. 그들은 또한 독일인들이 전후 동유럽에서 많은 경우, 잔인하게 추방되었다는 사실을 전 세계에 지속적으로 알려야 한다고 주장했다. 이러한 열정은 아직 동유럽에 남아 있는 동포들에 대한 유대감과 역사적, 정치적으로 자신들의 존재가 사라져버리지 않게 하려는 희망에서 비롯되었다. 그 횃불은 종종 분노에 찬, 심지어 영토회복주의적인 발언을 정치적 연료로 하여 타올랐다.*

추방자가 아닌 연합당 당원들도 한편으로는 정치적 편의주의에서 — 추방자의 수는 약 1,300만 명에 이르렀다 — 다른 한편으로는 진정한 이념적 공감에서 그들의 고향에 대한 권리를 지지했다. 기사당 지도자들도 이전 상태를 회복할 가망이 없다는 것을 인정했지만 지역에 대한 강한 충성심과 본능적 반공주의라는 공통점으로 인해 바이에른 출신들과 추방자 집단은 강한 유대감을 가졌다. 주데텐 출신들은 기사당 내에서 특별한 영향력을 행사했다. 바이에른과 비슷한 방언을 사용하는 이들 합스부르크 유럽 출신 동포들의 "보호국"이 바이에른이었기 때문이다.

---

* 슐레지엔, 북부 슐레지엔, 폼메른 등 지역은 구 독일제국의 영토였으나 종전 후 포츠담협정을 통해 독일의 동쪽 국경이 오데르-나이세 강으로 정해짐에 따라 독일영토에서 제외된 이들 지역에 거주하던 다수의 독일계 주민들이 구 소련 및 폴란드 정부 등에 의해 가혹하게 강제 추방 되었다. 그 숫자에 대해 필자는 뒤에서 보듯이 1,300만 명으로 적고 있으나 1000만 명 이상이라는 것만 알려졌을 뿐 정확하게 파악되지는 않았고 추방되는 과정에서 200만 명가량의 주민들이 기아, 질병 등으로 사망한 것으로 알려지고 있다. 이 강제추방 문제는 독일이 전쟁 중 유태인들에게 가했던 가혹한 행위들에 밀려 독일에서는 물론 서구에서도 별 주목을 받지 못하였으나 1977년 미국 변호사 자야스(Zayas)의 연구를 통해 비교적 상세히 밝혀지게 되었다 — 옮긴이.

3) 현실정치, 이데올로기, 그리고 연합당의 독일정책

그러나 범독일주의 정서가 연합당의 전통적 독일정책(*Deutschland-politik*)의 유일한 추진력은 아니었다. 대부분의 연합당 정치인들은 통일을 민족적 의무로 옹호했지만, 그러한 정서는 별개의 중대한 관심사를 수반하거나 그것에 포함되기도 했다. 앞에서 보았듯이 서독의 국제적 신뢰와 영향력을 회복하고 소비에트 공산주의의 위협으로부터 군사적, 정치적 안보를 확립하는 것이 기민/기사당 서방정책의 목표였다. 연합당(특히 기사당)의 통일에 대한 접근방법도 이 같은 목표에 의해 규정되었다.

아데나워와 슈트라우스 같은 연합당 지도자들은 1945년 히틀러 제국의 붕괴가 국제정치에서 독일의 역할을 축소시켜 다른 나라들에 의해 운명이 결정되는 피동적 존재로 전락하는 결과로 이어질 것을 두려워했다. 이러한 "포츠담 콤플렉스"(*Potsdam complex*)가 아데나워의 서방정책을 더욱 강화시켰고, 그로 하여금 연방공화국의 정치적 무력화를 막기 위해 경제적 수단으로 국가주권을 사들이게까지 하였다. 그러나 장기적으로 볼 때 서독은 너무 작은 존재여서 그 자체만으로는 세계에 대한 영향력은 고사하고 스스로의 운명도 결정할 수 없었다. 서독의 경제 기적으로 증대된 국가의 부와 미약한 세계정치 영향력 간의 차이가 더욱 부각되면서 이러한 상대적 무력감은 더욱 커져갔다. 슈트라우스는 이러한 서독의 상태를 "경제적 거인이지만 정치적 난쟁이(*political pygmy*)"라고 묘사하기도 했다.[15] 아데나워와 슈트라우스, 당 동료들, 특히 기사당원들은 서독이 특히 미국에 의해 2류 동맹국 취급을 받을 때마다 커다란 좌절감을 느꼈다. 이런 좌절감과 더불어 전통적 민족주의를 부정하는 당 강령이 그들로 하

---

15) Strauss, Franz Josef, *The Grand Design: A European Solution to German Reunification* (London: Weidenfeld and Nicolson, 1965), 81.

여금 민족분단이 독일을 무력하게 만든 한 원인이라고 느끼게 했다.

더 중요한 것은 연합당이 독일분단을 유럽의 안정과 평화에 대한 잠재적 위협으로 보았다는 점이다. 진정한 안보는 통일을 통해서만 가능하다고 믿었던 아데나워는 "당시 유럽의 균형은 심각하게 교란된 상황이었다. 이는 다른 유럽국가들과 유럽의 지정학적 상황에 대해 중대한 위험을 내포하고 있었다. 나는 서방 정치지도자들에게 이런 사실을 계속 주지시켜야 했다"라고 토로했다.[16]

마지막으로 기민당과 기사당은 보수주의적 성향으로 인해 처음부터 거의 본능적으로 반공주의적 시각을 갖고 있었다. 민족분단, 동독 내의 정치적 탄압, 국경을 가로질러 활동하는 적군파 등이 이러한 정서를 더욱 강화시켰다. 추방자들의 경우에는 개인적 경험도 강하게 작용했다. 이 시기에는 사민당도 비슷한 이유로 훨씬 더 강경한 반소비에트 노선을 취했다.

이와 같이 아데나워 시기에 모든 연합당 지도자들이 통일에 대한 의무감을 공유하였지만 그 이유와 정도는 서로 달랐다. 한스-페터 슈바르츠가 "민족진영"(*national camp*)이라고 부른 베를린과 북부 출신, 추방자 그룹 등 가장 강하게 정서적 범독일주의를 지향한 세력들은 아데나워와 남부 출신, 가톨릭 지도자들을 경계했다. 아데나워 세력도 당내의 과도한 민족주의를 서방정책에 대한 위험요인으로 보았다. 그럼에도 불구하고 아데나워는 두 세력 모두 필요하다는 것을 알았고 모든 수단을 동원해 "민족진영"을 끌어들이려 애썼다.[17]

4) 아데나워의 구상

아데나워는 어떤 방법을 통해 이렇듯 다양한 이해들을 충족시키면서

16) Adenauer, Konrad, *Erinnerungen* 1953-1955, 454.

17) Schwarz, Hans-Peter, *Adenauer*, 655-56.

도 자신의 최고목표인 서구통합과 양립 가능한 통일정책을 추진하려 했을까?

그는 우선 구(舊)독일제국 같은 형태의 새로운 민족국가의 재건은 배제시켰다. 그러한 국가체제는 이웃국가들 사이에서 독일 팽창주의에 대한 공포를 불러일으키거나 적어도 유럽의 세력균형을 흔들어 소비에트 공산주의에 유리하게 작용할 것이라고 보았다. 그는 또한 처음부터 어떠한 형태의 독일 중립화도 배제했다. 중립적 독일은 동서간 교량 역할도 완충제 역할도 다 못할 것이며 오히려 그로 인한 힘의 공백이 소련의 패권주의를 불러들일 것이라고 믿었다. 독일의 지정학적 조건에서는 핀란드처럼 신속하게 중립화하지 않는 이상 스위스 식의 중립주의는 거의 불가능하다고 보았다.

그와 달리 아데나워와 그의 후계자들이 제시한 "통일"(*reunification*)은 국가적 단일성(*state unity*)의 관념, 즉 모든 독일인들이 다시 하나의 국가에서 같이 산다는 것을 의미했다. 이에 대한 당의 논리에는 모호한 측면이 있었다. 시간이 갈수록 연합당 정치인들은 "자기결정권"(*self-determination*)을 서독의 진정한 목표로 강조했는데, 한 민족이 두 개의 국가로 나뉘어 있다고 해서 자결권을 행사할 수 없는 것은 아니었다. 그러나 기민/기사당의 다수는 "통일"과 "자기결정권"이 동의어는 아니지만 전적으로 양립 가능한 개념으로 간주했다. 그들은 전 독일 국민투표 등 어떠한 형태의 진정한 자기결정 과정을 거치더라도 독일인들이 국가적 통일을 선택할 것이라고 보았다. 심지어 자결권을 강조하는 이들은 독일민족이 분단상태를 유지하기로 결정한다 해도 그때의 분단은 완전한 통일을 향한 이행기 동안의 임시적 상태에 불과하다는 데 동의했다. 그리고는 연합당 지도자들 모두가 독일은 국가적 단일성을 추구할 권리를 가진다고 적극적으로 주장했다.

그래도 여전히 의문이 남게 된다. 1945년 이전 독일 민족국가로 복원하는 방안이 배제된다면 국가 단일성은 구체적으로 어떤 형태를 취해야 할까? 연합당 지도자들은 대안으로서 동서의 모든 독일인들이 포괄적이고 통일되고 민주적인 서유럽국가연방(*West European federation of nations*)의 일원이 되는 것을 제시했다. 동독인들도 언젠가 이에 가입할 수 있을 것으로 보았다. 이 같은 방법으로 연합당은 서방정책과 독일정책의 궁극적 목표들을 종합해 유럽의 통합 또는 통일, 그리고 독일의 통일이라는 방안을 제시했다. 연합당은 그러한 유럽연방국이나 국가연합하에서 내부의 정치적, 경제적 차이는 없어지지만 단위국가들은 독자적 정체성을 유지하도록 허용될 것이고, 그러한 정치적 틀은 반역사적 민족분단을 해결하고 동독인들에게 다시 자유를 가져다줄 것이며, 또한 유럽연방국이 궁극적으로는 평화적 방법으로 동유럽을 끌어들일 것이기 때문에 추방자들도 고향에 대한 권리(*right to Heimat*)를 실현할 희망을 유지할 수 있을 것이라고 설명하였다.

아데나워는 완전하게 동등한 지위에 이르는 가장 안전한 길은 하나의 새로운 유럽, 심지어 하나의 유럽 초강대국이라는 틀 안에서 독일을 통일시키는 것이라고 믿었다. 유럽이 외부 강대국들의 체스판이 아니라 다시 세계적 영향력의 중심이 된다면, 그 최대 구성단위가 될 통일독일도 자신의 운명을 스스로 결정할 수 있게 될 것이라고 본 것이다.[18)]

아데나워 시대 이후 하나의 서유럽국가 내에서의 독일통일을 추진한다는 것은 소비에트 공산주의를 수세로 모는 구체적 방법이기도 했다. 단일한 유럽의 건설은 서구의 문명과 기본가치에 대한 공산주의의 위협을 격퇴하는 데 중대한 방책이 될 것이기 때문이다.

비판세력들은 이러한 서방정책과 독일정책의 정교한 합(*synthesis*)에 대해 조화될 수 없는 요소들을 단순하게 합쳐놓은 잡탕에 불과하

---

18) Besson, Waldemar, *Die Aussenpolitik der Bundesrepublik: Erfahrungen und Massstäbe* (Frankfurt: Ullstein, 1970), 104.

다며 일축했다. 경쟁정당들은 물론 많은 중립적 평론가들도 독일통일과 유럽통합은 양립하기 어려운 상호배타적 목표라고 보았고, 연합당의 구상은 다분히 민족주의적 성향의 유권자들을 충족시키기 위한 술책일 뿐이라고 주장했다.

그렇다면 연합당 지도자들은 유럽통합을 통한 독일통일이 실제로 가능하다고 믿었을까? 확실히 그들은 불가능하지 않다고 생각했다. 연합당 지도자들은 그러한 방안이 독일의 경제적, 정치적 패권에 대한 두려움을 불러일으키지 않을 수 있을 것이라고 보았다. 또한 그러한 유럽국가는 전혀 새로운 정치구성체(*political construct*)로서 국가간 경쟁을 흡수하여 구시대적인 것으로 만들 것이라고 주장했다. 기민/기사당은 자신들의 방안이 민족주의가 배제된 민족정책이며 독일의 민족문제에 대한 경계심과 냉소주의를 극복하는 데 가장 적합한 정책이라고 보았다. 그러한 냉소적 분위기의 전형은 프랑스의 소설가 프랑수아 모리악(Francois Mauriac)의 가시 있는 농담에서 찾아볼 수 있다. "나는 독일을 너무나 좋아한다. 그 독일이 두 개나 있으니 얼마나 기쁜 일인가?"

요컨대 아데나워와 연합당 지도자들은 자신들의 목표가 실현되어야 하기 때문에 스스로에게 확신시켰던 것이라고 볼 수도 있다. 그러나 보다 더 타당성 있는 설명은 그들로서는 다른 형태의 통일이 실현 가능성이 거의 없거나 아니면 민주주의와 서구 지향성을 약화시키기 때문에 받아들일 수 없었다는 것이다.

아데나워는 "독일 내에서는 유럽정책과 독일 단일성을 위한 정책 둘 중 하나만이 가능하다는 의견들이 있다. 그러나 나는 이러한 '이것 아니면 저것' 같은 방식이 치명적 오류라고 생각했다. 강력하고 통합된 유럽 없이 어떻게 독일통일의 실현이 가능한지 누구도 설명하지 못했다"고 지적했다.[19] 어쨌든 발데마르 베송(Waldemar Besson)의 평가와 같이 1950년대에 아데나워는 자신의 통일방안에 대한 진실한 믿음을 가지고 있었다.[20] 더구나 당내 범독일주의자들도 이 정부정책에 대한 경계가 전혀 없는 것은 아니었으나 이를 받아들이고 "민족적"이라고 정당화했다. 그들이 지지한 것은 한편으로는 아데나워와 그의 반공주의에 대한 믿음 때문이기도 했지만, 다른 한편 대안이 없어서 체념한 측면도 없지 않았다. 수년 후 당내 아데나워 후계자들은 여전히 그의 독일 단일성 모델이 원칙에서 올바를 뿐 아니라 실현 가능성도 있다고 보았다.

5) 힘의 정책과 보류정책

아데나워 이래 연합당 지도자들은 유럽통합을 통한 독일 단일성 실현이라는 구상이 서독의 통제 밖의 상황들에 의존한다는 점을 인정했다. 즉, "서유럽이라는 틀 속에서의 통일"은 유럽 내 세력균형의 광범위한 변화에 좌우되는 것이었다. 간단히 말해 소련이 더 이상 독일 통일을 거부할 수 있는 위치에 있지 않게 되어야 한다는 것이다.

기민/기사당 지도자들은 소련의 동유럽 지배를 제정 러시아 시대의 팽창주의적 야심을 뒤늦게나마 실현하려는 것이며 공산주의 세계혁명의 첫 단계로 간주했다. 그만큼 소련은 동유럽 지배를 유지하는 데 중대한 이해관계를 가진다고 본 것이다. 따라서 연합당은 소련의 동기로 볼 때 동독은 소련에서 경제적으로나 군사적으로 매우 중요한 구성요소이며, 소련은 독일의 민주주의적 통일을 결코 용인하지 않을 것이라고 판단했다. 그러한 통일은 소련의 패권과 이데올로기에 치명적 타격을 줄 자유화라는 바이러스를 퍼뜨릴 것이기 때문이다. 결국 소련이 자발적으로 용인할 통일독일의 형태는 완전히 중립

---

19) Adenauer, Konrad, *Errinerungen* 1945-1953 (Stuttgart: Deutsche Verlags-Anstalt, 1965), 536.

20) Besson, Waldemar, *Aussenpolitik*, 115.

화되고, 무력화되어 외부압력에 취약한, 그리고 서방과는 단절된 국가라는 것이 연합당의 생각이었다.

이렇게 소련과 독일의 장기목표가 기본적으로 충돌한다는 인식하에 연합당은 통일은—유럽통합을 통해서든 아니면 다른 민주적 틀 속에서든—소련이 더 이상 거부할 수 없을 때에만 가능하다고 보았다. 그들은 소련에 불리한 방향으로 세력관계를 재편하는 것만이 궁극적으로 동유럽에서 소련의 패권유지를 불가능하게 하고, 소련으로 하여금 블록(*bloc*) 내 국가들에 대한 통제를 완화하거나 포기할 수밖에 없도록 할 것이며, 그리하여 크렘린 지도자들이 독일통일에 대한 입장을 재고하도록 유도할 것이라고 보았다. 서독이 경제적, 정치적, 군사적 무게를 서유럽 쪽에 실어줌으로써 현재의 세력균형을 소련에 불리한 방향으로 결정적으로 변화시켜 소련이 더 이상 통일의 장애물이 안 되도록 할 수 있다는 것이다.

이상이 서방정책의 결과로서 통일을 구상하는 "힘의 정책"(*policy of strength*)의 고전적 정의이다. 이는 아데나워 시기부터 연합당의 민족문제에 대한 기본적 접근법으로서 독일판 "롤백"(*rollback*)으로 불리기도 했다. 그러나 아데나워와 그 후임자들은 군사적 압박이 독일통일에 대한 소련의 반대를 극복하는 데 결정적인 것이라고는 보지 않았다. 한스-페터 슈바르츠는 기민/기사당의 "힘의 정책"에 대한 자신감은 초기 동서 데탕트에 대한 희망에서 비롯되었다고 주장했다.[21] 슈바르츠에 따르면 아데나워는 소련이 끝없는 군비경쟁에서 좌절하고 임박한(주로 경제적인) 국내위기, 중국 위협의 대두, 그리고 서구의 단결로 인한 유럽전략 실패, 억누를 수 없는 동유럽 민족주의의 발흥 등의 상황에 직면하게 되면 결국 동서협력에 나설 것이라고 확신했다. 아데나워와 계승자들은 이러한 요인들이 함께 작용하는 상황

---

21) Schwarz, Hans-Peter, "Das aussenpolitische Konzept," 90-98; Schwarz, Hans-Peter, "Adenauer und Russland," 382-89.

에서 소련이 유럽분열 문제에 대해 점차 전향적 태도를 보일 것이라고 예상했다. "냉전적 방법은 더 강력해진 유럽에 더 이상 통하지 않는다는 것을 소련이 깨닫게 되면, 국내의 경제적 어려움 때문에라도 서방과의 타협으로 기울 것이라고 생각했다. … 내 희망은 소련이 언젠가는 '모든 것을 동시에 이룰 수는 없다'는 것을 깨닫는 것이다. 나는 소련이 중국에 힘을 집중하고 유럽은 평화롭게 놔두기를 희망했다. (우리는) 그러한 결정이 나올 때까지 기다려야 한다고 보았다"는 아데나워의 발언이 그들의 생각을 잘 말해준다.[22]

그러나 소련의 정책변화를 가정하고 인내하자는 호소는 아데나워가 독일 단일성의 실현을 장기적 최대치 목표(*maximal goal*)로 보았다는 것을 보여준다. 실제로 그는 총리취임 후 첫 담화에서 통일은 다른 정책들이나 사건들의 결과로서 실현될 것이며 일상적 정책의 방향을 설정해주는 목표는 아니라는 견해를 시사했다. 이후 20년 동안 당은 그러한 가정을 고수했다. 이에 근거해 비판자들은 물론 아데나워에 우호적인 이들조차 기민/기사당의 모든 통일논의는 진정성이 없다고 평가했다. 그러나 그렇게 보는 것은 옳지 않다. 사실 아데나워나 후임자들은 통일을 가장 바람직한 장기목표로 보았다. 다만 당장은 단기적이며 최소한의 독일정책의 목표, 즉 서독이 받아들일 수 없는, 소련에 유리한 방식으로 독일문제가 해결되는 것을 막는 데에 집중하였던 것이다. 윌리엄 그리피스(William Griffith)가 "보류정책"(*holding policy*)이라고 이름 붙인 이 정책은 아데나워 정부에서 유래해 1969년 이래 민족문제에 대한 기민/기사당 정책의 기조를 이루었다.[23] 연합당 지도자들은 장기적으로 동유럽에서 소비에트주의가 서방의 압력이나 다른 대내외적 요인으로 인해 퇴조하는 것을

22) Adenauer, Konrad, *Erinnerungen* 1953-1955, 63, 211.

23) Griffith, William E., *The Ostpolitik of the Federal Republic of Germany* (Cambridge: MIT Press, 1978), 61-71.

도모하되, 그 전에 서독이 당면한 과제는 자국의 서쪽 토대를 무너뜨리려는 소련의 부단한 시도에 맞서는 것이라고 보았다. 이를 위해 서독이 동의할 수 없는 분단해결 방안을 거부하고 폴란드와의 동부국경 문제를 미해결 상태로 유지하는 것이 필요했던 것이다. 아데나워는 폴란드 점령의 동부영토를 통일독일에 귀속시킬지에 대해 입장을 분명히 하지 않았지만, 그렇다고 그 지역들을 기꺼이 포기하려 한 것은 아니었다.

달리 말해서 특히 1950년대에 연합당 민족문제 정책의 단기목표는 독일을 흡수하거나 중립화, 영구 분단시키려는 소련의 기도를 저지한다는 방어적 성격을 띠었다. 당이 서독이 원하는 방식으로의 통일에 대한 의지를 적극적으로 표명한 것은 소련의 전략을 둔화시키는데 도움이 되었다. 최선의 방어가 좋은 공격이라는 믿음으로 아데나워와 연합당 지도자들은 통일이 즉각적 목표인 것처럼 표현했다. 통일문제를 의제로 유지함으로써 궁극적으로 소련의 양보를 이끌어내기를 기대했던 것이다.

2. 아데나워의 동방정책과 독일정책의 실천

1) 아데나워의 초기정책 : 1949~1954

1940년대 말과 1950년대 초에 아데나워는 서유럽 통합을 추진하면서 동시에 소련의 우선적 목표인 독일의 중립화 통일 기도를 저지하려 했다. 2차 대전 종전 당시 연합 4강은 패전국 독일과의 최종 평화협정을 미뤘으며 향후 조약을 체결할 권리를 갖고 있었다. 평화조약이 체결되지 않는 한, 4강은 기술적으로 '단일한' 독일에 대해 권한을 보유하고 있었다. 단일한 독일이란 서독과 동독지역뿐 아니라 많은 독일인들이 여전히 자신들의 동부영토라고 부르던 폴란드 서부지역, 즉 슐레지엔, 폼메른, 브란덴부르크, 동프로이센, 포젠-서프로이센으로 이루어져 있었다. 이런 면에서 동·서독 수립이나 동독과 폴란드 사이의 오데르-나이세 국경설정 등 (이 국경이 정해지면서 위에서 열거한 영토는 연합당의 표현을 빌면 "폴란드의 행정관할"로 편입되었다) 1945년 이후의 모든 변화는 최종조약이 체결되기 전까지는 엄밀히 말해서 잠정적 성격을 가진 것이었다. 평화조약 전까지는 4강이 독일에서의 영토적, 정치적 상태의 실질적 변화에 대해 사실상 거부권을 보유했던 것이다.

아데나워도 독일문제가 4강 합의에 의해서만 해결될 수 있다는 데 동의했다. 그러나 "포츠담 콤플렉스"를 가진 그는 소련이 4강 회담을 이용해 서방국가를 압박하여 중립화된 통일독일(*Gesamtdeutschland*)과 평화조약을 체결하는 안을 추진할 것으로 믿었다. 아데나워는 "4강 회담은 위험했다. 독일정책의 과제는 그러한 위험을 합리적 방법으로 제한하는 것이었다"고 실토했다.[24] 아데나워는 서방 동맹국들에 대한 서독의 발언권이 커지는 것을 이용해 최악의 시나리오를 막드

---

24) Adenauer, Konrad, *Erinnerungen* 1953-1955, 217.

려 했다. 즉, 동맹국들에 대하여 전체 독일이 완전히 통일되고 민주적이며 주권적일 것이 보장되지 않는 한, 어떤 독일문제 해결방안도 받아들이지 말 것을 요청했다. 다시 말해 아데나워는 전부 아니면 전무 방식을 고집했는데, 전부는 거의 기대할 수 없었으므로 사실상 전무를 관철시키려 했던 셈이다. 즉, 중립화와 유사한 4강 합의는 결코 받아들이려 하지 않았다.

1949년에서 1955년에 이르는 점령 마무리 단계이자 제한된 주권행사 시기에 아데나워는 미국과 프랑스, 영국에 대해 독일문제에 대한 소련과의 회담에서 한 가지 전제조건을 고수할 것을 요구했다. 즉, 동·서독간의 임시 "연합"정부를 수립하기 전에 국제감시하에 자유선거를 실시해야 한다는 것이다. 이미 동유럽 전역에서 그랬듯이 공산주의자들이 임시 연합정부를 조종하고 지배하려 할 것을 우려했기 때문이다. 그러나 비판자들의 지적대로 이러한 전제조건하에서는 예컨대 단계적인 민주적 통일 같은 어떠한 타협적 해결방안도 도출될 수 없었다. 그러나 아데나워는 그런 타협적 방안은 서독이 통일을 위해 서구와의 관계를 희생하려 한다는 인상을 줌으로써 서구의 분열을 조장하여 진정한 민주적 주권국가의 재건을 막으려는 소련의 협상전략에 불과하다며 단호히 거부했다.

아데나워의 보류정책에는 법률주의적 기초(*legalistic basis*)도 포함돼 있었다. 1949년에 제정된 기본법은 서독을 신생국가도 계승국가도 아닌, 2차 대전에서 살아남은 과거 제국의 일부분(*rump of the pre-war empire*)으로 규정했다. 연합당은 따라서 최종 평화협정이 체결되기 전까지는 연방공화국이 전체 독일을 대표할 권리를 가진다고 주장하였다. 전체 독일의 고유한 자결권이 4강에 신탁된 것으로 간주할 수 있겠지만 그렇다고 해서 독일이 법적 권리를 상실했다고는 보지 않았다. 전체 독일이 자결권을 행사하지 못하는 것은 단지 그 일부가 여전히 외국, 즉 소련의 점령하에 있기 때문이라고 주장되었다. 기민/기사당은 동독인들이 국제적으로 인정되는 고유의 자결권을 자유롭게 행사할 수 있게 될 때까지 그 권리는 연방공화국이 보호하고 보유해야 한다고 보았다. 1949년 기본법은 민주주의국가로서 서독이 당분간 민족 전체를 대표할 수 있고 (또 그래야 하며), 모든 독일인들이 스스로의 미래를 함께 결정할 수 있는 조건을 실현하기 위해 모든 노력을 경주해야 한다는 내용을 포함했다. 아데나워는 이러한 입장에 대한 서구의 승인을 얻어냈다. 또한 예컨대 이른바 "독일민주공화국(동독)"의 정당화를 의미할 수 있는 양독의 협상같이 서독의 법적 지위를 훼손할 수 있는 어떠한 행동도 거부했다. 나아가 연합당은 오데르-나이세 선 서쪽에 위치한 영토를 대표할 법적 권한도 공식적으로 포기해서는 안 된다고 주장했다. 이를 포기할 경우 전체 독일을 대표할 서독의 권리가 약화되기 때문이다. 해당 영토를 처분하든 아니면 추방자들이 바라는 대로 다시 찾든 그것은 통일되어 완전한 주권국가가 된 독일만이 결정할 수 있는 문제라고 주장했다.

동시에 1950년대 초반 아데나워는 — 서방정책과 독일정책을 결합하여 추구하면서 — 당의 범독일주의자들이 이단적이라고 비판한 조치를 단행했다. 프랑스, 영국, 미국과 조약을 체결해 서독의 재무장을 조건으로 (평화조약 수립 전까지) 서구 점령당국의 해체와 서독의 주권회복, 서독과 그들 간의 전면적 외교관계 수립에 합의한 것이다. 야당인 사민당과 연정의 일부였던 자민당 당원들은 서독의 재무장이 평화통일을 가로막는 조치라며 비난했다. 아데나워는 통일이 가능하다면 그것은 오직 강력한 서구진영을 통해서만 가능하다고 반박했다. 연합당 내 민족주의 세력들도 분단을 잠정적인 것으로 규정하고 통일을 추진할 수 있는 서독의 법적 권리가 훼손되었다고 비판했다. 아데나워는 조약 당사국들이 "독일연방공화국(서독)과 유사하게 자유롭고 민주적인 헌법을 지니며 유럽공동체에 통합된 통일독일이라는 공동의 목표를 평화적 수단으로 달성하기 위해 협력해야 한

다"고 규정한 조항을 근거로 그러한 우려를 일축했다.[25)]

그러나 역사학자 아르눌프 바링(Arnulf Baring)은 아데나워가 동맹국들의 이러한 연대서약을 단지 비판세력을 무마하기 위한 방편으로 간주했다고 주장한다. "포츠담 콤플렉스"를 가진 그는 독일에 영향을 미치는 사안에 대해 서독의 발언권을 강화하는 데에만 관심을 가졌다. 서독이 점령상태이거나(1945~49년) 고위급위원회(High Commission)의 관리하에 있는 한(1949~55년), 국가의 운명은 외부세력의 손에 맡겨진 것이었다. 하지만 주권을 다시 획득하면 독일문제가 "서독과 상관없이" 서구국가들에 의해 결정되는 것을 막을 수단을 갖게 된다. 바링은 독일조약의 주목적이 독일통일에 대한 동맹국들의 지지가 아니라 바로 이런 점이었다고 보았다. 재무장으로 인해 소련이 통일을 승인할 전망이 흐려지고 주권회복으로 서독이 전체 독일을 대표할 수 있는 권리가 약화되더라도, 아데나워에게는 그런 목표가 더 중요했다는 것이다.[26)]

다른 한편 동맹국들의 공식적 지지표명은 보류정책에 도움이 되었다. 아데나워나 연합당은 서독의 법적 지위가 자신들의 일방적 주장에 그친다면 효과가 없을 것이라고 보았다. 민주적 통일에 대한 서구의 지지표명은 서유럽의 틀 내에서의 민족 통합이라는 그의 최대목표의 신뢰성을 강화시켰고 또한 서방국들이 서독이 원하지 않는 방식으로 독일문제를 청산하려는 것에 대한 예방책이 되기도 했다. 그리고 아데나워는 최종 평화조약의 체결 전까지는 국경문제를 미해결 상태로 규정하는 조항을 고집했다. 이는 그 전까지는 폴란드와의 동부국

---

25) FRG, Bundesminister für innerdeutshe Beziehungen, *Auskünfte zur Deutschlandpolitik*(Bonn: Bundesministerium für innerdeutsche Beziehungen, 1983), 20.

26) Baring, Arnulf, *Im Anfang war Adenauer: Die Entstehung der Kanzlerdemokratie*(Munich: Deutscher Taschenbuch Verlag, 1982), 245-47.

경을 인정하지 않겠다는 의미였다. 동맹국들은 이를 마지못해 동의했다.

자신의 정책방향에 대한 확신이 너무 강했던 아데나워는 다른 어떠한 대안도 받아들이려 하지 않았다. 그래서 그는 기민당 범독일주의파들을 제외한 모두가 환영했음에도 불구하고 동독의 통일회담 제안을 고려하는 것조차 거부했다. 같은 이유로 그는 1952년 초 무장해제라는 전제조건 없이 통일문제를 논의하자는 소련의 제안을 거부할 것을 동맹국들에게 요구했다. 아데나워는 독일 무장에 대한 소련의 갑작스런 입장변화는 독일 내 민족주의자들을 선동하고 서구의 불신을 조장하려는 것이라고 파악했다. 또한 군사력을 갖춘다 하더라도 중립국 독일은 혼자 힘으로는 소련의 패권에 맞설 수 없을 것이라고 보았다. 자유선거를 보장하겠다는 소련의 약속에 대해서도 그는 동유럽의 전례에 비춰볼 때 바람직한 결과를 기대할 수 없을 것이라고 예상했다. 소련의 새로운 공세는 서구방위공동체에 대한 협상이 중대한 국면에 들어선 시기에 서방국가들 사이에 불신의 씨앗을 심으려는 의도에서 나온 것이라고 의심했다. 아데나워는 소련의 제안을 고려해볼 만하다는 기민당 범독일 민족주의 진영의 주장을 무시했고, 서방 동맹국들에게 서구식 자유선거를 핵심으로 하는 기존의 제안으로 대응할 것을 촉구했다. 그러나 사실 그가 걱정할 필요도 없었다. 동맹국들도 소련의 책략으로 서구의 단합이 깨지거나 독일이 중립화되는 것을 아데나워 못지않게 원치 않았기 때문이다.[27]

2) 궁지에 몰린 아데나워의 보류정책 : 1955～1958

1954년 아데나워의 서구통합 정책의 핵심인 통합 유럽방위공동체

27) Adenauer, Konrad, *Erinnerungen* 1953-1955, 63-131.

(European Defense Community) 계획이 무산되었다. 그 다음해 서독은 NATO에 가입했고 그 사이에 독일조약하에서 완전한 주권을 회복했다. 내부불안에 직면한 스탈린 사후의 소련 지도부는 서독의 존재를 인정했고, 독일의 중립화보다는 현재의 유럽구도를 공식화하고 그것에 기초해 "범유럽" 집단안보체제(*all European collective security system*)를 건설하려는 전략을 추진하기 시작했다.

아데나워는 소련의 이 전략이 먼저 독일의 분단을 공식화하고 다음 단계로 서구동맹을 약화시켜 대부분의 유럽국가들을 중립화하려는 것이라고 보았다. 새로운 국면에서 그의 보류정책은 새로운 과제를 떠안게 되었다. 1950년대 중후반에 그의 서구통합 정책의 현실적 목적은 현상유지에 기초한 새로운 유럽안보체제를 저지하고 동독에 대한 국제적 인정을 막는 것으로 옮겨갔다. 여러 해 동안 동맹국들에게 잘못된 통일을 막아야 한다고 촉구한 아데나워가 이제 동맹국들이 통일을 포기할지도 모른다고 우려하게 된 것이다. 그는 "우리 독일인들에게 최고의 계명은 독일이 두 개의 국가로 존재하는 것에 익숙해질 수 있다는 생각을 없애는 것이어야 한다"고 주장했다.[28]

아데나워와 연합당은 모든 통일논의를 뒤로 미루고 동독에 대한 승인을 얻어내려는 소련의 목표를 저지하고자 했다. 기민/기사당은 통일이 최우선 의제가 되어야 하며 동독을 점령지가 아닌 하나의 국가로 인정하는 것은 4강의 권한을 침해하는 것이라고 주장했다. 4강이 전체 독일과 평화조약을 체결하고 독일의 최종구성을 결정할 권한을 보유하며 그 전까지는 전후의 모든 변화가 잠정적 성격을 가질 뿐이므로 이 4강의 권한에 대한 어떠한 형태의 침해도 (예컨대 오데르-나이세 선 등의 국경들을 인정하는 것) 통일의 전망을 어둡게 하는 행위라고 기민/기사당은 주장했다. 아데나워는 동맹국들에게 그들이

---

28) Ibid., 269.

서독에게 민족 전체를 단독으로 대표할 권리를 인정해주었음을 상기시켰다.

아데나워와 연합당이 최대 목표인 통일을 적극적으로 주장한 것은 항상 그랬듯이 소련의 목표를 저지하기 위해서였는데, 이 시기 소련의 목표는 동독의 지위와 국경인정 문제에 초점이 맞춰졌다. 실제로 기민/기사당 정부는 "소련 점령지"에 대해서는 절대 인정하지 않았으며 무관심 전략으로 일관했다. 또한 제 3국이 동독과 중유럽의 영토적, 정치적 상태를 인정하는 것을 막으려 했다. 그에 따라 서독정부는 외교차관 발터 할슈타인(Walter Hallstein)의 이름에서 유래한 할슈타인 독트린을 채택해 소련 외에 동독을 승인하는 국가와는 외교관계를 단절하겠다고 선언했고 실제로 실행에 옮겼다. 소련은 4강의 일원이므로 "유일한" 예외였다. 할슈타인 독트린은 서독의 잠재적 외교, 무역 상대국들에게 서독과의 조화로운 관계를 원한다면 두 개의 독일국가의 존재를 정상적인 것으로 받아들이지 말 것을 요구했다. 이러한 정책은 대체로 성공적이어서 1969년에 이르러서도 동독을 인정한 국가들은 손에 꼽을 정도였고 그나마 주로 소련진영에 속한 국가들이었다.

그러나 현실주의 정치인(*Realpolitiker*)이었던 아데나워는 보류정책을 강화하고 보완할 수 있는 외교전술이 있다면 결코 마다하지 않았다. 그는 1955년 주권획득 직후 소련을 방문해 공식 외교관계를 맺었다. 소련과의 직접적 접촉은 소련 때문에 빚어진 현상유지를 거부하는 서독의 입장에 반하는 것으로 보였고 아데나워의 지지자들조차 당혹감을 감추지 못했다. 이에 대해 아데나워는 소련이 평화협정과 관련해 특별한 권리를 보유하고 있어 할슈타인 독트린에서 제외되며, 국가 단일성 문제에 대한 서독의 이해를 관철하기 위해서는 소련당국과의 공식적 협의가 불가피하다고 해명했다. 또한 소련의 수교제안을 외면한다면 국가 단일성에 대해 논의할 중대한 기회를 거부했다는 국민들의 비판이 일 것이라는 우려도 있었다고 인정했다. 그는 실제로 국가 단일성 문제가 논의되었다고 밝혔다. 그러나 다른 한편 서구의 의구심을 의식한 아데나워는 통일을 협의한 것은 아니며 그 문제는 여전히 4강의 몫이라는 점을 강조했다. 그는 독일인들에게는 확고한 통일의지를 보여주고 동맹국들에게는 일방적으로 행동할 의사가 없다는 믿음을 주어야 한다고 생각했다.[29] 따라서 아데나워가 소련과 직접 대화에 나선 것은 보류정책을 실질적으로 도와줄 수 있는 또 다른 목적을 노린 것이었다. 즉, 소련과의 접촉을 통해 당의 민주적 통일원칙을 약화시킬 수 있는 국내외적 데탕트 요구를 피해갈 수 있었다(그의 포츠담 콤플렉스를 재발시킨 4강 회담의 재개로 데탕트 압력이 가해지고 있었다).[30] 모스크바 방문에는 또 다른 목적도 있었다. 소련과의 관계 정상화로 모스크바에 억류된 1만 명가량의 전쟁포로의 석방을 얻어냈던 것이다.

할슈타인 독트린은 독일문제를 국제 이슈로 만드는 데 부분적으로 성과를 거두었다. 또한 많은 저개발국가들이 서독과의 교역이나 원조를 희망했기 때문에 동독을 어느 정도 고립시키는 데 성공했다. 그러나 연합당의 관심은 여전히 서방 동맹국들의 태도와 정책에 집중되었다. 그들이 포츠담 회담으로 분단을 잠정적 상태로 유지하였으며 향후 새로운 협정으로 분단을 고착화시킬 수도 있었기 때문이다. 서독이 독일 단일성에 대한 우방국들의 의지를 의심할 만한 이유가 없지 않았다. "서방국가들은 통일이 불가능한 한에서만, 독일 통일을 희망한다"는 농담의 의미를 기민/기사당은 명확히 이해하였

29) Ibid., 450.

30) Schwarz, Hans-Peter, "Adenauer und Russland," 382-87. 또한 아데나워의 정책은 서방이 지나치게 화해를 강요한다면 서독도 나름대로의 대응책이 있다는 경고를 내포하였다. 이는 라팔로 조약(1922년 서구와 국제연맹에서 고립된 독일과 소련이 국교재개, 경제협력을 합의한 조약 — 옮긴이) 같은 성격의 위협이라기보다는 그의 고질적 포츠담 콤플렉스에서 비롯된 것이었다.

다. 아데나워는 그럼에도 서방국들이 소련에 불리한 방향으로 세력 균형을 변화시키려는 "힘의 정책"과 장기적으로 이해관계를 같이한다고 보았다. 그는 독일조약이나 (우방국들에게 강요할 수 없는) 할슈타인 독트린보다는 바로 이런 공동의 이해관계에서 서구 동맹국들이 현상유지를 거부하는 자신의 입장을 지지할 것이라고 믿었다.

그러나 아데나워는 동맹국들의 인내심을 과대평가하였다. 유럽의 정치적 분할을 사실상 인정하는 데탕트에 대한 서구의 희망이 다양한 방식으로 나타나기 시작한 것이다. 1955년 동서간 정상외교가 복원되었고 NATO의 군비구조의 주축이 재래식무기에서 (보다 방어적인 구조인) 핵무기로 전환되었으며 동서간 병력철수 논의와 다양한 군비제한 계획들이 추진되었다. 이 모든 것이 서방국들이 유럽의 분단을 엄연한 현실로 인정하려 한다는 것을 보여주었다. 한때 지지받던 롤백 정책도 1950년대 중반 들어 쇠퇴기로 접어들었다. 동맹국들은 끝이 보이지 않는 대결에 지쳐갔고 스탈린 사후의 소련이 오스트리아 문제 등에 대해 보인 유연한 태도에 고무되었다. 또한 미국의 핵무기 독점이 무너지면서 군비통제를 주장하는 목소리가 점점 커졌다. 포츠담 회담으로 구축된 유럽의 현상을 유지하는 것에 기초하는 동서간 잠정협정(*modus vivendi*)을 추진하라는 요구도 대두되었다.

아데나워는 서방이 소련의 유혹에 넘어가 포츠담 체제의 안정성을 인정하고 이 체제를 동서화해의 출발점으로 받아들이게 되면, 결국 소련의 패권에 도전하고 반대하려는 서구의 의지가 곧 약해질 것이라고 판단했다. 또한 독일문제도 사실상 종결된 것으로 취급될 것이라고 보았다. 소련은 독일문제를 미해결 상태로 유지하고자 하는 소극적 노력마저 안정을 위협하는 영토회복주의적 시도로 간주할 것이기 때문이다. 아데나워는 이제 통일의 현실적 가능성이 남아 있다는 자신의 주장의 신뢰성과 단기적 보류정책, 장기적 통일의 희망에 가해질 타격을 염려해야 할 상황에 직면한 것이다.

연합당은 또한 소련의 데탕트 정책이 위험한 공세적 측면을 가지고 있다는 것을 간파했다. 소련의 "평화공세"(*peace offensive*)는 공개적으로 화해의 손길을 내밀어 미국과 유럽의 일부 국민들 사이에 동서간 적대상황이 자신들의 정부 때문이라는 여론을 일으킴으로써 서구내부의 분열을 조장하려는 것이라고 보았다. 또한 소련이 미국을 유럽과 분리해서 대하는 것은 "분할해서 지배하라"(*divide et impera*)는 전략에 따른 것으로 판단했다. 소련이 미국을 양자간 데탕트 관계로 끌어들이는 데 성공한다면 미국은 유럽 동맹국들의 이해관계를 무시하게 될 가능성이 있고, 그럴 경우 대서양은 서방 내에서 물리적 경계선일 뿐 아니라 정치적 경계선이 되어 결국 아데나워의 보류정책과 서독의 안보가 위험에 처하게 될 수 있다는 것이다.

아데나워와 국방장관 슈트라우스는 안보를 강화하기 위해 미국 핵무기를 독일에 배치할 것을 주장했다. 연합당 지도자들은 재래식무기 대신 대량 핵보복을 강조하는 미국의 뉴 룩(*New Look*) 정책을 안보전략적 차원에서 신뢰하지 않았다. 더욱이 연합당은 그것이 롤백 개념의 근간을 흔들고, 서방의 "힘의 정책"으로 소련을 압박해 통일을 받아들이게 할 수 있다는 서독의 주장에 배치되는 정책이라고 보았다. 그러나 다른 한편 미국의 전략적 강조점이 핵무기로 옮겨가는 상황에서 그 일부를 독일에 배치함으로써 미국정책에서 서독이 차지하는 중요성을 최대화할 수 있고, 또한 서독은 이를 통해 미국이 현상유지에 기초한 데탕트를 향해 너무 멀리 나아가는 것을 막을 수 있는 지렛대(*leverage*)를 손에 쥘 수 있을 것이라고 보았다.

아데나워는 또한 보류정책을 안정되는 동서관계에 조화시키려 했다. 우선 대세를 따라 데탕트를 지지했지만 동서화해는 "통일을 향한 전진"(*progress toward reunification*)을 전제로 해야 한다고 주장했다. 1950년대 중반 미국과 소련이 군축협상을 재개할 움직임을 보이고 군비통제에 대한 요구가 강해지자 서독도 그러한 움직임에 합류했다. 그러나 이번에도 아데나워는 보류정책과 현상유지 거부입장을 수호하기 위해 전 세계의 군비축소를 전제조건으로 내세웠다. 그것은 통일과 같은 정치적 문제에 대해 협력할 수 있는 분위기를 조성하기 위해 반드시 필요한 조건이라고 주장했다. 그가 세계적 군축과 독일문제를 연계한 것은 중유럽에 제한된 군비통제와 병력철수 계획을 저지하기 위한 것이었다. 아데나워는 중유럽 군축계획이 보류정책을 좌절시키고 현상유지를 고착화하며 독일의 안보를 약화시킬 것으로 보았다. 또 이는 사실상 지역 중립화로 이어질 것이라고 우려했다.[31]

동시에 아데나워는 분단의 고통을 완화시키기 위한 노력도 계속했다. 1950년대 후반 폴란드와 러시아, 여타 동유럽에 거주하는 독일인들의 이민을 확대하는 성과를 얻어냈다. 이러한 계기를 살려나가기 위해 1957년 서독은 처음으로 소련과의 무역관계를 확대했다(경제계의 요구에도 불구하고 그 전까지 양국교역은 극히 제한되었다).[32]

아데나워는 비밀리에 이보다 더 과감한 일도 추진했다. 1958년과 1962년 사이에 그는 소련과 세 차례 물밑접촉을 가지면서 동독의 오스트리아화를 제안했다. 적어도 당분간이라도 중립적이고 완벽한 민주 독립국가로 만들자는 안을 제시한 것이다.[33] 아데나워가 비록 잠

31) 그래서 서독은 동맹국들에게 라파츠키 계획(폴란드 외무장관 라파츠키가 유럽의 핵무장 해제를 주장하며 1957년 10월 UN총회에 제출한 계획 — 옮긴이)을 거부할 것을 요구했다. Haftendorn, Helga, *Abrüstungs- und Entspannungspolitik zwischen Sicher-heitsbefriedigung und Friedenssicherung. Zur Assenpolitik der BRD* 1955-1973(Düsseldorf: Bertelsmann, 1974), 43-55.

32) Stent, Angela, *From Embargo to Ostpolitik: The Political Economy of West German-Soviet Relations* 1955-1980(Cambridge: Cambridge University Press, 1981), 35-37.

33) 1960년과 1962년에 이 안의 수정안이 제시되었는데, 이는 10년간의 시험기간 동안 동독을 오스트리아화하고 이후 유엔 주관하에 양독에서 통일 여부

정적인인 것이고 동시에 조건부였지만 외견상 현상유지를 받아들이고 두 개의 독일의 존재를 명시적으로 인정하는 방안을 어떤 동기에서 내놓은 것인지에 대해 역사학자들간 논쟁이 있었다. 측근들은 무슨 수를 써서라도 동독인들의 고통을 덜어주려는 노력의 일환이라고 주장했다. 그들은 또한 아데나워가 "내부적 고려"(*internal deliberation*)를 위해 두 개의 국가의 실체적 존재를 가정할 수밖에 없었음을 인정했다.[34] 그러나 아데나워가 동독의 "오스트리아화"를 독일문제의 수용 가능한 영구적 해결책으로 고려했다고 보기는 어렵다. 소련의 유연성을 시험해보기 위한 것이었거나, 만의 하나 소련이 이 제안을 받아들인다면 서독의 방식에 따른 통일에 선행하는 잠정적 단계로 추진하려 했을 가능성도 있다. 비록 그의 예비제안이 동독을 공식 인정하거나 독일문제를 종결시키지 못했지만, 기민/기사당 내 극단적 범독일주의자들을 자극하지 않도록 내용을 비밀로 했다. 어쨌든 아데나워는 "그 지역"(*the zone*)에서의 삶의 조건을 개선해야 하는 더 급한 과제 때문에 통일문제를 사실상 뒷전으로 미루었지만, 이런 변화는 대중들의 관심을 피해갔다.

에 대한 투표를 실시한다는 내용을 담았다. 독일인들은 분단을 유지하고 오데르-나이세 선을 받아들이기로 결정할 수도 있었으며, 아데나워의 제안대로 통일을 받아들이지만 새로운 독일은 중립화되지 않는다는 것을 선택할 수 있었다.

34) 그들은 아데나워의 이런 시험적 제안이 부분적으로 동독인들의 끔찍한 고통과 밀려드는 동독난민들에 대한 연민에서 기인한 것이라고 보았다. 아데나워의 보좌관은 아데나워가 실질적 통일은 먼 미래에나 가능하다고 생각했기 때문에 "독일"의 정치지도자로서의 책임을 더욱 강하게 의식하게 되었을 것이라고 말했다. Gespräche, Rhöndorfer, *Entspannung und Wiedervereinigung*, 35-45.

3) 베를린과 보류정책의 붕괴 : 1958~1963

1958년 니키타 흐루시초프(Nikita Khrushchev)가 촉발한 제2의 베를린 위기는 발데마르 베송의 말을 빌면 "아데나워 시대 종말의 시작"을 예고했다.[35] 소련은 전승 4국의 공동관할하에 있던 베를린에 대한 자국의 공식권한을 동독에 이양하겠다고 위협했다. 이는 베를린에서 프랑스와 영국, 미국인들이 여행하고 체류할 수 있는 권리를 부정할 수도 있는 조치였다. 서베를린의 생존 자체가 서방국들의 접근권과 병력주둔에 의존했기 때문에 소련의 조치는 매우 심각한 위협이었다. 소련은 그러한 위기를 피하려면 서베를린을 비무장화하고 사실상 서독에 연결되지 않은 중립적 실체로 바꿔야 한다고 주장했다. 요컨대 제3의 독일로 만들라는 것으로 이는 흐루시초프의 최대목표였다. 그가 단기적으로 노린 것은 베를린의 불확실한 지위를 이용해 서구 강대국들이 아데나워의 수사적 통일목표와 실제적 보류정책으로부터 거리를 두도록 압박하고, 동독에 대한 국제적 인정을 얻으려는 것이었다. 또 다른 단기목표는 동베를린을 봉쇄해 동독 공산주의체제의 생존에 반드시 필요한 기술적, 상업적, 전문직 엘리트들이 서방으로 탈출하는 것을 막으려는 것이었다.

동서 데탕트의 모멘텀을 살려나가기 위해 미국과 영국은 소련의 요구를 전면 거부하는 대신 베를린 접근문제에 관한 타협방안을 모색하기 시작했다. 미국 국무장관은 동독관료들과 만날 의사가 있음을 내비쳤다. 동맹국들도 군비축소를 계속 추진하면서 아데나워에게 동독 불인정(*nonrecognition*) 입장을 완화하라고 조심스럽게 압박했다. 아데나워는 서독의 입장이 동맹국들과 다르지 않다며 항변했지만 한스-페터 슈바르츠의 말대로 그의 독일정책은 붕괴에 직면하고

35) Besson, Waldemar, *Aussenpolitik*, 207.

있었다.[36] 서독의 서구 우방국들은 통일에 대한 희망이 화해의 기회를 제한해서는 안 된다는 뜻을 분명히 하면서 두 목표 사이의 연계를 끊어버렸다. 아데나워의 임기 후반에 4강 협상으로 통일이 실현될 수 없다는 것이 분명해진 것이다.

이 시기에 아데나워가 할 수 있는 것이라곤 상황이 현상유지보다 더 나빠지는 것을 막는 것이었다. 즉, 서구 우방국들이 비현실적 데탕트와 허구에 불과한 베를린 안보를 바란 나머지 베를린 지위의 변경을 받아들이고 동독을 암묵적으로나 전면적으로 인정하는 것을 막아내는 것이었다. 그는 우방국들에게 NATO동맹 내에서 서독이 갖는 중요성을 때로는 강하게 상기시킴으로써 자신의 주장을 관철시켰다. 그러나 이는 국내에서 거센 반발만 불러일으켰다. 기민/기사당의 독일정책이 통일이라는 목표를 달성할 수 없다는 것이 명백해졌다는 비판과 함께 아데나워의 보류정책의 유용성에 대한 의구심이 제기되었다.[37]

이제 아데나워는 자신의 전략이 폐기되는 것을 막기 위해 프랑스와의 협력이라는 마지막 카드를 써야 했다. 베를린 위기에서 영국과 미국이 타협으로 기운 반면, 샤를 드골(Charles de Gaulle)은 서방이 베를린에 대한 권한을 그대로 유지해야 한다는 서독의 입장을 계속해서 지지했다. 아데나워는 1960년대에 프랑스와의 긴밀한 협력을 통해 미국과 영국의 데탕트 압력으로부터 보류정책을 지켜낼 수 있을 것이라고 희망했다. 드골은 양 강대국에 도전하려 했고, 따라서

---

36) 슈바르츠의 언급. Gespräche, Rhöndorfer, *Entspannung und Wiedervereinigung*, 8.

37) Besson, Waldemar, *Aussenpolitik*, 283-89. 실제로 아데나워는 자신이 제시한 잠정해법(동독의 오스트리아화와 그 이후 통일문제에 관한 자유선거)을 소련이 받아들일 의지가 있는지 다시 비밀리에 타진했다. 하지만 소련당국은 전보다 더 냉담했으며 아데나워로 하여금 신뢰를 잃고 있는 보류정책에 더욱 집착하도록 만드는 데 만족했다.

서독을 미국과의 긴밀한 관계로부터 떼어내 유럽에서 '동맹 내 제3의 세력"을 형성하고자 했다. 아데나워는 서독이 미국에 의존하는 상황에서 그 정도까지는 가지 못할 것이라고 생각했고, 드골이 독일통일에 대한 의지가 상대적으로 부족하다는 것도 알았다. 이러한 장기 목표상의 상충과 서유럽 통합에 대한 드골의 경멸적 반응 때문에 아데나워는 드골을 경계하지 않을 수 없었다. 그럼에도 불구하고 프랑스와의 화해는 아데나워의 오랜 숙원이었다. 게다가 현상을 고착화시키려는 미국에 대항해 독일과 프랑스가 공조를 취하는 것이 단기적으로도 이익이 된다고 보았다. 수개월에 걸친 협상과 정기적 정상회담 이후 양국은 공식 화해조약을 체결했다.[38]

38) Griffith, William E., *Ostpolitik*, 99-101; Besson, Waldemar, *Aussenpolitik*, 283-89.

3. 아데나워 이후 연합당의 동방정책

드골과의 정상외교가 아데나워로서는 최후의 시도였다. 그의 정치력은 1957년 선거에서 정점에 다다른 후 내리막길을 걸었다. 고령과 완고함에 더해 동맹국들이 통일을 지지할 것이라는 장담이 어긋나자 여론이 그의 독일정책이 실패했다는 평가를 내렸기 때문이었다. 그러한 실패를 가장 생생하게 보여준 것은 베를린 장벽이었다. 1961년 베를린 장벽의 건설로 동베를린은 사실상 봉쇄되었고 베를린에서의 4강의 지위도 손상되었음에도 연합국들은 아무런 대응도 하지 않았다.

베를린 장벽의 건설 직후 기민/기사당은 총선에서 뼈아픈 패배를 겪었다. 그 결과 아데나워는 정책결정권을 연합당과 자민당의 다른 지도자들과 나누어야만 했고, 결국 1963년 루드비히 에어하르트에게 총리직을 내주고 퇴진했다. 이즈음 연합당 외교정책의 주도권은, 1960년대 서독의 외교적 지향점을 놓고 서로 대립하던 양 진영의 대표자인 게르하르트 슈뢰더(Gerhard Schröder) 외무장관과 프란츠 요제프 슈트라우스에게 이미 넘어가 있었다.

1) 드골주의와 대서양주의, 그리고 슈뢰더의 움직임의 정책

1950년대 중반 국방장관이 된 이후 연합당의 새로운 별로 떠오른 슈트라우스는 스스로를 아데나워의 후계자로 자처했다(비록 상반된 야심과 내각정치(*cabinet politics*)가 두 사람의 개인적 관계를 악화시켰지만). 바이에른 출신인 그는 범독일주의 정서를 공유하지 않았고 통일 자체에도 관심이 없었다. 다만 현실주의 정치의 신봉자임을 자처한 그는 분단되고 약소한 독일이 세계정치에서의 적극적 역할은 고사하고 자신의 안보문제도 해결하지 못할 것이라고 믿었다.

슈트라우스는 1960년대 초에 서독과 프랑스의 주도하에 서유럽연합(*West European union*)을 창설해야 한다고 주장했다. 그는 이를 그랜드 디자인(*Grand Design*)이라고 명명했는데, 같은 이름을 가진 존 F. 케네디(John F. Kennedy)의 구상처럼 범대서양 국가들간의 통합을 제안한 것은 아니었다. "두 개의 기둥에 기초한 동맹"(*two-pillar alliance*)을 강조하면서도 그는 유럽이 미덥지 않은 미국의 핵우산 아래에서 "공동번영체"로 오랫동안 안전하게 남아 있지 못할 것으로 보았다. 베를린 장벽의 건설과 미국의 데탕트 정책을 보고 그는 미국이 더 이상 소련의 압박으로부터 유럽을 막아줄 보호자가 아니라는 생각을 굳혔다. 스스로 다자간 핵억지력(*multilateral nuclear deterrent*)을 갖춘 자립적인 — 그러나 미국과는 계속 동맹관계에 있는 — 유럽연합(*European confederation*)만이 유럽의 안보적 이해를 브장할 수 있다고 믿었다.[39]

슈트라우스는 이를 독일 단일성에 대한 핵심적 정책으로 내세웠다. 모든 우방국들이 유럽의 정치적 상황을 변경할 실질적 기회가 거의 없기 때문에 민족문제에 대해 "무의미한" — 위선적이라 할 것까지는 아니더라도 — "립서비스"를 남발한다고 주장했다. 특히 미국의 의도는 "존중할 만한"(*honorable*) 것이긴 하나 독일문제의 해결에 "특별히 효과적"(*particularly effective*)이지는 않다고 보았다. 미국은 멀리 떨어져 있고 강대국으로서의 여러 가지 책임으로 인해 관심이 분산되어 있기 때문이라는 것이 이유였다. 그는 자신이 구상한 진정한

---

39) 슈트라우스는 민족국가가 구시대적 발상이라 여겼고 공동 통화와 공동 산업정책을 언급하였으나 통합주의적 틀 자체는 거부했다. 또한 그는 유럽국가들은 결국엔 신(*deus ex machina*)이 내려와 그렇게 많은 상이한 나라들을 통일시켜줄 것으로 기대할 뿐이라고 말했다. 그는 드골의 "조국들의 유럽" 구상과 같은 선상에서 보다 느슨하고 보다 현실적인 국가연합을 주장했는데, 이 모델이 유럽을 하나의 단위로 결합할 가능성을 주었다고 보았다. Strauss, Franz Josef, *The Grand Design*, 24-30.

서유럽국가연합이 유럽의 세력균형에 새로운 변수가 되고 세계적 세력균형에 역동적 요인으로 작용할 것으로 보았다. 이러한 국가연합은 무역과 긴밀한 정치적 관계, 외교적 유인책들을 통해 동유럽국가들을 점진적으로, 평화적으로, 그리고 필연적으로 끌어들일 것이며, 결국 동독을 포함한 위성국들이 소련의 궤도로부터 빠져나오도록 할 것이라고 주장했다.[40]

슈트라우스는 자신이 제안한 유럽연합이 처음부터 통일에 대한 서독의 주장, 즉 전체 독일민족을 대표할 권리를 계승할 것이며 새로운 연합체의 틀 내에서 통일을 보장할 것이라고 보았다. 독일문제가 "유럽화"(*Europeanized*) 된다는 것이다. 논리적으로 볼 때 어떠한 유럽연합체이든 독일문제를 "자신의 미래 조직과 번영의 핵심"으로 볼 수밖에 없기 때문이다. 강제적 독일분단을 유지한다는 것은 그 자체가 유럽의 분단을 의미하는데, 이 유럽의 분단을 극복하는 것이 국가연합의 이해에 도움이 되고 전체 독일민족의 거대한 잠재력을 흡수하는 것 또한 새로운 유럽에 이익이 될 것이라고 그는 설명했다.[41]

슈트라우스의 그랜드 디자인은 사실상 더 적극적인 "힘의 정책"(*policy of strength*) 이었다는 점에서, 또한 중유럽에서 공산주의 패권의 고착화와 정당화를 저지해야 한다는 보다 현실적이고 단기적인 과제를 합리적으로 뒷받침한다는 점에서도 아데나워의 정책과 매우 유사했다. 요컨대 그의 새로운 유럽구상은 확대되고 훨씬 더 엄격한 보류정책을 옹호하는 것이었다. 슈트라우스는 서독이 단일 유럽국가 건설에 전념해야 한다고 역설했다. 그러기 위해서는 공동의 경제, 안보정책을 추구할 뿐만 아니라 미래의 연합체에 장애물이 될 수 있는 것들을 미리 제거해야 한다고 주장했다. 이 주장이 현실적 차원에서 의미하는 것은 단일 유럽국가의 건설을 저해할 수 있는 국경이

---

40) Ibid., 15, 21, 32.

41) Ibid., 10, 38.

나 정치적 실체, 즉 동독을 인정해서는 안 된다는 것이었다. 구체적으로 슈트라우스는 공산주의에 유리하다고 판단되는 상황을 거부하고, 유럽의 현 정치적 구도를 전제로 한 소비에트 진영과의 데탕트를 단념할 것을 주장했다.[42] 이런 측면에서 슈트라우스와 "드골주의"(*Gaullist*) 동료들은, 비록 드골이 동독을 인정하고 소련과 협상하는 방향으로 기울기는 했지만 얄타(Yalta) 체제를 전복하고 새로운 유럽을 건설하려 한다는 점에서 자신들과 같은 입장이라고 확신했다.

기사당의 근본적인 보수주의, 반공주의와 "기독교의 보루"로서의 바이에른의 비전, 비교적 소수의 핵심 전문가들에 집중된 당의 외교정책 그리고 적극적 당 지지자들의 슈트라우스에 대한 외경심 등이 그의 드골주의적 정책에 대한 지지를 담보했다. 보수적 기민당원들도 그의 정책을 지지했다. 그러나 슈트라우스의 그랜드 디자인은 결코 정부의 공식정책으로 채택되지 못했다. 그가 1962년 〈슈피겔〉(*Spiegel*) 사건으로 국방장관직에서 물러나게 되었을 뿐 아니라 (독일검찰이 국방부의 스캔들을 잇달아 폭로한 시사주간지 〈슈피겔〉의 발행인과 기자를 구속하자 이에 항의하는 시민들의 시위가 이어지면서 결국 슈트라우스가 사임한 사건 — 옮긴이) 어쨌든 대외정책에 대한 우선권은 그의 경쟁상대인 슈뢰더 외무장관에게 있었기 때문이다.

슈뢰더도 슈트라우스와 마찬가지로 아데나워 내각에서 오랜 경험을 쌓은 보수주의자였지만 보다 침착하고 실용주의적인 정치인이었다. 그는 "독일 대서양주의자"로 불린 기민당, 사민당 정치인의 전형이었다. 대서양주의(*Atlanticism*)는 1960년대 초에 생긴 용어로, 드골

42) 1960년대 초 당시 그는 독일이 영토적 현상유지를 인정하지 않는 것이 이러한 목표를 보완한다고 보았으나, 나중에는 그 문제에 대해 다른 입장을 보이기도 했다. Eisner, Erich, *Das europäische Konzept von Franz Josef Strauss. Die gesamteuropäischen Ordnungsvorstellungen der CSU*(Meisenheim am Glan: Verlag Anton Hain, 1975), 76-133.

주의와 달리 미국과의 조화로운 관계를 우선시하는 또 하나의 포괄적인 외교정책적 관점을 가리켰다. 슈뢰더를 포함한 대서양주의자들은 대개 개신교도들이고 북부 출신이었다. 그들은 데탕트와 군비축소, (다국적 핵전력 구상으로 상징되는) 범대서양 통합에 대한 케네디-존슨 행정부의 적극적 의지를 서독이 쉽사리 거부할 수 있는 입장이 못 된다고 생각했다.[43]

슈뢰더는 대서양 양안간의 협력을 복원하는 것이야말로 서독의 안전을 보장하고 또한 독일정책을 구해내는 데 필수적이라고 믿었다. 그는 궁극적으로 소련이 통일을 인정하도록 하려면 세계적 세력균형이 장기적으로 변해야 한다는 기민/기사당의 일반적 견해를 공유했다. 그러나 그는 아데나워나 슈트라우스와는 달리 보류정책을 계속 고수하는 것은 서구 우방국들과 불화를 빚어 동맹의 결속을 해칠 것이기 때문에 오히려 그러한 장기적 변화의 전망을 약화시킬 것이라고 보았다. 게다가 우방국들은 독일문제가 4강에 의해 해결되어야 한다는 서독의 주장에 관심과 인내심을 잃어가고 있다고 판단했다. 슈뢰더는 또한 드골주의적 구상을 거부했다. 세계적 세력균형의 변화는 미소관계에 기인하는 것으로 유럽내부의 협력은 동맹을 보강하는 것에 불과할 뿐이고 유럽이 하나의 초강대국이 될 수 있다는 생각은 환상에 지나지 않는다는 것이 이유였다. 대서양주의자들은 서독의 이해가 핵심적 행위자인 미국과 최대한의 유대감을 보이는 데 달려 있다고 주장했다. 슈뢰더는 서독이 "주제를 파악"함으로써 "상상에 불과한 단일유럽"의 정책에 더 이상 자신의 외교정책을 볼모로 잡혀서는 안된다고 생각했다.

범대서양적 단결을 도모하는 것은 무엇보다도 서구의 데탕트 의지

---

43) 1960년대 초강대국들이 안정된 관계를 유지하며 대화를 중시함에 따라 서독에도 이러한 영향이 미칠 수밖에 없었다. Kissinger, Henry, *The Troubled Partnership* (New York: McGraw-Hill, 1965) 참고.

에 역행하지 않겠다는 것을 의미했다. 슈뢰더는 보류정책 대신 동서 화해 노력에 적극 참여하는 것을 택했다. 그는 데탕트가 불가피하다고 보았으며 아데나워나 슈트라우스가 주장한 것처럼 데탕트가 반드시 독일정책에 배치되는 것이라 생각하지도 않았다. 그 역시 유럽의 전후 정치적 구조가 바뀌기 전에는 통일이 불가능하다고 보았지만, 관계개선(*rapprochement*)을 통해 점진적이고 평화적으로 그러한 변화를 유도하여 독일문제의 바람직스러운 해결로 이어갈 수 있을 것이라고 믿었다. 그 동안에 서독은 현상유지가 "고착화"되는 것을 막는 방법을 찾을 수 있을 것이라고 보았다.

더 구체적으로 슈뢰더는 동독을 제외한 동유럽국가들과의 더 적극적인 교류와 협력을 통해 소련진영을 분열시켜야 한다고 주장했다. 서독은 소련의 위성국가들과 관계를 긴밀히 하면서 동시에 그들로부터 동독을 고립시켜야 한다는 것이다. 서독은 현대화의 지원을 통해 소련 위성국들의 서독에 대한 의존성을 더욱 키우고 동유럽의 이른바 재민족화(*renationalization*)와 블록 구성국가들 내 다양성을 암묵적으로 이용하여 동유럽국가에 대한 영향력을 확대할 수 있다고 보았다. 이러한 방법으로 서독이 자국의 영향력을 최대화하는 동시에 동독의 힘을 약화시켜서 불안해 하는 동독정권을 고립시키며 동구진영의 공감과 지지를 박탈하게 되면, 동독은 서독이 원하는 방식으로, 즉 공식적 인정 "없이" 화해하는 것 외에는 달리 방법이 없게 된다는 것이다. 달리 말해 슈뢰더는 "움직임의 정책"(*policy of movement*)을 통해 동독정권을 직접 상대하지 않을 수 있고, 또한 동독이 독일문제의 종결이라는 전제 없이 협력하자는 서독의 제안을 받아들이지 않으면 동독이야말로 유럽 데탕트의 진짜 장애물인 것으로 인식되도록 할 수 있다고 믿었다.

독일 드골주의자들은 슈뢰더의 적극적 동방정책이 데탕트와 독일문제에 대한 유럽공동의 정책을 가로막는다고 주장했는데, 바로 여기서 그동안 아데나워의 인기로 인해 묻혀 있었던 기민당과 기사당의 차이가 드러나기 시작했다. 기사당과 이에 동조하는 일부 기민당원들은 단지 동구에 대한 새로운 접근법을 실험하기 위해 전통적인 아데나워 정책의 기본입장에서 후퇴할 생각이 없었다. 특히 그들은 하위외교적 차원일지라도 공산국가들과 협상하는 것은 현상유지를 거부하는 서독의 전통적 입장에 배치되며, 상대국들이 동독과 단교하지 않는 한 할슈타인 독트린을 무효화시키는 것이라고 주장했다.

슈뢰더 자신도 할슈타인 독트린의 완전한 폐기를 원하지는 않았으나 그 문구와 정신을 엄격하게 고수하는 것은 오히려 역효과를 낼 수 있다고 생각했다. 그는 연합당 동료들 주장처럼 법적 입장만 고수하다가는 서독의 외교적 유연성을 잃게 될 것이라고 비판했다. 그럼에도 불구하고 외무장관으로서 그는 소련의 주변국들과의 관계를 낮은 수준으로 유지할 수밖에 없었고 공식적 외교관계를 의미할 수 있는 어떤 행동도 피해야 했다. 이 국가들이 자발적으로 소련에 저항하고 동독에 대한 승인을 철회하지 않는 이상, 서독은 그들과의 관계를 공식화할 수 없었다. 그러나 이러한 제약 속에서도 슈뢰더는 동유럽 전역에 무역대표부를 설치함으로써 그들과의 관계를 확대시켜 나갔다. 이는 폴란드에서 시작해 루마니아, 헝가리, 불가리아로 확대되었다(체코슬로바키아는 너무 완고한 입장을 보였다). 1966년 무렵에는 동유럽국가들에 대한 서독의 영향력이 상당히 커졌다. 많은 독일 드골주의자들이 불만스러워했지만 슈뢰더는 할슈타인 독트린의 공식적 취지, 즉 동독을 승인하는 국가와는 전면적 외교관계를 갖지 않는다는 원칙을 위배하지 않으면서도 그 원칙에 의한 정치협력의 제한을 교묘히 피해나갔다. 그는 또 위성국들이 무역을 위해 서베를린을 서독의 일부로 간주하기로 암묵적으로 동의하는 협정문구를 고안해내기도 했다.

다른 한편으로 슈뢰더는 소련과의 반목을 피하려고 노력했다. 소련은 서독의 새로운 동방정책이 장기적으로 동유럽에 대한 자국의 통제력을 약화시킬 수 있다는 것을 재빨리 알아챘다. 물론 소련의 통제력 약화가 실제로 서독 목표의 일부이긴 했지만 슈뢰더는 소련과의 노골적 대결은 역효과를 낼 뿐이라고 보았다. 슈뢰더는 1964년 에어하르트와 흐루시초프의 정상회담을 마련하려 했고 양국간의 교역을 확대시키려 노력했다. 이러한 시도는 실패로 돌아갔지만 에어하르트가 짧은 임기를 마칠 즈음 서독은 소련에 더 이상 독일문제의 진전과 연계시키지 않은 채 데탕트를 요구하는 내용의 상세한 "평화서신"을 보냈다(비록 이 문서에서 서독이 1937년 국경상태에서의 전체 독일을 대표할 권리를 가진다는 것을 재차 강조하기는 했지만).

정치적 분위기는 이렇게 좋아졌지만 슈뢰더의 동방정책이 실패할 수밖에 없다는 인식이 갈수록 확산되었다. 소련의 위성국들에게 주어진 서구관계에서의 운신의 폭을 과대평가한 것이 그 이유였다. 더구나 그의 동방정책은 동독을 고립시키기 위한 것인데, 소련은 이를 결코 용인할 수 없었다. 소련의 입장에서는 동독의 안정과 생존이 극히 중요했기 때문에 서독이 동독의 지위인정이라는 대가도 치르지 않은 채 데탕트의 과실을 취하도록 내버려둘 수는 없었던 것이다.

기민/기사당 밖에서는 공식적 관계는 아니더라도 동독정권과 어떤 형태로든 직접 교류해야 한다는 의견이 확산되고 있었다. 사민당과(이제 연합당의 유일한 연정 파트너가 된) 자민당, 교회 지도자들, 더 많은 국민들이 동독에 대한 보다 유연한 정책을 원했다. 여론조사 결과 통일 가능성을 회의적으로 보는 국민들이 늘어난 것으로 나타났다. 개신교와 가톨릭교회는 폴란드와의 화해를 위해 동독과 폴란드 사이의 오데르-나이세 국경선을 암묵적으로든 명시적으로든 인정할 것을 요구했다. 슈뢰더의 동방정책은 연합당 드골주의자들 사이에서는 위험할 정도로 급진적이라고 평가되었지만, 다른 곳에서는 충분한 만큼 나아가지 않는다는 비판을 받고 있었던 것이다.

2) 대연정 시기 기민/기사당의 정책

소련진영과의 협상에 대한 요구가 이렇게 확산된 것은 독일정책의 바람직한 목표에 대한 관념이 바뀐 데서 비롯했다. 자민당과 사민당, 교회뿐만 아니라 연합당 일부에서도 분단 자체의 극복이 아니라 분단으로 인해 생긴 문제를 해결하는 데 집중해야 한다는 목소리가 점점 커져갔다. 즉, 이산가족과 친지들, 제한된 여행과 이주, 차단된 내부 교역망, 분계선 지역마을들의 특수한 문제들, 단절된 우편과 전화통신, 제한된 스포츠, 문화교류 등의 문제들을 극복하는 데 더 노력해야 한다는 것이었다.

많은 정치인들과 평론가들은 분단, 그리고 동독의 억압체제로 인해 동독이 서독으로부터 완전히 차단되면 민족 전체에 고통이 가해질 것이라고 생각했다. 분단으로 상호교류가 막히면 독일민족의 역사 및 운명공동체 의식이 약해질 것이므로, 서독의 주요목표는 동·서독간의 접촉을 늘려 독일인들이 물리적으로뿐만 아니라 심리적으로도 멀어지는 것을 막는 것이어야 한다고 주장했다.

1960년대 들어 이러한 민족문제가 자민당과 사민당의 독일정책을 지배하였다. 비록 라이너 바르첼(Reiner Barzel) 같은 연합당 비주류 지도자들이 내놓은 실험적 제안들이 즉각 거부되기는 했지만, 연합당도 그러한 흐름에 점차 영향을 받기 시작했다.[44] 1966년 말에 에어하르트 총리가 실각하자 기민/기사당과 사민당이 주로 국내적 이유로 연합해 새 정부를 구성했다(자민당은 연정에서 제외되었다). 오랫동안 아데나워 내각의 일원이던 남부 출신의 가톨릭 보수주의자 쿠르트 게오르크 키징거(Kurt Georg Kiesinger)가 총리에 취임했고 사

44) 또한 1960년대 초 이후 연합당 정부는 경제적 보상을 통해 비밀스럽게 동독 정치범들의 석방을 얻어냈다. 그러나 동독에 대한 승인을 의미할 수도 있는 과도한 직접접촉을 피하기 위해 그러한 노력은 제한적으로 진행되었다.

민당 지도자 빌리 브란트(Willy Brandt)가 외무장관이 되었다.

연합당의 과거 연정 파트너들보다 훨씬 덩치가 큰 사민당은 보다 영향력 있는 내각직책과 더불어 정부정책에 대한 더 많은 발언권을 요구할 수 있었다. 대연정하에서 민족문제에 대한 연합당의 논조도 바뀌었다. 국제상황과 국내여론, 새로운 연정 파트너의 시각에 대응해 연합당은 마지못해 통일문제를 뒤로 미뤄두는 데 동의했고 동구권과 대화를 추진하고 동독과도 조건부로 대화할 의사가 있음을 밝혔다. 키징거는 의회연설에서 동구와 다리를 놓고, 보다 많은 이웃 국가들과 관계를 수립하고 폴란드와 화해를 추진하겠다면서 데탕트 의지를 표명했다. 그는 또한 동독과도 조건부로 관계개선을 도모할 것을 약속했다. 그는 "우리는 지금같이 분단된 시기라도 양편의 우리 민족이 서로 멀리 떨어져서 지내는 것을 막아야 한다. … 이러한 이유에서 우리는 온 힘을 다해 독일의 다른 한쪽에 있는 우리 동포들과 인간적, 경제적, 정신적 관계를 추진하기를 원한다. 그를 위해 연방공화국 정부와 독일의 다른 한쪽 당국 간의 접촉을 확립하는 것이 필요하더라도 그것이 제 2의 독일국가를 인정하는 것을 의미하지 않는다"고 말했다.[45)]

이어진 인터뷰에서 키징거는 "분단된 독일의 통일이 소련의 힘과 안보이해에 영향을 미치는 변화를 의미한다는 것은 맞다. 그러한 이유 때문에 통일은 냉전의 분위기에서는 불가능하며 오직 유럽 내 적대관계가 약화되고 극복돼야만 이루어질 수 있다"며 데탕트가 통일의 전제조건임을 분명히 했다.[46)] 다른 자리에서 그는 데탕트 과정이 먼저 달성되기 전에 통일이 이루어지면 독일은 유럽의 안정을 위협

---

45) FRG, Bundesminister für innerdeutsche Beziehungen, *Texte zur Deutschlandpolitik*(이하 *TzDp*로 칭함) (Melsungen: A. Bernecker), ser. 1, vol. 1, 24-25.

46) *Stuttgarter Nachrichten*, 1987년 2월 28일자.

하는 "임계질량"(*critical mass*)이 될 것이라고 경고했다.

데탕트를 분단해결의 전제조건으로 간주하던 기민/기사당은 1967년과 1968년에 이를 실천에 옮겼다. 대연정은 슈뢰더의 동유럽정책을 이어갔고 유고슬라비아 및 루마니아와 사실상 공식적인 외교관계를 수립했다. 양국이 동독과의 관계를 단절하지 않았기 때문에 수교를 위해서는 할슈타인 독트린을 우회할 협정문구가 필요했다. 서독은 또한 소련에 "무력사용 포기"(*renunciation of force*) 협정을 위한 회담을 제안했다. 나아가 키징거 정부는 동독에 대해 인도적, 상업적, 문화적 문제 등 실질적 이슈에 대한 협정과 무력사용 포기를 위한 협정을 제안했다. 키징거와 동독 정부수반이던 빌리 슈토프(Willi Stoph) 사이에 친서가 오가기도 했다.

사민당의 압박에 따라 기민/기사당 지도자들은 처음으로 통일문제를 연계시키지 않은 채 동방정책을 적극 추진하였다. 이런 변화가 더 용이했던 것은 슈트라우스조차 1937년의 국경상태에 기초해 독일 단일성을 실현할 가능성이 희박하다는 것을 인정했기 때문이다. 기사당도 강령에서 조심스럽게 당의 목표로서 통일의 중요도를 낮추었다.[47]

데탕트 지지로 선회한 프랑스 등 서구우방들은 서독의 적극적 정책, 특히 동독과의 관계개선 움직임을 환영했다. 그러나 대연정의 "데탕트 공세"(*detente offensive*)는 이내 소련과 폴란드, 동독의 반발이라는 벽에 부딪쳤다. 동구권 지도자들은 서독이 현상유지의 수용 없이, 즉 동유럽지역에 대한 공산당의 통제를 공식적으로 인정하지 않은 채, 전면적 접촉을 추진함으로써 자신들의 체제, 특히 동독정권의 안정을 해치려는 의도를 가지고 있다고 보았다. 그들은 화해에 대해 높은 대가를 요구했다. 서독이 동독과 오데르-나이세 선을 인정하고 서베를린을 독립된 정치적 실체로 규정해야 한다는 것이었

---

47) Eisner, Erich, *Das europäische Konzept*, 82-85.

다. 서독은 이런 요구들을 수용하지 않았고 데탕트 공세는 몇 달 안가 교착상태에 빠졌다. 소련과의 무력사용 포기회담도 협정이 현상유지를 인정해야 하는지에 대한 이견으로 교착상태에 빠졌다. 양독간 대화도 동독이 "외교적" 수준으로 격상할 것을 요구하면서 결렬되었다.

대연정 내부의 이견은 동부전선에서의 교착상태의 원인이기도 했지만 다른 한편 그것을 반영한 것이기도 했다. 사민당 지도자들은 지위와 국경문제에 관한 양보로 소련 및 동독과 타협할 수 있는 방안을 모색했다. 그들은 심지어 이탈리아 공산당의 중재로 동독의 집권당인 사회주의통일당(Sozialistische Einheitspartei Deutschlands, 이하 동독공산당이라 약칭함—옮긴이)과의 대화를 추진하기도 했다. 이런 전략을 기민/기사당이 비판하면서 연정 내의 불화가 심화되었다. 서독은 이미 통일을 전제조건으로 하지 않고 협상에 임할 의지를 보인 바 있었는데, 연합당은 여기서 더 나아가 동독 불인정 원칙이나 서독이 전체 독일을 대표할 권리문제에 대해 입장을 완화한다면 이는 소련의 동유럽 패권을 인정하라는 소련진영의 요구를 수용하는 것으로 공산주의자의 무리한 태도에 보상을 하는 꼴이 될 것이라고 주장했다. 기민/기사당은 소련이 분단의 고통을 완화할 실질적 자유화를 허용하기 전에는, 서독의 법적 입장을 손상시켜 현상을 고착화하는 것으로 보일 수도 있는 임시조치를 취할 이유가 없다고 보았다. 이는 동독을 인정하지 않고 외교적, 정치적으로 계속 고립시키겠다는 의지의 표현이었다. "민족분단으로 인한 문제를 완화"하기 위한 양독협상은 그러한 엄격한 조건에 연계되어야 한다고 주장되었다. 연합당 지도자들은 동독과의 어떠한 방식의 협상도 공산당의 통치를 암묵적으로 인정하는 것으로 해석될 것이라고 우려했다. 그래서 그들은 말로는 동·서독의 관계개선을 주장하면서도 자신들의 발언을 협상정책으로 구체화하지 않았다. 그들은 자신들의 발언과는 달리 실질적으로는 동독체제를 고립시키는 정책으로 점차 회귀하였다. 영향력 없는 소수파만이 이 문제를 우회할 협상방안을 계속 모색했다.

동서간 "다리 놓기"(*bridge building*)가 동구권에 미치는 영향에 대해 1년 내내 방어적 태도를 보이던 소련이 1968년 8월 체코슬로바키아를 전격 침공했다. 침략의 빌미는 독일에 의해 고무된 체코슬로바키아 내 반혁명을 제압한다는 것이었다. 연합당 지도자들은 소련이 소련진영에서 자유화나 자율성의 여지가 전혀 없다는 것을 행동으로 생생하게 보여줌으로써 유럽 내 데탕트의 전망을 사라지게 한 것으로 보았다. 프라하 침공은 나아가 소련이 외부의 위협으로부터 사회주의를 "보호"할 권리가 있다는 브레즈네프 독트린(*Brezhnev doctrine*)의 선언으로 이어졌다. 연합당 지도자들은 소련의 침략이 동유럽 현상유지에 대한 간접적 도전조차 안정에 대한 위협으로 간주해 데탕트를 갈망하는 세계가 소련의 유럽대륙 절반에 대한 패권을 묵인하도록 하려는 것이라고 보았다.

소련의 체코슬로바키아 침공과 대연정 외교정책의 좌절을 경험한 다수의 연합당 지도자들은 더 이상의 동방정책 실험은 막아야 한다고 생각했다. 당 정책을 국제상황에 맞춰 적응시키려는 더 이상의 노력은 무익하고 오히려 역효과를 낳을 것이라고 보았다. 슈뢰더가 이끄는 소수 기민당 지도자들만이 기민/기사당 정책을 더 발전시키기를 원했고 대다수는 축소할 것을 주장했다. 1969년 후반 총선을 앞두고 외교정책을 둘러싼 격렬한 논쟁이 벌어졌다. 기민/기사당 지도자들은 더욱 강경한 어조로 경쟁자이자 협력자인 사민당을 공격했고 선거에서 패배시킴으로써 대연정을 끝내고자 했다. 그들은 사민당 대표이자 외무장관인 빌리 브란트의 주장대로 하면 서독이 동독을 인정하게 되고 결국 통일에 대한 희망은 사라질 것이라고 강조했다. 다른 나라들의 동독인정을 막는 것이 갈수록 어려워지면서 사민당이 할슈타인 독트린의 수정을 요구했지만 키징거와 슈트라우스 등은 이를 묵살했다. 그들은 또한 브란트가 소련의 범유럽 안보회의 구상에 관심을 보이는 것을 비판하면서 그 계획은 유럽의 분할을 정당화하기 위한 소련의 술수에 불과하다고 주장했다. 그 결과 유권자들은 대연정의 초기정책에서 점차 후퇴할 것인지 아니면 그 정책을 더 전진시킬 것인지에 대한 선택에 직면하게 되었다.

1949년부터 1969년에 이르는 20년 동안 기민/기사당의 동방정책은 상대적으로 거의 변하지 않았다. 적어도 공개적으로 연합당은 동독은 물론이고 동유럽 소비에트 영향권에 대한 암묵적 인정조차도 거부하는 보류정책을 유지했다. 슈뢰더의 실험 및 대연정과 관련한 연합당의 공식정책은 동서 데탕트의 시작으로 힘의 정책이 무효화되었고 보다 적응적인 동방정책을 발전시켜야 한다는 것을 인정하는 것이었다. 그러나 드골주의자들은 이를 거부했고 당도 현상유지를 인정하지 않는 방어적 입장을 고수했다. 당 지도자들은 이러한 입장이 긍정적 결실을 맺지는 못했지만 다른 대안들이 가져올 수 있는 위험은 막았다고 주장했다.

제 2 부

동구조약을 둘러싼 논쟁

제2장

초기조약들
1969~1971

1969년 9월 총선 결과 기민/기사당은 처음으로 야당이 되었다. 최대 의석을 유지했음에도 불구하고 사민당과 자민당의 예기치 못한 연정 구성으로 정권을 내주게 된 것이다. 재집권에 실패한 것은 연합당의 경제문제 처방이 국민의 지지를 얻지 못했기 때문이기도 했지만, 다른 한편 자신들의 독일정책과 동방정책을 국민정서의 변화와 동서화해 기류에 조화시키지 못한 데에도 원인이 있었다. 기민/기사당의 대외정책은 유권자의 지지를 받지도 못했을 뿐 아니라 오히려 경쟁 정당들이 외교정책을 고리로 연대할 수 있는 계기만 만들어준 셈이었다.

1. 브란트 동방정책의 개념과 연합당의 대응

신정부의 외교정책을 이끈 이들은 사민당의 3인방, 즉 신임총리 빌리 브란트와 원내대표 헤르베르트 붸너(Herbert Wehner), 그리고 브란트의 보좌관 에곤 바르(Egon Bahr)였다. 브란트는 베를린 시장과 대연정의 외무장관을 지냈고 오랫동안 사민당 대표를 맡았으며 동구와의 화해를 주창한 대표적 인물이었다. 퉁명스러운 성격의 소유자인 붸너는 1960년대 아데나워의 서방정책에 대한 지지로 대연정에 참여하는 전략을 고안한 장본인이지만 동독인들의 고통을 완화시켜주어야 한다는 깊은 사명감을 가지고 있었다. 기자 출신의 바르는 브란트를 전 분야에서 보좌한 인물로 1963년 이래 민족분단에 대한 새로운 접근법의 필요성을 주장했다.

독일문제에 대한 사민당의 입장은 1950년대 말과 1960년대 초에 걸쳐 커다란 변화가 있었다. 사민당은 점차 서독의 NATO 및 유럽공동체 가입을 지지하는 입장으로 선회했고 (1960년 붸너의 의회연설에서 이를 공식화했다) 통일되고 독립적인 전체 독일에 대한 오랜 희망을 포기했으며, 특히 베를린 장벽이 세워진 이후 민족분단을 엄연한 현실로 인정하기에 이르렀다. 사민당은 통일이나 자결권의 실현은 먼 미래에나 가능한 일이므로 서독 외교정책의 지도적 목표로서는 더 이상 현실성이 없다고 보았다. 브란트와 그의 정책설계자 에곤 바르는 서독의 정책이 동독 공산주의정권의 불안정성을 고조시켰고 동독이 그에 대한 대응으로 주민들을 서독과의 접촉으로부터 차단함으로써, 양측의 거리가 더욱 벌어졌다고 생각했다.

브란트와 바르는 서독이 정책을 수정해 동독의 국가지위를 인정하는 데 동의할 경우, 양측 주민들 간의 접촉확대 등 분단효과를 "완화"하기 위한 여러 조치들에 합의할 수 있을 것으로 보았다. 그러한 조치에는 상호 친지방문과 여행 확대, 스포츠 및 문화 교류, 교역 확대, 분단으로 인해 발생하고 악화된 정치, 행정, 교통, 환경 관련 문제들에 대한 정기적 회담 등이 포함되었다. 그들은 이러한 접촉이 단기적으로 실제적 문제들을 개선하여 긴장을 완화시킬 뿐 아니라 중기적으로 "문화적 단일성"(*cultural unity*)과 "연대감"(*sense of togetherness*)을 조성해 양측 독일인들이 하나의 국가는 아니더라도 하나의 민족의 일원이라는 귀속감을 느끼게 해주고, 따라서 "민족의 실체"를 보존할 수 있게 해줄 것이라고 주장했다. 사민당 전략가들은 "현상유지를 바꾸기 위해 현상유지를 받아들이는 것"(*accepting the status quo in order to change it*)이라고 말했다.

브란트와 바르는 완고한 스탈린주의자인 동독공산당 총수 발터 울브리히트(Walter Ulbricht)가 그러한 계획을 환영할 것이라고 기대하지는 않았다. 장기적으로는 대결정책보다 "(서독과의) 화해를 통한 (동독 정책의) 전환"(*transformation through accommodation*, 독일어로는 *Wandel durch Annährung*이며 우리나라에서는 보통 "접근을 통한 변화"로 번역됨 — 옮긴이) 정책이 오히려 동독체제의 안정에 더 큰 위협이 될 수 있었기 때문이다. 그러나 사민당 지도자들은 전반적 동서 데탕트에 대한 소련의 강력한 단기적 희망에 큰 기대를 걸었다. 중국에 대한 경계심이 커지면서 소련의 서방정책이 변하고 있고, 그에 따라 실효성 있는 협상이 가능한 시기가 왔다고 보았다. 현단계에서는 비교적 작은 양보만으로도 소련으로 하여금 동독을 압박하게 하여 실질적이고 인도주의적인 문제들에 대한 대화에 나서게 만들 수 있을 것이라고 기대했다. 그들은 서독이 초강대국들간의 데탕트를 이용해 동독과의 협상을 촉진하고 동시에 독일문제가 더 이상 동서진영간의 화해에 장애가 되지 않도록 함으로써 세계적 긴장완화에 기여할 것이라고 생각했다.

1969년은 닉슨-키신저의 데탕트 정책이 시작된 해였으므로 서독은 동서간 화해를 가속화함으로써 동맹국과도 보조를 맞출 수 있었다.

사민-자민당 지도자들은 정치적, 기본법적 제약 때문에 동독을 외교적으로 인정할 수 없다는 것을 잘 알았다. 게다가 동독을 외국으로 규정하는 것은 "민족의 실체를 유지하기 위한" 정책과 모순될 수도 있었다. 그럼에도 불구하고 브란트는 여전히 유연성을 발휘할 여지가 있다고 보았다. 그는 서독이 "2국가 1민족"의 존재를 받아들이고 동독을 완전히 동등한 협상 상대자로 인정하며 동독의 영토적 통합성(*territorial integrity*)을 존중할 것을 약속할 수 있다고 보았다. 양국관계를 정상화까지는 아니더라도 최소한 공식화할 수는 있을 것이며 더 나아가 할슈타인 독트린도 포기할 수 있을 것이라고 주장했다. 브란트는 이런 조치들은 서독이 적어도 단기적으로는 더 이상 동독체제의 정당성이나 안정성을 위협하지 않겠다는 의지를 나타내는 것이므로, 결국 소련을 만족시켜 인적, 문화적, 상업적 접촉을 위한 협상의 길을 열 수 있을 것이라고 기대했다.[1)]

사민당은 연정 파트너인 자민당으로부터 이러한 중단기적 목표와 전반적 접근법에 대한 상당한 지지를 확보하였다. 한때 맹렬한 범독일주의 정당이었던 자민당은 기민/기사당의 방어적인 단기적 동구정책을 받아들일 수 없었다. 발터 쉘(Walter Scheel) 외무장관을 비롯한 자민당 지도자들은 기민/기사당 정책이 실행 가능성이 없고, 분단으로 인한 문제를 완화할 잠정협정 대신 비현실적 주장에만 집착해 동서간에 불필요한 긴장을 조성한다고 보았다.

물론 1969년에도 사민당과 자민당 사이에 전술을 둘러싼 이견이 있었고 나아가 양당의 장기목표가 조화를 이룰 수 있을지 여부도 아

1) 사민당의 전략에 대한 요약설명은 필자에 의한 것이며 부분적으로는 다음을 참고함. Griffith, William, *The Ostpolitik of the Federal Republic of Germany*(Cambridge: MIT Press), 173-224; Schmid, Günther, *Entscheidung in Bonn: Die Entstehung der Ost-und Deutschlandpolitik* 1969/1970 (Cologne: Verlag Wissenschaft und Politik, 1979), 15-178.

직 불확실했다. 자민당 지도자들은 동방정책의 속도를 늦추었던 전통적 기민/기사당 정책이라는 "과다한 짐"(*excess baggage*)을 내던져버릴 수 있게 된 것은 반겼지만, 바르가 궁극적 동서 집단안보틀의 개념으로 제시한 "새로운 유럽평화 구조" 제안이라든가 좌파가 내세운 양독간의 중립적 국가연합 또는 수렴방안을 수긍할 수 있는 자민당 지도자는 거의 없었다. 많은 보수적 자민당원들은 사민당의 유화적 논조를 불편해 했다. 그러나 중단기적 목표가 일치했고 또 쉘이 브란트를 전적으로 신뢰했기 때문에 양당은 궁극적 목표는 의도적으로 모호한 상태로 남겨두었다.[2)]

사민당과 서독의 주요우방인 미국 간의 관계에서도 유사한 모호성이 존재했다. 리처드 닉슨(Richard Nixon) 대통령과 헨리 키신저(Henry Kissinger) 장관은 서독이 "연속성 테제와 미완의 민족과제에 대한 집착"으로 동서진영간의 관계개선과 유럽의 안정을 가로막고 스스로의 고립을 자초하는 길에서 벗어난 데 대해서는 안도감을 나타냈다.

그러나 미국의 정책목표는 소련이 유럽의 데탕트 열망을 이용해 서방 동맹국들을 특수한 구도로 끌어들여 NATO를 분열시키려는 기도를 막는 것이었다. 키신저는 특히 동방정책이 "(독일의) 대외적 입장을 (서방 축으로부터) 이탈하게 할 수도 있다"고 우려했다. 그는 바르가 서독의 중간적 위치를 이용해 동서 양 진영과 거래를 할 수 있는 독일 민족주의자이며 "독일이 동구권과의 우호적 관계를 통해서만 국가의 운명을 실현할 수 있다고 믿는" 인물로 보았다. 그래서 미국은 "브란트 및 그의 동료들과 긴밀히 협력해 서독의 동방정책을 건설적 방향으로 유도해"가고자 했다. 미국은 베를린 문제의 처리와

---

2) 1970년대로 접어들 당시 사민-자민당의 관계에 대한 평가는 다음을 참고함. Baring, Arnulf, *Machtwechsel: Die Ära Brandt-Scheel* (Stuttgart: Deutsche Verlags-Anstalt, 1982), 27-358.

(소련의 숙원인) 안보회의 구상을 포함해 모든 동서간 및 유럽 내 현안들을 연계하려 하였고, 동방정책이 이런 문제들에 대한 "협상의 기본틀 안에 내장되어 있도록" 하려고 했다. 이러한 틀은 서독의 협상력을 강화하기도 하지만 동시에 "동맹국들의 동의가 없이는 넘을 수 없는" 한계를 설정하는 것이기도 했다.[3]

유럽의 이웃국가들은 독일문제를 국제적 의제로부터 분리해 동서관계를 증진하려는 서독의 노력에 대해 훨씬 더 호의적인 입장을 보였다. 그러나 미국과 마찬가지로 유럽국가들도 서독이 독자성을 확대하고 새로운 동방 및 독일정책에 집중한 나머지 서구진영 일원으로서의 역할에 부정적 영향을 미칠 가능성을 우려했다. 프랑스 정부 또한 서독의 동방정책이 자국의 데탕트 정책을 무색하게 하여 결과적으로 서구진영 내에서의 프랑스의 지도적 역할에도 부정적 영향을 미칠 수 있다는 것을 감지했다.

1) 연합당의 대응

사민-자민당의 동방정책은 현상유지를 인정하고 협상을 받아들이는 것을 전제로 하는 대동구권 접근법이었으므로 이는 민족문제 및 동서관계들에 관한 기민/기사당 정책의 근본전제들과 정면으로 대립했다.

연합당의 정통노선은 우선 독일 내에 서독이라는 민주적 국가가 존재한다는 사실 자체가 동독체제의 정당성과 생존에 위협이 되기 때문에 동독공산당이 서독과의 관계개선에 조금도 관심을 가질 수 없을 것이라고 보았다. 더구나 프라하 사태에서 입증되었듯이 소련당국은 동구권국가가 서방과 의미 있는 접촉을 갖는 것을 결코 용납하지 않을 것이며 울브리히트도 알렉산더 두브체크(Alexander

3) Kissinger, Henry, *White House Years* (Boston: Little, Brown, 1979), 98, 409-12.

Dubček)의 불행한 실험을 따라 하지 않을 것이라고 생각했다.

기민/기사당은 또한 사민당의 장기목표가 모순적이며 예기치 못한 역효과를 불러올 것이라고 판단했다. 동방정책은 실제로는 유럽의 분단을 인정함으로써 소련 및 동독 공산주의의 헤게모니를 강화하지만, 다른 한편 소련제국 내부구조의 약화를 도모한다는 암묵적 목표를 가지고 있었는데 바로 이 점이 동구인민들 사이에 잘못된 희망을 불러일으켜 결국 소련에 의해 무자비한 브레즈네프 독트린의 철퇴를 맞게 되는 사태를 재발시킬 수 있다는 것이었다. 공격적 데탕트는 성공할 수 없을 것이라는 주장이다.

설사 사민-자민당의 정책이 실질적이고 인도적인 조치를 통해 분단으로 인한 문제를 완화시킬 수 있다 하더라도, 그러한 조치는 독일정책의 목표로서는 적합하지 않다는 것이 연합당의 입장이었다. 바르와 브란트의 희망대로 민족적, 동포적 유대감을 조성할 수는 있겠지만 그것이 자체로서 독일의 민족적 단일성을 의미하는 것이 아니기 때문이다. "민족의 내용적 실체성 유지"가 서독의 전통적 목표인 진정한 민족적 단일성을 대체할 수는 없다는 것이다. 진정한 단일성은 오직 강요된 물리적 분단의 종식을 통해서만 달성될 수 있는데, 바로 이 목표를 브란트와 바르가 포기하려 한다고 연합당은 간주했다. 연합당은 사민-자민당의 동방정책이 민족의 "내용적 실체"만 강조할 뿐 통일의 중요성을 경시하고 국가적 단일성(하나의 국가 내에서의 단일성)의 지향을 거부하며 민족자결권이라는 목표를 타협함으로써 독일의 분단을 고착화하거나 "심화시킬" 것이라고 판단했다.

연합당은 또한 브란트와 바르가 인도적, 실제적 문제에 대한 소련진영의 양보에 지나친 중요성을 부여함으로써 소련의 공갈에 스스로를 노출시켰다고 보았다. 즉, 소련은 예컨대 양독간 인적 교류의 확대를 보장하겠다는 양보를 하는 대신 그 대가로 현상유지에 대한 독일의 반대를 완화시킬 수 있는 조약조항을 얻어낼 셈이라는 것이다.

대연정의 경험에서 교훈을 얻은 연합당의 정통파들은 서독이 법적 권리를 상실하는 것에 대해 우려했다. 사민-자민당이 실제적, 인도적 문제의 해결을 추진함으로써 양독간 공식, 비공식 교류가 확대되고 서독이 동독을 암묵적으로 인정하게 되면, 이러한 변화는 새로운 법적 규범으로 해석될 것이며, 따라서 서독이 단독으로 전체 독일을 대표할 권리가 손상될 것으로 보았다. 연합당 정통파는 동·서독 관계의 지위에 영향을 미칠 수 있는 이슈는 4강의 결정에 맡겨야 한다고 주장했다. 그들은 데탕트를 추진하는 과정에서 독일문제는 건드리지 말아야 하며 또 그럴 수 있다고 주장했다. 만약 그렇지 못하다면 오히려 동·서독 화해를 포기해야 한다는 입장이었다.[4]

연합당 내 정통파들은 새로운 사민-자민당 정책의 부정적 영향이 단지 독일의 단일성 주장에 위협을 가하는 데 그치는 것이 아니라고 보았다. 연합당은 소련진영과의 화해가 분명하게 서독의 장기적 지향성에 대한 외국의 의구심을 불러일으킬 것이라고 보았다. 즉, 중립국가론의 망령이 되살아나고 동맹 내에 분열이 싹틈으로써 결국 서독의 안보가 위태로워진다는 것이다. 연합당의 시각에서는 데탕트, 그리고 특히 동독공산당을 동등한 협상 파트너로 취급하는 것은 동서간 기본적 차이에 대한 서독국민들의 인식을 흐릴 것으로 보았다. 사민-자민당의 정책은 소련의 팽창주의 압력에 대한 저항의지를 약화시킬 것이며 서독과 서방 동맹국들의 관계를 소원하게 할 것으로 보았다. 또한 동방정책과 동서간 수렴에 대한 사민당의 장기비전이 서독의 민주적, 자본주의적 제도에 대한 급진좌파의 저항을 강화시킬 것으로 우려했다.

---

4) 슈트라우스는 "인적 교류의 기술적 문제에 대한 합의를 위해 공적 권력기구를 가진 행정기관을 국제적으로 합법적이고 주권적인 국가로 인정할" 필요까지는 없다고 주장했다. CSU, Landesgruppe, *CSU Correspondenz*, 보도자료 44, 1970년 3월 19일자.

기민/기사당이 사민-자민당의 정책, 특히 독일문제에 관한 정책을 강하게 비판하게 된 배경은 무엇이었을까? 위에서 본 대로 동방정책과 독일정책에 대한 기민/기사당의 정통당론은 아데나워 시절 이래 거의 변화가 없었다. 서독 주도의 통일론에 바탕을 둔 주장과 행동들이 여전히 당내에서 지배적이었다. 이러한 통일론은 동독의 소멸을 전제하는 것일 뿐 아니라 동독공산당이 통치하는 국가에 대한 잠정적 인정조차 사실상 배제하는 것이었다. 아데나워나 그의 계승자들은 결코 당이 동독에 대해 새로운 입장을 발전시킬 수 있도록 정책목표를 수정하거나 확대하지 않았고, 통일론이 여전히 당 정책에서 우세를 차지했다("오스트리아 해법" 등을 비롯한 아데나워의 여러 구상들은 그의 외무장관도 알지 못할 정도로 철저히 비밀리에 진행되었다. 대연정 시기에 당이 소련진영에 이런저런 협상을 제안한 바 있었지만 모두 상대방이 수용할 수 없는 조건들이 달린 것이었다).

그렇다고 연합당이 1969년 시점에서 통일이 임박했다고 믿거나 주장하려 했던 것은 아니었다. 당은 독일통일이 통합된 유럽이라는 맥락에서만, 그리고 유럽 전체의 블록구조에 평화적 변화가 일어난 후에나 비로소 실현 가능한 것임을 인정하였다. 기사당 지도자들도 유럽 내에서 파국적 전쟁을 제외하면 가까운 미래에 독일통일을 실현시킬 정도의 변화가 발생하기는 어려울 것이라고 생각했다.

그럼에도 불구하고 연합당은 독일인들이 단일민족으로서의 권리를 주장하지 않는다면 분단극복의 기회는 결코 오지 않을 것이라고 역설했다. 통일과 자결이 선언적 목표에 불과한 것으로 보일 수도 있지만, 연합당 내 정통파의 관점에서는 법적 권리나 표현도 중요한 문제였다. 연합당은 과거 폴란드인들이 그랬듯이 유럽에 새로운 질서를 가져오고 독일민족이 스스로의 운명에 대해 발언권을 가지려면 꾸준히 자신들의 대의를 밀고 나가야 한다고 주장했다. 독일인들이 통일에 대한 의지와 권리를 적극적으로 주장하지 않을 경우, 현상유지를 암묵적으로 받아들이는 것으로 취급될 수 있다는 것이다.

연합당의 정통노선은 이런 점에서 국가 단일성에 대한 권리주장의 중요성을 특히 강조했다. 독일의 국가적 정체성은 비스마르크 제국 시대에 형성되었다. 그러한 국가를 완전한 형태로 회복시킬 권리의 법적·정치적 정당성을 부정하는 것은 독일의 국가성 자체를 훼손하는 것으로 이해했다. 당은 비스마르크적 국가를 재건할 수는 없겠지만, 국가와 민족의 논리적 관계를 단순히 형식과 내용의 관계로 격하해서는 안 된다고 주장했다. 이런 점에서 기민/기사당에게 국가 단일성이라는 대의는 본원적이라기보다는 도구적인 의미에서 중요했다. 그것은 독일의 민족의식을 유지시켰으며 또한 독일이 자결권을 확보하기 전까지 유럽의 현체제가 잠정적 상태에 불과한 것으로 규정되도록 하였다. 따라서 연합당의 정통파 입장에서는 공연히 서독의 눈높이를 낮춰 "문화적 단일성"을 목표로 할 것이 아니라 국가적 단일성이라는 명분을 계속 유지하는 것이 극히 중요했다.

이러한 생각에서 연합당은 서독의 법적 지위를 협상 가능한 대상으로 다루려는 입장에 대해 우려하지 않을 수 없었다. 기민/기사당은 통일을 추진하는 데 법적 근거는 중요하지 않다거나 정치적 의미가 없다는 사민당의 논리를 단호하게 거부했다. 기민/기사당은 법률규범은 정치적 의사를 성문화한 것이며 공산진영이 유럽에서 법적 문구의 변경에 집착하는 것도 그 때문이라고 주장했다. 그래서 소련이 현상유지를 거부하고 소련의 헤게모니에 도전하는 서독의 논리를 약화시키기를 바란다고 보았다.

2) 근본주의자들

그러나 동방정책 논쟁의 초기부터 연합당 내에는 정통노선에 대한 충실도 면에서 다양한 편차를 보이는 견해들이 존재했다. 그간의 공식적 서독정책을 변경하려는 사민-자민당의 시도에 대응하는 과정에서 종래의 전통적 관점을 어느 정도로 유지해야 하는가에 대해 당내 의견은 통일되지 못하였다. 당내 다수는 엄격한 근본주의적 해석에 기초해 사민-자민당 정책에 대한 강력한 반대를 주장했다. 그중에서도 가장 강경한 집단은 추방자 그룹의 지도자들이었는데 이들은 사민당의 정책을 자신들의 대의와 운동에 대한 위협으로 여겼다. 독일문제가 이미 종결된 것으로 다룰 경우, 향후 자신들의 고향지역을 처리하는 과정에서 발언권을 갖고자 하는 그들의 희망도 사라지기 때문이다. 또 독일문제의 중요성이 떨어지면 자신들의 정치적 영향력도 줄어들 수밖에 없었다고 보았다.

사민-자민당의 정책은 추방자 그룹뿐 아니라 기민당 내의 많은 북부 출신 개신교 보수주의자들의 범독일주의 정서에도 반하는 것이었다. 그러나 근본주의 다수파 가운데 숫자나 영향력 면에서 최대의 집단은 역시 기민당 및 기사당 내의 비교적 동질적이며 중류층에 속하는 가톨릭계 남부지역 출신 또는 라인란트의 비도시지역 출신 보수주의 세력이었다. 이들 모두가 강한 민족주의적 태도를 가진 것은 아니었으나 부당하고 반역사적인 독일의 분단은 반드시 부정되고 극복되어야 한다는 자신들의 신념과 동방정책은 정면으로 배치되는 것이었다.

그러나 더 중요한 것은, 이들이 강한 범독일주의적 의식의 강도에서는 차이가 있더라도 분단을 인정하는 사민-자민당의 정책이 소련의 유럽에서의 정치적, 이념적 헤게모니에 대해 위험한 양보를 하는 것으로 본 점이다. 강경 보수주의자들이나 반공주의자들에게는 독일문제를 미해결 과제로 남겨두는 것이 소비에트 영향권의 공고화를 닥고 서독 등 서유럽에 대한 소련의 압박에 맞서는 포괄적 정책의 일환이었다. 근본주의자들은 사민-자민당의 동방정책이 독일문제를 사실상 종결시키고 동맹을 약화시킴으로써 결과적으로 서독이 중립주의의 흐름에 휩쓸려가버리게 할 것이라고 우려했다. 근본주의자들 가운데 다수가 과거 연합당 내 드골주의 분파의 정치적 계승자들이었다. 그들은 서독을 확실한 반공산주의 서유럽의 지도국가로 인식했고, NATO에 우호적이긴 했지만 미국의 친데탕트 성향을 불신했다.

화해에 대한 이들의 거부감은 국내정치적 상황에서 비롯한 측면도 있었다. 근본주의자들은 연합당이 1969년 총선에서 절대다수를 확보하지 못한 것은 보수주의-사회주의 대연정에 실망한 많은 우파 지지자들이 소규모 급진정당인 민족민주당(National Democratic Party)을 선택한 데에도 원인이 있다고 진단했다. 그들은 당이 독일문제에 관해 더 오른쪽으로 방향을 돌리면 유권자의 4%에 달하는 이들의 표를 회복하고 추방자들의 지지도 확보할 수 있다고 보았다.

범독일주의를 신봉하지 않는 보수주의자들도 독일문제에서 양보하는 정책에 대해 민족적 의무 차원에서 저항할 것을 주장한 이유가 바로 거기에 있었다. 그들은 또한 추방자 그룹을 대변해 서독의 동구에 대한 정책은 독일인들이 저지른 범죄뿐 아니라 독일인들에게 가해진 범죄도 고려해야 한다고 주장했다. 이러한 입장은 추방자들의 환심을 샀을 뿐 아니라 동구, 특히 폴란드와의 화해에 반발하는 정서에도 편승했다.

이러한 정치적 동기는 기사당 내에서도 추방자들, 특히 주데텐 지역 출신자들의 영향으로 강하게 작용했고, 새로운 동방정책에 대한 그들의 적대감에 바이에른 지역당답지 않은 범독일주의 색채가 추가되도록 한 요인이었다. 기사당은 특히 민족민주당 지지자들을 겨냥했다. 민족민주당의 극단적 민족주의와 반사회주의는 북부 바이에른의 개신교 지역인 프랑켄(Franken)에서 특히 강한 호소력을 발휘하였다. 이러한 흐름을 가로채기 위해 기사당은 더욱 범독일주의적이고 민족주의적인 성향을 띠게 되었고, 그러면서도 민족민주당과의 유사성은 강력히 부인했다.

마지막으로 슈트라우스, 기사당, 그리고 키징거 같은 기민당 지도자들은 여전히 사민-자민당의 연정구성으로 인한 충격에서 벗어나지 못했다. 그들은 연합당을 "망명 중인"(*in exile*) 정통정부로 생각했다. 그들은 초당적, 중도주의적 입장을 취해 사민당으로부터 자민당을 빼앗아올 생각은 전혀 하지 않았다. 오히려 자유주의자들을 주의회 및 연방의회에서 몰아내려고 했다. 외교정책을 중심으로 브란트를 끊임없이 공격했고 근소한 차이로 다수당을 차지한 이 신임총리를 쫓아낸 뒤 권력을 다시 찾고자 했다.

3) 개혁주의자들

연합당 내에는 엄격한 기민/기사당 정통노선에서 벗어나 새로운 접근법을 모색하는 소수파도 존재했다. 그들의 접근법은 서독이 독일 전체를 대표하는 합법적 권리를 갖는다는 것은 인정하지만, "권리를 고수하는 정책의 자동적 치유효과"에 대해서는 회의적이었다. 법률적 입장과 "정책의 내용"이 동일한 것이 아니기 때문이다.[5)]

이들 소수파는 일방적 법적 주장을 반복하는 것이 도덕적 만족감을 주긴 하지만 방어적 전술에 불과하여 유럽의 정치지형에 실질적 변화를 유발하지는 못할 것이라고 주장했다. 이들은 이러한 서독의 권리를 그냥 포기해버려서도 안 되지만 절대적으로 고집하지도 말고 대신 인도적, 기술적, 행정적 영역 같은 다른 분야에서의 양보를 얻어내기 위한 협상카드로 사용할 것을 제안했다. 이들은 동독의 지위를 (완전한 독립국가로 인정하지는 않더라도) 일정한 형태와 제한된 정도로 인정하고 오데르-나이세 국경선을 공식적으로 인정하는 것은,

5) Weizsäcker, Richard von, "Deutsche Ost-und Westpolitik," in *Die CDU in der Opposition: Eine Selbstdarstellung*, ed. Dietrich Rollman(Homburg: Christian Wegner, 1970), 46.

"유용한 타협점"을 찾기 위해서라면, 적어도 협상이 가능한 문제라고 보았다. 소수파의 전략은 통일과 자결을 (법적으로는 아니더라도) 정치적 사명으로 유지하려는 서독의 전통적 입장을 대체하는 것이 아니라 보완한다는 점에서 사민-자민당의 동방정책과는 구분되었다.

이러한 유연한 전략의 옹호자들은 모두 기민당 소속으로 주로 몇몇 소규모 하부집단을 근거지로 하였다. 일부 범독일주의 성향의 나이 든 정치인들, 특히 베를린 및 북부지방 출신들과 요한 밥티스트 그라들 전 동독 기민당 의장으로 대표되는 동독 출신의 망명자들, 그리고 연합당 개신교 소수파를 대표하는 주요 정치인들이 이 "개혁파"에 속했다.

또한 기민당이 야당으로 전락하면서 많은 정치 유망주들도 이 느슨한 소수파 대열에 동참했다. 그 가운데 한 사람이 라인란트팔츠주 행정수반으로 당조직과 정책의 개혁·쇄신을 주창했던 헬무트 콜이었다. 더 중요한 인물은 리하르트 폰 바이체커(Richard von Weizsäcker)였는데, 그는 히틀러에 대한 저항운동에 관여하고도 연합군에 의해 수감되었던 저명한 외교관 에른스트 폰 바이체커(Ernst von Weizsäcker)의 아들이었다. 리하르트 폰 바이체커 자신은 동부전선에 참전했고 나중에 적극적인 개신교도가 되었다. 그는 독일 외교정책과 관련된 자신의 역할을 "개인적 배상" 행위로 간주했다. 그는 자신의 출신지였기에 베를린과 개인적 인연이 있었고, 해외에서 젊은 시절을 보낸 까닭에 독일에 대한 외국의 태도에 민감하였다.[6)]

개혁파에는 범독일주의와 무관한 젊은 정치인들도 포함되었다. 이들은 주로 노조의 영향력이 강한 도시 산업지역이나 북부 개신교 지역, 라인란트 출신들이었다. 이들 소장파는 연합당 초기의 기독교 사회주의적 경향에 공감했고 국내외 문제에 대해 보다 개혁적인 입

---

6) 프리드베르트 플뤼거의 폰 바이체커에 관한 언급, 1984년 2월 15일 필자와의 인터뷰.

장을 취했다. 그들은 정치적으로 사민당이 우세한 지역적 환경에서 성장하며 영향을 받았고, 따라서 근본주의자들보다는 더 많이 사민당의 사상에 접하거나 그중 일부에 공감하기도 했다.

그러므로 이들 기민당 개혁파는 서독 외교정책의 정상화를 원하는 국민들이 점차 늘고 있다는 것을 알았다. 그들은 국민들이 분단의 현실을 개선할 구체적 조치를 희생하면서까지 통일을 강조하는 데 피로감을 느낀다고 보았다. 또한 이들은 서독이 국제사회로부터 신뢰를 받을 수 있도록 동구의 과거 적국들, 특히 폴란드와 화해하기를 원했다. 무엇보다 대서양주의 전통의 계승자로서 개혁파들은 독일문제로 인해 서독과 동맹국들과의 관계가 소원해지는 것을 원치 않았다. 동서 데탕트의 앞날에 대해 사회민주주의자들만큼 낙관적이지는 않았지만, 서독이 잠정협정을 가로막는 듯한 모습을 보여 서그의 일원으로서 신뢰를 잃는 것은 반대했다.

근본주의자들과 마찬가지로 개혁성향의 기민당 정치인들도 역시 정치적 동기를 가지고 있었다. 이미 본 대로 이들은 주로 사민당이 우세한 북부 개신교 지역, 도시 산업지역, 특히 라인-루르(Rhein-Ruhr) 지역 출신이었다. 연합당의 텃밭지역 출신인 동료당원들과 달리 이들은 노동조합을 포함해 지역 유권자들의 지지를 얻기 위해 사민당과 (단순히 적대하기보다는) 경쟁해야 할 필요를 강하게 느꼈다. 이러한 환경에서 그들은 동방정책을 포함한 정통노선의 보다 유연한 해석이 필요했다. 이 온건화를 더욱 강하게 부추긴 것은 사민당과의 연정으로부터 자민당을 떼어내 기독교-자유주의 연합을 재건하고자 하는 콜 등 개혁파의 바람이었다.

당내 핵심인사들 가운데 개혁파의 주장에 공감하면서도 어느 정도 거리를 두려고 했던 두 명의 인물이 있었는데, 하나는 "움직임의 정책"을 주창한 게르하르트 슈뢰더 전 외무장관이고, 다른 하나는 야당 시절 가장 두드러진 지도자였던 라이너 바르첼이었다. 기민당 노조파 출신의 가톨릭 신자인 바르첼은 1966년 소련의 군사적, 경제적 이해를 수용한 다소 급진적인 독일통일 모델을 제안해 파장을 일으키기도 했다. 강한 반공주의 성향에도 불구하고 그러한 실험적 성향과 유연한 정치적 기질은 바르첼로 하여금 서독 동방정책의 변화를 — 바르-브란트 접근법의 많은 측면을 유보하긴 했지만 — 주장하게 했다.

그러나 바르첼은 동방정책을 비롯한 논쟁적 문제에 관하여 기민/기사당 의원들에게 통일된 방침을 수용하도록 하기에 충분한 입지를 확보하지는 못했다. 강력한 당내 "거물들"이 모인 집단에서 그는 기껏해야 동류 가운데 일인자에 불과했기 때문이다. 아데나워의 퇴진 이후 한동안 연합당 내의 어떠한 단일 지도자도 강력한 당권을 쥐지 못했는데, 바르첼은 당의 가장 중요한 세 자리를 모두 차지함으로써 당내에서 아데나워 이후 첫 최고 권력자가 되기를 원했다. 즉, 현재의 기민/기사당 원내대표직을 유지하면서 키징거를 대체해 기민당 대표직에 오르고 나아가 연합당의 총리후보가 되기를 바랐던 것이다. 그러나 그러기 위해서는 슈뢰더와 키징거 같은 경쟁자를 물리쳐야 했는데, 그들도 똑같이 바르첼을 몰아내고 원내대표 자리를 차지한 뒤 궁극적으로는 차기선거에서 기민/기사당 총리후보가 되고자 하였다. 바르첼은 다수의 청년당원들과 기민당 노조파의 지지를 받았지만, 연합당 내의 다른 중요한 세력들의 표심은 나뉘어 있었다. 게다가 키징거나 슈뢰더처럼 그도 정부에 대한 건설적 반대(*constructive opposition*)를 선호했지만, 강경파들, 특히 슈트라우스의 기사당은 사민당과 자민당을 공격하라고 그를 압박했다. 그 이후 결정적인 수년 동안 바르첼은 사민-자민당의 동방정책에 대한 자신의 건설적 비판과 강력한 수사적 공세 사이에서 줄타기를 해야 했다.[7]

---

7) 기민/기사당의 당내 정치와 정책논쟁 관계에 대한 설명은 다음을 참고함. Hacke, Christian, *Die Ost-und Deutschlandpolitik der CDU/CSU: Wege und Irrwege der Opposition seit* 1969 (Cologne: Verlag Wissenschaft und

2. 초기의 협상들

1) 동 · 서독 대화 논쟁

브란트는 1969년 10월 28일 의회연설을 통해 새로운 동방정책의 주요내용을 제시했다. 그는 동독을 공식 승인하지는 않았지만, "독일에 두 개의 국가"가 존재한다는 것을 암묵적으로 인정했다. 할슈타인 독트린의 공식적 수정과 더불어 동독을 법적으로는 아니더라도 사실상 인정하는 그의 접근법은 예상대로 서독 내에서 치열한 논쟁을 촉발했다.

기민당 개혁파는 브란트의 정책이 향후 협상과정에서 운신의 여지를 남겨두지 않는다는 점에서 위험하다고 보았다. 이들은 동독에 국가의 지위를 부여하는 정도의 양보는 협상 초기가 아닌 종결시점에서 제시했어야만 했다고 비판했다. 즉, 이러한 "정치적으로 설정적인"(*politically constitutive*) 일방적 양보로 인해 서독은 동독의 상응하는 행위와 상관없이 제 2의 독일국가를 상대해야 하는 입장이 되었고, 또한 독일문제를 "미해결 상태"로 남겨두려는 서독의 진정성을 국제사회에 납득시킬 수 없게 되었다는 것이다. 그라들은 이제 세계는 "독일인들이 강제로 분단에 적응되었다"고 판단할 것이라고 경고했다.[8]

연합당 근본주의자들도 같은 의견이었지만 그들은 브란트의 제안이 가져올 법적 영향을 더욱 경계했다. 그들은 사실상 인정과 법적 인정 간의 미묘한 구분이 무의미해질 것을 우려했다. 즉, 동독을 국

Politik, 1975).

8) 요한 밥티스트 그라들의 연방하원에서의 발언. Hacke, Christian, ed., *J. B. Gradl: Stets auf der Suche: Reden, Äuserrungen und Aufsätze zur Deutschlandpolitik* (Cologne: Verlag Wissenschaft und Politik, 1979), 292.

가로 인정하고 할슈타인 독트린을 사실상 파기하는 것은 불가피하게 동독의 입지를 강화시키고 서독이 전체 독일을 대표할 권리를 갖는다는 전통적 주장을 약화시킬 것으로 본 것이다. 이런 점에서 브란트의 첫 조치는 경솔할 뿐만 아니라 회복 불가능한 손상을 입힌 것이라고 비판했다. 또한 동독을 사실상 인정하는 것은 향후 평화협정에서 독일의 최종적 구성을 결정할 4강의 권한을 침해하는 것으로 서구우방들은 서독이 1952년 체결된 독일조약을 암묵적으로 파기한 것으로 받아들일 것이라고 이들은 주장했다. 연합당 지도자들은 전승국들에게 독일의 통일을 촉진할 의무를 부여한 독일조약이 파기된다면, 이제 그 책임이 서구의 악의(*ill will*)가 아니라 브란트의 동방정책으로 돌려질 것임을 재차 강조하면서 서독이 통일을 위해 노력하지 않는데 어떻게 우방들이 노력하기를 기대할 수 있을지, 즉 과연 우방들이 "독일인들보다 더 독일적"일 수 있는지 반문했다.

이와 같이 기민당 개혁파와 연합당 내 다수를 차지하는 정통파 간에는 초기단계의 사민-자민당 동방정책에 대한 비판에서 내용상 차이가 있었다. 그러한 차이는 양 계파 간의 상이한 정치적 기질과 당내경쟁으로 인해 증폭되면서 당의 대응에서는 더 큰 불협화음을 냈다. 슈트라우스는 브란트의 "배신행위"를 맹비난한 반면, 온건한 슈뢰더는 새로운 동방정책의 서막이 전개되는 동안 지나치게 시끄러운 "배경음악"을 틀어대지 말아야 한다고 주장했다.[9] 바르첼에게는 이미 단합된 입장을 관철할 힘이 없었다.

1969년 10월 브란트의 의회개원 연설 이후 서독은 동독의 반응을 기다렸다. 소련의 강한 압력을 받은 듯한 동독은 그해 초겨울 무렵 관계 "정상화"를 위한 양독 정상회담을 제안했다. 서독은 공식 외교관계 수립이라는 조건이 없어야 한다는 전제하에 이를 받아들였다.

---

9) *Neue Zürcher Zeitung*(이하 *NZZ*로 칭함), 1970년 1월 14일자.

1970년 초 몇 달 동안 동·서독은 각자 브란트 총리와 빌리 슈토프 총리 간의 역사적 정상회담의 준비에 몰두했다.

바르첼과 기민/기사당 의원단은 12월부터 브란트에게 정상회담의 주도권을 쥐라고 압박하는 등 이미 정상회담을 지지하는 듯했다. 그러나 이들이 회담을 실제 전면적으로 승인할지 여부는 정부가 동독의 외교관계 수립요구를 단호히 거부하고 이 정상회담이 동독의 지위를 강화하는 결과가 되지 않도록 하겠다는 입장을 확인해줄지 여부에 달려 있었다.[10] "국제법적 구속력이 있는" 조약을 체결하자는 동독의 요구는 양독간 전면적 외교관계 수립으로 향하는 "미끄러운 내리막길" 위에 서독을 올려놓으려는 계략이었다. 여당과 마찬가지로 야당 정치인들도 정상회담이 양독 주민들에게 이익이 될 것이라고는 주장했지만, 어떻게 슈토프를 설득해 양보를 얻어낼지에 대해서는 구체적 언급이 없었다. 기사당 대표자들은 동독에 베를린 장벽을 제거하고 양독 경계선(*demarcation line*)상의 발포명령을 없애라고 요구해야만 정상회담이 성공적이라는 평가를 받을 것이라고 말했다. 기민당 지도자들은 보다 조심스러운 희망을 피력했다. 슈뢰더는 지나치게 낙관적인 요구와 지나치게 비관적인 기대라는 "무거운 짐"으로 브란트를 짓누르지 말라고 경고했고, 바르첼은 미리 예측해서 회담을 "복잡하게" 하지 않으려고 했다. 브란트가 에르푸르트(Erfurt)로 떠나기 직전 바르첼은 그에게 슈토프와의 정상회담에서 조속한 결과를 내야 한다는 부담감을 갖지 않아도 된다고 안심시켰다.[11]

브란트가 고도로 상징적인, 그러나 별 소득은 없던 슈토프와의 정

10) CDU, *Deutschland Union Dienst*(이하 CDU, *DUD*로 칭함), 보도자료 59, 1970년 3월 26일자.

11) 연합당은 정부가 야당과 협의하지 않았다고 강하게 비판했다. 1970년 초, 정부는 야당 지도자들에게 상세한 브리핑을 한 바 있으나, 연합당 지도자들은 정부의 최종결정에 자신들의 입장이 전혀 반영되지 않았다고 주장했다. Schmid, Günther, *Entscheidung in Bonn*, 15-96.

상회담을 마치고 돌아오자 논의내용에 대한 것은 물론이고 회담 자체에 대해서도 비판이 쏟아졌다. 연합당은 에르푸르트에서의 회담이 양쪽의 독일인들에게는 아무런 이득도 주지 못한 채 동독의 정치적, 외교적 입지만 강화시켰다고 비난했다. 슈트라우스와 키징거는 양 정상이 만나서 악수하고 공동성명을 발표함으로써 국제사회는 서독이 동독정권을 암묵적으로 인정한 것으로 여길 것이라고 비판했다. 그 증거로 그들은 외국언론의 반응을 들었다.

그러나 에르푸르트에서의 한 일화는 연합당으로 하여금 비판만 할 수 없게끔 하였다. 수천 명의 동독주민들이 브란트가 묵은 호텔 앞에 모여 열광적 갈채를 보내며 그의 이름을 연호했고 일부는 경찰 저지선을 넘기도 했다. 기민/기사당은 이 자발적 집회에 감동하면서도 불안감을 가졌다. 바르첼은 에르푸르트에서의 환호가 "스스로 말한다"고 했지만 실제로 그 메시지는 무엇이었을까? 분단 후 수십 년이 지났어도 민족적 유대감이 얼마나 강한지를 극적으로 보여준 사건임은 분명했지만, 그것이 바르첼의 주장대로 과연 동독주민들의 자결에 대한 열망의 표현일까? 실질적이고 인도주의적인 조치를 지향하는 브란트의 정책에 대한 동독주민들의 지지를 의미하는 것은 아닐까?[12]

기민/기사당은 명백한 증거가 부족하다는 이유로 후자의 주장을 받아들이려 하지 않았으나, 사민-자민당의 동방정책이 양독주민들의 상상력을 사로잡았다는 것은 무시할 수 없는 사실이었다. 이 정책에 대한 서독에서의 지지는 과학적 표본조사에서도 입증되었다. 여론조사 결과 상당한 다수의 국민들이 전반적 데탕트에 대해 우호적이며 브란트를 지지하는 것으로 나타난 것이다.[13]

---

12) Barzel, Rainer, *Auf den Drahtseil* (Munich: Drümer Knaur, 1978), 102-3; *Deutsche Allgemeine Sonntagsblatt* (이하 *DAS*로 칭함), 1970년 4월 5일자.

13) FRG, Presse-und Informationsamt der Bundesregierung, *Bulletin* 7430,

다음 외교의제는 5월로 예정된 브란트-슈토프 간의 2차 정상회담이었다. 기민/기사당은 이번에도 공식적으로는 회담을 지지했으나 분단으로 생긴 인도적 문제를 완화하도록 동독의 양보를 끈질기게 요구해야 하며 만일 그런 양보의 가능성이 없다면 회담은 취소되어야 한다고 주장했다. 카셀(Kassel)에서 열린 2차 정상회담 역시 아무 결실 없이 끝나자 기민/기사당은 자신들의 회의론이 옳은 것으로 드러났다고 보았다. 슈토프의 전부 아니면 전무 방식(*all-or-nothing*)의 접근법은—"더 정확히 말하면 그에게는 전부(*all for him*), 우리에게는 전무(*nothing for us*)"—동독이 실질적 문제를 제쳐놓고 완전한 국가승인만 고집한다는 것을 보여주었다. 이는 동독이 공존을 원하지 않는다는 의구심을 불러일으켜 향후회담의 전망을 어둡게 했다.14)

기민당 개혁파는 처음에는 비판의 초점을 동독에 집중하고 브란트 정부에 대해서는 실현될 수 없는 기대를 불러일으킨 것이 잘못이라고 주장했다. 브란트에 우호적인 신문들도 연합당의 어조가 "합리적"이고 "온건"하다고 평했다. 그러나 슈트라우스는 카셀에서의 2차 정상회담은 새로운 동방정책이 "실패작", "파산", "불명예"임을 입증하는 증거라고 비난했다. 기사당의 그러한 압박으로 연합당도 곧 강경한 입장으로 바뀌었다. 양당의 공동의원단은 성명을 내고 카셀 회담이 정치적 관계와 인도적 조건의 개선을 위한 최소한의 요건도 충족시키지 못했다고 주장했다. 의원단은 또한 "실질적 의미에서 승인"으로 귀결될 브란트의 정책을 거부한다고 선언했다. 기민/기사당의 비판은 카셀에서 브란트가 향후 체결할 조약의 기초로서 제안했던 "20개 조항" 가운데 하나, 즉 내부문제에 관해서는 상대국의 독립과 자율성을 존중한다는 것에 집중되었다.15)

1970년 5월호, 727.

14) *Süddeutsche Zeitung*(이하 *SdZ*로 칭함), 1970년 5월 23-24일자.

15) *SdZ*, 1970년 5월 25일자.

이 이슈를 둘러싸고 동방정책 논쟁의 역사에서 매우 극적이고 상징적으로 중요한 상황들이 전개되었다. 기사당의 외교통이었던 칼 테오도어 구텐베르크(Karl Theodore zu Guttenberg)는 지병으로 사망하기 얼마 전 의회연설에서 동독의 지위강화와 합법화에 대한 반대의 필요성을 열정적으로 호소했다. 그는 지병으로 인한 고통에 못 이겨 눈물까지 흘리면서 "우리 기민/기사당은 '불의'(*injustice*)라는 이름을 가진 현실을 승인은커녕 인정할 수도 존중할 수도 없다"고 주장했다. 그는 울브리히트 체제를 히틀러 정권에 비유하여 "이 가운데 아돌프 히틀러가 37년 동안 버텨냈다고 해서 그와 화해할 수 있는 사람이 있는가?"라면서 불의는 결코 지속되었다는 이유만으로 정의가 될 수 없음을 주장했다. 또 독일은 이미 민주주의국가와 전체주의국가 간의 차이를 분명히 구분하지 않은 대가로 재앙을 겪었으므로 다시 그러한 과오를 범한다면 서독은 민주주의의 복원을 통해 히틀러의 유산을 청산한다는 스스로의 존재이유(*raison d'être*)를 충족시키지 못할 것이라고 경고했다. 그의 열정적 호소는 적과 동지 모두를 감동시켰지만 동시에 이 야심찬 동방정책의 타당성과 동독과의 협상의지에 관하여 정부와 야당 (특히 근본주의자들) 사이에 얼마나 큰 차이가 있는지를 분명히 드러내주는 것이었다.[16]

며칠 뒤 그만한 찬사를 받지는 못했지만 양당간의 간극이 얼마나 깊은지를 또 한 번 분명히 보여주는 일이 발생했다. 다양한 추방자 단체들이 연합당의 지원 하에 본, 에센(Essen), 뮌헨(München) 등지에서 사민-자민당의 동방정책에 대한 격렬한 항의집회를 열었던 것이다. 본의 시장 광장에는 브란트가 "항복"하고 "배신"했다고 비난하는 플래카드들이 내걸렸다. 개중에는 심지어 그를 "교수형"에 처하라는 내용도 있었다. 추방자 대표자들은 법적 "저항"을 요구했다. 이

16) TzDp, ser. 1, vol. 5, 189-201.

들의 분노는 주로 폴란드와의 회담을 향한 것이었지만 동·서독 정상회담도 강력하게 규탄했다.[17]

2) 소련, 폴란드와의 협상

두 차례 정상회담이 성과 없이 끝난 뒤 사민-자민당 지도자들은 소련과의 조약을 먼저 성사시켜야 동독의 고집을 꺾을 수 있을 거라는 원래의 생각을 굳혔다. 그들은 서독과 소련 사이의 관계개선이 이뤄지면 동독공산당으로서는 분단상황의 개선을 위한 합의를 수용할 수밖에 없게 될 것으로 기대했다.[18] 브란트는 이미 임기 초 소련에 대해 무력사용 포기조약을 제안한 바 있었는데, 현존하는 유럽국가들의 영토적 통합성(*territorial integrity*)에 대한 분명한 존중을 내용으로 하는 이 제안에 대해 소련은 긍정적 반응을 보였고 곧 이를 위한 예비회담이 진행되었다. 처음에는 소련주재 서독대사가 이 회담을 담당했지만 곧 에곤 바르가 직접 떠맡았다.

바르는 양측이 논란의 여지가 많은 이슈들에 대한 각자의 기존입장은 그대로 둔 채 무력사용을 포기하자고 제안함으로써 과거 서독정부의 전통을 유지하려 하였다. 즉, 조약을 잠정협정으로 규정함으로써 향후 현상태의 평화적이고도 궁극적인 변경이 가능하도록 법적 선택의 여지를 남겨두어야 한다는 것이다. 그러나 바르는 보다 호의적인 새로운 메시지도 전달했다. 서독이 현재상태를 공식적으로 승인(*recognize*)하지 않더라도 "인정"(*acknowledge*)은 하고, "존재하는 현실"의 정당성을 완전히 긍정하지는 않더라도 받아들일 의사가 있다는 점을 표시한 것이다. 양측 모두 이 세밀한 의미론적 구분이 뜻하

---

17) *SdZ*, 1970년 5월 19일자; *NZZ*, 1970년 5월 19일자.

18) 브란트는 핵확산금지조약의 비준, 미국을 포함한 유럽안보회의에 대한 지지 등 데탕트를 위해 소련이 충족시켜야 할 조건들을 이미 모색해놓았다.

는 바를 충분히 이해하였다. 서독은 통일을 추구할 권리를 공식적으로 보유하는 한, 데탕트의 확산을 위해 (명백히 동독을 포함한) 현재 유럽의 영토적, 정치적 구조(*territorial and political configuration*)를 암묵적으로 인정하는 조약을 맺을 의사가 있었다.

모스크바 회담과 동시에 브란트는 바르샤바에도 협상단을 보내 폴란드와 외교관계 수립을 논의하도록 했다. 그동안 폴란드는 서독에게 오데르-나이세 선을 폴란드와 동독 간 국경으로 완전히, 그리고 공식적으로 승인하라고 요구해왔다. 사민당은 이미 1960년대 중반에 양국관계의 정상화를 가로막는 이 결정적 장애물을 극복하기 위한 방안을 시도한 바 있다. 이제 브란트는 이 경계선을 암묵적으로 인정하는 타협적 합의로 폴란드가 만족하기를 희망했다.

이와 같은 소련 및 폴란드와의 공식협상에 대해 기민/기사당은 이중적 반응을 보였다. 연합당은 아데나워 시절 이래 원칙적으로 독일과 소련 간의 무력사용 포기조약을 지지했다. 단서가 없지는 않았지만 대부분의 당 지도자들은 이러한 조약을 독일문제에 관한 소련진영의 양보를 이끌어내고 서독의 관계개선 의지를 보여줄 수 있는 유용한 방안으로 보았다.

폴란드와의 협상은 보다 첨예한 감정을 불러일으켰다. 형식적으로 당은 폴란드와의 회담이 양국을 화해시키고 여전히 "폴란드 통치하에서" 살고 있는 동포들의 운명을 개선시킬 방안이라고 시인했다. 일부 기민당 개혁파는 브란트나 많은 교회 지도자들과 의견을 같이했다. 즉, 이 협상이 도덕적 의무이자 유럽역사의 불행한 장을 마감하는 데 기여할 것이며, 나아가 양국간 관계개선을 통하여 그간 소련이 자신의 위성국가 통제의 빌미로 사용한 서독의 영토회복주의적 이미지가 사실과 다르다는 것을 증명할 수 있을 것으로 본 것이다.

그러나 상당수의 연합당 지도자들은 두 번째 주장을 일축했다. 동유럽국가들이 소련의 선전에 따라 공격적 독일 민족주의에 겁을 먹고 종속을 받아들인 것이 아니라는 점이 이유였다. 추방자 그룹 지도자들은 정부가 폴란드와 허술한 협상을 할 경우, 자신들이 폴란드에서 추방당한 것을 소급적으로 정당화할 것이라고 주장했다. 근본주의적 반공 보수주의자들은 폴란드 공산정권과의 조약은 억압받는 폴란드 국민들과의 화해라는 목표에 아무런 도움이 되지 않는다고 덧붙였다.

그러나 두 협상에 대한 연합당의 지지가 미온적이었던 이유는 무엇보다도 독일문제에 관한 기민/기사당의 정통노선에서 비롯된 것이었다. 대다수의 당 지도자들은 소련과의 어떤 조약에서도 독일의 자결권이 명시적으로 인정되어야 하며, 적어도 통일을 위한 평화적 노력이 오히려 평화에 대한 위협으로 낙인찍혀서는 안 된다고 주장했다. 1960년대와 마찬가지로 그들은 어떤 조약이든 현재 유럽의 정치적, 영토적 현상을 승인하거나 비준하거나 공식화하는 것으로 해석할 여지를 남겨서는 안 된다고 고집했다. 그들은 가능한 한 가장 순수한 형태의 조약만을 요구했다. 영토문제 등 쟁점이 되는 이수는 언급하지 않고 단지 평화의지만 선언하여야 하는, 법적으로 중립적인 것이어서 영구적 해결은 미래 과제로 남겨두는, 전적으로 임시적인 양국간 타협의 성격을 가진 것이어야 한다고 주장했다. 구텐베르크의 논평대로 "무력사용 포기조약은 해결 안 된 논쟁이 남아 있기 때문에 필요한 것"이었다.[19]

폴란드 회담과 관련해서는, 일부 추방자들을 제외한 대부분의 기민/기사당 지도자들이 독일이 1937년 당시 국경을 회복할 수 있다는 믿음은 단지 "환상"에 불과하다고 한 기사당 기관지 〈바이에른쿠리어〉(*Bayernkurier*)의 주장에 동의했다.[20] 그럼에도 불구하고 소수 개

19) Guttenberg, Karl-Theodor Freiherr zu, *Die Neue Ostpolitik: Wege und Irrwege*(Osnabrück: A. Fromm, 1971), 11.

20) *Bayernkurier*(이하 *BK*로 칭함), 1970년 11월호.

혁파 외에는 오데르-나이세 선을 국경으로 받아들일 준비가 되어 있지 않았다(이들 소수파조차도 자신들의 의지를 단지 모호하게 표현할 뿐이었다). 구독일제국의 영토 안에 그어진 국경선을 공인하는 것은 국가단일성의 법적 기초를 위협할 수 있다는 것이었다. 추방자들의 반대는 격렬했고 연합당은 브란트에게 회담에서 영토문제를 무시할 것을 촉구했다.

모스크바와 바르샤바에서 열린 예비회담의 상세한 사항은 1970년대 중반까지 기밀로 분류되었으므로 새로운 동방정책에 대한 연합당의 공격은 그 공과(*merits*)보다는 방식(*manner*)에 집중되었다. 야당지도자들은 비밀주의와 아무런 사전협의도 없다가 사후에나 통보하는 태도에 분개했다. 헤르베르트 붸너 사민당 원내대표가 "나는 야당이 필요 없다"는 냉소적 발언으로 초당주의(*bipartisanship*)를 일축하자 사태는 더욱 악화되었다. 연합당 지도자들은 또한 바르가 협상대표로 임명된 것을 비난했다. 그들은 바르가 소련의 능숙한 협상가 안드레이 그로미코(Andrei Gromyko)에 압도당해 양보만 거듭할 아마추어라고 비판했다. 서독정부가 조약타결을 서두른 것에 대해 기민/기사당은 사려 깊지 못하고 비전문적일 뿐 아니라 지나치게 안달하는 너무 유화적인 외교라고 비난했다.

연합당 지도자들은 또한 동구권과의 협상이 위험한 단독행동(*solo venture*)이라고 비난했다. 정부가 우방국들과의 충분한 협의 없이 독일문제에 대하여 수십 년 동안 계속된 서방의 기존입장과 어긋나는 일방적 제안을 한다는 것이다. 더욱이 사민-자민당 연정은 데탕트 열망이 지나친 나머지 유럽의 협력을 소홀히 하고 서유럽 통합이라는 궁극적 목표를 무시하였으며(브란트는 그것은 "장래세대의 목표다"라고 말한 바 있었다), 서독을 "전 유럽"(*all European*) 안보회의를 추진하는 소련의 대리인으로 전락시키고, 서유럽의 단합보다 전 유럽(동구와 서구)의 평화질서를 더 중시한다고 비판했다. 이러한 면에서 브란트는 서유럽 내에서의 연대의식을 약화시킬 뿐 아니라 동서 사이에서 줄타기하는 독일의 이미지를 되살린다고 주장했다. 영구 데탕트라는 지나치게 부풀려진 기대는 안보를 위한 노력의 필요성에 대한 정당한 평가를 저해할 뿐 아니라 중립주의에 대한 우려를 불러일으키고 미국의 신고립주의(*neoisolationism*)를 강화해 결국 브란트 자신도 인정했듯이 데탕트의 버팀목이 되는 군사적 균형을 잠식할 것이라고 비판했다.

3) 바르 문서

정부와 야당 간의 간극이 커진 것처럼, 브란트에 맞서기 위한 연합당의 대응방안들도 큰 차이를 보였다. 당 지도자들은 사민-자민당의 조약들은 통일이라는 목표를 약화시킴으로써 결과적으로 기본법을 수정하는 것이고, 따라서 그 비준을 위해서는 의회 3분의 2의 찬성이 필요하다고 주장했다. 연이은 지방선거 승리에 고무된 연합당은 동방정책에 대한 불신임투표로 브란트를 낙마시키기에 충분한 의석수를 확보할 수 있을 것이라고 자신했다. 정부는 이 주장을 일축하고 기본법에 따라 새 연방선거가 실시될 경우, 현재의 높은 국민 지지도를 감안할 때 사민-자민당이 당연히 승리할 것이라고 장담했다. 1970년 5월 내내 의회에서의 논쟁과 추방자들의 동방정책 규탄시위가 계속되었고, 양측은 정치적 위협과 혹독한 상호비난을—각자 상대방에 대해 연합당은 "배신", 사민당은 "바이마르 시대의 영토회복운동"이라고 비난했다—주고받았다. 평론가들은 갈수록 합의할 수 있는 영역이 줄어드는 이 상황이 1950년대의 재무장 논쟁을 상기시킨다고 평했다.[21]

---

21) *Handelsblatt*(이하 *HB*로 칭함), 1970년 6월 2일자.

그러나 연합당 내에서 온건한 논조가 전혀 없는 것은 아니었다. 슈뢰더, 폰 바이체커, 그리고 개혁파 대부분은 사민-자민당의 동방정책이 야당과 협의하지도 않은 채 지나치게 서두르는 것이란 동료들의 비판에 동조하면서도 브란트의 의도를 가급적 선의로 해석해야 한다고 주장했다. 슈뢰더는 브란트에게 독일문제에서의 "항복"을 요구하는 소련의 조건을 받아들이지 말 것을 촉구했으나, 바르가 모스크바 회담에서 소련에 내준 게 거의 없었다는 데 대해서는 "놀라움"을 표시했다.[22]

이러한 비교적 건설적인 논조에 따라 쉘 외무장관은 슈뢰더의 도움을 얻어 초당적 협조정신을 복원하려 하였다. 그는 6월 마지막 공식회담을 위한 모스크바 방문에 슈뢰더 전 외무장관이 동행해줄 것을 제안했다.

연합당 지도부가 이 제안을 두고 논쟁을 벌이고 있을 때(당연히 이로 인해 근본주의자들과 개혁파 간 이견이 더욱 커졌다), 예기치 않게 모스크바 협상에 관한 비밀이 폭로되었다. 새로운 동방정책을 반대하는 정부관리들이 합의의 "요소들"이라는 제목으로 바르와 그로미코가 작성한 10개항의 실무문서 사본을 슈프링거 출판사 계열의 보수적 언론매체인 〈빌트〉(*Bild*)와 〈퀵〉(*Quick*)에 유출한 것이다. 연합당은 바르가 엄연히 명목상 상관인 쉘이 모스크바에서 공식협상을 시작하기도 전에 이 조건들을 합의해줬다고 비난했다. 사민-자민당의 부인에도 불구하고 기민/기사당은 이 문서가 본질적으로 조약 성격의 사항을 담고 있다고 주장했으며 소련에서도 이를 뒷받침하는 보도가 나왔다. 당 지도자들은 서독입장에서는 승산이 전혀 없는 상황이라고 개탄했다. 즉, 서독이 이 "초안"을 수정하려고 하면 소련은 회담을 파기할 것이며 이는 데탕트에 타격이 될 것이고, 반대로 그것을

---

22) *Nürnberger Nachrichten*, 1970년 6월 6일자; Schmid, Günther, *Entscheidung in Bonn*, 78.

기초로 공식조약이 이루어진다면 서독의 근본적 국가이익에 위협이 된다는 것이었다.

연합당이 이렇게 강경하게 반응한 것은 당 지도자들이 가졌던 최악의 의구심이 "바르 문서"(*Bahr paper*)에서 확인되었기 때문이다. 화해에 대한 욕심에 눈이 먼 바르가 소련의 코드용어(*code words*), 즉 동유럽에서의 헤게모니를 정당화하기 위해 소련이 자신에게 유리하게 해석할 수 있는 모호한 문구를 받아들였고, 이 협상에서 약자일 수밖에 없는 서독은 이제 이를 따르는 것 외에 다른 선택이 없을 것이라는 것이었다. 그들은 바르가 오데르-나이세 경계선에서부터 동·서독 관계에 이르기까지 동방정책과 관련된 모든 문제를 "단일한 전체"로 다루기로 공식 합의하고 또 모든 유럽국경에 관련된 협정들을 논의함으로써, 결국 소련을 현재 유럽의 정치적 구도에 대한 "보증자"(*guarantor*)로 인정했다고 주장했다. 나아가 바르 문서는 "제2의 독일국가"를 명시적으로 언급하면서 동·서독의 유엔가입을 주장하고, 오데르-나이세 선을 폴란드의 서부국경으로 "받아들였으며", 독일내부의 분계선을 "침범할 수 없는"(*inviolable*) — 소련은 "변경할 수 없는"(*unchangeable*)이라는 문구를 원했다 — "국경"으로 명시했다. 이와 더불어 바르가 "영토적 권리주장"을 포기하고 유럽국가들의 "영토적 통합성"(*territorial integrity*)을 준수하며 모든 유럽국경들을 "존중"한다는 데 동의함으로써, 소련의 수작에 놀아났다고 연합당은 비판했다. 소련당국은 이 조항들을 유럽의 영토구도에 대한 어떠한 변경도 (바르가 주장하는 "강제적" 변경만이 아니라) 부정하는 것으로 해석할 것이며 결국 통일추구의 권리를 유지하려는 서독의 노력을 협정위반 행위로 규정해 응징할 것이라고 주장했다. 또한 바르와 그로미코는 향후논의의 기초로 "유럽의 현실적 상황"을 전제하여 "지금 있는 현실"을 받아들이며 "정상화"를 추구하기로 합의했는데, 연합당 근본주의자들은 이 용어들 또한 소련식 어법으로 정치적 현상유지,

즉 소련의 헤게모니에 대한 승인을 의미하는 것이라고 꼬집었다.

연합당은 슈뢰더가 최종협상을 위한 모스크바 방문에 동행하는 조건으로 바르 문서를 폐기할 것을 요구했다. 정부가 이를 즉각 거부했지만 협상이 진행되는 여름 동안 불안한 "휴전"이 선언되었다.

4) 모스크바 조약

8월 중순 양측은 협상을 마치고 조약에 서명했다. 단, 당시 진행 중이던 4강 회담에서 베를린 관리조건에 대한 합의가 나오기 전까지 서독이 비준투표를 실시하지 않기로 했다. 베를린협정과 모스크바조약의 연계는 미국의 요구에 따른 것으로 미국은 이를 통해 베를린 협상에서 소련에 대한 일정한 지렛대를 확보하고 부분적으로는 서독의 동방정책에 대해서도 억제력을 행사하려는 의도를 가지고 있었다. 브란트는 베를린 협정이 자신의 정책 전반의 성공을 위해 중요하다는 사실을 인식하고 이에 동의했다.

바르 문서에서 가장 큰 논란이 되었던 조항들이 결국 서독-소련 간의 최종조약에 실제로 포함되었다. 그러나 조약의 최종회담에서 쉘은 소련의 양보를 얻어내어 협정문안과 부속문서에 독일통일을 추구하기 위한 법적 기초를 보전할 수 있게 하는 문구를 포함시켰다. 정부와 주요신문들은 독일의 자결권과 공식 평화협정에 방해가 될 위험도 거의 없이 데탕트의 길이 열렸다고 반겼다. 쉘이 조약을 개선함으로써 바르가 소련에 내어준 양보의 부정적 효과를 상쇄한 것으로 보였고 이제 기민/기사당도 조약에 반대할 근거가 사라졌다. 여론조사 결과 많은 국민들이 이 조약을 데탕트를 향한 일보전진으로 보아 지지하는 것으로 나타났다.[23]

---

23) FRG, Presse-und Informationsamt der Bundesregierung, *Bulletin*, 1970년 8월 12일자.

눈에 띄게 호의적인 외국의 반응 역시 연합당이 조약을 수용하도록 하는 압력으로 작용했다. 중국은 "독일 군국주의자들"과 "소련 사회주의 제국주의자들" 간의 조약이라고 비난했지만, 미국은 데탕트를 향한 "첫 번째의 실질적 전진"이라고 평가했고 프랑스는 "진정한 안보의 회복에 대한 중요한 공헌"이라고 환영했다. 영국, NATO, 서유럽연합, 스칸디나비아 국가들, 교황청, (기독교민주당을 포함한) 이탈리아 지도자들, 소련진영 국가들 역시 조약을 지지했다.[24] 해외 언론의 반응은 더욱 열광적이었다.[25]

이러한 압력 속에서 바르첼의 행보는 조심스러울 수밖에 없었다. 처음에 그는 당의 지지를 얻어 조약이 (독일에 대한 실질적 양보조치가 없기 때문에) 불완전하며 (4강의 베를린 협정 전에 체결되었기 때문에) 시기상조이지만, 기민/기사당이 향후 몇 달 동안 베를린 문제에 대한 초당적 정책을 지지할 것이라는 조심스럽고 애매한 내용의 서한을 브란트에게 보냈다. 상대적으로 제한된 비판과 온건한 논조, 조약에 대한 향후 지지를 배제하지 않았다는 사실로 인해 언론과 정부는 처음에는 연합당이 쉘의 최종안을 바르의 초안보다 상당히 개선된 것으로 평가한다고 믿었다.

그러나 야당의 다수를 이루는 근본주의 세력이 이 최종조약을 받아들이지 않는다는 것이 이내 분명해졌다. 그들이 보기에 조약은 "포장만 바꾼" 바르 문서에 불과했다. 쉘은 새로운 전문에서 서독과 소련이 "이전의 양자 조약들"에 대한 이행의지를 재확인했다는 것을 강

24) *SdZ*, 1970년 8월 10일자.

25) 〈르몽드〉는 이를 "유럽역사의 전환점"이라고 평했다. 런던의 〈타임스〉는 1970년 8월 8일자에서 "훌륭한 일보전진"이라고 칭송했고 1970년 9월 4일자에서 연합당의 "격렬한 방어행동"과 "쓸데없는 자결권 주장"에 대해 경고했다. 〈뉴욕타임스〉(이하 *NYT*로 칭함)는 1970년 8월 8일자에서 "결실 맺을 유럽의 새시대"를 예고했고 1970년 9월 4일자에서 조약에 대한 연합당의 "무책임하고 쇼비니스트적" 공격에 대해 우려했다.

조함으로써 비판이 누그러지기를 바랐는데, 이 문구가 독일통일의 목표를 확인한 1955년 서독-소련 교환각서에 대해 소련이 지지하는 것으로 해석할 수 있다는 것이 그 이유였다. 그러나 연합당은 그것이 민족문제에 대한 서독의 권리를 보전하는 방식으로서는 너무 모호하다고 비판했다. 쉘은 또한 새 외교서한을 소련에 보내 서독이 통일을 추구할 "독일방안"을 보유한다는 의도를 밝혔고 소련은 아무런 이견 없이 이를 받아들였다는 점을 강조했다. 그러나 연합당은 이 서한이 엄밀히 말해서 일방의 해석을 담은 문서에 불과하며 더구나 서한에서 통일을 헌법적 의무나 법적 권리라기보다는 단지 하나의 "정치적 목표"로 기술한 점은 잘못된 것이라고 비판하였다. 또한 제3국들과 체결한 "이전의 조약들"이 영향을 받지 않는다는 조항이 있지만, 이 문구가 서독과 전승국들 간의 (통일지지를 약속한) 구독일조약에 대한 소련의 암묵적 인정을 의미한다는 쉘의 주장에 의문을 제기했다. 연합당은 모스크바 조약이 바르 문서의 모든 문구를 반복했다는 점에서 종국적 평화 이전에 독일문제를 정치적, 법적으로 해결하는 모양새를 취함으로써 소련의 오랜 목표대로 독일조약을 사실상 약화시켰다고 주장했다. 소련입장에서 "이전 조약들"은 구독일조약이 아닌 포츠담 조약을 의미하는데 소련은 이 포츠담 조약의 성격을 잠정적인 것에서 최종적인 것으로 변경하기를 원했다는 것이다.

요컨대 대부분의 기민당 근본주의자들과 전체 기사당원들, 추방자 그룹은 이러한 모호하고 형식적인 유보만으로 독일문제의 법적 틀을 지탱하는 것은 무의미하다고 주장했다. 이미 바르 문서가 포함된 조약의 실체적 내용이 서독의 권리들을 박탈했기 때문이라는 것이었다. 다수파인 근본주의자들은 법이야말로 자결권을 추구하는 과정에서 서독의 가장 중요한 수단인데, 모스크바 조약은 치유할 수 없는 손상을 가한 일종의 유화책이라고 보았다. 추방자 그룹 지도자들은 조약이 소련의 동유럽 합병과 독일의 분단을 승인하는 듯한 내용을 담고 있어 결국 소련이 자신들에게 가한 탄압을 정당화했다고 맹비난했다. 키징거는 연합당이 "마땅히" 의회비준을 저지해야 한다고 선언했고, 일부에서는 헌법재판소에 제소해야 한다는 주장도 나왔다.

연합당 다수파는 우방국 정부와 언론의 "환호"를 기만적인 것이라며 일축했다. 그들은 이러한 호응이 "독일의 이해"에 대한 공감에서 비롯된 것이 아니라, 이 조약을 성가신 독일문제의 종결로 보아 "속으로 웃으면서"(*with hidden smiles*) 환영하는 세력들로부터 나온 것일 뿐이라고 주장했다.[26] 쉘이 진정으로 조약을 개선하고자 했다면, 우방국들에게 이 조약이 독일문제를 종결한 것이 아님을 강조했어야 한다고 보았다. 우방국들의 공식적 지지에 관해서는, 이 국가들이 동방정책을 주로 서독내부의 문제로 간주해 공개적 개입을 꺼리기 때문이라고 설명했다. 연합당은 어쨌든 프랑스와 미국의 지지가 사실상 미온적이었음을 강조했다.

연합당 지도부 내 소수 개혁파는 보다 조심스러운 반응을 보였다. 그들은 협상과정은 조급하고 허술했지만 그렇다고 조약이 치유 불가능하게 손상을 미치지는 않은 것으로 보았다. 콜, 폰 바이체커, 슈뢰더, 바르첼은 조약에 대해 전면적 비판을 가할 경우, 기민/기사당이 국내외적으로 고립될 가능성이 있다고 보았다. 그들은 미국과 프랑스가 조약에 대해 의구심을 품고 있다는 데 의견을 같이했지만, 조약을 완전히 무산시키는 것은 전체 유럽의 데탕트 일정에 차질을 줄 것이라고 생각했다.

난처한 입장에 놓인 바르첼은 연합당의 단합된 이미지가 되살아나기를 기대하며 시간을 끌었다. 기민당 내에서는 치열한 협상을 통해 강경한 조약 반대자들과 개혁파 사이에 타협이 이루어졌다. 그러나 기사당이 조약에 대해 훨씬 강한 적대감을 보였기에 바르첼은 더 큰

26) CSU, Landesgruppe, *CSU Correspondenz*, 보도자료 104, 1970년 11월 23일자.

그림이 분명하게 드러나야만 연합당이 조약에 대한 완전한 평가를 내릴 수 있을 것이라며 시간을 더 끌었다. 바르첼이 말한 대로 동방정책은 "단일한 전체"이기 때문에 소련이 베를린 안전문제에 대한 4강의 합의를 받아들이는 것이 분명해졌을 때에만 모스크바 조약에 대한 판단을 내릴 수 있다는 것이다. 이로써 바르첼은 미국, 프랑스, 영국, 소련이 베를린 문제를 협상하고 있는 몇 달 동안은 시간을 벌 수 있었다.[27]

이렇듯 공식적 최종판단을 보류하기로 했지만 대부분의 야당 대표자들은 조약과 바르첼의 리더십에 대해 자유롭게 견해를 피력했다. 추방자 지도자들과 기사당 정치인들은 노골적으로 조약을 비난했고 일부는 바르첼의 전술이 마치 연합당이 브란트의 유화책에 더 이상 반대하지 않을 듯한 인상을 준다고 주장했다. 그러나 이때 기민당 개혁파는 연합당이 조약을 지지할 수 있게 하기 위해서 어떻게 브란트와 협력해 조약을 개선할 수 있을지를 고민하고 있었다. 헤르베르트 붸너 사민당 원내대표 같은 외부인들은 바르첼이 자신의 당을 새로운 동방정책에 대한 "완강한 반대"입장으로부터 돌려놓았다며 환영했지만 그러한 시도가 성공할지는 아직 더 지켜봐야 할 문제였다.[28] 1970년 말 바르첼 자신은 연합당이 우방국들과 우호적 관계를 유지한다는 것을 과시하기 위해 대대적 홍보를 벌이며 주요 서구국가들을 방문했다.

---

27) 바르첼은 또한 "국경 불가침성"과 같은 용어들에 대해 양측이 어떻게 이해했는지와 조약에 대한 적절한 평가를 위해서는 바르와 그로미코의 협상과정에서 작성된 문서를 연합당이 열람할 수 있어야 한다고 주장했다.

28) *SdZ*, 1970년 9월 8일자.

5) 바르샤바 조약

초가을 무렵 여론의 관심은 폴란드 회담으로 옮겨갔는데, 이 문제에 대해서도 연합당은 의견이 분열되었다. 근본주의자들은 오데르-나이세 선을 인정하는 정책을 지지할 수 없었다. 그러나 바르 문서르 촉발된 분노에도 불구하고 소장 개혁파들은 폴란드 서부국경을 인정할 것을 요구했고, 일부 이단적 의원들은 이 문제를 명시하는 조약체결을 주장하기까지 했다. 콜이나 폰 바이체커 같은 개혁파들도 일종의 타협안을 받아들이는 쪽으로 기울어졌다(이들과 몇몇 인사들은 회담을 위해 바르샤바를 방문했다).

개혁파들은 오데르-나이세 선을 부인하는 것을 반드시 따라야 할 교리(*dogma*)로는 생각하지 않았다. 그들은 오데르-나이세 선이 독일 내부에서 동·서독을 가르는 경계선과는 질적으로 다른 것으로서 이미 사실상의 국경선이 되었다고 보았다. 이론상 폴란드를 향한 이러한 화해 제스처가 법적 손상을 가져올 수 있다 하더라도, 이는 독일 문제가 미해결 상태라는 것을 언급하고 궁극적 해결에 대한 4강의 책임을 재확인하는 선언으로 상쇄될 수 있다고 주장했다.[29] 국경을 받아들이는 문구에 명백히 반대하는 연합당 지도자들 가운데서도 폴란드와 관련, "합의"에 기초한 정책이 필요하다는 주장들이 점차 분출되기 시작했다. 바르첼도 대결국면을 이어갈 여력이 없었고 브란트도 타협을 원하고 있었다. 정부는 기민/기사당에 대해 최종회담을 위한 셸의 바르샤바 방문에 당 지도자를 동행시켜 줄 것을 요청했다. 언론에서는 연합당도 결국 폴란드 거주동포들이 서독으로 이주할 권리가 확대될 수 있다는 기대에서 조약을 지지할 것이라고 추측하였다.

---

29) *SdZ*, 1970년 10월 17-18일자.

그해 10월 기민/기사당은 정책성명을 내고 평화조약 전에 국경선을 정치적으로 "확정"하는 것에 반대한다고 선언했다. 폴란드는 연합당에서 "영토회복주의자들"이 득세했다고 분개했다. 연합당의 성명내용은 "연방공화국에 관한 한, 폴란드는 자유의지에 의해 합의된 영구적 해결책이 나오기 전까지 현재의 구도 안에서 안전함을 믿어도 될 것이다"[30] 라는 것이었는데, 연합당으로서는 이렇게 다소나마 변화된 입장을 표명한 것도 사실 고심 끝에 내린 어려운 양보였다. 이러한 논조는 "초강대국 폴란드"의 "영토합병주의적"(*annexationist*) 정책을 승인하지 말아야 한다는 추방자 그룹의 경고와는 매우 대조적이었다. 협상의 막바지 몇 주 동안 추방자 그룹과 근본주의자들은 압박의 수위를 높였고 기민/기사당은 결국 회담에 대표를 파견하지 않기로 결정했다.

한마디로 당 지도부의 태도는 모호한 것이었다. 쉘이 11월에 오데르-나이세 선을 폴란드의 서부국경으로 인정하는 바르샤바 조약에 가(假)조인하고 12월에 브란트가 공식 서명했을 때 연합당이 보인 조심스런 반응은 이 모호한 태도를 더욱 분명하게 했다. 모스크바 조약 때와 마찬가지로 바르첼은 시간을 끌었다. 기사당이 즉시 이 조약을 강하게 공격했지만 기민/기사당 의원단은 타협을 통해 공동 입장을 내놓았다. 즉, 의원단은 정부가 폴란드 내 독일계 소수민족들의 서독이주를 돕도록 인도적 조치를 강화해야 하고, 조약이 궁극적 평화정착에 부정적 영향을 미치지 않는다는 것을 증명해야 한다고 주장했다. 연합당은 무엇보다도 서독의 오데르-나이세 선의 인정이 국경의 영구확정을 뜻한다는 폴란드의 주장을 거부할 것을 요구했다.

바르첼은 이미 국내외 언론의 환영을 받고 있는 조약에 대해 연합

30) *Die Welt*(이하 *DW*로 칭함), 1970년 8월 31일자.

당이 분명한 거부입장을 취하는 것을 또다시 피했다. 미국과 영국의 신문들은 (바르샤바 유대인학살 희생자 기념비 앞에서 무릎을 꿇은 극적인 행동으로 상징되는) 브란트의 화해노력을 칭송했고 그의 조약을 평화로의 "거보"이며 "유럽역사에서 중요한 순간"이라고 평가했다.[31]

기민당 개혁파 가운데 일부는 조약을 공개적으로 지지했고 폰 바이체커 같은 지도자들도 지지 쪽에 기우는 것으로 보였다. 이들은 조약문안이 미래의 독일국가가 평화협정에서 오데르-나이세 선을 법적으로 인정해야 한다는 약속을 한 것은 아니라는 정부의 주장을 받아들였다. 이들은 또한 화해에 제동을 거는 듯한 인상을 주고 싶지 않았다.

그러나 조약을 완전한 실패로 보는 근본주의자들은 이러한 입장에 대해 강력한 반론을 제기했다. 구텐베르크와 슈트라우스 등 기민/기사당 정통노선의 옹호자들은 국경승인의 문안이 미래의 통일된 주권국가로서의 독일에 구속력 있는 의무를 지우는 것이 아니라는 브란트의 주장을 거부했다. 오데르-나이세 선 인정에 대한 독일의 약속은 공식성 여부와 상관없이 향후 중대한 영향을 미칠 현실로 이미 굳어졌다고 지적했다. 그렇지 않다면 소련과 폴란드가 그렇게 오랫동안 조약에 집착하지도 않았을 것이고 또 조약을 국경논쟁의 종식으로 환영하지도 않았을 것이라고 주장했다. 조약의 부속서한에서 서독이 전쟁 전 독일 전체를 대표할 권리를 보유한다고 공식적으로 선언하긴 했지만, 국제사회는 "사실의 규범력"(*normative power of facts*)에 의해 그러한 권리가 무효화된 것으로 받아들일 것이라고 논했다. 기사당 지도부는 브란트의 "배신행위"를 비난하며 소송까지도 고려했다. 기사당과 추방자 그룹은 폴란드 내 독일계 주민들의 이주

31) 또한 브란트가 이번 조약에서 독일이 분단 이전에 가졌던 권한들은 폴란드에 양보하지 않았다고 평가했다. *NYT*, 1970년 11월 23일자, *The Times* (London), 1970년 11월 23일자.

를 허용한 조치도 불충분하다고 평가했다. 이들 모두 조약에 대한 투쟁을 다짐하였다.

마침내 기민/기사당 의원단은 다시 한 번 어려운 타협을 거쳐 최종입장을 내놓았다. 즉, 4강과 독일 간의 평화협정 체결 전까지만 오데르-나이세 선을 인정한다는 것을 분명히 하는 새로운 조약안을 제의하면서, 동방정책의 "보다 넓은 맥락"이 구체화되기 전까지는 조약 비준안을 거부하기로 하였다. 연합당 지도부는 결국 바르샤바 조약과 모스크바 조약을 한데 묶어 이에 대한 결정을 향후 베를린 문제해결에 연계시켰는데, 이로써 당은 보다 통일된 입장을 내놓기 전까지 시간을 벌 수 있게 되었다.

3. 베를린 문제

베를린 문제의 해결은 처음부터 브란트의 동방정책과 데탕트 전반에 걸쳐 불가결한 요소였다. 이 분단된 도시는 지리적 위치와 모호한 법적 지위로 인해 2차 대전 이후 동서갈등의 발화점이었다. 서구우방들은 동·서베를린을 여전히 점령국들, 즉 전승 4국의 공식적인 주권적 관할구역으로 간주했다. 그러나 소련은 동베를린에 대한 자국의 권한을 동독의 울브리히트 정권에 이양했다. 동독정부는 동베를린은 자국의 일부로 취급하면서 서베를린은 "독립적 실체"로 간주했다. 이는 소련 및 동독당국이 서독과 베를린을 잇는 거의 100마일에 이르는 동독 내 접근통로를 통제하고 방해하고 봉쇄할 구실을 제공했다. 양국은 베를린에서 "불법적인" 서독의 존재를 완전히 제거하기 위해 이러한 압박을 무차별적으로 행사했다.[32)]

1961년 베를린 장벽 위기에서 드러났듯이 핵무기 시대의 설득력 있는 제약(*persuasive constraint*)은 서구진영이 강제적 수단으로 베를린을 방어할 가능성을 앗아갔다. 소련과 동독의 서베를린에 대한 위협행위도 직접적 군사조치에 해당되는 정도는 아니었다. 따라서 대부분의 서구 지도자들은 외교적 수단으로 이 도시의 안전을 확보하기를 원했다. 4대 강국의 베를린에 대한 지위를 공식 확인하고 소련이 이를 인정하게 되면, 항공기, 차량 또는 기차를 이용해 서베를린에 비교적 자유롭게 접근할 수 있게 될 것이라고 보았다.

1970년대에 접어들면서 리처드 닉슨과 헨리 키신저는 그러한 협정을 맺을 시기가 되었다고 판단했다. 그들은 베를린의 점령지 지위에 대한 공식확인을 소련이 원하는 무역확대 및 전 유럽 안보회의 등의 문제와 서로 연계시킴으로써 소련이 다시 베를린 위기를 일으킬 가능성을 낮출 수 있을 것이라고 믿었다. 키신저의 말에 따르면 베를린은 "우리 연계개념의 생생한 시험대"였다. 미국은 베를린의 안전을 확보해내고 협상을 타결시키는 과정에서 중추적 역할을 함으로써, 동방정책 "과정에서의 주요한 발언권"을 얻게 되었고 브란트 정책의 모멘텀과 바르의 조급성에 제동을 걸 수 있게 되었다.[33] 4강은 1970년에 회담을 시작했다.

그해에 사민-자민당 정부도 베를린 문제를 제기했지만 4강 사이의 문제에 개입하는 것으로 보이지 않도록 조심했다. 브란트는 서독이 동구조약에서 양보한 대가로 베를린에 데탕트가 실현되어야 한다는 것을 소련에 납득시킴으로써 4강 회담에서 소련이 부드러운 입장을 취하기를 바랐다. 미국과 마찬가지로 브란트의 목표는 서베를린 통행보장, 즉 봉쇄를 금하고 고의적 교통지연 등 도로상에서의 유린행위를 줄이는 것과 서베를린 및 서독지역의 주민들이 동독에 있는 친

32) 예컨대 1969년에 동독에서는 서독 대통령 선출을 위한 회의소집에 항의해 도로 교통을 방해하는 소규모 시위가 있었다.

33) Kissinger, Henry, *White House Years*, 406, 531, 832.

척을 방문할 기회를 확대시키는 것이었다.

처음부터 기사당/기민당 지도부는 베를린 문제가 소련의 데탕트 의지를 시험해볼 시금석이라는 데 동의했다. 거의 모든 서독 정치인들과 마찬가지로 그들은 이미 제한받고 있는 베를린에서의 자유를 더욱더 침해하는 어떠한 행위도 묵과해서는 안 된다고 선언했다. 단지 베를린 주민들만을 위해서가 아니라 베를린이 민주주의를 지키고 통일을 추구하려는 서독의 의지를 상징하는 것으로 보았기 때문이다. 이들은 서베를린을 "자유의 보루"나 "미해결된 독일문제를 상기시키는 것" 등의 다소 과장된 말로 표현하기도 했다. 그들에게는 베를린이 다시 통일독일의 수도가 되어야 했기 때문에 베를린을 포기하는 것은 통일의 희망을 포기하는 것과 다름없었다. 무엇보다도 베를린 장벽과 그 벽 위의 낙서들, 경비탑들, 숫자는 적더라도 끊이지 않는 합법적 이주민들, 장벽을 넘어 서쪽으로 가려는 동독인들의 불운한 모험들, 이 모두가 "함께 살고자 하는 의지"를 보여주는 것이었다.

대부분의 서독 정치인들의 연설에 베를린에 대한 이러한 호소들이 등장했다. 기민/기사당도 그들의 정치적 경쟁자들도 이 문제가 4강의 협상에서 해결되어야 한다는 데 이견이 없었다. 정당들간의 차이는 단지 베를린의 안전을 공고히 하고 주민들에게 미래의 희망을 주기 위한 2차적 방법, 즉 서베를린과 서독의 관계를 어떻게 설정할 것인가 하는 점이었다. 공산주의 진영은 서베를린을 "독립적 실체"로, 즉 서독의 일부도 동독의 일부도 아닌 예외적 현상으로 간주했다. 연합당은 서구진영이 타협을 위해 이런 주장을 묵인하는 것에 반대했다. 이 주장을 묵인하는 것은 결국 베를린 전체를 자신의 제국으로 흡수하기 위한 소련의 엄청난 압박을 유발하고 정당화할 것이라고 주장했다.

연합당은 점진적으로 증대된 서베를린과 서독 간의 사실상의 관계성을 재확인하고 가능하면 더 확대하는 것이 중요하다고 보았다. 베를린 주민들 스스로가 민주국가의 일원이며 전체 독일문제 해결의 핵심이라는 의식을 가져야 하기 때문에 단지 4강의 관할권을 공식화하는 것만으로는 충분하지 않다고 보았다. 모든 정당들이 서독과 베를린의 연계성을 수호해야 한다는 데에는 공감했지만, 특별히 기민/기사당은 그 연계가 가능한 한 강하고 분명한 "베를린 의식의 결정적 구성요소"가 되어야 한다고 주장했다.[34)]

그러나 이러한 목표는 외교적으로 민감한 문제였다. 서구우방들도 점령국으로서의 4강국 지위가 침해되고 소련의 접근로 차단에 빌미를 제공할 것을 우려하여 서독의 헌법적 권한이 서베를린에까지 확대되는 것은 용인하지 않았다(승전국들은 1949년에 서베를린을 서독의 한 주로 규정하는 연방공화국의 기본법 조항의 효력을 정지시킨 바 있다). 기민/기사당 지도부는 서독정부가 그동안 우방들의 승인하에 서베를린을 법적으로는 아니더라도 "정치적"으로 연방공화국의 한 구성부분으로 간주했다고 주장했다. 따라서 베를린에서의 서독의 존재를 강조하기 위해 대대적 홍보를 동반한 의회 위원회 회의, 연방 당대회, 고위관리들의 방문 등 모든 노력을 해야 하며 또한 할 수 있다고 주장했다. 한 기민당 지도자의 말을 빌면 "정부기관과 지도급 인사들이 그곳에 보일 때만" 연방공화국(서독)이 베를린 "안에" 존재할 수 있다는 것이었다.[35)]

바로 이 점에서 정부와 야당의 입장이 확연히 나뉘었다. 서독과 서베를린이 완전히 분리되지 않기를 바라는 것은 사민-자민당 지도부도 마찬가지였지만, 그들은 자신들이 생각하기에 가장 중요한 형태의 "연방(서독)의 존재"(*federal presence*)만을 서구우방과의 협의과정에서 보호하려 했다. 그들은 4강조약에 불가결한 행정적, 경제적 관계를 넘어서는 것까지 유지할 의무를 부여해서는 안 된다는 입장이

34) CDU, *DUD* 38, 1971년 2월 25일자.

35) Ibid.

었다. 의회의 위원회 회의 같은 순전히 상징적이고 "전시적인"(*demonstrative*) 연방의 존재가 용인된 것은 베를린이 언젠가 다시 수도가 될 것이라는 허구적 가설을 유지하기 위해서였을 뿐이라고 보았다. 그들은 이런 형태의 존재는 법적 기초도 없고 지속성을 주장할 이유도 없다고 보았다. 브란트는 "존재"의 의미를 보다 좁게 정의함으로써 우방국들에게 더 많은 유연성을 주고 이를 대소련 협상의 지렛대로 이용하도록 하여 ① 장벽 너머로 여행할 수 있는 권리, ② 특히 자신들이 연방의 존재(*federal presence*)보다 그 곳 주민들의 사기에 더 큰 영향을 미친다고 보았던 서베를린으로의 접근권 문제에 대해 소련의 양보를 이끌어낼 수 있기를 원했다.

이 점이 정부와 야당이 가장 극심한 견해차이를 보이는 부분이었다. 즉, 연합당 지도부는 위 두 가지 목표도 매우 바람직한 것이라고 인정했지만 연방존재의 유지에 우선순위를 두었다(자민당 소수파와 서베를린 사민당 일부도 그런 입장이었다). 그들은 안전한 미래가 없고 서독에 의해 버림받았다고 느껴지는, 정치적 목적을 상실하고 단순히 경제적 단위가 되어버린 도시에 접근권 보장이 무슨 소용인가라고 반문했다. 베를린 시장을 지냈던 기민당의 프란츠 암렌(Franz Amrehn)은 "접근로 문제에서 어떠한 실제적 진전이 있더라도 연방존재의 실질적 축소에 따른 정치도덕적, 심리적 상실감보다 더 중요할 수는 없다"고 잘라 말했다.[36] 연합당은 서베를린에 대한 서독의 권리가 근거 없는 것이고 서구열강들도 그것을 인정하지 않는다는 사민-자민당의 주장을 강력히 부인했다. 그들은 1950년대 이후 발전된 일정한(특별히 지칭하지는 않은) 관계의 정당성에 대한 리처드 닉슨의 언급을 인용하면서, 서구의 유일한 관심은 단지 베를린을 대표하는 연방 하원의원들을 선출하거나 연방군인들이 점령하지 않을 것을 분

---

36) Amrehn, Franz, "Berlin: Schlüssel zur Vorherrschaft," in *Ostpolitik im Kreuzfeuer*, ed. Hans Graf Huyn (Stuttgart: Seewald Verlag, 1971), 131.

명히 하는 것일 뿐이라고 주장했다.

1) 베를린 협정 논쟁

베를린 논쟁 초기에 협정인정을 위해 연합당이 내세운 우선적 조건은 연방의 존재를 분명히 하는 것이었다. 즉, 잠정적 협정체결과 긴장완화를 위해 현실을 인정해야 한다는 브란트 식 동방정책의 전제가 인정되려면, 서베를린과 서독의 오랜 유대관계와 서독의 서베를린 내에서의 공식적 존재(*presence*)가 인정되어야 한다고 주장했다. 기민/기사당 지도부는 서구강국들이 소련과 대화하는 것을 지지하면서도 모호한 발언들과 보도들로 미뤄볼 때, 사민-자민당 연정이 안전한 접근 및 방문 권리를 얻어내기 위해 서구 우방국들에게 연방의 존재 문제에 관해 양보하도록 요구한다고 추측했다. 당은 동독이 접근로에서 차량통행을 방해하고 기민/기사당 의원들의 서베를린에서의 회합과 서독 대통령의 서베를린 방문을 비난한 데에 대해 서독정부가 너무 온건하게 대처했다며 불만을 표명했다.

그러나 서구 우방국들은 소련의 양보를 얻어내기 위해 사실상 이미 기민/기사당의 요구를 거부하고 있었다. 그들은 공식적으로 승인된 적이 없는 서독의 많은 형태의 존재들을—연방 대통령 선출을 위한 회의소집과 같은—제한하는 데 동의했던 것이다. 이런 소식이 전해지자 연합당은 서구 우방국들이 독일인들보다 "더 독일적"이기를 기대할 수 없다면서 서독정부가 나서서 우방국들이 단호한 태도를 취하도록 설득해야 한다고 주장했다. 에곤 바르가 서구 우방국들에게 회담의 진전을 위해 소련의 서베를린 영사관 설치요구를 받아들이라고 촉구했다는 전문이 언론에 유출되자 연합당 지도부는 그를 강하게 비판했다. 기민/기사당은 소련이 영사관을 이용해 서베를린이 독립적 실체라는 주장을 강화할 것이라고 보았다.

그러나 이러한 양보는, 이에 상응하는 소련의 군비통제 문제에서의 양보, 미국과 중국 간의 화해에 대한 소련의 우려, 그리고 소련이 울브리히트를 동독공산당 서기장 자리에서 물러나게 한 것 (이 병약하고 고집스러운 지도자를 대신한 것은 유순해 보였던 그의 2인자 에리히 호네커였다) 등과 더불어 베를린 협정 타결의 길을 열었다. 1971년 6월에 소련이 서베를린 자유통행 보장을 책임지기로 마지못해 동의해 대강의 타협안이 도출되었고, 이어 7월에는 서독의 존재를 제한하되 완전히 배제하지는 않는 기본협정이 마련되었다. 8월에 서독정부의 승인으로 최종 완성되었고 9월 3일에 전승국 통제위원회 본부에서 조인되었다.

서독언론은 협정을 만족스러운 거래로 환영했고 서구신문들의 반응은 더욱 열렬했다. 영국의 〈타임스〉는 "유럽이 고대하던 협정"이라고 환호했고 〈뉴욕타임스〉는 베를린을 "평화의 섬"으로 선언했다.[37] 서베를린 사민당과 자민당 일부 당원들은 비판의 목소리를 냈고 여론조사 결과 특히 서베를린 시민들은 협정의 효과에 대해 적지 않은 불안감을 가진 것으로 나타났다. 그러나 전반적 반응은 호의적이었다.[38]

이러한 상황은 기민/기사당에게는 딜레마가 아닐 수 없었다. 협정에 완전히 만족하지는 않았지만 근본주의자들도 서구우방을 탓하고 싶지는 않았다. 기민/기사당 의원들은 협정을 노골적으로 비난하는 대신 브란트 정부의 양보압력에도 불구하고 서구 3국의 도움으로 연합당의 우려가 어느 정도 해소되었다고 평가했다. 그러나 기민/기사당 근본주의자들은 통행(접근) 보장과 4강의 관할권 확인이라는 "실질적" 분야에서의 바람직한 결과가 서독의 존재라는 "근본적" 문제에서의 양보를 희생으로 한 것이라고 보았다. 기사당의 구텐베르크는 서독이 "과수원을 사과 하나와 바꿨다"고 비난했다. 슈트라우스는 이제

37) *NYT*, 1971년 8월 25일자.
38) *SdZ*, 1971년 8월 24일자.

서베를린에서 서독의 깃발을 내려야 할 것이라며 가장 강경하게 반발했다.[39]

협정은 서독과 베를린의 관계가 "유지되고 발전될" 것이라고 규정했지만 양자의 관계를 특정하게 열거함으로써 제한하는 효과를 가지고 있었다. 연합당 지도부가 특히 격앙한 것은 서독의 암묵적 동의하에 동베를린에 대해서는 아무 언급 없이 서베를린이 서독의 일부가 아니라고 적시한 점이다. 그 전까지는 이런 사실이 구속력 있는 형식으로 규정된 적이 없었다. 이 조항은 현상유지의 확인을 시사하는 것으로 (베를린은 "계속해서" 서독의 주가 아니다) 희석되어 있지만, 연합당 지도부는 분명히 서독의 이해관계가 손상되었다고 생각했다. 소련은 이제 연방의 존재를 제한할 법적 권한을 얻었고 영사관을 통해 베를린을 "제 3의" 지역으로 취급할 추가수단을 갖게 되었다는 것이다.

협정의 다른 조항에서 서독은 소련의 양보로 서베를린을 외교적으로 대표할 수 있는 권리를 얻기는 했다. 그러나 기민/기사당은 이에 대한 규정이 너무 모호해서 소련의 위성국들이 앞으로도 (크렘린의 명령하에) 서독과의 조약에서 서베를린 대표권을 인정하지 않는 기존 정책을 고집할 것이라고 판단했다.[40]

요컨대 베를린 협정에 대한 비판세력들은 이전의 두 차례 동구조약에서 서독이 했던 양보(*quo*)에 대한 보상(*quid*)이 전혀 없다고 주장했다. 그 책임은 우방이 아니라 그 전해에 사민-자민당이 벌인 "허술한 협상"에 있다고 보았다. 기사당은 협정의 파기를 추진했다. 그러나 똑같이 비판적이었던 기민당의 여러 지도자들은 "반대만 하는

---

39) Ibid., 1971년 8월 25일자.

40) 4강 합의의 역사에 대한 설명은 다음을 참고함. Catudal, Jr., Honoré M., *The Diplomacy of the Quadripartite Agreement on Berlin: A New Era in East-West Relations* (Berlin: Berlin Verlag, 1978).

세력”(*nay sayer*)이라는 낙인을 피하기 위해 신중한 대응 및 추가적 검토와 유예를 권고했다. 개혁파 가운데 폰 바이체커는 협정에 만족을 표시했고 헬무트 콜은 협정이 전반적으로 “기대 이상”이라고 환영했다.[41] 당의 베를린파는 4강의 베를린에 대한 책임과 소련의 통행보장 책임을 확인한 것을 환영해 “조건적 동의”를 표명했으며 다만 연방의 존재가 축소된 데 대해 우려를 표시했다.

연합당의 입장은 여전히 분열되어 있었고 바르첼은 당의 분명한 입장을 선언하는 것을 또다시 피할 수밖에 없었다. 그는 통행로의 행정적 관리 등 4강 협정에 따른 기술적 “후속” 합의들(*follow-on agreements*)을 위한 동·서독 협상이 완결된 후에 당의 최종판단을 내릴 것이라고 밝혔다. 서독이 협상에서 서베를린을 대표하기로 하는 타협이 이루어지고 나서야 양측은 협상을 시작했고 늦가을에 협정의 모습이 드러났다.

연합당 지도부는 1971년 12월에 조인된 최종협정이 여러 구체적 부분에서 결함이 있다고 판단했다. 통행 정상화라는 작은 양보를 얻었지만 통행로에 대한 동독의 주권인정 요구를 수용함으로써 차후 방해행위의 빌미를 남겨두었다는 것이다. 특히 통행로상의 “권한남용”에 대한 규정이 불분명해 차량과 통행자들에 대한 검문검색 여지를 지나치게 광범위하게 허용했다고 지적했다. 또한 서베를린 시민들은 동베를린 방문허용 일수가 더 적고 극소수의 통과지점만을 사용하도록 되어 있는 등 차별대우를 받게 되었고, 동독이 서독주민들에게 베를린 방문비자를 발급하는 권리를 갖게 되었다는 것을 비판했다. 야당은 이러한 조항들이 서베를린을 독립지역으로 보는 동독의 주장을 강화하는 것이라고 주장했다. 여론조사 결과 서베를린 시민들은 협정에 불만족스러워하는 것으로 나타났다. 과반수가 서독이

---

41) *SdZ*, 1971년 8월 30일자.

보다 나은 협정을 위해 더 버텼어야 한다고 답했다.[42]

그러나 결국 연합당은 베를린 관련협정에 노골적 반대의 목소리를 내지 않았다. 여러 유보사항에도 불구하고 기민당 개혁파 지도자들은 4강 협정과 (이보다 덜한 정도로) 후속협정들은 수용 가능하고 이롭기조차 한, 따라서 저지할 수 없는 거래라고 판단했다. 어쨌든 협정을 인정할 수밖에 없는 이유는 따로 있었다. 연합당은 4강이 합의하고 독일의 비준을 필요로 하지 않는 조약에 반대할 도리가 없었던 것이다. 따라서 가장 완고한 근본주의자들조차 베를린 협정을 완전히 거부하지는 않았다.

이렇듯 마지못해 협정을 수용한 것은 분명히 당의 전략과 무관하지 않았다. 그러나 이는 또한 연합당 내 인식의 변화를 반영한 것이기도 했다. 서구 전체가 연합당과는 완전히 다른 전제, 즉 독일문제와 베를린의 특수지위 등 긴장요인을 그대로 둔다는 가정하에서 데탕트를 받아들이고 있음을 연합당이 인식하기 시작한 것이다. 미국은 동서 양 진영이 논란의 여지가 많은 사안에 관한 각자의 최대입장을 상호 인정하고 명문화하기까지 하는 상황을 받아들이는 것으로 보였다. 미국은 대체로 강대국간의 관계개선을 목표로 하였고 사민-자민당 연정은 단기적으로 독일과 베를린에서의 실질적 조치라는 "작은" 목표를 추구하였다. 기민/기사당은 그 흐름에서 고립되었다.

42) *DW*, 1971년 12월 18일자.

제 3 장

비준논쟁에서 칼스루에까지
1972 ~ 1973

4강 협정과 그 후속협정들이 조인된 후 관심의 초점은 고위급 외교에서 의회정치로, 베를린에서 본으로 옮겨갔다. 브란트의 취임 이후 사민-자민당의 일부 보수적 의원들이 기민/기사당으로 당적을 옮기면서 연방하원에서 과반수를 간신히 넘던 연정의 다수당 위치가 흔들렸다. 연합당이 몇몇 의원을 연정으로부터 더 빼내올 수 있을 것이라는 추측이 무성했다. 사민당 내 추방자 그룹 지도자 헤르베르트 후프카(Herbert Hupka) 같은 동방정책 반대자들이나 당의 지지도 추락에 놀란 자민당원들처럼 자신들의 정치적 앞날을 걱정하는 의원들이 영입대상이었다.

비준안 표결이 초봄으로 예정되어 있었지만 연합당의 전략은 아직 불투명했다. 현국면을 이용해 동방정책의 전체구조를 무너뜨리려 시도할지 아니면 베를린 합의를 훼손하고 데탕트를 난국에 빠뜨렸다는 비난을 피하기 위해 조약들을 승인할지 여전히 불확실했다.

1. 전략을 둘러싼 연합당의 내분

기민당 개혁파의 대부분은 조약들을 무산시키기를 원하지 않았다. 이 소수세력은 기민당 소장의원들, 노조파 관련자들, 북부 출신 정치인들, 개신교 그룹 명망가들, 그리고 1969년 이후 바르첼과 함께 성장한 정치인들로 구성되었다.

슈뢰더는 당시 강경입장으로 선회하고 있었다. 이제 소수 개혁파는 더 이상 그의 지도력을 기대할 수 없었다. 폰 바이체커로 대표되는 이들은 조약들을 폐기해야 한다는 주장에 대해 계속 반대입장을 펼쳤다. 물론 이들 개혁파도 브란트 지지자들의 비준실패 역효과에 대한 경고가 정치적 선전에 불과하다며 무시했지만, 어쨌든 조약비준이 서독과 기민/기사당의 이익에 도움이 된다고 판단했던 것이다.

그러나 오랫동안 조약에 반대한 근본주의자들은 입장을 바꿀 이유가 전혀 없었다. 기민/기사당의 다수를 점하는 이들은 조약들에 대한 자신들의 우려가 조약무산이 가져올 국제적 파장에 대한 우려보다 더 중요하다고 판단했다. 오랫동안 브란트의 정책을 긍정적으로 해석했고 여전히 적극적 동방정책을 옹호하던 슈뢰더조차 조약들에 대해 처음에 가졌던 의구심이 점점 굳어짐을 느꼈다.

실제로 많은 연합당 지도자들은 서구방문을 통해 해외에서 조약들에 대한 불신이 상당하다는 확신을 갖게 되었다.1) 이들은 서구에서는 조약들의 운명에 대해 대체로 무관심하며 브란트에 대해 매우 비판적이라는 것을 확인했다고 밝혔다. 서방인사들이 비공개석상에서

1) 미국에서 오랫동안 대서양주의를 주장한 딘 애치슨(Dean Acheson), 조지 볼(George Ball), 루시어스 클레이(Lucius Clay), 존 매클로이(John McCloy)와 일부 이단적 공화당원들, 그리고 남부 민주당 의원들이 공개적으로 우려를 표현했으며, 조르주 퐁피두와 헨리 키신저도 사석에서 같은 입장을 보였다.

는 비판적 태도를 분명히 나타내지만, 공개적 자리에서는 서독의 입장을 생각해서 자제할 뿐이라는 것이다. 슈뢰더와 근본주의자들은 이러한 미온적 지지에 비추어볼 때, 연합당이 표결에서 반대표를 던지더라도 서구의 반발을 불러일으키거나 서독이나 당이 동맹국들로부터 고립되는 일은 결코 없을 것이라고 결론내렸다.[2] 이들은 최악의 경우 조약거부가 소련의 적대심을 유발하고 데탕트 전반을 교착상태에 빠뜨려 서구를 잠시 곤혹스럽게 하겠지만, 강대국간의 대화는 이와 무관하게 진행될 것이라고 판단했다.

슈트라우스는 그러한 주장을 더 노골적으로 표현했다. 그는 무엇이 "독일의 이익에 도움에 되는지"를 결정하는 것은 미국이나 영국, 프랑스가 "할 일이 아니며" 서독이 전승국들과 보조를 맞추어야 한다는 사민-자민당의 주장은 "점령기 최악의 상황"을 상기시킨다고 말했다. 조약들을 적극 지지하는 서구 정치가들은 순진하거나 간섭적이거나 ("내가 아는 한 M. 슈망은 독일이 아니라 프랑스의 외무장관이다") 아니면 동방정책을 통해 부담스러운 독일문제를 영구히 종결하여 독일이 더 이상 서유럽을 지배하지 못하도록 무력화시키려는 가짜 친구라고 그는 덧붙였다.[3]

이들 기민/기사당 다수파는 국민의 과반수가 비준에 찬성한다는 여론조사 결과도 무시했다. 걱정과 전의가 교차하는 가운데 근본주의자들은 이 사실이 곧 당이 정치적 이해득실에만 기대지 않는다는 것을 보여주는 것이라고 주장했다. 그러나 그들은 또한 양 조약을 지지하는 시민들 대부분은 "내용을 분명히 알지 못하고 있다"며 브란트의 대중적 인기를 평가 절하했다. 즉, 일반국민들은 당연히 평화와 데탕트를 원하며 브란트의 "과대선전"에 "놀라울 정도로 넘어가기 쉽

---

2) *Deutsche Zeitung/Christ und Welt*(이하 *DZ/CW*로 칭함), 1972년 2월 25일자.

3) CSU, Landesgruppe, *CSU Correspondenz*, 보도자료 44, 1972년 3월 3일자.

다"는 것이 드러난 데 불과하다는 것이다.[4] 근본주의자들은 또한 조약들에 긍정적 태도를 취할 경우, 연합당이 1960년대에 잃었던 민족주의 성향의 유권자들의 표심을 다시 얻기 어려워질 것을 우려했다.

1) 바르첼의 So Nicht 전략

바르첼 기민당 대표는 동방정책을 둘러싼 국내의 정치적 대결은 절대로 피하려 했다. 브란트가 이를 이용해 연합당을 극단주의자나 반데탕트 세력으로 몰아 국내외에서 고립시키려고 할 것이라는 우려에 서였다. 그러나 다른 한편 근본주의자들에게 조약들을 지지하라고 설득할 경우, 당을 분열시킬 수도 있다고 보았다. 신념과 정치적 계산에서 그는 연합당이 조약들을 무산시켜서도 안 되지만 그렇다고 통과시키지도 말아야 한다는 결론을 내렸다. 대신 연합당이 동구와의 조약들을 "붙들어놓고" 개선시킴으로써 광범위한 지지를 받을 수 있는 조약으로 변경시켜야 한다고 결정했다.

구체적으로 바르첼은 연합당이 의회 내 세력균형이 흔들리는 상황을 이용해 조약들을 개정함으로써 당내 우려를 해소해야 한다고 믿었다. 하원에서 연정의 다수당 지위가 무너지고 있었으므로 정권을 교체하고 자신이 총리가 될 가능성이 커졌다고 보았기 때문이었다. 바르첼은 동요하는 사민-자민당 의원을 몇 명만 더 데려와 연합당이 하원에서 다수당이 된다면, 건설적 불신임투표(*constructive vote of no confidence*)를 통해 브란트를 몰아내고 정부수반에 오를 수 있다고 보

---

4) *Bayernkurier*(이하 *BK*로 칭함), 1972년 2월 19일자. 연합당 지도자들은 또한 "혼란된 여론"의 책임이 사민당의 "안마당 언론", 즉 브란트의 정책을 그에게 유리한 관점에서 다루는 주요 신문들에 있다고 주장했다. 반면 연합당에게도 슈프링거(Springer)에서 발행하는 신문 이외에 우호적 여론매체가 있었고, 이들은 조약들에 대해 근본주의적 압박을 강화했다.

았다.[5] 바르첼은 총리가 되면 자민당으로부터 더 많은 지지자들을 영입해 다수당 지위를 강화하고 브란트가 맺은 조약들을 재협상할 생각이었다. 이렇게 하여 연정 최대업적으로 내세우는, 그리고 도저히 합칠 수 없었던 사민당과 자민당이 연정을 구성하게 했던, 주요 이슈로부터 사민-자민당을 떼어놓을 수 있다고 보았다.

바르첼이 조약들을 거부하는 대신 개정하기로 결심하게 된 배경에는 무엇보다도 국제적 요인이 크게 작용했다. 여러 차례 미국을 방문한 결과 미국이 사민-자민당의 동방정책을 별로 지지하지 않으며, 독일의 국내적 결정에 공개적으로 개입하지 않으려 한다는 것을 확인했다. 그러나 바르첼은 그렇다고 미국이 조약무산을 원하는 것은 아니라는 점도 분명히 깨달았다. 미국은 예컨대 베를린 협정의 훼손 등으로 데탕트 자체를 난관에 빠뜨릴 수도 있는 독일-소련 관계의 급격한 단절을 원하지 않았던 것이다. 유럽에서는 비준을 찬성하는 분위기가 우세했다. 프랑스, 영국, 이탈리아 등지의 정부관리나 보수적 정치인들조차 공식적으로 조약들을 지지했다. 바르첼과 비공식적 대화자리에서 프랑스 지도자들은 데탕트에 대한 지지와 비준이 실패할 경우의 결과(특히 베를린에서의)에 대한 우려를 표시했다. 조르주 퐁피두(Georges Pompidou) 대통령은 바르첼에게 "기차가 떠나고 있다"며 데탕트 흐름에 뒤떨어지지 말 것을 경고하기도 했다.[6] 기민당의 사절로 여러 전승국 수도를 방문한 쿠르트 비렌바흐(Kurt Birrenbach) 역시 조약들에 반대할 경우 서구로부터의 고립을 자초하고 독일 민족주의에 대한 공포를 불러일으킬 것이라는 우려와 경고

5) 1920년대 불미스러운 "회전문 내각" 사건으로 인해 서독 기본법은 신임투표시 반드시 대체내각이 동시에 선출되어야만 기존 정부를 퇴각시킬 수 있도록 규정했다.

6) Barzel, Rainer, *Auf dem Drahtseil*(Munich: Drümer Knaur, 1978), 140-54; Barzel, Rainer, *Im Streit und umstritten*(Frankfurt: Ullstein, 1986), 157-63.

를 들어야 했다.[7]

바르첼이 서구방문을 통해 동방정책을 계승해야 한다는 확신을 얻었다면 동구방문은 그러한 전략이 성공할 것이라는 믿음을 강화시켰다. 1971년 12월 그는 소련 지도자들과의 회담을 위해 모스크바를 방문해 달라는 요청을 수락했다. 소련의 실제의도가 무엇이든 간에 바르첼의 목적은 소련이 과연 서독 여야가 모두 만족할 만한 내용으로 조약들을 수정하는 것을 받아들일 의사가 있는지 확인하는 것이었다. 우호적이기까지 한 분위기 속에서 평화와 협력에 대한 많은 대화가 오갔다. 자청해서 크렘린 벽 묘소도 방문한 바르첼의 제스처에 부응해 소련은 아데나워가 1955년 방문 당시 묵었던 숙소를 제공했다. 그러나 분위기와 달리 양측은 각자의 최대치 요구를 되풀이했다. 소련이 야당 지도자에게 공개적으로 양보할 의사가 전혀 없다는 것이 이내 분명해졌다. 그러나 바르첼은 소련과 미래의 기민/기사당 정부가 타협을 모색해볼 가능성이 전혀 없는 것은 아니라는 점을 감지했다. 귀국 직후 현재의 조약들에 대한 연합당의 입장이 더욱 굳어졌다고 공개적으로 선언하긴 했지만, 그는 사실 러시아 방문을 통해 자신의 전략이 옳다는 것을 재확인했던 것이다.[8]

해외방문에 못지않게 바르첼의 접근방식에 영향을 미친 것은 여론동향이었다. 브란트의 지지도는 베를린 협정의 불확실성이 증폭되던 1971년 초에 하강곡선을 그리다가 초가을 무렵 다시 상승하고 있었다. 전후 최초로 노벨상을 수상한 독일인으로서 브란트는 동방정책으로 국가의 영예와 위신을 드높였다는 찬사를 받았다. 서독주민들은 데탕트와 화해를 원했고 이제 동방정책은 그것과 동의어로 받아들여졌다. 연말 실시된 여론조사 결과 국민의 절대다수가 브란트의

---

7) Birrenbach, Kurt, *Meine Sondermissionen: Rückblick auf zwei Jahrzehnte bundesdeutscher Aussenpolitik* (Düsseldorf: Econ Verlag, 1984), 324-96.

8) Barzel, Rainer, *Im Streit*, 176-83.

정책을 지지하고 소련진영에 “강력히” 대결하는 정책에는 반대하는 것으로 나타났다.[9]

이러한 여론동향은 기민/기사당에게는 딜레마가 아닐 수 없었다. 연합당 지지자들 가운데 다수가 사민-자민당의 동방정책을 경멸했지만, 무시할 수 없는 소수(한 여론조사에 의하면 다수)와 많은 추방자들은 동방정책을 긍정적으로 보기도 하였다.[10] 이러한 사실에 직면한 바르첼은 자신의 전략만이 소수 개혁파를 멀리하거나 당을 고립시키지 않으면서 연합당 지지자들 대부분의 기대에도 부응할 수 있을 것이라고 보았다.

바르첼의 목적은 외교정책을 둘러싼 국내대결을 피하고 동방정책의 완전한 붕괴를 방지하는 동시에 향후 기민/기사당 정권이 동구조약들을 파기하지 않고 이어가겠다는 의지를 보임으로써 당이 동방정책의 좌초에 대한 책임을 피해갈 수 있게 하는 것이었다. 이는 단기적으로는 기민/기사당이 현 조약들에 대한 비판을 구체적이고 조건적이고 건설적인 방식으로 설득력 있게 표현하는 것을 의미했다. 동방정책에 대한 전면적이고 무제한적인 공격은 바르첼이 바라는 당의 이미지, 즉 고유한 방식에 의해 데탕트를 추구할 준비가 된 야당이라는 이미지를 손상시킬 것이었기 때문이다. 이에 따라 바르첼은 현 모스크바 조약과 바르샤바 조약이 화해의 기초가 되기에는 부적절하다고 비판하면서, 근본적이고 치유 불가능한 결함이 아니라 수정할 수 있고 개선할 수 있는 부분에 강조점을 두기 시작했다.

또한 이 전략은 바르첼이 당내에서 지도적 위치를 유지하는 데 가장 유효한 방법이었다. 유연하되 비판적 모습을 잃지 않음으로써 당내 다수를 이루는 보수적 근본주의자들과 아주 소원해지지도 않고

---

9) 엠니드 여론조사, *Stuttgarter Zeitung*, 1971년 12월 21일자.

10) 알렌스바흐 여론조사, *Die Zeit*(이하 *DZ*로 칭함) 1971년 3월 26일자; *Der Spiegel*(이하 *DS*로 칭함) 1971년 11월 1일자.

젊은 활동가들이나 노동조합주의자들과의 연대도 유지할 수 있었다. 그 결과 바르첼은 1971년 말에 연합당 원내대표직에 더해 자신이 원하던 기민당 대표 및 기민/기사당 총리후보 자리를 차지할 수 있는 입지를 확보했다. 그에게 비판적인 많은 이들도 당의 지도력을 집중하는 데에 호의적이었다.

1971년 말 바르첼은 자신의 동방정책 전략을 본격적으로 전개하기 시작했다. 그는 브란트가 맺은 현 조약들을 거부하는 것이 화해와 데탕트의 중단이 아니라 향후 연합당 정부의 새로운 정책의 시작을 의미하는 것이라고 약속했다. 연합당은 "문제가 시작된 곳에서 멈춰서지 않고 진정한 해결책과 데탕트, 그리고 평화를 가져올" 협정을 "인내와 끈기를 가지고" 추진할 것이라고 밝혔다.[11] 그는 조약지지를 위한 구체적 조건들을 제시했다. 그 조건은 ① 소련이 유럽공동체가 궁극적 서유럽 통합을 향한 첫걸음이라는 점을 공식 인정할 것, ② 조약에서 독일의 자결추구권을 명시적으로 인정할 것, ③ 동·서독주민들의 보다 자유로운 왕래 가능성을 구체적으로 보장할 것 등이었다. 바르첼은 이를 통해 현 조약들에 대한 전면적 공격과 구체적 개선요구를 결합시켰다. 그는 당의 공격적 자세를 유지시키되 그 초점을 교정 가능한 구체적 결함에 집중하려 했다. 이 전략은 현재상태대로의 협정은 거부한다는 의미에서 "so nicht"(그래서 안 돼)라고 불렸다. 이는 기민/기사당에게 선택의 여지를 남겨둔 것이다. 즉, 많은 연합당 정치인들이 인정하듯이 "so nicht"는 사실상 "… 하면 돼"(*yes, if*)를 의미하는 것이었다.

11) *Handelsblatt*(이하 *HB*로 칭함), 1971년 10월 11일자.

2) So Nicht와 당 단합

그러나 바르첼의 "so nicht" 전략은 그가 기민/기사당의 연합전선을 유지할 수 있다는 것을 전제로 하는 것이었다. 그가 기민당을 단합시킬 수 있을 것이라고 믿을 이유는 있었다. 1971년 9월 이후 그의 당내지위(원내대표, 기민당 대표, 총리후보)가 영구적은 아니더라도 상대적으로 안정되어 보였기 때문이다. 그러나 다른 한편 막강한 게르하르트 슈뢰더를 포함하여 추방자 그룹, 그리고 무엇보다도 기사당 등 연합당 내 비타협적 동방정책 반대자들이 버티고 있었다. 베를린 문제에 대해 바르첼이 입장을 완화한 데 놀랐던 슈트라우스는 이제 협정들에 대한 그의 부드러운 어조에 경계심을 가졌다. 슈트라우스 역시 자신의 선택의 여지를 남겨두기 위해 한때 "더 나은, 그리고 보다 깨끗하고 분명한 동방정책"의 추구에 대해 자주 언급한 바 있었지만, 이제 그는 브란트가 맺은 조약들이 "거짓으로 만들어졌고" 해석적 장치나 "소련의 선의의 제스처"만으로는 개선될 수 없는 결함을 가지고 있다며 "전면적 대결"을 선언했다.12)

이렇게 취약한 연합전선이 바르첼의 지도력하에 유지되기 위해서는 당이 조약들을 받아들일 수 있게 하는 조건들보다 "nicht"(안 돼)에 더 많은 강조점을 둘 필요가 있었다. 슈트라우스 같은 전통적 근본주의자들과 슈뢰더가 바르첼의 "so nicht" 전략을 수용한 것은 이 전략이 가지는 모호성이 동방정책에 대한 계속적 공격을 가능하게

12) 기사당은 바르첼이 해외순방 도중 동맹국들의 압력에 굴복했을지도 모른다는 우려에서 정부의 협상결과를 사실상 모두 거부하는 내용의 "대체조약"을 펴내기도 했다. Patz, Günther, *Parlamentarische Kontrolle der Aussenpolitik: Fallstudien zur politischen Bedeutung des Auswaertigen Ausschusses des Deutschen Bundestages*, Studien zum politischen System des Bundesrepublik Deutschland no. 7, ed. Heino Kaack(Meisenhein am Glan: Anton Hain, 1976), 121.

했기 때문이다. 즉, 기민/기사당 내에서 조약들의 결함이 교정 가능하다고 보는 측이나 그렇지 않다고 보는 다수파나 다같이 동방정책을 비난함에 따라 그들 사이의 불화는 잠시나마 가려질 수 있었다.

근본주의자들은 지난 2년간 이미 그랬듯이 양 조약이 실질적으로(또한 명시적으로) 국경들을 승인하고 정치적 현상유지를 공식적으로 합법화하였으며 따라서 서독이 전체 독일을 대표할 권리를 침해했다는 주장을 계속했다. 그들은 이러한 해석을 막기 위해 마련한 쉘의 조치(독일의 단일성에 대한 그의 서한을 포함해서)만으로는 불충분하다고 평가 절하했다. 근본주의자들과 오랫동안 입장을 분명히 하지 않았던 슈뢰더까지도 이 조약들로부터 유용한 정책을 살려낼 희망이 거의 없다고 보았다. 그들은 소련이 이미 원하는 것을 얻었고 서독으로 하여금 독일문제의 종결에 대해 암묵적이나마 인정하게 할 입지를 확보했다고 보았다.

개혁파들조차 브란트의 정책이 독일문제를 형식적으로는 미해결 상태로 두면서도 실질적으로 양보함으로써, 폰 바이체커의 말을 빌면 "위험한 불확실성"을 조성했다는 데 의견을 같이했다.[13] 그러나 개혁파들은 정부를 비난하는 대신, 브란트의 오랜 주장대로 이 조약들이 분명히 잠정적 성격을 지니며 따라서 최종 평화협정 전까지는 현재 논쟁중인 문제들을 "실질적으로" 미해결 상태로 두는 데 양측이 동의하고 있다는 논리가 어떻게든 더 강화될 수 있는 것인지, 서독·폴란드·러시아 모두 현재 국경선들이 최종적인 것이 아니며 현재의 중유럽 구도가 영구적이지 않다고 보고 있다는 정부의 주장은 확실한 근거가 있는 것인지에 대해 정부의 답변을 요구했다. 이들은 아데나워가 1955년 서한교환을 통해 소련에게서 얻어냈던 것처럼 독일의 자결권을 협정 패키지에서 명시적으로 확인해야 한다고 주장했다.

---

13) *TzDp*, ser. 1, vol. 10, 279.

이는 조약수용을 위해 바르첼이 내건 세 가지 조건 가운데 하나였다.

기민/기사당 지도부는 사민-자민당의 동방정책이 독일문제에 대한 서독의 전통적 입장을 약화시킨 반면 국가의 실체보전과 관련된 양보는 얻어내지 못했다고 주장했다. 1969년 이후 브란트의 일방적 양보정책은 동독을 "잠정적인 현상유지 권력"(*status quo power*)으로 변환시키기는커녕 오히려 공산주의 강경파를 강화시킴으로써, 동독의 새 지도자 에리히 호네커가 소련의 승인하에 아무 거리낌 없이 자신의 "신민들"(*subjects*)을 서구의 영향으로부터 차단하고 동·서독간의 극히 드문 접촉마저 억누르는 "차단"정책을 실행할 수 있게 되었다고 주장했다.

슈뢰더는 이러한 결함이 주로 서독의 서투르고 성급한 협상에서 비롯되었고 그 결과 공산주의 진영을 강화시키기만 했다고 말했다. 슈트라우스는 독재정권으로부터 "양보를 살 수" 있다고 믿은 데서 나온 당연한 결과라고 보았다.[14] 연합당 근본주의자들은 협상과정에서 상대로부터 상응하는 양보를 얻어내지 못한 점이 조약들을 개선의 여지도 없을 정도로 약화시켰다고 생각했다. 그러나 개혁파들은 양독간에 만족할 만한 조약이 체결되거나 적어도 바르첼의 비준요건 가운데 하나인 동독의 여행제한 완화조치가 있기 전까지는 조약들은 보류되어야 한다고 주장함으로써 미묘한 차이를 보였다.

연합당 지도자들은 또한 이 조약들이 서독을 서구진영 내 소련의 대리인으로 전락시킬 우려가 있다고 해석했다. "전 유럽 평화회의"에 대한 서독의 지지를 확보하는 것은 소련이 유럽에서의 헤게모니를 공식화하는 데 중요한 발판이었다. 모든 개별 유럽국가들 간의 협력을 위한 이 제도적 틀은 서유럽 통합노력에 직접적 손상을 미치고 이들 국가들을 "핀란드화"할 가능성이 있었다. 한 근본주의자는 동방

14) Ibid., 300.

정책이 "볼셰비즘에게 서구의 문을 활짝 열어주었다"고 주장했다.[15] 모든 당 정치인이 그렇게 극단적으로 비판한 것은 아니었지만, 서독이 서유럽이라는 정박지로부터 멀어져 중립주의를 향해 표류해가고 결국 안보 자체와 자결권 달성의 희망이 위태롭게 될 것이라는 우려에는 모두 공감했다.

이와 관련해서도 근본주의자들은 이러한 위험이 임박했다고 본 반면 소수 개혁파들은 브란트가 소련당국을 설득해 유럽공동체가 데탕트를 떠받치는 "현실들" 가운데 하나임을 인정하고 나아가 다자기구로서 완전한 외교적 지위를 가지는 데 동의하도록 한다면 그러한 위험을 피할 수도 있을 것이라고 보아 역시 미묘한 차이를 보였다.

한편, 동방정책이 대학과 공장에서 등장하는 좌파 급진주의를 고무하고 부추긴다는 점에서는 당내 아무런 이견이 없었고 따라서 연합당 지도자들은 일치하여 비판의 목소리를 높였다. 집권연정이 데탕트에 대한 충족될 수 없을 기대를 불러일으키고 공산주의와 자본주의 간의 협력에 대해 언급함로써 동서간의 근본적 차이를 흐리는 것으로 본 것이다. 당 지도자들은 공산주의가 더 이상 전체주의체제가 아닌 단지 나쁜 습관을 가진 경쟁적 사회체제로만 묘사된다고 비판했다. 이는 급진좌파의 발흥에 기여하고 병역기피 증가에서 나타나듯이 전후 서독체제에 대한 국민적 지지를 약화시켜 결국 동독을 이롭게 할 것이라고 주장했다. 따라서 연합당은 정부에 대해 단지 급진주의자들과 거리를 두는 데 그칠 것이 아니라 "공산주의의 위험성을 명백히 밝히라"고 요구했다. 기사당은 한 걸음 더 나아가 특유의 화려한 정치적 수사를 동원해 브란트에게 해외는 물론 국내에서도 "붉은 파시즘"을 정당화하지 말 것을 경고했다.

---

15) *BK*, 1972년 2월 12일자.

2. 비준과정

1972년 1월 실제 비준과정에 들어가면서 바르첼의 전략을 적용할 수 있는 다양한 방법이 즉시 명백해졌다.

두 조약 모두 여러 주정부가 선출하는 상원(*Bundesrat*)의 심의를 먼저 거쳐야 하므로 상원에서 한 석 차이로 다수를 차지하던 기민/기사당은 조약들을 "거부"할 수 있었다. 그러나 상원 법사위원회가 이 조약들은 기본법상 각 주의 권한과 무관하다고 판단했기 때문에 상원의 "거부"가 하원의 다수결에 의해 뒤집힐 수도 있었다.[16]

따라서 기민/기사당은 조약들을 저지할 방도가 없었지만 그럼에도 불구하고 반대론의 근거를 선택해야 했다. 기사당과 기민당 내 근본주의자들은 기본법에 기초한 조약 반대론을 선호했다. 즉, 이 조약들을 3분의 2의 찬성이 필요한 기본법 변경을 내용으로 하는 사안으로 규정해 통과를 어렵게 하지는 취지였다. 이들은 또한 칼스루에(Karlsruhe)의 독일 헌법재판소에 제소할 준비도 진행하였다. 그러나 대부분의 기민당 지도자들은 기본법을 끌어들이는 것에 반대했다. 기본법을 근거로 한 공격은 연합당이 전면적 반대투쟁에 나섰다는 인상을 주게 되므로 이는 바르첼을 비롯해 동방정책 논쟁을 가능한 한 무난하게 끝내기를 희망하는 이들에게는 바람직한 선택이 아니었다. 더구나 근본주의자 중진의 다수는 과거 사민당이 아데나워가 서구국가들과 맺은 협정들을 기본법적 근거로 저지하려 했을 때 자신

16) 상원 법사위원회가 주(*state*)의 관할영역에 속한다고 판단한 법안들에 대해서는 절대적 거부권을 행사할 수 있고, 상원 거부를 무효화하기 위해서는 하원에서 3분의 2의 동의가 필요했다. 연합당은 상원에서는 다수의석을 가진 큰 주들을 장악함으로써 전체적으로는 다수를 차지했지만, 법사위원회에서는 그렇지 못했다. 법사위원회에서는 각주가 한 표씩 보유함에 따라 사민당이 6 : 5로 우위를 점했다.

들이 사법부의 외교정책 개입에 대해 강하게 반론을 제기했던 전례에 비춰보더라도 적절하지 않다고 생각했다.

연합당은 1, 2월 연방상원 심의에서의 당의 목표에 대해 내부적 타협을 이루었다. 조약들에 대해 "법적 유보" 의사를 표명하지만 법원으로 갈지 여부에 대한 최종결정은 수개월간의 전체 의회심의를 끝낸 후로 연기하기로 했다. 2월 9일 상원표결에서 연합당의 다수는 양 조약을 불명확하고 불완전하고 개정의 필요가 있다는 이유로 거부했지만 기본법에 어긋난다고 못박지는 않았다. 기사당으로 대표되는 바이에른 주는 기본법 위반이란 반론을 제기했다. 그러나 헬무트 콜의 라인란트팔츠 등 기민당이 통치하는 주들의 대표자들은 주로 정치적 근거에 따른 반론을 펼쳤고 다만 조약들이 서독의 법적 자결 추구권에 미치는 영향을 "명확히 해야 한다"고 덧붙였다.

이후 양 조약의 운명은 보다 강력한 정치적 기구인 하원(*Bundestag*)의 손으로 넘어갔다. 최종표결은 5월이었지만 2월 하순부터 심의가 시작되어 현대식 의사당 본회의장은 이후 한동안 비준 찬반논쟁으로 달아올랐다. 바르첼은 재집권하면 초당적 기초하에 새로운 동방정책을 다루어나갈 것이라는, 즉 훼손이 아니라 수정하는 방향으로 갈 것이라는 인상을 풍겼다. 평소에 적대적이던 비판자들도 그의 발언을 환영했다. 그러나 슈뢰더는 에곤 바르가 "내가 지금껏 들어본 조약반대 연설 가운데 가장 훌륭했다"고 평가한 연설을 통하여 당내 동구조약 반대자들이 바르첼에 굴복하지 않았다는 것을 드러냈다.[17]

이와 동시에 사민당 추방자 그룹의 대변인인 후프카가 브란트 연정에서 탈퇴한 뒤 기민당에 입당했다. 그의 당적변경으로 하원에서의 의석차는 250 대 246으로 좁혀졌다. 이미 적어도 한 명의 자민당 의원이 반대표를 행사할 것이라고 선언했던 터라 브란트로서는 안심

---

17) *Süddeutsche Zeitung*(이하 *SdZ*로 칭함), 1972년 2월 25일자.

할 수 없는 상황이었다. 바르첼의 의도와는 달리 반대표가 더 많을 가능성이 커졌다. 바르첼은 비준안의 운명이 판가름 나버리기 전에 정부당국을 설득해 조약들을 개정하도록 하거나 불신임투표로 브란트를 퇴진시키지 않을 경우 결국 연합당이 동방정책을 좌절시킨 책임을 지게 될 것을 걱정했다.

바르첼은 공개적으로는 서구국가들이 비준문제를 독일의 국내문제로 간주한다는 주장을 계속했지만, 내심 조약 비준안이 부결되면 동서 데탕트의 일정에 차질을 줄 조짐이 분명해지는 것을 알았다. 닉슨 대통령은 외교정책에 대한 의회 연례보고에서 베를린 협정을 환영하며 유럽에서의 동서협력에 대한 희망을 피력했다. 비준안이 부결되면 이러한 목표달성이 어려워지고 소련이 협박한 대로 닉슨의 모스크바 방문계획도 위태로워질 상황이었다. 서독 정부관리들은 바르첼에게 조약무산은 미국과 서독 관계에 타격을 줄 것이라는 내용의 주미 서독대사가 보낸 전문을 보여주었다. 프랑스는 비준이 "바람직하다"고 선언했고 영국과 덴마크도 조약들이 무산되면 데탕트에 문제가 생길 것이라고 예상했다.[18] 바르첼은 프랑스 대통령과의 면담 직후 "조약들이 거부되면 조르주 퐁피두가 내게 감사카드를 보내지는 않을 것이다"라고 말했다.[19]

독일상황에 갈수록 신경을 곤두세우던 소련당국은 당근과 채찍 전략을 쓰기 시작했다. 소련은 조약 비준안 부결이 독·소관계에 중대한 영향을 미칠 것이라고 경고하는 한편, 그와 동시에 연합당이 제기하는 문제에 대해서도 전향적으로 대처하기 시작했다. 소련대사는 콜 등 기민당 온건파 지도자들과 대화를 가질 것을 제안했다. 아울러 서독-소련 간 화해가 일반 독일인들에게 도움이 된다는 것을 보여주기 위해 부활절과 오순절 동안 동·서베를린 간의 방문제한을

18) *SdZ*, 1972년 3월 9일자; *DW*, 1972년 3월 10일자.

19) Patz, Günther, *Parlamentarische Kontrolle der Aussenpolitik*, 115.

푸는 등 아직 이행되지 않았던 베를린 합의의 일부조항들을 일시적으로 앞당겨 시행하였다. 이 양일 동안 서베를린 시민들이 베를린 장벽을 통과해 대규모로 동독지역을 방문했다. 소련은 또한 거의 사문화되었던 상호무역협정을 이행하기도 했다.

더 나아가 소련당국은 독일이 통일추구권을 보유한다는 발터 쉘의 일방적 서한을 소비에트 최고회의의 "비준"과정에서 "유의할"(*take note*) 것을 동의했다. 바르첼과 그의 측근들은 이것이 기민/기사당의 자결권 보전주장을 수용한 것이라고 해석했다. 그러나 슈뢰더와 슈트라우스는 그러한 제스처가 법적으로 무의미한 내용이라며 평가 절하했다. 즉, 소련정부가 "통일서한"의 내용을 공표하기는커녕 공개하지도 않을 것이며, 따라서 그것이 "조약 복합체"의 일부가 될 수 없다는 것이다. 마찬가지로 바르첼은 브레즈네프가 유럽공동체(EC)를 동구진영의 경제상호원조회의(COMECON)와 같은 하나의 "현실"이라고 칭한 것을 소련이 유럽공동체를 인정하는 방향으로 움직이는 신호로 해석했는데, 사실 이는 그가 조약비준의 전제로 내세웠던 세 가지 조건 중 하나였다. 그러나 슈뢰더와 근본주의자들은 이에 동의하지 않았다. 그들은 구성 면에서 상이한 양 기구를 브레즈네프가 서로 비교한 것에서 소련당국의 서유럽의 진정한 통합에 대한 적대감만 확인할 수 있을 뿐이라고 주장했다. 베르너 맑스(Werner Marx)는 "조약들에 대한 우리의 입장을 변화시킬 만한 것이 하나도 없다"고 주장했다.[20] 초당적 협력의 조짐에도 불구하고 바르첼의 "so nicht" 접근법은 당내 지지를 잃는 듯했다.[21]

---

20) CDU/CSU, Fraktion, 보도자료, 1972년 4월 19일자.

21) 1970년의 바르와 그로미코 간의 협상에서 작성된 문서가 언론에 유출되면서 근본주의자들의 반대가 더욱 거세졌다. 실제 문서는 몇 주 전에 쉘이 초당적 타협을 위해 두 명의 기민/기사당 지도자들에게 읽어준 요약본과는 다른 내용이었으며, 서베를린을 "제 3의 정체(*third entity*)로 명시하기까지 했다. 또한 문서는 향후 최종 평화조약이 현재 조약조건들을 재확인하는 데 그칠

자민당은 4월 하순 중요한 주선거에서 패배했고 그 여파로 한 하원의원이 탈당했다. 또 당노선에 반대하는 몇몇 의원들이 바르첼에게 브란트 불신임안을 지지할 것이라는 의사를 이미 사적으로 밝혔다. 바르첼은 (부분적으로는 그의 실패를 바랐던 경쟁자들의 지원에 힘입어) 스스로를 총리로 지명할 수 있는 전례 없는 상황과 압력에 직면했다. 단 한 석 차이의 다수의석으로 효과적 통치가 과연 가능할 것인가 하는 우려도 없지는 않았지만 그는 결단을 내렸다. 권력을 장악하여 사민-자민당의 국내정책 상당 부분을 뜯어고칠 수 있는 기회였다. 또한 장기적으로 동구조약들을 재협상해냄으로써 연합당에 해만 될 뿐인 정책공방을 피할 수 있는 기회이기도 했다. 소련 지도자들은 공개적으로는 어떠한 서독정부와도 재협상은 하지 않는 입장이었다. 그러나 그들도 역시 표를 셀 수 있었다. 바르첼이 곧 총리로 오를 가능성을 보고 소련당국은 더 빈번하게 기민/기사당의 의중을 타진하려고 했다. 바르첼은 불신임투표와 재협상에 대해 더욱 자신감을 갖게 되었다. 그는 마치 정부담화문 같은 성명을 발표했다. 네 문단 가운데 셋이 외교정책과 관련되었다. 그중 하나는 초당적 협력에 대한 호소였고 둘은 소련과 "우리 독일내부의 파트너, 즉 동독 책임자들"에 대한 화해적 문구를 담았다. 바르첼은 총리가 되면 분단의 고통을 "보다 인내할 만한 것"으로 만들기 위해 동독 책임자들과 논의하겠다는 희망을 밝혔다. 새정부 외무장관 후보로 슈뢰더를 지명하고 조약들에 대한 기민/기사당의 요구를 충족시킬 수 있는 내용의 서독-소련 성명초안을 준비하라고 지시했다. 불신임투표 이틀 후에 소련을 방문하기 위해 항공편을 예약해두기도 했다.[22] 그는 조약을

것이며 무력사용 포기조약이 사실상 국경조약이라는(서독 기본법에 위배되지 않도록 다른 용어를 썼을 뿐) 소련의 주장을 바르가 받아들였다는 것을 시사하였다.

22) Baring, Arnulf, *Machtwechsel*: *Die Ära Brandt-Scheel* (Stuttgart: Deutsche

개정하면 연합당이 조약거부에 따른 비난을 피하고 당의 가장 신랄한 비판가들도 만족하게 될 것으로 보았다. 연합당과 가까운 한 신문이 보도했듯이 “건설적 불신임투표는 결국 조약거부의 압력을 회피하려는 (바르첼의) 극적 노력에 다름 아니었다.”[23]

1) 불신임투표에서 5월 17일까지

불신임투표를 앞두고 전 세계의 이목이 서독에 집중되었으며 서독언론에서는 다양한 소문과 추측들이 난무했다. 사민-자민당 내에서는 비관론이 팽배했고 노동계는 정권교체에 저항해 총파업을 벌이겠다고 위협했다. 드디어 1972년 4월 27일 비밀 불신임투표가 진행되었다. 결과는 바르첼의 한 표 차이 패배였다. 자신의 당에서 세 명의 의원이 반대표를 던졌던 것이다.[24] 바르첼은 기민당 대표로서 치명타를 입었고 연합당 지도자로서의 위치도 흔들리기 시작했다. 그러나 다음날 실시된 또 다른 투표에서 브란트 역시 다수표를 얻는 데 실패했다. 하원은 완전히 교착상태에 빠졌고 이는 바르첼로서는 자신의 동방정책 전략을 구해낼 마지막 기회였다. 연합당은 여전히 브란트가 조약들에 대한 다수지지를 확보하지 못하게 할 수 있었다. 바르첼은 브란트가 먼저 기민/기사당의 주요한 우려를 불식시킨다면 조약안들을 무산시키지 않겠다고 약속했다. 선택의 여지가 없었던 브란트 총리는 이를 수용해 조약에 대한 표결을 몇 주 연기하고 바르첼 및 다른 연합당 지도자들과 새로운 비밀협상을 시작했다. 이 논의에서 주요의제는 소련에 보낼 외교서한과 여야 모두 수용 가능

Verlags-Anstalt, 1982), 410.

23) *DZ/CW*, 1972년 5월 12일자.

24) 그 가운데 적어도 한 명은 정부관리로부터 불법뇌물을 받은 사실이 나중에 드러났다. Baring, Arnulf, *Machtwechsel*, 420-24.

한 조약해석을 담을 의회 공동결의문이었다.

당내 추방자 그룹은 양당간의 이러한 막판협력에 반발했고 일부는 탈당하겠다고 으름장을 놓았다. 기사당뿐 아니라 슈뢰더를 비롯한 기민당의 일부 명망가들도 바르첼의 전략에 회의적이었다. 슈뢰더는 슈트라우스만큼이나 조약들에 적대적이었다. 늘 그렇듯 분파간의 갈등은 내부 권력투쟁으로 번져, 한편에서는 슈트라우스가 다른 한편에서는 콜이 바르첼을 겨냥하는 양상이 되었다. 기민/기사당 소속 하원의원들 가운데 3분의 1은 브레즈네프를, 3분의 1은 브란트를, 나머지 3분의 1은 바르첼을 쫓아내기를 원한다는 비아냥섞인 농담이 유행하기도 했다.

그러나 많은 연합당 지도자들이 진정 회의적이었던 점은 일방적 외교각서나 선언으로 협정 자체의 효과를 개선시킬 수 있는가 였다. 슈뢰더는 적어도 소련이 서독의 해석적 선언을 "조약 복합체"(*treaty complex*)의 일부로 인정해야 한다고 주장했고, 기사당은 조약들이 국내외 평화, 통일, 법적 권리에 대한 위협이며 "결코 조약의 내용을 변경시킬 수 없는" 일방적 결의와 선언을 통해서 이를 개선하는 것은 불가능하다고 주장했다.[25]

실패로 돌아간 불신임투표 이후의 2주 동안 본에서는 정부와 야당 지도자들이 밤늦게까지 비밀회의를 하고 바르첼과 브란트가 맥주를 마시며 정책을 논의하고 연합당 내부에서 치열한 거래가 진행되는 등 희한한 분위기가 연출되었다. 사민당이 작성한 결의문 초안은 너무 약하다는 이유로 바르첼에게 거부당했지만 공동작업은 계속되었다. 일련의 양당 위원회가 만들어졌고 바르첼은 슈트라우스와 기민당 근본주의자 베르너 맑스 등 주요 반대세력들도 깊이 관여하도록 했다. 브란트 역시 바르가 1970년 독·소협상 의사록을 연합당의 또

25) Patz, Günther, *Parlamentarische Kontrolle der Aussenpolitik*, 138.

다른 대표자들에게 브리핑하는 것을 허용했다. 소련은 서독하원의 선언이 서독의 공식적 조약해석을 반영하는 것으로 "인정"하겠다고 발표했다. 발렌틴 팔린(Valentin Falin) 소련대사가 서독정부와 야당 간 회의에 "심판"으로 참가해 선언구절들이 소련의 해석과 충돌하는지를 알려주는 기괴한 모습들도 연출되었다.

가장 의문스런 부분은 공동결의안 작성을 위한 양당간 협력에 슈트라우스가 참여한 목적이 과연 무엇인가였다. 한 주장에 따르면 그가 기사당 내 명백한 회의적 시각에도 불구하고 동방정책을 개편할 기회로 보았고 소련이 이 새로운 협정해석을 받아들일 것이라고 믿었기 때문이라고 했다. 그러나 보다 냉소적인 시각은 슈트라우스가 의도적으로 소련이 거부할 내용의 결의안을 만들어 기민/기사당의 반대투표를 정당화시킨 뒤 조약문제를 다음 선거의 정치적 이슈로 삼으려고 했기 때문이라고 보았다.

후자의 냉소적 시각에 따르면 슈트라우스는 "조약들이 현존국경들에 대한 법적 기초를 만든 것이 아니다"라는 문구를 결의안에 담아야 한다는 주장을 했는데 사민당이 이를 받아들이자 크게 놀랐다고 한다. 의도한 것이든 아니든 간에 기사당 대표 슈트라우스는 이후 광범위한 지지를 받게 되는 공동결의안의 타결에 기여한 것이 되었다. 바르첼과 연합당은 기뻐했고 슈트라우스 자신도 "최적"(*optimal*)이라고 인정했으며 기민당 내 그의 주요 협력자인 맑스도 정부와 야당 간의 차이가 좁혀지고 있다고 했다.[26] 조약 반대세력들은 이제 지지로 돌아서거나 적어도 폰 바이체커 등 연합당 개혁파의 조약찬성을 용인할 것으로 보였다. 신문들은 조약들이 "확실한 다수"로 통과될 것이라며 브란트와 바르첼의 성공적인 "줄타기"(*high-wire act*)를 축하하기도 했다.

---

26) *SdZ*, 1972년 5월 10-11일자.

그러나 기사당 정치인들은 곧바로 기민당 동료들의 찬성투표를 용인하는 문제에 대해 이견을 표시하기 시작했다. 그들은 이렇게 중대한 사안을 두고 연합당이 분열되도록 놔두지 않을 것이라고 선언했다. 추방자 그룹 또한 고려되어야 했다. 바르첼이 바이에른의 동지들(기사당)을 달래는 사이 소련이 이제껏 슈트라우스가 고집한 결의안의 쟁점사항, 즉 조약들이 법적으로 잠정적이라는 문구에 대해 유보의사를 발표함으로써 살얼음 같은 평형상태를 깨뜨려버렸다(즉, 슈트라우스를 구원했다). 같은 날 사민당 원내대표 붸너는 공동결의문이 국제법적 효과가 없는 일방적 조치에 불과하다는 폭탄발언을 했다. 사실 그의 이 발언은 자신뿐 아니라 많은 당원들의 의견을 반영한 것이었다. 슈트라우스 같은 근본주의자들은 즉각 이런 주장들이 결의문을 웃음거리로 만들어버렸다고 비난했다.[27]

마치 미리 음모라도 있는 듯 모든 사건들이 이미 지칠 대로 지친 바르첼을 궁지로 몰아갔다. 그는 소련대사를 만나 소련이 이의를 제기한 문제들을 논의했다. 그러나 결의문에 반발하는 소련에 대한 연합당의 우려를 불식시키는 데 실패했고 결국 비준표결은 연기되었다. 바르첼은 당장 표결을 한다면 당이 만장일치로 반대할 것이라고 말했다.

정부와 야당 간의 협상이 며칠 더 계속되고 미해결 문제에 관해 바르첼과 쉘이 서한을 교환한 이후 다시 타협의 기미가 보였다. 서독은 조약을 잠정협정으로 규정한 결의문을 해석적 문서(*intervretive document*)로 분류하는 데 동의했다(결의문은 조약에 첨부되어 소련으로 보내지게 된다). 소련 또한 "비준"과정에서 결의문을 공식 인정할 것

27) 귄터 파츠(Günther Patz)는 붸너 등 사민당 강경파와 기사당 근본주의자들이 암묵적 연합을 통해 브란트와 바르첼, 쉘의 초당적 협력노력을 좌초시키려 했다고 주장했다. Patz, Günther, *Parlamentarische Kontrolle der Aussenpolitik*, 130-33.

이라고 밝혔다. 한껏 고무된 바르첼은 조약들이 독일 자결권의 궁극적 복원을 위한 법적 장치들을 침해하지 않게 되었다는 의견을 기민당 집행위원회에 제출했다. 위원회는 32명의 위원 가운데 30명의 찬성으로 "조약들에 관한 하원 결의문의 내용은 모호하지 않다. 정책이 결의문에 기초한다면 우리는 조약들에 동의할 것이다"라는 내용의 성명을 승인했다.[28] 기민당 위원회는 또한 당 소속의원들로 하여금 양심에 따라 투표하도록 했다. 이는 바르첼이 거둔 마지막 정치적 승리였다.

이로써 약 2백 명가량의 기민당 의원 가운데 90명 정도의 개혁파 의원들이 조약들을 지지하고, 따라서 브란트가 확실한 다수를 얻을 수 있는 길을 열어주었다. 언론들은 기민/기사당이 결국 "반대"입장에서 물러섰고 조약들은 무난하게 표결을 통과할 것이라고 보도했다.

기민당 집행위원회의 승인을 얻은 지 몇 시간 후 바르첼은 기민/기사당 하원의원단 앞에서 자신에 찬 연설을 하였다. 그는 이제 기사당도 조약들을 지지하거나 적어도 기권을 통해 자신을 포함한 약 90명의 기민당 의원들의 찬성을 묵인해주기를 희망했다. 이전의 주장을 되풀이하며 그는 기민/기사당이 조약들을 "받아들일 수 있는" 것으로 바꾸는 데 기여함으로써 위신을 세웠다고 강조했다. 그는 비준을 거부한다고 해도 소련이 조약의 개선을 위한 재협상에 응할 것이라고 "믿을 근거는 없다"고 잘라 말했다.[29]

그러나 연합당이 이러한 전술적 변화에 얼마나 준비가 안 되어 있었는지를 바르첼이 깨닫기까지는 오랜 시간이 걸리지 않았다. 대부분의 기민당 동료들은 공동결의문을 대체로 만족스러운 것이라 보고 지지했지만 브란트 정부에 대한 불신은 여전했다. 그들은 사민-자민당이 결의문을 조약비준을 위해 이용한 뒤에는 곧 내팽개칠 것이라

28) Birrenbach, Kurt, *Meine Sondermissionen*, 413.

29) Barzel, Rainer, *Auf dem Drahtseil*, 166.

고 주장했다. 그들은 쉘 외무장관조차도 "독일문제를 미해결 상태로 유지한다"는 구절에 이제는 싫증이 날 지경이라고 공개적으로 언급한 것을 보라고 지적했다.[30]

결정적 역할을 한 것은 슈트라우스였다. 일부의 설명에 따르면 그는 주말 동안 자신의 정치적 고향인 바이에른을 방문했을 때 커다란 충격을 받았다고 한다. 뮌헨에서 열린 당대회에서 기사당 운동가들과 추방자들은 슈트라우스에게 조약들에 "굴복했다"며 신랄한 비난을 퍼부었다. 훗날 바르첼이 "지역 영향력"이라 부른 것이 "특히 남부에서" 연합당 지도자들의 저항을 강화시키기 시작했던 것이다.[31] 슈트라우스의 의도에 대한 더 냉소적이긴 하나 사실 더 그럴듯한 해석은, 그가 일관되게 연합당의 사민-자민당 동방정책에 대한 지지를 막으려 했으며 당의 대응은 그러한 노선을 밀고 나가도록 확신을 심어준 것일 뿐이라는 것이다. 슈트라우스는 소련의 성명과 붸너의 발언을 언급하며 결의문이 조약들의 효과를 변경시키기에는 너무 보잘것없고 또 너무 늦었다고 주장했다. 조약들이 독일의 분단을 공식 확인했다는 소련의 시각을 브란트 정부가 이미 묵인해버린 뒤라는 것이다. 슈트라우스 및 그와 의견을 같이하는 기민당 내 회의론자들은 공동결의안에는 찬성했지만 조약들 자체에 대해서는 반대하였다. 더구나 그들은 연합당이 표결에서 찬반으로 갈리는 것은 정치적으로 치명적이라고 주장하면서 그렇게 분열을 보인 연합당이 어떻게 유권자들 앞에서 공동전선으로 나설 수 있겠는가라고 반문했다.[32] 이에 부응하여 기사당 의원들도 의원총회를 열고 연합당이 만장일치로 투표하지 못한다면 자신들은 공동으로 반대표를 행사하기로 결의했다.

30) 베르너 맑스, 1984년 6월 20일 필자와의 인터뷰.

31) Barzel, Rainer, *Auf dem Drahtseil*, 162.

32) Birrenbach, Kurt, *Meine Sondermissionen*, 402-4. 특히 기민당의 원로인 발터 할슈타인이 단합을 주장했다.

슈뢰더, 그리고 콜조차도 찬성투표를 허용하지 말아야 한다는 주장에 동의했다.

근본주의자들을 설득해 지지를 이끌어내거나 적어도 조약비준거부는 막으려던 바르첼의 희망은 갑자기 사라져버렸다. 이제는 당을 영구히 쪼개지 않고서는 연합당 의원들에게 "양심에 따라 투표"하라고 할 수 없는 상황이 되었다. 이러한 압박과 측근들의 조언에 따라 바르첼은 기민/기사당 의원 전원이 기권하는 데 동의했다. 훗날 바르첼은 "개선된 조약 복합체"(*improved treaty complex*)에 대한 찬성투표가 정당화될 수 있는 것이기는 했으나, 그 경우 당의 단합이 파괴될 위험을 피할 수 없었을 것이라고 회고했다. 또 바르첼이 당의 일부만을 대표하는 지도자로 선거를 치를 수도 없는 일이었다. 기권은 적어도 당이 조약무산에 따른 책임을 피하고 동시에 당이 조약들과 동일시되는 것도 피할 수 있는 방안이었다. 어쨌든 바르첼은 기권투표가 자신의 소수파보다는 조약 반대세력들의 입장에서 더 큰 양보를 한 것이라고 생각했다. 치욕적 정치적 패배를 그러한 논리로 위안하면서 그는 조약들은 기권하고 공동결의문은 승인하자는 연합당 동료들의 주장에 동참했다.[33]

이 중대한 표결에서 기권할 경우 연합당의 이미지가 손상될 것이라는 일부의 경고는 아무런 호응을 받지 못했다. 그러나 이 경고가 곧 현실로 나타났다. 표결 후 몇 시간도 안 돼서 "5월 17일의 낭패"라는 말이 나오기 시작했다. 이날 연합당은 공동결의문에 만장일치로 찬성하였으나 모스크바 조약에는 238명이 기권, 10명이 반대했고 바르샤바 조약에는 231명이 기권, 17명이 반대하였다. 바르첼은 결국 개혁파들을 기권시키면서 일부 근본주의자들의 반대는 막지 못했던 것이다.

33) Barzel, Rainer, *Auf dem Drahtseil*, 167-70.

기권하기로 한 결정으로 협정들에 대한 조건적 반대를 의미하는 "so nicht" 전략이 연합당 내에서 전적인 지지를 받지 못한다는 것이 분명해졌다. 연합당 지도자들이 스스로 인정했듯이 바르첼이 내건 세 가지 기준이 공동결의문으로 충족되었음에도 불구하고 당은 조약 비준에 필요한 다수표를 모아주는 데 실패했다. 다수의 연합당 지도자들의 적대감은 바르첼의 전략이 암시했던 것보다 훨씬 더 컸던 것이다. 공동결의문은 연합당으로 하여금 반대에서 기권까지는 옮겨가게 했지만, 찬성까지 가게 하기에는 역부족이었다.[34]

34) 약속한 대로 연합당의 상원의원들은 최종투표에서 기권함으로써 조약들을 통과시켰다. 연합당이 다수지위를 이용해 부결시키려 했다면 브란트에게 낭패를 안겼을 수도 있다. 연정은 상원의 부결을 무효화하기 위해 필요한 하원의 절대 과반수(249표)에서 한 석이 모자랐다.

3. 기본조약

동구조약 비준은 단지 서막에 불과했다. 브란트의 진정한 주목표는 이후 엄청난 논란의 대상이 된 동독과의 관계개선이었다.

여러 달 동안 에곤 바르는 동독대표들과 양국간 “통행”(*Verkehr*) 문제에 대한 협상을 벌였고, 마침내 1972년 5월에 양측은 조약에 서명했다. 이 조약은 동·서독 관계의 특수한 법적 지위를 변경시키는 것은 아니었지만, 그럼에도 불구하고 분단독일에서 4강의 승인과 무관하게 체결된 첫 조약이라는 점에서 의미가 있었다. 이 양자조약은 서독시민들이 동독친척의 초대를 받아 방문하고 스포츠, 경제, 종교, 문화단체들이 동독의 상응하는 단체들의 초청을 받아 방문할 수 있도록 하는 내용이었다. 동독인들의 서독방문은 가족과 관련된 긴급한 사유가 있는 때에만 허용되었는데, 그 기준은 명확히 정의되지 않았다. 이후 양측은 동·서독간의 전반적 관계를 공식화하는 더 광범위한 “기본조약”(*basic treaty*)에 관한 협상에 들어갔다.

1) 연합당 전략을 둘러싼 내분

5월 비준논쟁에서의 분열과 패배로 사기를 잃은 연합당은 동방정책을 둘러싼 새로운 라운드의 국내논쟁을 앞두고 전열을 재정비하였다. 기권으로 당의 체면을 손상시킨 책임문제를 둘러싸고 근본주의자들과 개혁주의자들 간의 내분이 여전히 계속되었으나, 양측은 연합당이 동방정책을 두고 또다시 공공연한 분열상을 보이면 안 된다는 점에는 의견을 같이했다. 특히 1972년 11월에 있을 초유의 조기선거를 앞두고 바르가 최근 활발한 외교활동을 벌이는 상황이었기 때문이다. 그해 초 야당은 과감히 조기총선을 요구했는데,[35] 자신

있게 말은 했지만 막상 선거를 앞두고 기민/기사당은 낙관할 입장이 아니었다. 브란트의 인기는 여론조사를 할 때마다 기록을 갱신하는 반면 연합당은 5월의 조약논쟁에서 보인 행동으로 이미지에 큰 타격을 입은 상태였기 때문이다.

슈트라우스의 제안에 따라 연합당 지도부는 국내이슈를 중심으로 선거전을 펼치기로 했고 동방정책은 크게 부각시키지 않았다. 따라서 지도부는 바르의 동·서독간 통행조약에 대해 조심스러운 태도를 취했다. 그들은 이 조약이 너무 제한적이라고 비판했다. 동독주민들은 정부허가를 받아야만 서독 방문객을 초대할 수 있었고, 또한 당국이 "긴급한" 가족 사유가 있다고 인정할 때에만 서독을 방문할 수 있었기 때문이었다. 한편 기사당 지도부는 이 조약이 독일분단을 다시 한 번 법적으로 확인해준 것이라고 공격했다. 그러나 선거가 다가오자 연합당 지도부는 이런 매우 경미한 인도주의적 성과마저 반대하는 것으로 비춰질 가능성을 우려하기 시작했다. 그들은 조약을 반대할 의사가 없음을 공개적으로 밝히기 시작했고, 9월 하순 연합당은 양원 모두에서 이 통행조약의 이행법안에 찬성했다(하원에서는 아홉 명이 기권했다). 연합당은 다만 이 이행법안의 승인이 조약의 공식비준은 아니라는 주장으로 스스로를 정당화했다. 또한 그들은 조약이 지위의 문제를 명시적으로 다루지 않았고, 따라서 독일문제에 법적으로 영향을 미치지 않는다는 정부의 의견에 동조했다. 그러나 사민당을 비롯한 비판세력들은 이제 연합당이 법적 구속력 면에서 다른 제 3국과의 조약과 동일한 이 동독과의 조약(비록 이 조약에서 동독을 "외국"으로 칭하거나 공식적으로 어떠한 외교적 관계도 설정하지는 않았지만)을 승인했다는 점을 지적할 수 있게 되었다.[36]

---

35) 브란트 정부의 실각과 새로운 선거와 관련된 복잡한 과정에 대해서는 Baring, Arnulf, *Machtwechsel*, 447-57, 489-91 참조.

36) *TzDp*, ser. 1, vol. 11, 150-70; *SdZ*, 1972년 8월 17일자.

연합당은 또한 동독과 포괄적 조약 또는 "기본조약"을 체결하는 데 대해 어떠한 "근본적" 반대도 제기하지 않았으며, 새로 기민/기사당 정부가 들어서도 그러한 조약을 계속 추진할 것이라고 밝혔다. 동시에 당은 엄격한 조건을 제시했다. 동·서독 관계는 "특수한" 관계, 즉 외교관계보다 낮은 차원의 성격을 유지해야 하며 (따라서 대사교환은 허용되지 않는다) 내용중에 독일문제가 미해결임을 명시하고 통일과 자결에 대한 권리를 언급해야 한다는 것이다. 폰 바이체커 같은 개혁파도 독일인들이 새로운 조약의 문언 중에서 자신들이 한 민족이라는 내용을 반드시 읽을 수 있어야 한다고 주장했다. 더 나아가 이 조약은 서독의 법적 권리주장과 전승 4대국의 권리에 영향을 미쳐서는 안 된다고 주장했다.

폰 바이체커, 그라들 및 기민당 개혁파는 이러한 점들을 기본조약에 대한 지지의 전제조건으로 보았다. 그들은 원칙적으로 조약에 반대하지 않았다. 통일을 가로막는 것이 아닌 한, 기본조약 체결, 특히 유엔가입은 바람직하다고 보았다. 그러나 정상화된 동·서독 관계나 유엔 동시가입을 지지할 수 없었던 슈트라우스와 근본주의자들은 기민/기사당의 요구를 승인을 위한 기준이 아니라 반대의 이유로 받아들였다.

바르는 기본조약을 체결할 경우 곧 있을 선거에서 브란트가 크게 유리할 것이라는 점을 감지했고, 어느 정도는 바로 그런 이유에서 서둘러 동독과의 협상의 최종단계를 진행시켰다. 1972년 11월 6일 브란트 내각은 자민당의 (특히 한스-디트리히 겐셔 내무장관의) 유보에도 불구하고 동·서독 "관계의 기초"에 관한 조약(기본조약)을 승인했다. 여기에는 익숙한 문구들이 많이 포함되어 있었다. "두 독일국가는" 무력사용을 포기하고 현존하는 각자의 국경의 "불가침성"을 "존중"하기로 약속했다. 양측은 "독립", "영토적 통합성", "모든 국가들의 평등", 양자관계에서의 "차별철폐", 그리고 (서독에 유리한) "자결권"과 "인권"의 원칙을 지지했다. 이 조약에서 새로운 사항은 어느 국가도 대외관계에서 상대방을 대표하지 않으며(제 4조) 각기 상대방의 영토 내에서의 법적 권한을 인정하기로 한 점이다. 동·서독은 "상주대표부"(*permanent representatives*)를 교환하기로 합의함으로써 대사급보다는 낮은 관계를 수립했다. 인도주의적 관계와 우편, 고통, 문화, 스포츠 교류에 대한 의지도 천명했지만 구체적 사항들은 일련의 후속합의(*follow-on agreement*)에서 다루도록 했다. 조약이 가조인된 직후 4강은 비준 이후 동·서독의 유엔 동시가입을 환영한다는 성명서를 냈다.[37]

기민/기사당 지도부는 해외언론의 반응에서 정확하게 자신들이 우려했던 점을 확인할 수 있었다. 즉, 이 조약이 독일의 분단을 공식화하는 것으로 여겨질 수 있다는 점이다.[38] 그러나 기민당 전략가들은 사민-자민당이 야당의 성급하고 부정적인 판단을 반길 것이며 이를 선거에서 이용할 것이라고 경고했다. 따라서 바르첼은 너무 성급하게 타결된 조약은 철저한 검토가 필요하다는 내용의 입장을 밝혔다. 또다시 기민/기사당의 통일된 입장을 만들 때까지 시간을 벌려는 작전에 다름 아니었다. 대다수의 기민당 지도자들은 바르첼의 제안을 받아들여 최종적 판단은 미룬 채 새롭게 탄생할 기민/기사당 정부는 조약을 정밀하게 재검토할 수 있다고 선언했다. 예상대로 기사당의 어조는 훨씬 더 비판적이었다. 기사당의 기관지 〈바이에른쿠리어〉는 이 조약은 "독일의 분단을 공고화하고", "독일조약(*Germany Treaty*)을 파괴하는 것"이라고 선언했다.[39]

---

37) *TzDp*, ser. 1, vol. 11, 268-73, 285-89.

38) 〈뉴욕타임스〉(이하 *NYT*로 칭함)는 1972년 11월 10일자에서 "환상을 떨쳐버림으로써" 데탕트의 길을 연 "눈부신 성과"라고 절찬했다. 반면 〈파이낸셜타임스〉(이하 *FT*로 칭함)는 1972년 11월 9일자에서 "서독이 단일성 추구를 위해 '현상유지보다 나쁜 상황'을 받아들였기 때문에 조약은 불확실성의 시대를 끝냈다"며 보다 냉철하게 평가했다.

동방정책이 선거이슈로 부각되는 것을 막으려던 바르첼의 노력은 아무런 효과도 거두지 못했다. 동방정책이 인플레이션과 사회개혁을 제치고 선거의 주요쟁점으로 떠올랐고, 브란트는 기본조약을 가조인만 한 채 공식서명은 선거 뒤로 미룸으로써 약삭빠르게 총선을 자신의 외교정책에 대한 신임투표로 전환시켰다. 11월 19일 치러진 선거에서 사민-자민당은 총 투표수의 54.2%를 얻는 대승을 거두었다. 사민당과 자민당 모두 지난 선거보다 더 많은 표를 얻었다. 브란트는 이제 기본조약의 비준에 충분한 안정 다수의석을 확보한 것이다.

연합당은 20년 내 최저인 44.9% 득표에 그쳤고 거의 모든 유권자층, 특히 젊은 층에서 지지를 잃었다. 선거패배의 후유증 속에서 연합당은 국민적 지지를 받은 이 조약에 대해 반대하는 입장을 굳혔다. 기민/기사당은 전에도 기본조약에 대해 반대의사를 표명한 바 있었지만 이제 당의 반대입장이 너무 강해서 의원들은 찬성투표를 할 엄두도 내지 못했다. 여기에 정치적 고려도 개입되었다. 바이에른에서 득표수를 늘린 기사당은 기민당에 비해 실망감이 훨씬 덜했다. 슈트라우스는 다시 공동의원단을 꾸리기 위해서는 연합당이 기본조약에 반대표를 던져야 한다고 주장했다.[40] 12월에 실시된 설문조사에서 연합당 의원들은 거의 만장일치로 반대의사를 표시했다. 200명 가까운 의원 가운데 개혁파 발터 라이슬러 키이프(Walther Leisler Kiep)가 이끄는 5명만이 찬성의사를 밝혔다.[41] 그러나 브란트가 총선을 통해 이미 하원의 안정 과반수를 확보했으므로 연합당은 조약을 부결시킬 수 없었고, 다시 기권함으로써 1972년 5월의 낭

39) *BK*, 1972년 11월 18일자.

40) Mintzel, Alf, "Die CSU in Bayern," in *Parteiensystem in der Legitimationskrise: Studien und Materialien zur Soziologie der Parteien in der Bundesrepublik Deutschland*, ed. Jürgen Dittberner and Rolf Ebbighausen (Opladen: Westdeutscher Verlag, 1973), 352.

41) *Neue Zürcher Zeitung*(이하 *NZZ*로 칭함), 1972년 12월 15일자.

패를 반복하는 것도 생각할 수 없는 일이었다.

이러한 어려운 상황에서 바르첼과 소수파 개혁주의자들이 내린 결론은 기본조약이 동·서독 관계를 규율하는 방식으로는 단지 "부적합하다"고 선언하고 하원에서 반대표를 던짐으로써 이 난국을 가능한 한 고통 없이 마감해야 한다는 것이었다. 그들은 승산이 없는 상황에서 반대표를 행사하기로 했지만, 상원에서 조약의 비준을 지연시키려 하거나 기본법 위반을 이유로 헌법재판소로 가져감으로써 이 싸움을 더 끌고 가는 것은 무의미하다고 보았다. 개혁파 지도자들은 조약체결로 인해 이미 동독의 유엔가입에 대한 서구의 승인, 그리고 동독의 국가성에 대한 전 세계의 승인이라는 사실들이 만들어졌으며 이 사실들은 단지 조약의 비준이나 이행을 막아서 되돌릴 수 있는 것이 아니라고 함으로써 자신들의 선택을 정당화하였다. 더구나 그들은 설사 조약을 부결시킬 수 있다 하더라도, 서독을 서구우방으로부터 고립시키고 국민들이 원하는 인도주의적 성과를 뒤태롭게 한 책임을 떠안게 될 것이라는 점을 잘 알았다. 여론조사 결과 전체 국민의 60% 이상이, 연합당을 지지하는 유권자들 중에는 4명당 1명꼴로 비준을 원하는 것으로 나타났다. 국민들은 이 조약이 인도주의적 문제에서 실제로 진전된 내용을 담고 있는지 여부와 상관없이 이미 조약 자체를 인도주의적 성과로 보았다.[42]

그러나 기민/기사당 정통파들은 여전히 단합된 행동을 통해 조약을 저지해야 한다고 믿었다. 이들은 사민-자민당의 동방정책이 소련, 폴란드, 동독에 이용당하기만 할 것이라는 연합당의 우려가 옳았다는 것이 입증되었다고 보고, 당이 또 다시 우유부단한 모습을 보인다면 큰 타격을 입게 될 것이라고 주장했다. 근본주의자들은 필요하다면 기본법을 근거로 조약을 무효화해야 한다고 단언했다. 이

42) 인파스 여론조사, *DW*, 1973년 2월 7일자.

제까지 충분히 알지 못하거나 의도적으로 왜곡된 정보만 접한 국민들에게 이 조약이 인도주의적 문제의 실질적 개선을 담보하지 못한다는 것을 제대로 알리기만 한다면 여론의 역풍은 없을 것이라고 주장했다. 우방들과의 관계가 소원해질 우려에 관해 이들 연합당 내 강경론자들은 "거짓 친구들"에 대한 불만을 드러내면서 독일의 결정은 독일의 이해에 입각해서 내려져야 한다고 선언했다. 독일문제가 우방국들에게 "부담스러운 짐"이 된 것은 분명하지만, 그렇다고 그들을 (구독일조약에 명시된) 통일추구 의무로부터 면제시킬 조약을 승인해야 하는 이유는 없다고 단언했다.[43]

당은 다시 한 번 햄릿이 될 준비를 한 것처럼 보였다. 서독 외교정책에 대한 역사적 결정을 앞두고 엇갈린 감정과 상반된 목적만 드러낼 뿐 원칙이라고는 없었다. 바르첼은 선거참패로 인해 당의 입장을 하나로 모으기 어려운 처지에 놓여 있었다. 당내에는 그의 "지나친 실용주의"와 "나약한 지도력"에 대한 비판론이 이미 널리 퍼져 있었다. 전통적으로 선거패배의 책임을 엄중히 물었던 당의 관행을 고려할 때, 이제 그가 연합당 지도자 위치에서 물러나야 할 날이 다가오고 있었다.

2) 기민/기사당의 반대

1973년 초 기본조약에 대한 기민/기사당의 비판논리는 거의 전적으로 그동안의 주장들에 의존하고 있었을 뿐 새로운 사고를 반영한 것이 아니었다.

사민-자민당 동방정책의 근본적 전제와 그들의 장기적 통일전략에

43) 알프레드 드레거(Alfred Dregger)는 서구의 데탕트 열망은 히틀러의 유화정책을 낳았던 것과 동일한 근시안성의 또 다른 예일 것이라고 주장했다. *SdZ*, 1972년 12월 18일자.

대한 성격규정과 관련해 연합당 내에 다양한 견해들이 있었다. 한 견해에 따르면 정부 내 전략가들은 어떤 형태가 됐든 통일의 가능성은 희박하므로 문화적 단일성을 유지하는 것에 만족하고 있는데, 이 문화적 단일성은 분단된 동·서독주민들이 하나의 민족적 정체성 의식을 가지는 것을 의미하고 이는 인적, 문화적 접촉의 증가와 함께 강화된다고 보았다. 역으로 그러한 접촉과 거기서 발생하는 연대의식이 민족감정을 유지, 강화시켜 두 국가를 연방형태로 (설령 중립화를 의미한다 하더라도) 결합시키고자 하는 압력을 유발할 수도 있다고 보기도 했다.

어쨌든 연합당 정치인들은 위의 두 개념이 모두 오류라고 규정했다. 첫째 개념은 거의 명시적으로 국가 단일성을 포기하기 때문이고, 둘째 개념은 주권과 민주주의를 양보하는 것으로 비춰질 수 있기 때문이다. 그들은 민주주의체제와 전체주의체제를 기계적으로 결합시키는 형태의 국가통일은 독일인들에게서 그들이 처한 정치적 조건들에 대한 발언권을 박탈할 뿐이라고 주장했다. 또한 중립화는 독일과 서방 민주국가들을 정치적, 도덕적으로 분리시킴으로써 "비자유화에 이르게 할 뿐"이라고 비판했다.

연합당 지도자들은 원칙적으로 조약체결이 바람직하고 또한 반드시 독일의 단일성을 손상시키는 것이 아니라는 데에는 기꺼이 동의하였다. 그러나 현재 내용대로의 조약은 앞서 본 개념들 어느 것에 근거하든 민주적 국가통일의 희망을 꺾을 우려가 있다고 보았다. 그것은 서독으로 하여금 동독에 대해 하나의 국가로서의 "동등한 권리", "주권적 평등", "국내외 문제에서의 독립성"을 존중할 의무를 지우게 하며, 따라서 자신들의 기존주장처럼 결국 동독에게 동등한 국가의 속성을 부여하는 것이다. 그렇다고 이 조약은 한 민족의 지속적 존재 또는 통일의 대의를 분명하게 주장하지도 않았고 "독일'이라는 단어가 문서에 등장하지도 않은 채 독일연방공화국(서독)과 독일

민주공화국(동독)을 각각 언급할 뿐이었다. 연합당은 브란트가 원래 "독일 내 두 개 국가"(*two states in Germany*)라는 표현을 사용했는데, 그것이 "두 개의 독일국가"(*two German states*)로 바뀐 것을 지적했다.

당은 이 조약은 기껏해야 바르의 의미론적 모호함으로 가득한 표현법을 담고 있을 뿐이라고 말했다. 조약에는 "해결되지 않은 민족문제에 관한 상이한 관점들"이라는 애매한 말이 등장한다. 연합당이 보기에 이는 서독의 입장을 흐릿하게 표현하고 민족 단일성을 이미 인정된 목표가 아닌 논란중인 문제로 보이게 만드는 것이었다. 어쨌든 그 구절은 동독에게 동독 스스로 공개적으로 비난했던 통일이라는 관념을 존중해야 할 아무런 의무도 지우지 않은 것만은 분명했다. 호네커 정권은 적극적인 이념적 차단행위를 통해 동독이 분리된 "사회주의국가"임을 강조하고 있었는데, 다수의 연합당 지도자들은 이에 분개했고 서독정부는 용인했다. 따라서 기민/기사당은 브란트가 원래 자신이 목표했던 바도 실천하지 못했으며 이제 야당이 그것을 이뤄낼 것이라고 주장했다. 즉, 연합당이 독일 내 두 개의 국가가 존재하는 현실을 고려해서 민족 단일성이 반드시 조약의 기초가 되게 하겠다는 것이다.

민족 단일성을 확인하는 서독의 일방적 서한이 조약문서에 첨부되었다. 그러나 연합당 지도자들은 이 서한의 "교정효과"(*corrective effect*)가 모스크바 조약과 바르샤바 조약에 첨부되었던 유사한 서한이 가졌던 것에 미치지 못할 것이라고 보았다. 이 일방적 서한의 수신자가 이번에는 외국이 아닌 또 하나의 독일국가, 이 서한의 내용을 공개적으로 거부하고 진정한 민족 단일성을 거부하는 바로 동독이었기 때문이다.

연합당은 브란트가 민족 단일성 문제에 관한 서독의 운신의 폭은 축소하면서, 대신 평화조약을 통해 독일의 최종적 구성을 확정할 수 있는 전승 4대국의 권리를 강조함으로써 이를 상쇄하려 했다고 주장했다. 연합당 지도자들은 설사 이러한 거래로 서독의 법적 권리를 포기하는 것을 수용할 수 있다 하더라도 그것을 다루는 방식이 부적절하다고 보았다. 4강국의 권리가 부속 외교서한에서만 명시적으로 언급되어 있기 때문이었다. 독일조약에서 서구 연합국들이 독일의 통일을 추구하겠다고 한 약속은 기껏해야 상투적 조항, 즉 이번 조약이 서명 당사국들과 제3국들 간의 모든 현존협정들에 "영향을 주지 않는다"는 조항으로 에둘러 표현되고 있었을 뿐이다. 기민/기사당은 브란트가 이미 다 부숴버린 법률적 구조를 형식적 구조물로 다시 지탱해보려 하는 것이라며 비난했다.

기민/기사당은 조약내용 중에 민족적 유대나 동·서독 관계의 "특수한 성격"에 대한 확인은 거의 없다고 보았다. 그 결과 조약체결과 동독의 유엔가입, (서독의 동맹국들도 포함한) 세계 각국의 동독에 대한 국가승인으로 인해 곧 독일이 영구분단을 받아들인 것으로 인정될 것이라면서, 유엔은 "독일 내 두 개의 국가"도 아닌 "두 개의 독일 국가"를 받아들일 것이라고 주장했다. 연합당은 해외 평론가들이 벌써 비스마르크주의 국가의 최종적 몰락과 "골치 아픈 독일문제의 종결"을 환영하고 있다는 사실에 통탄했다.

이러한 본질적 우려는 연합당 내에서 광범위하게 공유되었다. 당 지도자들은 기본조약이 독일 단일성에 미치는 영향과 관련해 일 년 전 초기 동구조약을 둘러싼 논쟁을 벌일 때에 비해 훨씬 더 단합된 모습으로 반대하였다. 그러나 당이 기본조약을 용인할 수 없는 것처럼 행동해야 할지에 대해서는 논란이 빚어졌다. 개혁파와 바르첼, 슈뢰더는 조약과 그 결과—동독의 지위향상을 포함해—는 되돌릴 수 없는 것이라고 주장했다. 그들은 당이 "부적절하게 동·서독 관계를 규정"한 기본조약에는 반대표를 던지고 그 뒤에 새로운 환경의 기초를 만들고, 민족 단일성을 유지하기 위해 할 수 있는 일들을 하는데 동의해야 한다고 주장했다. 이에 상응하여 그라들은 기본조약을 분단조약이라 비난해서는 안 된다고 단언했다. 그는 "조약과 부속선언, (서독)정부의 해석들이 불충분하긴 하지만 독일문제와 민족자결권 주장이 아직 미해결 상태라고 해석할 여지를 남겨두었다"고 말했다.[44] 그러나 강경파 근본주의자들은 사실상 분단조약에 불과한 기본조약의 통과와 유엔가입에 대해 연합당은 상징적이 아닌 전면적인 저항을 벌여야 한다고 주장했다.

근본주의자들의 반대를 촉발한 것은 기본조약이 통일에 대한 기대에 미치는 영향이었다. 그러나 개혁파들은 인도주의적 조치에 더 주목했다. 그들은 동·서독간의 협상(주로 베를린 규정과 통행협정)이 동독으로 여행할 기회를 개선했고 베를린 내에서 이동할 권리를 확대했으며 이 분단된 도시로 가는 도중에 당했던 방해행위들을 "상당히" 줄였다는 점을 인정했다. 그러나 이런 "귀중한" 성과에도 불구하고 동방정책과 기본조약은 의도적으로 고조된 보다 더 자유로운 이동에 대한 기대는 충족시키지 못했다고 주장했다. 서독은 근본적 지위문제에 관해 돌이킬 수 없는 양보를 해놓고 고작 분단의 고통을 완화하겠다는 "의지의 선언"(*declaration of intent*)만을 얻어냈다는 것이다. 기본조약은 이 분야에서의 구체적 의무사항을 구속력 없는 부속의정서와 향후 체결될 인도주의적 이슈나 문화, 스포츠, 생태, 경제적 관계에 관한 후속합의의 과제로 남겨두었다. 연합당은 진정한 대가급부(*quid pro quo*)의 부재로 인해 동독이 지연하고 조작하고 제한할 수 있는 여지를 갖게 되었다고 보았다. 동독당국은 이미 이전 조약들의 허점을 노골적으로 악용하고 있었다.

연합당 지도자들은 또한 브란트 정부에게 동독당국의 정책을 순화시킬 수 있는 지렛대가 거의 남아 있지 않다고 믿었다. 유엔에 가입

44) Gradl, Johann Baptist, *Stets auf der Suche*: *Reden*, *Äusserrungen und Aufsätze zur Deutschlandpolitik*, ed. Christian Hacke (Cologne: Verlag Wissenschaft und Politik, 1979), 335.

하게 되는 등 이제 지위가 향상된 동독은 서독의 금전적 지원을 제외하고는 원하는 것을 이미 다 얻었으므로 행동을 자제할 이유가 없어졌다고 본 것이다. 동독공산당의 불안정성을 고려할 때 인도주의적 관계를 지향하여 양독관계를 일상화하거나 이데올로기를 배제하는 것은 아무 소용도 없다는 것이 연합당 지도자들의 주장이었는데, 동독 내 실제관행이나 이념에 이미 비인간성이 내재되어 있다는 것이 그 이유였다.

나아가 기민/기사당은 기본조약에 내재된 접근법이 단지 무익한데 그치는 것이 아니라 심지어 역효과를 가져올 수도 있는 것으로 보았다. 연합당 지도자들은 바르의 "접근을 통한 변화" 정책이 정작 동독은 놔둔 채 서독만 변화시킨다고 반복해서 주장했다. 사민-자민당의 동방정책은 동서간의 "탈이념적" 체제경쟁에 기초한 데탕트를 추진하고 동독을 국가로 인정하였으며 양독관계를 일상적인 것으로 묘사하고 동독정권의 압제행위를 경시하고 정치적 민족의식의 쇠퇴를 용인했다. 이런 일련의 행동으로 인하여 전체주의국가와 자유민주주의국가 사이의 근본적 차이에 대한 인식을 약화시키고 있었던 것이다. 대학가에서의 급진주의와 병역기피가 바로 자기중립화(*self-neutralization*) 경향의 첫 징후라고 보았다. 이러한 중립화는 결국 공산주의의 통일방안인 개조(*conversion*), 더 나쁘게는 "부르주아" 연방공화국이 사회주의국가로 수렴하는 것을 선호하게 만드는 것이었다. 근본주의자들은 이러한 점들을 근거로 조약에 대한 당의 분명한 거부를 요구했다. 물론 개혁주의자들은 보다 유보적인 태도를 보였다.

기민/기사당 지도자들은 또한 이 조약이 방치할 경우 결국 중립주의적 대외정책으로 귀결될 전반적 정책기조의 "정점"에 해당되는 것이라고 평가했다. 연합당은 브란트의 정책으로 인해 소련은 유럽 내에서 자신의 지위를 안정시킬 수 있었을 뿐 아니라 한술 더 떠 서그의 안정을 해칠 기회까지 가지게 되었다고 보았다. 즉, 크렘린은 끊임없는 군비확장을 통해 획득한 수단인 "협박"과 함께 현존협정들의 "정신"에 입각한 데탕트 추구를 위한 추가조치를 "요구"함으로써 그러한 목표를 이룰 수 있다는 것이다. 특히 소련은 군비통제와 "신뢰구축", 그리고 불개입조치까지 추진했는데, 이는 서구국가들의 긴밀하고 적극적인 안보협력의 근거가 되는 합의를 희석시킬 가능성이 있다고 보았다. 소련당국은 유럽통합의 진전을 원치 않았는데, 연합당은 서독연정이 인적 접촉의 증대를 통해 동방정책을 정당화하려는데 급급한 나머지 그러한 전술에 넘어갈 것이라고 판단했다. 기민/기사당 근본주의자들은 더 나아가 에곤 바르의 동방정책 개념을 유럽 내 군사블록 해체를 향한 첫걸음이라고 설명하는 다양한 저널기사들을 인용하면서 브란트 정부가 은밀하게 서독의 NATO탈퇴까지 준비하고 있다고 주장했다. 그들은 사민당 내 좌파 청년그룹이 반미주의 선동을 통해 이를 도모하고 있으며 소련의 의도를 장밋빛으로 묘사함으로써 중립주의를 조장하고 있다고 비판했다.[45]

---

45) 연합당은 서독주민들이 미국과의 긴밀한 관계보다 중립화나 소련과의 협력 강화를 약간 더 원하며, 소련의 정책에 대해 과거보다는 긍정적인 반응을 보인다는 여론조사 결과를 지적했다. 친브란트 성향의 잡지 〈슈테른〉은 서독에서 "거센 반공주의"와 "일면적인 미국 지향성"이 사라진 것을 환영했다. 여론조사들, *TzDp*, ser. 1, vol. 12, 255; 알렌스바흐 여론조사, *Stern*, 1973년 5월 17일자.

4. 조약논쟁

연합당이 전면적(*total*) 반대와 상징적(*token*) 반대 중에서 어느 방법을 선택할지는 과거와 마찬가지로 거의 전적으로 슈트라우스가 이끄는 기사당에 달려 있었다. 슈트라우스는 처음에는 기민/기사당의 실용적 입장을 강조하거나 적어도 용인할 의사가 있는 것처럼 보였다. 1월에 브란트의 1973년 정부선언이 있은 뒤 의회는 기본조약에 대한 비공식적 심의를 시작했다. 연합당 지도부는 조약을 강하게 비판했지만, 보다 관심을 끈 것은 기사당 당수가 "pacta sunt servanda" 원칙을 존중하겠다고 선언한 것이다. 이 라틴문구는 "약속은 지켜져야 한다"는 의미로서 주요한 근본주의자인 그가 실용주의로 선회하였거나 아니면 적어도 체념했다는 신호로 비춰졌다.

1월과 2월에 진행된 상원의 토론에서 바이에른을 포함해 기민/기사당이 통치하는 모든 주가 반대표를 던졌지만, 미리 이 조약이 상원의 승인을 필요로 하는 것이 아니라는 점을 만장일치로 결정한 뒤여서 반대는 의례적인 것에 불과했다. 동시에 연합당 의원단은 서독의 유엔가입을 제안하는 내용의 법안을 지지했는데, 이들은 이 승인이 동독의 가입까지 인정한다는 의미는 아니라는 점을 강조했다. 전체회의에서 콜은 이러한 결정을 설명하면서 사민-자민당 정책에 대한 연합당의 반대론을 제시하고 상호주의의 결여를 비판했지만, 이미 브란트가 협정저지만으로는 되돌릴 수 없는 사실관계를 만들어버렸다는 점을 인정했다.[46]

그러나 이런 유연성의 징후에도 불구하고 이후 전개된 사태는 근본주의자들의 대결성향을 자극하는 것이었다. 서베를린을 고립시키

---

46) *TzDp*, ser. 1, vol. 12, 100-109.

려는 동독의 조치들, 반미주의의 분출, 사민당 좌파 내 현저한 중립주의 경향 등은 연합당 내에서 조약에 대한 상징적 반대 및 동방정책에 대한 초당적 태도를 선호하는 주장이 점점 더 설득력을 잃게 만들었다. 보다 결정적인 요인은 바르첼의 추락이 임박했던 것이었다. 그해 1월 중순 헬무트 콜은 공식적으로 바르첼이 차지하고 있던 기민당 대표 자리에 도전했다. 순식간에 당 활동가들이 이 도전자의 깃발 아래로 몰려들었고, 바르첼의 힘이 갈수록 약해지고 있다는 것을 느낀 슈트라우스는 바르첼로부터 원내대표 자리마저 빼앗기로 결심했다.

바르첼에 대한 공격의 일환으로 슈트라우스는 기본조약에 대한 그간의 유보적 태도를 접었다. 처음엔 헌법적 근거로 기본조약을 반대하는 데 다소 애매한 입장이었던 슈트라우스는 2월 중순에 들어서자 조약에 대해 당이 심각하게 반대하는 모습을 제대로 보여줄 수 있는 것은 그 방법이 유일하다면서 법적 투쟁을 옹호하는 편에 동참했다. 바르첼은 여전히 정치적 반대에 그치기를 원했고 많은 강경주의자들조차 헌법재판소가 브란트에게 불리한 판정을 내릴 가능성은 거의 없을 것으로 보았다. 더구나 법정심리가 장기간 계속될 경우, 연합당은 지난번과 마찬가지로 어쩔 수 없이 의회 공동결의안을 통해 조약해석의 기준을 설정하는 방향으로 갈 수밖에 없게 될 가능성도 있었다. 브란트에 비우호적인 신문들조차 바르첼의 전략이 관철되어야 하고 그렇지 않을 경우 연합당은 또다시 "반대만 하는 사람들"로 몰릴 것이라고 보았다.47)

2월 13일 기민당 집행위원회는 50대 10으로 "칼스루에(연방 헌법재판소)로 가는 방안"을 부결시켰다. 그 다음날 열린 기민/기사당 전체 의원모임에서는 찬반이 나뉘었다. 기본법 소원에 대해 102명이 반대

---

47) *NZZ*, 1973년 2월 12일자.

했고 83명이 찬성했는데, 기사당 의원들은 전원 찬성표를 던졌다. 그들은 유엔가입안을 통과시키기는 했으나 동·서독의 유엔가입이 동독에 대한 외교적 승인으로 받아들여져서는 안 된다는 조항을 포함한 엄격한 조건들을 추가했다. 키이프를 비롯한 소수만이 그러한 조건에 반대했다.

연합당 의원단은 다시 한 번 이중성을 공공연하게 드러냈다. "약속은 지켜져야 한다", "현존하는 협정들에 기초한 협력" 같은 약속을 하긴 했지만, 거의 절반에 가까운 의원들은 기본조약에 반대하는 판결이 내려져야 한다고 주장했다. 더욱 혼란스럽게도 칼스루에 방식에 반대하는 의원들조차 하원에서 조약에 대한 항의의 의미로 반대투표할 것을 주장했는데, 그러면서도 그 조약의 직접적 결과인 유엔가입안에 대해서는 조건적이긴 했지만 승인할 것을 주장했다.

그후 몇 달이 지나도록 어느 것 하나 명확해지지 않았다. 연합당 내에서는 다양한 주장들이 제기되었다. 후속합의들이 구속력 있는 일괄협정의 일부가 되도록 기본조약을 재협상해야 한다거나, 후속합의에서 동독의 양보를 확보하기 전까지 비준을 연기하거나, 또는 새로운 의회 공동결의안을 통해 조약에 대한 초당적 해석을 제시하자는 등의 주장들이 나왔다. 실질적 이슈들에 관하여 개혁파들은 동독의 탄압행위나 차단행위(*delimitation*)들을 예로 들면서 동독의 행동에 대해 세밀하게 모니터링을 해야 하고 또한 분명한 내용의 후속협정을 체결해야 한다고 강조했다. 근본주의자들은 동독의 탄압행위를 막지 못했다는 이유로 기본조약 자체를 비난했다.

5월 들어 하원의 공식적 비준절차가 시작되었다. 미리 열린 의원총회에서 연합당은 거의 만장일치로 기본조약을 거부했다. 2백 명 가운데 키이프가 이끄는 4명만이 찬성했다. 유엔가입안은 101 대 93이라는 근소한 차이로 반대할 것을 결정하였는데, 일관성과 신뢰성이 반대의 이유였다.

사실 바르첼로서는 그의 권고가 거부된 것을 자신에 대한 불신임 결정이라고 볼 이유는 없었다. 가까운 지지자들이 반대표를 던지기도 했지만, 반대로 개인적 경쟁자들 중 일부가 그의 편을 들었기 때문이다. 그러나 그는 이 투표결과가 의원들에 대한 자신의 통제력 부족을 반영한 것으로 보고 원내대표직에서 물러났다.

의원의 절반가량만 출석한 가운데 양당의 논쟁은 계속 진행됐고 기본조약과 비준투표에 대하여 이미 익숙해져버린 찬성과 반대주장들이 반복되었다. 1년 전 동구조약 표결 당시와 같은 긴장감은 없었지만 기민/기사당의 내부혼란과 이중적 태도는 그 당시와 다르지 않았다. 특히 슈트라우스는 동독의 차단조치(주권적 분리를 주장하고 접촉을 제한하는 것)와 막 고개를 들기 시작한 중립주의 경향을 비난하면서 조약에 대한 통렬한 비판을 가했다. 기민당의 소수 개혁파는 기본조약이 기대를 충족시키지 못했고 동·서독 관계를 관리할 기초로서 부실하다며 불공정성을 지적하는 데 그쳤다. 유엔가입에 찬성하는 개혁파는 기본조약의 결함을 고려할 때 유엔가입이 영구분단의 인상을 강화시킬 수도 있다는 점에는 공감하지만, 서독이 유엔을 통해 독일문제의 잠정적 성격을 적극 주장하고, 동독의 인권탄압에 대한 국제사회의 압력을 동원하고, 서독의 서베를린 대표권을 주장할 수 있다는 점에서 이를 상쇄할 수 있다고 주장했다. 또한 서독이 유엔을 거부하면 국제사회의 오해를 살 수 있다는 점도 덧붙였다.

표결 직후 연합당이 방향감각을 상실했음이 더욱 분명해졌다. 슈트라우스는 기사당 기관지 사설을 통해 바르첼이 사민-자민당의 동방정책을 수용했다고 공개적으로 비난했고, 이 추락한 지도자를 위해 흘리는 "악어의 눈물"을 비웃었다.[48] 기민당의 칼 카르스텐스(Karl Carstens)가 유엔가입안에 찬성했음에도 슈트라우스는 원내대

48) *BK*, 1973년 5월 26일자.

표 경선에서 그를 지지했다. 5월 17일 외무부 정무차관 출신의 카르스텐스는 연합당 의원들의 압도적 지지로 원내대표에 선출되었다. 그의 상대는 폰 바이체커와 게르하르트 슈뢰더였는데, 그의 승리는 새로운 인물에 대한 당내의 희망을 반영한 것이었다. 이 같은 경향은 6월에도 나타났다. 카르스텐스보다 더 개혁적이고 더 젊고 또한 신출내기인 헬무트 콜이 기민당 당수로 선출된 것이다.

1) 칼스루에

기본조약에 대해 계속 투쟁하기를 원했던 근본주의자들로서는 조약의 이행에 영향을 미치거나 완전히 차단할 수 있는 마지막 두 가지 방법이 남아 있었다. 하원의 승인 이후 조약은 상원에서 다시 한 번 최종심의를 거쳐야 했다. 그리고 연합당이 통치하는 주들은 당분간 상원승인을 연기할 수 있었다. 더 의미 있는 방법은 헌법재판소에 제소해 조약이 서독의 기본법에 어긋난다는 결정을 얻어내는 것이었다. 그러나 기본조약 체결과정에서 서독 협상대표단이 기본법의 민족 단일성 관련규정들에 기술적으로 부합하는 내용의 조항들을 고수했다는 것을 많은 근본주의자들도 인정하였다. 그렇다면 이제 기민/기사당이 희망할 수 있는 것은 기껏해야 사민-자민당 정부가 조약을 엄격히 기본법에 일치하는 방식으로 이행하도록 할 사법적 기준들(*judicial guidelines*)을 확보하는 것이었다.

대부분의 개혁파는 조약을 일시적으로 연기하거나 사법적 해석을 얻는 일은 투쟁을 계속할 이유로는 부족하고 어쩌면 브란트의 입지를 강화하는 결과만 초래할 수도 있을 뿐 아니라 미래 지향성을 강조한 연합당의 신뢰를 손상시킬 것이라고 보았다. 더구나 대다수의 기민당 정치인들은 상원이나 연방법원이 대외정책에 광범위하게 개입하는 것을 반대했다.

이런 가운데 슈트라우스는 이미 저항을 계속하기로 작정한 터여서 두 자매정당 간의 불화는 불가피했다. 그는 기본조약에 대한 상원에서의, 특히 법정에서의 투쟁은 연합당이 오랫동안 견지한 관점의 논리적 연장선상에 있고, 따라서 연합당의 신뢰를 위해서도 반드시 필요하다고 강조했다. 그러나 이전에 슈트라우스는 협정이 중단될 수 없다고 사실상 인정한 바 있다. 기민당에게 바이에른 스타일의 단호한 리더십에 대한 교훈을 주려는 것이 아니라면 그의 의도는 도대체 무엇이었을까? 영국의 〈타임스〉는 "바이에른인들의 진정성은 믿기 어렵다"며 이 일련의 행태가 조약의 합헌성에 대한 의문들을 모두 해소시킴으로써 "기사당이 스스로 빠져들었던 궁지에서 벗어나기 위한" 슈트라우스의 계산된 전략일 가능성을 제기했다. 〈디 차이트〉(*Die Zeit*)는 슈트라우스가 국가 단일성의 회복이 현실적 가능성이 없다는 것을 처음으로 인정한 인물들 가운데 하나였음을 상기시키며, 그가 원하는 것은 법원의 재해석을 통해 골칫덩이에 불과한 단일성에 대한 강조를 기본법으로부터 사실상 지워버리기 위한 것이라고 추측했다.[49]

그러나 위 추론들 중 어느 것도 확실하지는 않다. 많은 연합당 근본주의자들과 마찬가지로 슈트라우스도 가까운 장래에 국가 단일성을 달성할 수 있으리라고 보지는 않았다. 그러나 그로서는 그 목표를 경시하거나 부인하는 것은 소련의 서방정책에 대한 양보에 해당되어 결코 받아들일 수 없는 것이었다. 그것은 동독의 공고화를 용인하는 것이고 소련이 다음 목표, 즉 서독의 중립화를 향해 나아가도록 길을 터주는 것이었다. 슈트라우스 자신이 결코 범독일주의 민족주의자는 아니었지만 반소련 현실주의자로서 통일명분의 약화는

49) The *Times*, 1973년 6월 15일자; *DZ*, 1973년 6월 1일자. 연합당에 우호적인 한 신문조차도 슈트라우스가 진정으로 조약이 기본법에 어긋난다는 것을 알았다면, 왜 조약을 존중하겠다는 의사를 공표했는지에 대해 의문을 제기했다. *DZ/CW*, 1973년 5월 25일자.

커다란 위험성을 안고 있다고 보았다. 따라서 그는 적어도 칼스루에의 결정을 통하여 사민당으로 하여금 "국가 단일성의 법률적 기초는 여전히 살아 있다"는 기본조약 문구대로의 해석은 지키도록 묶어두기를 원했던 것이다.

슈트라우스가 이렇게 방향을 잡자 〈바이에른쿠리어〉의 사설들은 바이에른의 행동은 국가에 대한 책임감에서 비롯된 것이라면서 "독일역사에서 자주 그랬듯이 남부가 다시 한 번 중요한 위치에 서게 되었다"고 엄숙하게 선언하였다. 법적 투쟁이 단순한 법률공방이 아니라 소련의 팽창을 저지하고 독일의 단일성을 유지하며 동독주민을 돕기 위한 노력이라고 묘사하였다. 바이에른인들은 역사가 요구한다면 "'마지막 프러시아인'이 되기를 두려워하지 말아야 한다"고 주장했다.[50] 그러나 슈트라우스는 바로 그 바이에른에서 예기치 못한 반항에 직면하는데, 이는 자신의 영향력을 과대평가했던 몇 안 되는 드문 경우였다. 일부 기사당 소속 바이에른 주 관료들이 기본법 소원의 "적합성"에 대해 의문을 제기했던 것이다. 바이에른 내각의 표결에서 표가 나뉜 후 슈트라우스는 주저하던 주정부 수반을 압박해 결국 기본법 소원을 승인하도록 했다. 몇몇 기사당 지역기구에서도 그의 강압적 행태가 논란이 되었지만, 결국 44명의 기사당 하원의원 가운데 4명을 제외하고 전부가 동참했다. 〈바이에른쿠리어〉의 사설은 당의 지지자들에게 "독일의 이익을 위해" 단독행동을 두려워해서는 안 된다고 역설했다. 기민당이 "단기적 전술적 고려"로 인해 동참하지 않더라도 그 길이야말로 조약에 대해 연합당이 가지고 있는 우려의 논리적 귀결이라는 것이 그 이유였다.[51]

바이에른의 주장은 다섯 가지 이유에 근거하였는데, 처음 두 가지

50) *BK*, 1973년 5월 19일자; *SdZ*, 1973년 5월 24일자.

51) *BK*, 1973년 6월 2일자; *Frankfurter Allgemeine Zeitung*(이하 *FAZ*로 칭함), 1973년 5월 26일자; *BK*, 1973년 5월 26일자.

이유가 가장 중요한 것이었다. 서독의 1949년 기본법 전문의 한 구절은 서독이 전후 "재조직" 과정에 자유로이 참여하지 못한 국민들, 즉 동독인들을 포함하는 독일인 전체를 대표해야 한다고 규정하였다. 과거에 법원은 이 구절에 근거해 연방공화국이 법적으로 새로운 국가가 아니라 전쟁 전 독일의 재조직된 일부라고 판결한 바 있었다. 바이에른은 기본조약이 연방공화국과 1945년 이전 독일제국 간의 "법률적 동일성"(*legal identity*)에 위배되는 것이라고 주장했다. 조약이 전체 독일을 언급함이 없이 독일영토 내 두 개의 주권국가를 인정함으로써 서독이 더 이상 전체 독일민족을 대표하지 않는 것처럼 암시하였기 때문이다.

두 번째로 바이에른 기본조약이 기본법 전문의 다른 부분에서 정한 서독의 모든 정부기구들의 의무, 즉 과거 판례의 해석대로 "독일의 통일을 완성하고", 분단을 심화시킬 조치는 피해야 할 의무를 위배하였다고 주장했다. 바이에른은 국제적으로 유효한 조약이 전체 독일의 법률적 지속성을 인정하지 않은 채 독일영토 내 두 개의 완전히 동등한 주권국가를 인정한다면, 이는 완전히 정상적인 외교관계의 확립 여부와 상관없이 국가의 법적 분단을 승인하는 것이라고 주장했다. 셋째로, 그리고 대체로 같은 이유에서 기본조약은 서독정부가 동독을 연방공화국으로 편입할 수 있는 조건을 만들어야 할 의무가 있다는 기본법 조항을 위반했다고 주장했다.

넷째로 기본조약은 연합국들이 역사적으로 당연히 서독의 권리로 생각한 것보다도 훨씬 적은 내용의 서독과 서베를린 간 관계만 허용한 것을 보이는데, 이는 결국 기본법을 이 분단된 도시에 적용할 가능성을 축소하였다는 것이다. 마지막으로 기본조약의 의정서는 한편으로는 서독이 동독주민을 포함한 모든 독일인들에게 시민권을 부여할 권리를 인정하면서, 다른 한편으로는 동독의 시민권 또한 묵인하는 것으로 보이고 있어 문제라는 것이다.

앞의 첫 두 가지 이유들을 제시하면서 바이에른은 이제 새로운 연합당의 입장과 같이 동독을 하나의 국가로 인정하는 것(예컨대 통행조약을 지지함으로써)과 완전한 주권을 가진 제 2의 독일국가로 인정하는 것을 정밀하게 구분했다. 즉, 후자는 국가의 통일을 위해 노력할 권리를 침해하는 것이라고 주장했다. 국가통일을 추구할 권리에 대해 이제까지 약하고 아주 형식적이었던 사민-자민당의 입장이 충분히 강화되고, 조약에 대한 동독의 해석이 적극적으로 거부될 때에만 헌법에 합치되는 것으로 인정될 수 있다고 논했다. 슈트라우스는 법원이 그렇게 엄격한 조약해석을 명령한다면 만족할 수 있을 것이라고 말했다.

5월 하순에 이러한 헌법적 유보를 제시한 후 바이에른은 상원에 대해 조약비준을 연기하고 조약심의를 위한 양원 조정위원회를 소집할 것을 요구했다. 기민당이 통치하는 주들은 바이에른의 우려가 전적으로 유효한 것이라고 선언했지만 그 제안을 지지하지는 않았다. 대외정책에 실질적 책임을 지는 하원이 이미 승인해서 "돌이킬 수 없는 현실을 만들어냈기" 때문에 바이에른의 계획은 실현될 희망이 없다는 것이 이유였다. 결과적으로 기민당이 집권한 주들이 기권해 바이에른의 제안은 부결되었고 조약과 유엔가입안은 살아남았다. 그러나 바이에른은 이에 개의치 않고 기본법 위반을 이유로 칼스루에의 헌법재판소에 제소했다.

2) 칼스루에 결정

1973년 여름 중순 헌법재판소는 바이에른 주가 제기한 기본조약의 이행중지 가처분신청을 두 번에 걸쳐 기각했고, 그에 따라 조약은 서독과 동독이 외교문서를 교환한 이후 발효되었다. 그해 7월 바이에른의 제소에 대한 본안판결이 내려졌다. 재판관들은 조약의 합헌성을 확인했다. 그러나 동시에 기본조약 해석에 대한 엄격한 기준을 제시했다. 즉, 8명의 재판관들은 조약이 그 자체로서 다음 사항들에 위배되지는 않으나 앞으로 이 사항들에 위배되거나 위배 여부의 의문이 제기되지 않도록 해석되어야 한다는 데 의견을 같이했다.

① 서독의 전쟁 전 독일제국과의 법률적 동일성
② (단순한 통일이 아니라) "국가 단일성"을 추구함으로써 "민족문제"를 해소할 의무
③ 통일에 대한 서독의 헌법적 입장을 부인하거나 양보하는 행위(따라서 전체 독일의 법적 기초를 4강의 권리로 축소하는 행위도 역시)의 금지
④ 통합된 민주적 유럽 내에서의 통일이라는 목적
⑤ 동독과의 외교적 관계의 금지
⑥ "독일내부"의 경계를 국가(*country*) 간 국경이 아니라 주(*state*) 간 경계와 유사한 것으로 분류
⑦ 단일한 독일 시민권의 존재
⑧ 서독의 전체 독일인들에 대한 법적 조력 의무
⑨ 서베를린에 대한 기본법의 지배, 그리고 서베를린과 서독 사이의 법적, 정치적 연결관계를 지지할 의무
⑩ 동·서독 경계지역에서의 "비인간적 조건들"을 제거하기 위해 노력할 의무[52]

헌법재판소의 결정이 현재의 조약이 이러한 원칙들을 위반하지 않는다고 한 점에서는 브란트에게 유리했으나, 이 원칙들이 훼손되지 않도록 엄격하게 해석되어야 한다고 판단한 점에서는 슈트라우스에게 유리했다. 헌법의 테두리에 머문다는 것은 앞으로 시민권이나 독일 내 경계, 정치적 관계 등 실제적 정책사안에서 서독이 양보할 수

52) *TzDp*, ser. 2, vol. 1, 79-110.

있는 여지를 제한하게 되는 것이었다. 편지조차도 동독으로 가는 것은 외국으로 가는 것과 구분되어야 했다. 더 일반적으로 이 결정은 서독 정부기관들이 통일을 위해 노력해야 할 의무를 지웠는데, 이는 "국내에서 통일주장이 계속 살아 있도록 하고, 대외적으로는 계속 이를 알려야 하는 요구"를 포함했다.[53] 더구나 헌법재판소는 정부가 조약해석을 둘러싼 갈등을 해소하기 위해 노력해야 한다고 결정했다. 서베를린 문제는 앞으로의 협정에서 명시적으로 다루어져야만 했다. 이러한 조건들은 서독의 유연성과 운신의 폭을 제한했다.

슈트라우스는 기본조약 문구들의 조심스러운 표현 때문에 조약에 대한 완전한 거부까지는 기대하지 않았다고 주장하면서 이 헌법재판소 결정을 바이에른의 승리라고 부르며 환영했다. 그는 또 기민당이 "패배의 두려움"으로 인해 발을 뺌으로써 이 결정이 연합당 전체의 승리가 되지 못한 것은 유감이라면서 자매정당인 기민당을 비꼬았다.[54]

기민당 지도자들은 한편으로는 슈트라우스의 도전 때문이기도 했지만, 다른 한편으로는 진정으로 기뻐했기 때문에 칼스루에 결정을 수용했다. 원내대표 카르스텐스는 슈트라우스에게 공개적으로 감사를 표시했고 당 동료들은 헌법재판소의 "구속력 있는 제한과 기준"을 환영했다. 엄격한 법률적 접근방식에 비판적이었던 이들조차 만족을 표시했다. 그들은 헌법재판소가 법적·정치적 원칙으로서 독일정책의 지속성이 사민-자민당 정책의 "국민투표적" 기초보다 더 중요하다는 것을 분명히 했다고 말했다. 헌법재판소는 기민/기사당에게 사민-자민당의 정책을 대조해볼 수 있는 권위 있고 중립적인 기준을 선물했으며, 게다가 그 기준들은 당의 정통파 입장과 매우 유사하기까지 했다. 당파적 논쟁, 특히 결정의 구속력 정도와 해석범위를 둘러싼 논란의 여지는 분명히 남아 있었지만, 조약 자체를 저지하려는

53) Ibid., 94.

54) *BK*, 1973년 8월 4일자.

시도가 거의 완전한 실패로 돌아간 상황에서 이 결정은 연합당 논리의 중심축이 되는 것이었다. 그러나 다소 역설적으로 헌법재판소의 결정이 조약들을 매우 제한적으로 정의하였기 때문에 오히려 기민/기사당이 새로운 동방정책과 공존하는 것을 사실상 더 용이하게 한 측면도 있었다. 이후로는 법률적 이슈들을 매우 신중하게 다룬 정책만이 명백히 합헌적인 것으로 간주될 수 있게 되었다. 기민당의 한 지도자는 "논쟁이 이미 끝난 뒤인데도 바이에른인들이 칼스루에로 갔네, 고맙기도 해라!"라며 약간은 과장해서 반기기도 하였다.[55)]

---

55) CDU, *Deutschland Union Dienst* 144, 1973년 8월 1일자; 알로이스 메르테스, 1984년 6월 13일 필자와의 인터뷰.

제 3 부

동구조약을 넘어서

제4장

가필(加筆 : Interpolation)
동구조약을 넘어서

비준논쟁 내내 기민/기사당은 직·간접적으로 보다 장기적인 문제와 씨름하였다. 즉, 야당으로서든 집권에 성공하여 여당이 된 뒤든, 조약들이 발효된 이후 동방정책에 어떻게 접근해야 할 것인가 하는 문제가 그것이었다. 1973년 초 슈트라우스가 "약속은 지켜져야 한다"는 의미의 'pacta sunt servanda' 라는 로마의 법언을 언급한 이래, 그는 물론 당내 다른 정치인들 역시 법적 구속력을 가진 조약들을 존중한다는 의사를 재확인할 때마다 이 문구를 인용했다. 그러나 자신들의 힘으로 변경할 수 없는 조약을 준수하겠다는 약속은 본질적 질문을 내포하였다. 이 새로운 조약법을 문언대로 엄격하게 준수하기 위해 입장변경이 불가피한 경우를 제외하고는 동구와의 관계에 대한 당의 기존 접근방식을 전적으로 유지할 것인가? 당의 정책결정권자들이 조약들의 문구뿐 아니라 거기에 내재하는 정신을 얼마만큼 받아들일 것인가? 그리고 사민-자민당 정책에 반영된, 그리고 그 정책이 만들어낸 새로운 환경을 어느 정도로 받아들일 것인가? 점차 블록간 협상 등 다자형태를 띠어가는 데탕트 과정에 연합당 지도자들이 어떻게 대응할 수 있을 것인가?

기사당의 클라우스 폰 슈타우펜베르크(Claus von Stauffenberg)가 지적한 대로, 당내 근본주의자들조차 당 정책의 기본적 목적과 기초에는 변함이 없지만 브란트의 조약으로 기정사실화된 현실(*Brandt's fait accompli*)로 인해 정책을 운용하는 과정에서 근거해야 할 조건들이 변경되었음을 인정했다.[1] 그러나 폰 바이체커가 지적했던 대로 당은, 특히 근본주의자들은 "이러한 변화가 불가역적이라는 것을 받아들이기"가 쉽지 않았다.[2] 연합당이 자신들의 태도와 행동을 바꿔 사민-자민당의 정책에 보다 가까이 다가갈 것인가, 아니면 새로운 동방정책을 뒤집어엎기 위해 일단 승계할 것인가?

3부에서는 당이 1973년 이후의 새로운 환경에 어떻게 대처했는지, 당의 대응이 어떤 형태를 띠었는지를 심층 분석한다. 연합당 내 상이한 계파들의 동기와 주장들이 부분적으로 다뤄지겠지만, 기민/기사당 정책에 작용한 근본적이고 객관적인 요소들에 대한 보다 체계적인 분석은 4부를 위해 남겨둔다.

---

1) *Deutschland nach den Verträgen*, 19th Gesamtdeutsch session of the Coburg Convent and the German Sängerschaft, Berlin, 1974년 1월.

2) *Süddeutsche Zeitung*(이후 *SdZ*로 칭함), 1973년 6월 3-4일자.

1. 적응의 실체적 내용

조약논쟁 이후에도 근본주의자들은 일관되게 사민-자민당의 정책이 아무런 성과도 없이 오히려 새로운 위험만 가져올 것이라고 주장했다. 추방자 그룹 등 범독일주의적 배경을 가진 세력이든, 출신배경과 상관없이 범독일주의를 옹호하는 기사당을 비롯한 다수의 보수주의 세력이든 간에 근본주의자들은 모두 정부가 반역사적이고 비인간적인 민족분단을 수용함으로써 소련이 중유럽에 대한 헤게모니를 강화시키는 데 들러리서고 있다고 주장했다. 사민-자민당의 동방정책이 서독과 동맹국들 간의 관계를 약화시키고 국내에서는 반서방 중립주의 세력들을 강화시킬 것이라는 근본주의자들의 우려 역시 그 바탕에는 이러한 반공주의적, 현실정치적 경향이 내재되어 있었다.

동방정책의 위험에 대한 이러한 불안감은 연합당 근본주의자들로 하여금 조약 이후의 단계에 대해 경계심을 갖게 하였다. 구체적으로 그들이 우려한 것은 서독정부의 추가적 양보 가능성이었는데, 그럴 경우 국가 단일성의 대의는 약화되고 독일문제 전체가 단지 모호한 동포적 유대감의 문제로 축소되고 말 것이라고 보았다. 근본주의자들은 서독정부가 1937년 당시 국경(추방자 그룹은 여기에 동부의 영토도 포함된다고 강조했다) 그대로의 독일국가가 법적으로 계속해서 존속한다는 입장을 견지해야 한다고 보았다. 그래야만 독일민족의 단일성에 대한 권리가 살아남고 인정될 것이라는 이유에서였다. 변함없이 하나의 독일국가가 존재할 때만 자기결정권을 행사할 단일한 독일국민이 존재할 수 있다는 것이다.

연합당 내 근본주의자들은 사민-자민당의 조약들이 다양한 조항들을 통해 위의 다양한 법적 지위들을 적절하게 보호한다는 주장을 결코 받아들일 수 없었고, 따라서 정부가 비준 이후 정책을 수행해나가는 데 독일의 지위와 권리에 영향을 미칠 수 있는 문제들에 관해서는 훨씬 더 신중을 기해야 한다고 강조했다. 1973년 이후 동독과의 교섭을 거부하던 기존입장은 포기했지만, 계속해서 동독공산당의 요구에 응하거나 나아가 동독정권을 동등한 상대로 대한다면 독일정책의 법적 기초가 위태롭게 된다는 것이 그들의 생각이었다. 부적절한 정부 대 정부 접촉이나 서독 정부관계자의 그릇된 의미해석으로 인해 국가 단일성을 받치는 마지막 법적 구조물이 흔들릴 수 있다고 보았다. 예를 들어 동독공산당 의원들을 만나는 것조차 위험하다고 여겼다. 동독의회를 타국의회처럼 완전히 동등한 지위로 격상시킬 것이기 때문이다. 근본주의자의 관점에서는 "두 개의 독일국가들"이나 "독일민족"을 언급하는 것만으로도 "독일의 민족적·국가적 단일성"이라는 기본법적 원칙을 훼손한다고 여겼다.

근본주의자들은 동방정책의 다른 차원에 대해서도 비슷한 경계심을 가졌다. 그들은 데탕트가 냉전을 종식시키지 못했다는 점을 강조하면서, 소련은 서독을 서구로부터 분리시킨 뒤 결국 핀란드처럼 중립국으로 만들기 위하여 서독이 평화적 관계들에 도취되기를 기대할 것이라고 지적했다. 이러한 맥락에서 그들은 소련이 지지하는 전 유럽적인 유럽안보협력회의(Conference on Security and Cooperation in Europe: CSCE)와 상호균형감군회의(Mutual and Balanced Force Reduction: MBFR)라고 불리는 다자간 군비축소회담에 적극적이었던 사민당의 태도에 의심의 눈초리를 감추지 않았다. 근본주의자들은 전자(CSCE)는 유럽을 미국으로부터 떼어내고 서유럽의 통합을 늦출 것이며 후자(MBFR)는 서구의 방위력을 약화시키고 서독을 동맹국들로부터 고립시킬 가능성이 있다고 보았다. 게다가 데탕트가 서독여론에 부정적으로 작용하여 국방비지출에 대한 국민들의 지지를 약화시키고 유럽통합에 무관심하게 만들어 앞서 언급한 위험을 더욱더 악화시켰다고 주장했다.

이런 맥락에서 보면 "약속은 지켜져야 한다"는 문구는 사민-자민당 정책에 대한 폭넓은 적응(*adaptation*)을 의미하는 것이 아니었다. 근본주의자들의 의도는 동방정책에 제한을 가해 "구할 수 있는 것은 구해내자"는 것에 불과했던 것이다. 그들은 당시에도, 아니 그 당시 시점에 특히, 타협이라는 이름으로 더 이상 양보하는 것은 소련진영의 입장만 강화시킬 뿐이라고 보았다. 앞으로 소련은 이미 얻은 것을 공고히 하면서 서서히 서독을 자신의 대리인으로 만들려고 할 것인데, 서독에게 이미 체결된 조약의 정신에 합치하는 행위들을 요구함으로써 그 목표를 달성할 수 있을 것이라고 전망했다. 그리고 소련의 입장에서 이는 자신들의 막강한 군사력으로 뒷받침되는 강제(*coercion*)를 의미하였다. 민족자결권 주장과 서구우방과의 동맹관계가 위태로워진 마당에 "Minna 아줌마와 동베를린에서의 커피모임" 기회나 더 만들려는 브란트에게 동조할 때가 아니라는 것이 근본주의자들의 주장이었다.[3]

기민/기사당 정통노선은 더 이상 대화를 통한 인도주의적 성과를 기대하기 어렵다는 근본주의적 비관론을 버리지 않았다. 그들은 공산주의 통치자들, 특히 동독 통치자들은 자유화와 통일의 정서가 커지는 것을 막기 위해 주민들이 서구와 접촉하는 것을 제한할 수밖에 없다고 보았다. 즉, "자유와의 모든 접촉은 억압체제에게는 치명적 위험을 의미한다"는 사실을 너무나 잘 알기 때문이다.[4] 근본주의자들은 또한 동독 내 매파와 비둘기파 간의 분열을 조장하려는 시도도 무의미하다고 보았다. 공산주의자 "도당"(*clique*)들은 파벌과 상관없이 모두 서구를 적대시하고 독일분단의 영구화를 원할 것이기 때문이다. 그들이 보기에 한껏 기대할 수 있는 것이라고는 바르가 말한 "비정상적 정상화"(*abnormal normalization*)인데, 이는 "죽어가는 회복

---

3) *Bayernkurier*(이하 *BK*로 칭함), 1973년 2월 17일자.

4) *Texte zur Deutschlandpolitik*(이하 *TzDp*로 칭함), ser. 1, vol. 12, 51.

기 환자"라는 말처럼 앞뒤가 안 맞는 말이라고 비꼬았다. 그들에 의하면 만의 하나 앞으로 동독과의 관계를 "일상화"함으로써 협력을 촉진할 수 있다 하더라도, 동독은 자신이 가장 원했던 것, 즉 국제적 지위를 서독으로부터 이미 받아냈으므로 공갈협박의 방식으로 가짜 양보만 하면서 마음대로 접촉을 제한할 수 있게 된 반면, 서독에게는 아무런 지렛대도 남아 있지 않게 되었다는 것이다.[5]

근본주의자들은 또한 나치범죄에 대한 속죄의 일환으로서 동방정책을 평가하는 데에도 인색했다. 그들은 그러한 화해는 "작위적인 이슈"에 불과하며 정치적 문제라기보다는 "신학적" 문제라고 보았다. 소련진영의 주민들은 서독이 아니라 자신들을 억압하는 자들을 증오하며 게다가 공산정권들과의 협상은 일반주민들에게 아무런 이익도 주지 못한다는 것이다.

2. 기민당 개혁파와 헬무트 콜

소수파이긴 하나 상당한 세력을 가진 기민당 내 개혁주의자들 역시 소련의 야심에 대한 연합당의 전통적 비관론에 공감하였고, 따라서 일관되게 데탕트에 위험요소가 있다고 보았다. 그러나 그들은 당의 정통노선을 조금은 유연하게 해석하여 앞서 본 위험은 현재의 동서 갈등이라는 현실을 "공존이라는 지상명령"(*imperatives of coexistence*)과 조화시키지 못할 때 오히려 더 커질 것이라고 생각하였다. 이들 개혁주의자들은 기민당 내 소장파 지도자들, 노조파, 일부 보수주의자들로 이루어졌다. 이들은 대체로 사민-자민당이 우세한 환경에서 정

5) *TzDp*, ser. 2, vol. 1, 430-33.

치적으로 성장하고 영향을 주고받았으며 1972년 선거에서 패배의 쓴 맛을 보았다. 이들 개혁주의자들은 서독국민들이 동구권과의 관계가 보다 더 실질적으로 정상화되기를 바라고 있다는 데 깊은 감동을 받았다. 게다가 이들은 서독이 소련의 압력으로부터 지켜주는 버팀목으로서 의존하는 서구 우방국들은 서독이 민족문제를 지나치게 중시하는 것에 부정적이라고 믿었다. 동방정책에 대한 유보 여부와 상관없이 프랑스, 이탈리아, 영국은 독일에서 통일에 대한 열기가 다시 살아나는 것을 원치 않을 뿐 아니라 동서 데탕트에 방해가 될 경우에는 언제라도 서독을 정책형성 과정에서 배제할 수 있다고 여겼다. 동맹국들의 모든 정책, 특히 안보정책에 서독의 중요한 이해관계가 걸려 있었고, 그들의 방해행동은 서독의 영향력 약화를 초래하여 데탕트의 위험을 악화시킬 수도 있었다. 또한 연합당 개혁파는 데탕트와 동방정책 자체는 지속될 것이라고 확신했다. 1973년과 1974년의 미·소간 긴장에도 불구하고 동서화해는 블록체제의 안정화와 함수관계에 있으므로 거스를 수 없는 흐름으로 간주했다.

개혁파는 서독이 공존을 추구하는 것 못지않게 연합당이 그 과정에 관여하는 것도 중요하다고 보았다. 근본주의자만큼 사민당을 맹렬하게 비판하지는 않았지만, 개혁파도 사민당이 양보하려고만 하는 것을 불안하게 생각했다. 이들은 사민당이 데탕트의 잠재적 위험을 과소평가하고 있으며, 서독외교의 폭을 넓힌다는 명목으로 더 일방적이고 더 포괄적인 동방정책을 준비하고 있다고 우려했다. 그러나 개혁파는 사민-자민당의 데탕트를 완전히 가로막아야만 이러한 위험을 방지할 수 있는 것은 아니라고 주장했다. 이들은 연합당이 서독의 정책형성 과정으로부터 물러나 있을 것이 아니라 참여하야 하며, 특히 군비통제와 안보에 관한 동서간 다자회담에 대한 정책과 관련해서는 더욱더 그래야 한다는 입장이었다. 즉, 참여를 통해 전통적인 민족적 이익과 서방정책의 토대를 보호해야 한다는 것이다. 베를린 문제도 마찬가지였다. 연합당이 적극적으로 베를린과 서독 간의 연계성을 지켜내야 하고, 또 이 도시의 목적의식이 살아있게 해야 한다고 강조했다. 그러한 공동의 정책결정을 위해서는 연합당이 이전의 투쟁들이나 전면적 저항은 포기해야 한다고 보았다. 즉, 새로운 환경에 적응해야 한다고 본 것이다.

나아가 개혁파는 근본주의자들과는 달리 데탕트가 위험하기만 한 것은 아니고 어느 정도 이점도 있다고 보았다. 그들은 서방 동맹국들의 냉전종식을 위한 노력에 찬사를 보냈다. 데탕트를 통해 공식적인 양독간 관계 정상화까지 이르지는 못하더라도 분단으로 인한 비정상성의 정도는 줄일 수 있고, 바르가 추구하는 민족적 유대감까지는 아니더라도 양분된 민족구성원간의 소원함을 다소나마 줄일 수 있다고 보았다. 더욱이 동구, 특히 폴란드와의 화해는 나치범죄에 대한 속죄행위라는 폰 바이체커의 주장에 많은 기민당 지도자들, 특히 활동적인 개신교 신도들이 공감하였다. 또한 그라들 등 많은 베를린 출신 정치인들도 이 분단된 도시의 미래를 보다 낙관할 수 있게 만들 것으로 보았다.

3. 적응의 정치

연합당이 새로운 외교정책에 얼마만큼 적응할지는 주로 당내의 정치 상황과 세력균형에 따라 좌우되는 것이었다. 근본주의자들은 동방정책에 대한 정면공격을 지속함으로써 연합당이 정치적 승리를 거둘 수 있을 것이라고 주장했다. 과거 우유부단함 때문에 표를 잃었지만, 이제 전면적 반대로 지지를 회복할 수 있다고 보았다. 따라서 그들은 동방정책에 적응하는 것은 정치적 이득이 없으며 또다시 "정치적 야합"(*disingenuous bipartisanship*)의 함정에 빠질 것이라고 주장했다.

근본주의자들은 여전히 연합당 의원단 지도부의 다수를 차지하였고 당의 외교정책에 막대한 영향력을 행사하였다. 이는 의원단 내에서 기사당이 가진 특수한 지렛대와 쇠퇴하고 있지만 여전히 강력한 추방자 그룹의 영향력 때문이었다. 연합당 지도자들은 추방자 그룹이 자신들의 이해만을 따져 종종 감상적 전술을 펼칠 때에도 그들을 배척하지 않았다. 근본주의자들은 전체 의원단은 물론 의회 내 독일정책, 외교, 국방관련 위원회에서의 기민/기사당 의석 등 대외정책을 담당하는 기관들 내에서 압도적 지배력을 행사하였다. 바르첼의 뒤를 이어 원내대표직을 맡은 인물은 바르첼보다 더 보수적인 외무부 출신의 칼 카르스텐스로, 그 자신의 정치적 성향과 의회경험 부족으로 인해 임기 동안 근본주의자들이 좌지우지하는 것을 막을 수 없었다.

근본주의자들의 지도자는 여전히 슈트라우스였다. 그는 동방정책에 대한 강경입장을 사민-자민당 연정을 무너뜨리고 자신을 총리로 하는 기민/기사당 단독정부를 세우려는 특유의 저돌적 전략과 결합시켰다. 그는 개인적으로나 정치적으로 오랫동안 적대적 관계였던 자민당과의 연정은 바라지 않았다. 1974년 바이에른 알프스의 존트호펜(Sonthofen)에서 비공개로 열린 기사당 지도부 회의에서 그는 전면적 대결전략을 발표했다. 그 내용이 유출되어 매우 부정적인 여론을 낳았는데, 이 회의에서 슈트라우스가 건설적 대안보다 순전히 네거티브 캠페인을 벌이는 전술이 유용하다고 강조한 사실이 드러났기 때문이었다.

> 우리는 대결을 피해서는 안 된다. … 우리는 항상 상대를 사회주의, 즉 자유의 적으로 규정해야 하고 그들의 정책은 소련이 서유럽에서 헤게모니를 쥐게 하는 결과를 낳을 것이라고 주장해야 한다. … 우리는 사민당과 자민당이 이 나라를 범죄조직과 정치 깡패조직에게 넘기고 있다고 말해야 한다. 범죄조직과 정치 깡패조직은 아무런 차이가 없다. 모두 범죄자들이다. 우리가 나서서 이들을 일소하면 이 무리들은 다시는 독일에서 찍소리도 못할 것이다. 우리가 약속을 그대로 지키지 못한다 하더라도 말이다. … 규탄하고 경고하되 구체적 해결책은 제시하지 말라. 이것이 우리의 전술이어야 한다.[6]

대규모 당 지지자들의 모임에서도 그는 전통적인 성회일(*Ash Wednesday*) 연설 등을 통해 이러한 대결적 방법의 필요성을 역설했다. 지지자들은 수시간을 기다려서 세 시간이나 걸리는 슈트라우스의 격한 연설에 귀를 기울였다. 동의의 뜻으로 테이블을 두드리며 환호성을 질렀고 간혹 브란트나 바르의 이름이 나오면 야유를 보내기도 했다.

그러나 개혁주의 소수파는 당이 적극적 데탕트, "적극적 협정준수"

---

6) 유출된 내용은 〈슈피겔〉을 통해 보도되었다. Kaltefleiter, Werner, "Winning Without Victory: The 1976 CDU Campaign," in *Germany at the Polls: The Bundestag Election of* 1976, ed. Karl H. Cerny(Washington: American Enterprise Institute, 1978), 119.

라는 접근법을 취하는 것이 정치적으로 반드시 필요하다고 보았다. 그들은 브란트가 시대정신(*Zeitgeist*)을 정확하게 읽었으며, 연합당이 반데탕트적 모습으로 비치면 향후의 선거에서 승리하기 힘들 것이라고 여겼다. 개혁파는 연합당이 단기적으로는 적극적 지지와 건설적 비판을 통해 정부로 하여금 인도주의적 조치를 얻어내도록 압박하고, 공산주의자들의 차단정책에 맞서고, 또 서독의 조약해석을 지지함으로써 민족문제를 미해결 상태로 유지하도록 정부를 견인해야 한다고 보았다. 이를 위해서는 정치적 대립만을 일으킬 뿐인 "바이마르식" 언사(*Weimar-style rhetoric*)를 거부해야 한다고 주장했다. 이렇게 비교적 유연한 기민/기사당 동방정책의 옹호자들은 주로 청년그룹이나 노조파 소속들이었다. 이들은 1972년 선거 전까지는 분열되고 무기력했으나 (특히 외교정책에 관해서는 더욱더), 그 이후부터는 줄기차게 당의 실용주의적, 구조적 쇄신을 적극적으로 주장하고 나섰다. 이들은 당이 선거에서 패배한 것은 많은 정책이슈에 관해 지나치게 반동적이고 부정적인 접근법을 취함으로써 새로운 유권자층을 끌어들이지 못한 데 있다고 진단했다. 예를 들어 기민당 노조파는 당이 노조의 경영참여에 대해 보다 긍정적인 입장을 가질 것을 촉구했고 청년그룹은 대학생들과의 대화를 요구했다. 이 개혁파 연합은 또한 막강한 기민/기사당 공동의원단에 대한 견제장치로서 기민당 당기구를 발전시킬 것을 주장했다. 이를 위해 연구, 홍보, 정책수립을 담당할 독립적 기구를 설립하고 또한 당의 혁신을 재정적으로 뒷받침할 수 있도록 당비를 납부하는 진성당원(*dues-paying members*)들을 대대적으로 모집할 것을 주장했다.

쇄신의 희망은 헬무트 콜에게 달려 있었다. 그는 1973년 6월 당대회에서 압도적 지지를 받아 바르첼의 후임 당대표로 선출되었다. 연방정치의 경험이 없는 지역 정치인이었지만 콜은 이미 개혁가이자 당체제 강화의 옹호자로 성장해 있었다. 얼마 지나지 않아 콜이 카르스텐스를 압도했으며 당기구가 보수적 의원단보다 힘의 우위를 점하게 되었다.

대부분의 경쟁자들보다 젊은 콜은 10대 시절에 2차 세계대전을 겪었고, 그의 우상이었던 아데나워 시대에 정치적으로 "성장"했다. 아데나워의 독일관은 빌헬름, 바이마르, 히틀러 시대에 형성되었지만, 콜의 독일관은 아데나워 시대의 국내외적 성공으로부터 영향을 받았다. 따라서 콜은 독일의 과거에 대한 부담으로부터 자유로웠고 민주적 대중정당, 사회적 시장경제, 서구와의 화해 등 연방공화국이 이뤄낸 성취를 보다 더 강조했다. 더욱이 그의 민족의식과 독일통일에 대한 사명감은 범독일주의 전통에 대한 개인적, 가족적, 그리고 지역적 애착보다는 독일의 전쟁 전 과거에 대한 다소 모호하고 감성적인 관념, 1949년 이후 서독의 화해노력에 대한 자부심, 민주적 민족주의에 대한 신념으로부터 더 많은 영향을 받았다. 2세대 서독 정치인이었던 그는 과거로부터 비교적 자유로웠고 "자연스럽고 건강한" 독일의 민족적 자부심을 신봉했다.

콜은 이런 측면에서 슈트라우스와 공통점이 있었지만, 통일된 독일이 유럽이라는 또 하나의 초강대 세력을 지도하는 국가가 되어야 한다는 슈트라우스의 야심과는 거리가 멀었다. 콜은 유럽의 통합과 통일을 열렬히 옹호했지만, 이 구세계(*Old World*)가 미국과 동등하기를 바랄 것이 아니라 미국의 주니어 파트너로 머물러야 한다고 생각하는 후기 대서양주의자(*latter-day Atlanticist*)였다. 유럽이 제 2의 서구 초강대 세력이 되어야 한다는 담론은 정치적 단결력의 부재와 더불어 과밀한 인구, 좁은 영토 때문에 유럽의 독자적 핵전력 개념이 태생적으로 설득력이 없다는 사실을 간과한다고 주장했다.[7] 더욱이 미국 구호물품으로 생계를 이어가던 소년시절을 떠올리곤 하던

---

7) 예컨대 콜의 연설, CDU 보도자료, 1974년 11월 29일자.

콜의 친미성향도 그러한 대미 의존 관념에 영향을 미쳤다.

이렇듯 콜은 기민당의 내부구조 및 국내정책에 관한 개혁가일 뿐 아니라 외교문제에서도 실용주의자로 통했다. 그는 1969년 이후 상황이 많이 바뀐 만큼 연합당이 이러한 불가역적 상황에 적응해야 한다고 역설했다. 사민-자민당 정책의 실패만 기대할 것이 아니라 이제까지의 수세적 태도를 버리고 새로운 동방정책을 정립해야 한다고 주장했다. 콜은 또한 연합당의 전통적 원칙을 공고히 하면서도 당을 민족주의의 비판으로부터 차단시킴으로써, 통일에 대한 사명감과 민주주의에 대한 사명감이 결합되어야 한다는 것을 강조했다. 콜에게 이 모든 시험들은 조약논쟁의 양극화를 종식하고, 민족통일과 서방정책이라는 국내적으로 합의된 서독의 국익을 추구하는 데 초당적 협력을 확대시키며, 공산주의의 공작, 침략, 압력에 맞서 연방공화국의 사회정치적 체제를 방어하기 위해 매우 절실한 과제였다.[8]

이러한 접근법은 자민당을 사민당에서 떼어내 기민/기사당-자민당 연정을 구성하려는 콜의 오랜 희망에도 잘 부합했다. 콜은 유권자들이 일당 단독정부에 반감을 가지고 있으며 아데나워 시대처럼 비사회주의적 진영들 간의 연합을 선호한다고 믿었다. 또한 미래의 연정에서 자민당이 강경 보수주의 기사당을 견제하고 그 결과 기민당이 중도적 위치에 자리매김할 수 있기를 기대했다.

콜의 권력이 날로 공고해지고 그가 임명한 쿠르트 비덴코프(Kurt Biedenkopf) 사무총장이 이끄는 기민당 당기구들이 강화됨에 따라 기민/기사당 공동의원단의 영향력은 축소되었으나, 그럼에도 불구하고 콜은 동방정책에 대한 당의 독자적 접근법을 강하게 밀어붙이지는 않았다. 이 신임 당대표도 슈트라우스처럼 총리가 되려는 야심이 있었지만 당의 단합을 중요시했고, 자칫 중대한 정책변화를 시도했다

8) Kohl, Helmut, *Zwischen Ideologie und Pragmatismus: Aspekte und Ansichten zu Grundfragen der Politik* (Stuttgart: Verlag Bonn Aktuell, 1973).

가 이탈리아 자매정당의 경우처럼 연합당이 상이한 분파들로 쪼개져 버릴 가능성을 우려했다. 특히 그는 최대 경쟁자인 기사당 대표와 적대적 관계가 되지 않도록 유의했다. 그래서 항상 당내화합에 힘쓰며 신중하고 점진적인 방식으로 일을 진행시켰다. 마치 교리해석과 적용문제로 심각하게 분열된 교회의 대주교처럼 콜은 개방성과 실험정신을 장려했지만 그것은 어디까지나 정통노선을 흔들지 않는 한도 내에서였다. 이 선을 조금이라도 넘을 경우에는 최초의 원칙들을 지키기 위해 단결을 호소하며 개혁파를 다시 대오 안으로 들어오도록 했다. 그러한 방식은 그의 정치스타일로 굳어졌고 그 덕분에 그는 비판자들의 예상보다 훨씬 오랜 기간 당권을 유지할 수 있었다. 개혁주의자들은 속았다고 느꼈지만 대부분의 당 지도자들은 가급적 당의 의견을 수렴하려는 콜의 방식에 안도했다.

요컨대 콜과 슈트라우스 모두 국내정치와 같은 방식으로 외교정책에 접근했지만 콜이 연합당이나 서방진영 내에서의 화합과 합의, 신뢰를 중시한 반면, 바이에른의 지도자 슈트라우스는 적을 격퇴시키기 위한 방법을 강구하고 허점을 노렸다. 그러나 둘 다 연합당이 1970년대의 새로운 환경에 너무 빨리 적응하는 것을 원치 않았다.

4. 기민/기사당의 조건들 : 데탕트의 위험 제한

연합당 지도자들은 조약논쟁 이후에도 동구권과 대화를 계속하는 데 대해 "조건부로 지지한다"는 전략으로 동방정책에 대한 자신들의 모호함을 숨기려 했다. 근본주의자들은 사민-자민당 정책 자체의 광범위한 변화를 지지의 조건으로 요구한 반면, 개혁파는 서독이 넘어서는 안 될 가이드라인이나 한계를 조건으로 보았다.

기민/기사당 정통노선에 따라 연합당 지도부는 독일문제가 무엇보다도 미해결 상태로 유지되어야 한다고 한목소리로 주장했다. 따라서 앞으로 계속될 동구와의 대화가 국가통일의 법적, 정치적, 도덕적 명분을 약화시키거나 서독국민들의 민족의식을 잠식할 새로운 단계를 포함해서는 안 된다는 입장이었다. 연합당은 사민-자민당에게 민족문제를 논의하라고 압박하고 또 자결권이 유효하다고 주장하면서 독일분단의 법적 잠정성을 침해해서는 안 된다고 경고했다. 경계선들과 정치적 관계들에 대한 조약 내 조항들은 하원의 공동결의안에 따라 잠정협정일 뿐이며, 과거는 물론 미래의 모든 동·서독협정은 연방 헌법재판소 판결이 설정한 한계선을 넘을 수 없다고 주장했다. 연합당 지도자들은 이러한 원칙이 기본조약 비준 이후 부각된 세 가지 특수한 이슈에도 적용된다고 논했다.

첫째, 당은 서독이 모든 동독인들에게도 국적을 부여한 오랜 관행은 국가 단일성의 법적 기초이며 이 문제에 대해 양보해서는 안 된다고 주장했다. 둘째, 1973년 동독이 요구한 대사 대신 "상주대표부"를 두기로 한 합의가 전면적 외교관계를 의미하지 않는다는 것을 분명히 해야 한다고 계속 주장했다.

셋째, 기본조약에 따라 동·서독은 양국 사이의 "경계선"을 정할 위원회를 설치했는데, 서독은 이 경계설정 과정에서 4강의 주권적 권한을 침해하지 않도록 안전장치를 마련해야 한다고 조심스럽게 강조했다. 우선 엘베(Elbe) 강을 경계선으로 설정했지만 이에 대한 심각한 이견이 있었다. 서독은 4강 문서를 근거로 하여 전승국들이 명백히 강 전체를 서독에 귀속시켰으므로 북쪽 강둑을 경계선으로 해야 한다고 주장했다. 동독은 국제관행과 4강의 의도에 부합하는 경계선은 강 중앙이라는 주장으로 맞섰다. 그 지역을 점령했던 영국은 강 전체를 관할하면서도 동독의 배가 자유롭게 다니도록 해주었는데, 결과적으로 이것이 법률적으로 복잡한 문제를 야기했던 것이다. 1970년대 중반 이후 사민-자민당이 서독의 전통적 입장을 협상 가능한 것으로 간주한다는 보도들이 나왔다. 연합당은 "국제적으로 유효한" 경계선에 대한 동독의 요구를 수용해 원래 설정된 경계선을 서독 쪽으로 후퇴시키려는 움직임에 강하게 반발했다. 그러한 양보는 4강의 법적 권한과 미래 전 독일 주권자(*future gesamtdeutsch sovereign*)의 권한, 따라서 국가 단일성의 토대 전체를 양보하는 것과 다름없다는 것이 이유였다.

연합당 지도자들 사이에 이러한 기본적 논점에 대해서는 의견이 일치했지만, 미해결의 민족문제가 서독의 정치·외교적 운신의 폭을 어느 정도로 제한하는지에 대해서는 입장이 나뉘었다. 근본주의자들은 독일문제를 미해결 상태로 유지하기 위해서는 조약들을 좁게, 즉 제한적으로 해석해야 한다고 보았다. 조약의 실제내용과 독일 단일성에 대한 부속서한들이 국가 단일성의 기초를 제대로 보호하지 못하기 때문이었다. 따라서 조약들을 "잠정협정"으로 분류하는 1972년 공동결의문을 "공식적인", "구속력 있는" 것으로서 확인해야 하며, 비엔나 외교협약(*Vienna diplomatic convention*)에 의거한 당사국의 일방적 선언으로서 법적 중요성을 가진다는 것을 주장해야 한다고 보았다. 그들은 공동결의문을 "비공식적인 것"으로 폄하하려는 공산주의자들과 사민당 내 좌파인사들의 기도를 단연코 거부해야 한다고 말했다. 또한 헌법재판소의 제한적 해석이 서독의 외교정책의 지침이 되어야 한다고 강조하면서, 판결의 효과가 엄격히 국내적 성격을 가진다는 정부의 입장을 반박하며 외교적 마찰의 위험을 감수하고라도 그 내용을 외국정부에 공식 통보해야 한다고 주장했다.[9)]

근본주의자들이 이렇게 대내외적으로 법적 입장을 부각시킨 것은 국적문제나 엘베 강 경계, 본 주재 동독대표부의 지위 등 문제에 대해 정부가 양보할지도 모른다는 의구심 때문이었다. 예를 들어 그들은 외무부가 아닌 총리실이 동독대표를 상대해야 하며 정상적 외교관들처럼 연방 대통령의 신임장을 주거나 어떠한 공식적 인정도 해서는 안 된다고 주장했다.

기민당 내 소수 개혁파도 이러한 근본주의자들의 주장을 완전히 부정하지는 않았다. 그러나 그들은 독일문제를 미해결 상태로 유지해야 한다는 목표들은 "조약들에도 불구하고"가 아니라 "조약들에 의해서"도, 그리고 사민-자민당 "정권에 반해서"가 아니라 그 "정권 아래"에서도 달성할 수 있고, 또 달성하여야 한다는 입장이었다. 따라서 그들은 협정들에 결함이 있긴 하지만, 민족문제에 대한 희망을 완전히 없애버린 것은 아니라고 보았다. 그들은 통일에 관한 브란트의 서한들이나 4강의 권한을 공식 확인하는 조항들이 비록 유용성 면에서 제한이 있기는 하지만, 폄하대상은 아니라고 보았다. 일방적 폄하는 독일문제가 이미 공식적으로 종결되었다고 주장하는 공산주의자들만 도와줄 뿐이라는 것이다. 그들 역시 공동결의문과 칼스루에 결정을 귀중한 해석적 장치로 인정했지만, 연합당 다수파가 주장하는 것처럼 민족문제의 종결을 차단할 수 있는 유일한 장치로 보지는 않았다. 그라들, 바르첼, 폰 바이체커 같은 기민당 지도자들은

9) 추방자 그룹 대변인들은 칼스루에가 1937년 국경을 지지했음을 강조하면서, 동부영토를 폴란드의 일부로 표시한 정부지도는 존재하나 독일영토를 전쟁 전의 국경상태로 언급하는 정부공표나 문서가 전혀 없다는 사실에 항의했다.

(인적 접촉을 통해) "민족의 실체성"을 유지하는 것이 자결권 달성의 가능성을 높일 것이라며 브란트의 주장에 동조했다. 대체로 개혁파는 독일문제의 법적 미해결 상태를 유지하려는 서독의 노력이 사실상 방어적 성격을 갖는다는 것을 인정하고, 분단에 대한 서독의 입장을 동독에서 받아들일 것으로 기대하는 듯한 말은 하지 말아야 한다고 주장했다. 그라들이 지적했듯이 그것은 연합당 정부도 얻어내지 못했던 것이었다.[10]

새로운 조약들하에서의 양독관계와 관련해 연합당 지도자들은 서독이 협상에서 단호한 태도를 보여야 한다는 데 의견이 일치했다. 그들은 법적 문제와 지위문제에 대한 조약규정을 왜곡하는 동독의 성명들은 마땅히 거부해야 한다고 주장했다. 여행, 이주와 관련해 동독의 구체적이고 구속력 있는 상응조치를 얻어내기 위해 끈질기게 요구하고, 소련진영의 조약위반과 접촉제한, 베를린을 고립시키려는 기도에 대해 비판하고 대응수단을 강구해야 한다고 논했다. 개혁파는 연합당이 이러한 문제에 대한 초당적 감시기구로서 역할을 하기를 원했다. 즉, 야당이 공산주의정권들에게 사민-자민당 동방정책이 제시한 기준을 충족시킬 책임을 요구함으로써 정부에 도움을 줄 수 있다는 것이다. 그러나 근본주의자들은 동구국가들과 서독연정을 동시에 겨냥했다. 그들은 소련진영의 조약위반을 그들과의 관계개선정책에 반대할 근거로 이용하려 했다.

연합당 지도자들은 동구와의 대화를 지지하는 전제조건 중 하나로 정부에 대해 그동안 무시된 문제들에 더 큰 관심을 쏟을 것을 요구했다. 그들은 다른 외교정책 분야들에 "버팀목"을 댐으로써 동방정책이 가져올 손상과 미래의 위험을 줄일 수 있다고 주장했다(주제를 바

10) Gradl, Johann Baptist, *Stets auf der Suche: Reden, Äusserrungen und Aufsätze zur Deutschlandpolitik*, ed. Christian Hacke (Cologne: Verlag Wissenschaft und Politik, 1979), 335.

꿈으로써 연합당이 그동안 일관성을 유지한 이슈들에 관심이 집중된 것도 분명했다). 근본주의자들은 이를 통해 동구와의 관계를 제한하고자 했지만, 개혁파는 정부가 다른 분야에서의 더 적극적인 행동으로 동방정책에 "균형"을 맞춰 주기를 원했다.

데탕트의 위험을 제한하면서 동시에 정치적 수세국면을 벗어날 수 있는 방법 가운데 하나가 소련진영내 탄압행위들을 부각시키는 캠페인이었다. 조약논쟁 이후 연합당은 동구내부 상황을 언급할 때 "분명한 언어"를 사용할 필요가 있다고 강조했다. 소련진영내, 특히 동독내 탄압에 대해 말할 때는 모호하거나 완곡하지 않게 "분명히 말해야" 한다는 것이다. 데탕트는 무제한적 이념경쟁을 유발할 수밖에 없으며, 따라서 언론, 학계, 정치권에서 그러한 직설적 비판을 "냉전적 수사"로 규정해서는 안 된다고 주장했다. 기민/기사당은 동독의 내부적 상황과 탈출주민을 겨냥한 발포에 대해 정부가 공식적으로 비판할 것을 요구했다. 당은 또한 동독인들이 서독의 기본법, 적어도 유엔헌장의 적용은 받으므로 그에 따른 기본권이 보장되어야 한다는 점을 서독정부가 분명히 주장해야 하며, 또한 소련의 반체제인사들에 대한 정치적 탄압도 규탄해야 한다고 요구했다.

연합당이 공산주의 진영의 상황이 실제로 바뀔 것이라고 기대했던 것은 아니다. 언제나 현실정치주의자(*Realpolitiker*)였던 슈트라우스는 동구와의 공식적 대화에서 인권문제가 반드시 주요의제일 필요는 없다는 것을 공공연하게 인정했다.[11] 연합당 지도자들에게 소련진영의 탄압행위를 강조하는 것은 "소련 공산주의의 이데올로기적 도전에 공세적으로 대처하는" 방법으로서의 의미가 더 컸다.[12]

---

11) *TzDp*, ser. 1, vol. 12, 334.

12) CSU, *Information zur Deutschlandpolitik*, vol. 8, *Freiheit und Recht für Deutschland und Europa*, documentation from the Deutschlandpolitische Congress of the CDU/CSU, Ingolstadt, 1975년 11월 28-29일, 12.

연합당 지도자들은 이러한 주제 자체에 대해서는 모두 동의했다. 그러나 근본주의자들은 사민-자민당의 동방정책이 이데올로기 대결에서의 유리한 고지들 중 주요한 것을 이미 동구에 내주었다고 주장했다. 이에 반해 개혁파는 초당주의를 강조해 사민-자민당의 동방정책이 동구, 특히 동독과의 "정치적, 도덕적 경쟁"의 토대를 마련했다는 점을 인정했다. 더욱이 콜이 지적한 것처럼 데탕트와 인권 캠페인은 상호 강화하는 효과가 있었다. 콜은 "우리는 국민들 앞에 동서간의 데탕트와 이념적 계급투쟁의 변증법적 통합을 분명히 납득시켜야 한다. 우리가 지지하는 실제적이고 통제 가능한 데탕트를 위해 필요한 논의들이 공산주의 이데올로기와 대결(*Auseinandersetzung*)하는 우리의 준비태세를 약화시키는 결과를 초래하는 일은 결코 없어야 한다"[13] 고 밝혔다.

연합당의 시각에서는 소비에트 공산주의에 대한 이데올로기적 공세를 유지하고 그를 통해 사민-자민당 동방정책을 상쇄하거나 개선하는 데는 다른 요소들도 있었다. 당은 계속해서 사민-자민당에게 동방정책보다 서방정책에 절대적 우선순위를 두라고 요구했다. 연합당은 서구의 단결과 힘이 서독의 안보는 물론 데탕트를 통한 핀란드화의 위험성을 피하기 위해서도 극히 중요하다고 보고 정부에 립서비스 이상의 서방정책을 요구했다. 즉, 정부에 대해 ① 서유럽 통합을 가속화하고, ② 서독의 국방비 증액을 추진하고, ③ 서유럽의 군사협력을 촉진하고, ④ 프랑스의 기본 방위정책 수정을 위해 노력하며, ⑤ 미국과의 긴밀한 연계 속에 상호균형감군회의(MBFR)에 대한 유럽의 공동입장을 도출하고, ⑥ 유럽외부에서의 소련의 팽창을 억제하려는 미국의 노력을 유럽이 지지하도록 노력할 것을 촉구했다.[14]

---

13) Ibid.

14) 또한 연합당은 중국과의 관계강화를 요구했다. 개혁파는 소비에트 진영과의 관계와 비교해 중국정책의 중요성을 경시했지만, 슈트라우스는 "동방정책은

그러나 이 문제에서도 근본주의자들과 개혁파들 간에는 강조점에서 차이가 있었다. 근본주의자들은 위에서 열거된 요구와 데탕트를 위한 소련의 요구조건을 모두 충족시키는 것은 불가능하다고 보았다. 양자는 상호 배타적이기 때문이다. 그들은 서독정부가 단지 동방정책 및 데탕트를 서방정책에 종속시키는 것이 아니라 양자간에 선택(즉, 후자를 선택)을 해야 한다고 생각했다.[15] 그들은 기민/기사당이 동맹의 결속과 효과성을 강조하는 것은 구체적으로는 동방정책, 일반적으로는 동서 데탕트에 대한 싸움에서의 또 하나의 국면이라고 보았다. 정치적·재정적 자산을 이용해 서방정책을 강화하면 군이 양보하고 타협할 필요가 없어질 것이고 "힘을 통한 평화"를 확실히 할 수 있다는 것이다. 이런 주장에는 근본주의자들의 다자간 데탕트에 대한 회의적 시각과 유럽안보협력회의(CSCE) 및 상호균형감군회의(MBFR)에 대한 무관심이 깔려 있었다. 이 협상들은 동맹을 단순한 "데탕트 친목모임"으로 만들 것이기 때문에 서독이 서방관계에서 추구하는 진정한 목적에 부합하지 않는다고 보았다.

폰 바이체커, 키이프, 비덴코프 등 개혁파는 서방정책을 강화하려는 기민/기사당의 노력은 데탕트 과정을 상쇄하는 것이 아니라 보완하는 것으로 보았다. "강한 서방정책은 또한 동시에 강한 동방정책이고 그 역도 성립"하는 것으로 양자가 결코 서로 배타적이지 않다는 것이다.[16] 보다 구체적으로 서구의 힘과 결속을 강화하는 것은 소련과의 다자간 협상에서 서구의 신뢰성을 강화할 것이라 보았다. 이는 소련이 분할지배(*divide and rule*) 전략을 구사할 여유를 주지 않을 것

모스크바에서 그쳐서는 안 된다"며 대중국정책을 중요시했다. *FAZ*, 1975년 1월 2일자. 또한 그는 소비에트 제국과 국경을 접한 국가들로서 독일과 중국은 협력해야 한다고 주장했고, 중국의 독일 단일성에 대한 지지와 동독에 대한 비판을 환영했다. CDU, *DUD* 158, 1974년 8월 21일자.

15) *FAZ*, 1973년 8월 20일자.

16) *Bonner General Anzeiger*, 1975년 6월 20일자.

이며, 따라서 MBFR 협상에서 미국의 과도한 병력축소를 방지하고 소련이 CSCE에서 "범유럽적" 협력을 명분으로 삼아 유럽통합을 방해하려는 것을 막을 수 있다고 여겼다. 근본주의자들과 달리 그들은 기민/기사당이 다자간 데탕트를 지지하고 그에 참여할 것을 주장했다. 서독의 독자적 데탕트를 추구하는 사민-자민당의 시도에 반대함으로써 데탕트가 제대로 작동하는 데 당이 중요한, 그리고 신뢰할 만한 역할을 할 수 있다고 논했다.

5. 조약논쟁 이후 정부와 기민/기사당

기민/기사당이 사민-자민당의 동방정책에 적응하는 데 결정적 변수는 1973년 이후 동방정책의 성격과 속도였다. 기민/기사당의 이중성이 — 따라서 근본주의자들의 반발이 — 커질지 아니면 줄어들지는 부분적으로나마 최초의 조약들이 발효된 이후 연정이 어떻게 해나가는가에 달려 있었다. 그러나 사민-자민당 내에서도 동방정책에 관해, 정확하게는 다음 단계의 동방정책이라는 문제를 놓고 이견이 나타났다.

이때까지는 브란트가 기존의 강경했던 서독의 법적 입장을 누그러뜨리고 동구권과의 잠정협정이라는 단기적 목표에 집중함으로써 자신의 외교정책의 모멘텀을 유지했다. 이러한 목표에 대해 연정 내에서 광범위한 지지가 있었다. 동시에 연정의 첫 4년 동안 사민-자민당은 장기적 목표를 다소 애매한 상태로 놔두는 데 대해서도 대부분 동의했다. 장기목표에 대한 당내합의의 수준이 낮았기 때문이다. 그러나 조약비준으로 (그리고 체코슬로바키아, 불가리아, 헝가리와의 관계 정상화 조약체결 등 미해결 과제를 마무리하고) 그 명확한 목표를 달성하고 최초의 정상회담까지 치르고 나자, 이제 정부는 안개에 싸인

저 높은 곳을 올려다보기 시작했다. 일련의 조약에 명문화된 잠정협정 다음에는 무엇이 나와야 할 것인가? 윌리엄 그리피스가 지적한 대로 "브란트-쉘의 동방정책은 항상 장기적 목표를 가지고 있었고 조약들은 그것의 끝이 아니라 시작이었다." 그러나 장기적 목표나 그 달성방법에 대해서는 아직 합의된 것이 없었다.[17]

동맹국들이 원하는 서독의 정책방향은 분명했다. 프랑스와 영국의 지도자들은 동방정책에 대해 경계심을 늦추지 않았고, 미국은 더 나아가 동방정책의 방향에 대해 깊은 의심을 가지고 있었다. 이제 민족문제가 동서간 관계개선을 가로막지 않게 된 이상, 우방국들은 동방정책을 통제된 다자간 협상틀 안으로 집어넣기를 원했다. 미국은 역시 그 이상의 것, 즉 서독이 서구 공동체를 우선시하고 이 공동체에 더 긴밀하게 통합할 것을 원했다.[18]

사민당 일부 의원들, 그리고 자민당 의원 전체가 자신들의 노력으로 역사적 화해를 이루고 독일문제가 더 이상 동서 데탕트에 장애물이 되지 않도록 했으며 인도주의적 조치의 길을 열었다고 확신했다. 그들은 순전히 양자적인 동방정책에서 더 이상의 것을 기대해서는 안 된다고 보았다. 사민당 전략가 리하르트 뢰벤탈(Richard Löwenthal)은 사민-자민당의 동방정책이 "특수한 독일문제"를 상당히 개선했지만, 이를 더 진전시켜 특수한 양독관계를 만들어내려 해서는 안 된다고 경고했다. 앞으로의 과제는 양독관계를 안정시키고 일상화하며 동독의 기존조약 준수 여부를 면밀하게 감시하는 것이라고 주장했다.[19] 이들은 칼스루에의 효과가 국내에 한정된다고 간주했지만,

---

17) Griffith, William, *The Ostpolitik of the Federal Republic of Germany* (Cambridge: MIT Press, 1978), 225.

18) Kissinger, Henry, *Years of Upheaval* (Boston: Little, Brown, 1982), 137-51.

19) Löwenthal, Richard, *Vom kalten Krieg zur Ostpolitik* (Stuttgart: Seewald Verlag, 1974), 90.

그럼에도 불구하고 서독의 공식적 조약해석에 대해 동독도 존중하게 만들기를 원했다. 나아가 앞으로 동서 데탕트를 위한 조치는 MBFR과 CSCE 같은 다자적 차원에서 추진되어야 한다고 주장했다. 한스-디트리히 겐셔(Hans-Dietrich Gensher) 내무장관 등 자민당원들은 다음 단계에 대해 특히 신중한 태도를 보였다.

이와 대조적으로 사민당의 상당수는 보다 광범위한 목표를 가졌다. 주로 좌파와 젊은 당원들이었지만 원로격인 헤르베르트 붸너 원내대표도 이 그룹에 포함되었다. 이들은 양독관계의 일상화에 머물거나 독일정책의 진전을 "경리직원이나 회계사"같이 다루고 동독에 선한 행동을 하라고 압력을 넣을 때가 아니라고 보았다. 서독은"새 조약에 대해 과거의 정책으로" 대응할 것이 아니라 동독공산당의 불안정성과 강경입장을 완화할 수 있도록 근본적 이슈들에 대해 보다 더 유연하고 타협적인 태도를 보여야 한다고 주장했다. 그것이 (붸너의 주요목표인) 인도주의적 조치들의 확대와 (대부분의 젊은 사민당 좌파들의 숙원인) 유럽의 새로운 "평화질서"를 달성할 수 있는 길이라고 보았다. 많은 당원들이 바르와 브란트가 역설했던 유럽 내 새 질서의 구축을 위한 작업에 착수하기를 원했다. 그것은 데탕트, 군비통제, 양독협력에 기초한 질서로서 유럽 내 블록간 분열의 근원을 극복하는 데 이바지할 것으로 보았다. 어떤 이들은 그러한 범유럽적 미래를 그 자체로서 바람직한 목표로 간주했고, 바르 등은 민족통일의 길을 마련하는 것으로 여겼다. 어떤 경우든 이들은 서독이 데탕트에 대한 스스로의 이해관계를 서방에 종속시킬 것이 아니라 동방정책으로 인해 증대된 자율성을 적극 활용해야 한다고 생각했다. 즉, 싹트고 있는 동구권과의 관계가 서독이 대외관계에서 더 커다란 자율성을 발휘할 수 있는 수단이며, 이를 데탕트 촉진을 위해 이용해야 한다고 주장했다.[20]

연정과 야당 모두 각자의 방식대로 1973년 이후 서독의 대동구권

정책이 직면한 기본적 딜레마와 씨름하였다. 오랫동안 소련진영과의 일상적 관계를 가로막았던 장애물이 제거되면서 정치적, 경제적, 인적 접촉의 확대를 위한 길이 열렸다. 그러나 많은 평른가들이 지적했듯이 상호교류의 확대와 그로 인해 형성된 기대는 불가피하게 향후협력에 제한을 가하게 된다. 동서진영 모두 확대된 상호작용이 정치적 결속과 이데올로기적 정당성에 미칠 영향에 대해 우려하지 않을 수 없었던 것이다. 동구진영에서는 서구와의 접촉이 변화와 자유화에 대한 기대를 불러일으키고, 따라서 공산주의 통치의 정당성을 위협할 수도 있었다. 불안정한 상태에 있던 동독공산당으로서는 특히 더 이상의 접촉을 제한하고 하나의 독일민족 관념이 계속해서 존재한다는 명제를 부정할 필요성이 절실했다. 그리고 이를 위해서는 더 많은 양의 이데올로기를 주입함으로써 노동자의 국가를 부르주아 서독으로부터 "차단할" 필요가 있었다. 서구 역시 경계할 이유가 있었다. 동구와의 협상을 확실하게 해내기 위해서는 군사적 균형유지가 절실한데, 데탕트가 이 균형유지에 대한 서구여론의 지지를 약화시킬 우려가 있었던 것이다. 서독과 동맹국들은 화해무드가 동서간의 근본적 차이에 대한 인식을 둔화시킬 것에 대해서도 우려했다.

어떤 형태로 동구와 협력해야 불편해 하는 동독(그리고 그 후견국가인 소련)이 세운 장애물을 허물면서 또한 서독을 서방 안보정책의 주류대오에서 이탈하지 않게 할 수 있을까? 연합당의 비판자들도 당이 이러한 과제의 민감성을 알고는 있지만, 근본주의자들의 해법인 동서관계의 축소는 새로운 위험을 조성할 뿐이라고 보았다. 사민당 좌파는 관계교착의 가능성을 모르는 척하거나, 동독의 불안감에 공감을 나타내고 동서관계에서 군사문제의 비중을 줄임으로써 교착을 막으려 했다. 사민-자민당 중도파와 기민당 개혁파는 블록간 대화와

20) Baring, Arnulf, *Machtwechsel*: *Di ÄraBrandt-Scheel* (Stuttgart: Deutsche Verlags-Anstalt, 1982), 614-25; *Vorwärts*, 1974년 1월 24일자.

블록 내 결속을 조화시킬 방법을 모색했다. 그러한 공동노력은 동방정책에 대한 광범위한 국내적 합의를 복구시키는 결실을 맺게 되지만, 그것은 10년 가까이 계속된 지루한 논쟁이 있은 뒤에나 비로소 이뤄질 일이었다.[21]

21) Wagner, Wolfgang, "Ein Modus Vivendi in eutschland," *Europa Archiv* 1(1973): 1-6; Joffe, Josef, "Westverträge, Ostverträge und die Kontinuität der deutschen Aussenpolitik," *Europa Archiv* 4(1973): 11-24; Hassner, Pierre, "Old Conflict, New Rules," *Orbis* 17(Fall 1973): 895-911.

제5장

한계점에 다다른 동방정책

1973~1976

1. 브란트-쉘 동방정책의 마지막 단계

동구조약 비준 이후 브란트 동방정책의 주요과제는 동유럽 3개국과의 관계 정상화를 비롯한 미해결 문제들을 매듭짓고 동독과 후속협정을 논의하는 것이었다. 서독정부는 또한 새로운 다자간 유럽안보협력회의(CSCE) 및 상호균형감군회의(MBFR)에서 적극적 역할을 할 계획을 가지고 있었다.

그러나 동구권이 서베를린을 고립시키려는 움직임을 보이면서 브란트의 계획은 난관에 부닥쳤다. 동독은 스포츠 및 청소년 교류에 관한 양독합의에 서베를린을 포함시키지 않으려 했고, 또한 1971년 4강협정은 서독과 서베를린 간에 단지 "연계"(*tie*)가 있다는 것을 인정했을 뿐 "결합"(*bond*)을 허용한 것은 아니라고 주장했다.[1] 더욱이 헌법재판소 결정 이후 체코슬로바키아와 헝가리도 서독과의 관계 정

1) 공식적인 4강 합의문은 독일을 제외하고, 점령국의 네 가지 언어로만 되어 있었기 때문에 독일어로의 번역을 둘러싼 논란이 있었다.

상화 과정에서 서베를린의 일반주민들, 즉 "자연인들"(*natural persons*)에 대한 서독의 대표권은 인정하지만, 공적 기관들, 즉 "법인들"(*juridical persons*)에 대한 권리는 인정하지 않겠다고 선언했다. 이는 서독의 4강협정 해석에 대한 도전이었고, 서베를린 사민당원들 사이에서조차 이 분단된 도시의 외교적 고립에 대한 불안감이 고조되었다. 1973년 들어 동독관리들은 자국주민들의 탈출을 돕는 서독인들이 서베를린 이동도로를 불법적으로 "악용"(*misuse*)하는 것을 단속했다. 그러한 행위가 1971년 베를린 합의에 대한 위반이라며 서독정부에게 중단시킬 것을 요구했다. 동독은 또한 계속해서 인적 접촉을 제한하는 조치를 취했고, 급기야 동독과 동베를린을 방문하는 서독인들이 국경을 건널 때 의무적으로 환전해야 하는 기본금액을 크게 인상했다. 동독이 필요로 하는 서독의 경화는 계속 받아내되 접촉은 줄이려는 의도였다. 더 나아가 동독당국은 이데올로기적 차단조치도 강화했다. 기본조약이 민족문제를 언급함으로써 단일한 독일민족의 존재를 암묵적으로 인정한다는 서독의 해석을 거부했고, 헌법을 개정해 명시적은 물론 묵시적이라도 전체 독일을 언급하는 조항을 전부 삭제해버렸다.

동독의 이러한 행위에 대해 서독정부는 통일된 입장을 마련하지 못한 채 갈팡질팡하였다. 동방정책의 장기목표에 대한 연정내부의 기본적 이견 때문이었다. 자민당과 보수주의적 사민당 인사들, 특히 베를린 지역 사민당원들은 서독정부가 협정에 대한 스스로의 해석을 고수하고 동독의 차단행위와 인도적 조치에 대한 제한행위들에 정면 대응해야 한다고 주장했다. 이들을 이끈 인물은 자민당 소속 내무장관 한스-디트리히 겐셔로, 그는 동독에 대해 당대표인 쉘보다 더 깊은 의구심을 품고 있었다. 겐셔의 주도로 그들은 서베를린에 연방환경청을 설치하자고 제안했다. 서베를린 내 연방공화국의 존재(*presence*)를 승인한 4강협정의 모호한 조항을 동독이 어느 정도로 존중할지를 시험해보려는 의도에서였다. 헤르베르트 붸너와 사민당 좌파들은 그러한 입장이 동독의 불안감을 가중시켜 역효과만 낼 것이라고 반대했다. 붸너는 소련방문 도중 서독이 베를린 문제에 대해 "너무 세게 나갔다"고 공개적으로 비판했다. 특유의 직설적 화법으로 그는 동구조약 반대자들이—연합당 및 사민-자민당의 강경파를 의미한 것으로 해석되었다—동구조약의 이행방안을 결정하지는 않을 것이라며 소련을 안심시키기까지 했다.

오로지 개인적 역량으로 총선승리를 이끌어낸 직후였음에도 브란트는 위의 두 입장 사이에서 통일된 정부방침을 만들어내지 못했다. 동독이 추가적으로 여행제한 조치를 취할 것을 우려한 브란트는 베를린 협정에 규정된 서독의 의무를 준수해 동·서독간 통행로(*transit ways*)에서 돈을 받고 동독인들의 탈출을 돕는 이들을 단속하겠다고 약속했다. 그러나 동시에 동독을 탈출할 수 있는 기본적 인권을 침해하지도 않을 것이라고 약속했다. 베를린 문제에 대해서도 그는 일관된 태도를 보이지 못했다. 처음에는 강경하게 대응해 서베를린인 전체를 대표할 서독의 법적 권리를 체코가 인정할 때까지 추가적 조약협상을 보류했다. 또 붸너의 비난을 감수하고 1973년 여름으로 예정됐던 프라하 방문을 취소함으로써 단호한 의지를 보였다. 그러나 결국 1973년 12월에 서베를린의 "법인들", 즉 기관들을 대표할 권리에 대한 모호한 타협을 받아들여 수교조약에 서명했고, 서독 안팎에서 이제까지 그에게 우호적이던 언론들도 비판적 반응을 보였다.

정부 대변인들은 여행, 이민, 통행로 안전 등 많은 분야에서 동방정책의 약속을 실현했다고 주장했다. 그러나 브란트에 우호적인 〈디 차이트〉와 〈슈피겔〉 조차도 동독의 제한 및 차단조치에 대한 정부의 대응이 무기력했다고 비판했다.[2] 1973~74년의 여론조사도 브란트

2) *Texte zur Deutschlandpolitik*(이하 *TzDp*로 칭함), ser. 1, vol. 12, 328-29.

와 동방정책, 데탕트 일반에 대해 국민들이 불안감을 가진다는 것을 보여주었다. 1973년의 한 조사에서 동방정책에 대한 만족과 불만족이 반반으로 나뉘었고 불만족스럽다는 응답자의 수도 전년에 비해 거의 두 배가량 증가한 것으로 나타났다. 1974년 초의 다른 여론조사에 의하면, 동방정책에 대해 낙관한다는 응답자의 비율이 전년의 61%에서 38%로 감소했고, 비관적으로 보는 응답자는 45%에 이르렀다. 서베를린 시민들은 더 강한 불만을 표시했다. 특히 서독정부가 자신들의 이익을 만족스럽게 지켜주지 못한다는 응답이 다수였고 서베를린의 미래에 대해 비관적 의견도 갈수록 늘어났다. 연합당에 호의적인 기관인 알렌스바흐(Allensbach)의 1974년 초 조사에서는 대다수 주민들이 브란트 정책보다 연합당의 동방정책을 더 신뢰하는 것으로 나타났고, 특히 과반수가 "사민-자민당의 동방정책에 대한 연합당의 경고가 옳았음이 더욱 분명해졌다"고 생각하는 것으로 나타났다.[3)]

1) 연합당의 대응

1973년 말과 1974년 초에 벌어진 사건들은 기민/기사당의 근본주의라는 불에 기름을 부은 격이었다. 키이프와 그라들 등 기민당 개혁주의자들은 서독정부가 동독의 민감성에 "과도하게" 신경 쓰는 모습에는 실망하면서도, 여전히 연합당이 사민-자민당 동방정책에 대해 관대한 태도를 보여야 한다고 주장했다. 그들은 비공개석상에서 당 동료들에게 지나치게 가혹한 비난과 고의적 방해행위는 자제해야 한

3) *Augsburger Allgemeine Zeitung*, 1973년 11월 22일자; 인파스 조사, FRG, Presse-und Informationsamt der Bundesregierung, 보도자료, 1974년 3월 13일자; *Der Tagesspiegel*, 1974년 3월 1일자; 알렌스바흐 조사, *Die Welt*(이하 *DW*로 칭함), 1974년 2월 28일자.

다고 주장하기도 했다.

그러나 근본주의자들은 동독의 차단 및 제한조치들이 자신들의 회의적 전망이 옳았음을 확인해주는 증거라고 보았다. 그들은 브란트가 "강경파인 체한다"고 비아냥거렸다. 총리가 진정으로 단호하다면 예컨대 동독이 베를린 통행로에서 탈출자들을 돕다가 붙잡힌 서독인들을 "공개재판"(*show trial*)에 넘긴 데 대해 공개적 대결도 불사해야 했다고 주장했다. 그들은 브란트가 이 문제와 관련해 심정적으로 동독편을 드는 듯한 바르와 분명한 선을 긋지 않고, 동독을 도와주자는 베너와 사민당 좌파를 공개적으로 비판하지 않은 것을 강하게 비난했다. 근본주의자들은 특히 베너가 서독과 서베를린의 관계를 약화시키려는 "경악스럽고", "수치스러운" 행동을 한다고 비난했다. 그들은 연방정부가 헌법재판소 결정을 존중해 서베를린에서의 연방의 "존재"를 확대해야 한다고 주장했다. 그들은 4강협정이 명시적으로 금지하지 않은 행위, 예컨대 "연방" 정치인들의 더 빈번한 공식방문 등은 허용되는 것으로 봐야 한다고 강조했다. 근본주의자들은 또한 동독의 의무환전액(*mandatory exchange*) 인상에 대한 정부의 강력한 대응을 촉구했다. 연정의 태도에 변화가 없자, 그들은 정부가 나약하기 그지없고 심지어 동독의 데탕트에 대한 공격에 "동조"하고 있다고 몰아붙였다.

근본주의자들은 1973~74년에 사민당에서 중립주의가 다시 고개를 드는 징후를 발견하고 공격의 수위를 한층 높였다. 사민당 청년분파(*Jusos*)가 동맹체제의 해체를 요구하고 서구 민주주의적 유대보다 "계급적 유대"(*class solidarity*)를 우선시하는 결의문들을 채택했다. 또한 5년 전의 바르 문서가 공개되어 더 큰 혼란과 논란이 일어났다. 그 외교각서는 군사진영의 해체와 미국과 소련의 병력철수, 공산국들과 서방국들로 구성되는 새로운 중유럽 집단안보체제를 선호하는 듯한 내용을 담았다. 문서가 언론에 공개된 데 이어 바르는 언론 인터뷰에서 동맹이 데탕트의 "장애물"이며 머지않은 장래에 동맹 문제도 협상의제가 될 수 있다고 말해 기민/기사당의 거센 비난을 샀다.

동시에 야당은 사민-자민당이 서방정책을 소홀히 다룬다고 공격했다. 서독정부가 서유럽 협력, 특히 군사적 공조를 게을리 하고 "오스트리아의 브루노 크라이스키(Bruno Kreisky)와 스웨덴의 올로프 팔메(Olof Palme)의 유럽", 즉 중립적 유럽을 선호하는 것은 바로 서유럽이 겁먹을 때만 뭉친다는 것을 의미한다고 주장했다. 따라서 서독과 서유럽 전체가 1973년 10월 중동전쟁에 "미온적이고 서투르게" 대응하고 그로 인해 미국을 소원하게 한 것은 사민-자민당의 동방정책 탓이라고 논했다. 연합당은 헨리 키신저의 "새로운 대서양 헌장"(*New Atlantic Charter*) 제안에 대응할 수 있는 단합되고 진취적인 하나의 유럽을 건설하는 데 서독이 주도적 역할을 해야 한다고 보았다. 그렇지 않으면 미국은 유럽을 협력자로서 진지하게 고려하지 않을 것이며 결국 유럽은 동쪽과 서쪽 사이에서 "엉거주춤하다가 낭패를 보게 될" 것이라고 경고했다.[4]

2) 1973~74년 합의들

근본주의의 부활은 당이 브란트 동방정책의 마지막 "미해결 과제"였던 세 개의 합의를 다루는 과정에서 보다 분명한 모습을 드러냈다. 이 합의들은 1973~74년 동안 논의되고 1974년 의회표결을 거쳤는데,

---

4) 연합당은 중립성의 이점에 대해서는 동의했지만, 미국이 베를린의 독립을 보장하기 때문에 서독은 미국을 더욱 지원해야 한다고 주장했다. 이에 따라 그들은 미국이 서독 내 NATO기지를 이용해 이스라엘로 군수물자를 나르는 것을 정부가 불허한 것과 서독이 프랑스의 미국지지정책에 협력하지 않은 것을 비판했다. CDU, *DUD*, 1973년 11월 6일자; *BK*, 1973년 11월 3일자.

연합당은 동·서독 사이의 "상주대표부"(*permanent representatives*) 설치를 위한 회담을 예의 주시했다. 대표부 교환이 동독에 대한 공식인정으로 이어지거나 또는 다른 방식으로 분단의 법적 잠정성을 훼손할 가능성이 있는지를 지켜보았다. 양 정부는 마침내 1974년 3월 공동의정서를 공개했다. 연합당은 서독 상주대표가 서베를린도 대표하도록 한 점은 환영했지만, 동독대표가 연방 대통령으로부터 신임장을 받도록 한 데 대하여는 실망을 금치 못했다. 근본주의자들은 즉각 칼스루에 판결을 근거로 기본법에 근거한 유보를 제기했고 의정서를 상원에서 저지하거나 법정으로 가져갈 것을 주장했다. 폰 바이체커 같은 개혁주의자들은 연합당이 대표부 교환을 무산시키고 그 책임을 뒤집어쓰게 되면 득은 없고 실만 많을 것이라고 설득했다. 체면을 살리기 위해 연합당은 정부에 의정서가 기본법에 합치한다는 것을 공식적으로 설명하고 외교관계와 무관함을 분명히 하는 조치를 취하라고 요구했다. 그러한 타협은 실용주의로 찬사를 받았다. 그러나 바이에른 의원들은 상원투표에서 기권했고 기민/기사당 정치인들은 의정서를 서독의 또 다른 "일방적 양보"라고 비판했다.[5]

1973~74년에 당내에서 근본주의가 우세했다는 사실은 체코와의 관계 정상화 조약에 대한 의회심의 과정에서도 드러났다. 조약의 핵심내용이자 쟁점은 1938년 뮌헨 협정(독일, 이탈리아, 영국, 프랑스가 주데텐 지역을 독일에 귀속시키기로 합의한 문서)을 "무효"로 규정한 조항이었다. 체코는 관계 정상화의 전제조건으로 서독이 이 조항을 받아들일 것을 요구했다. 연합당은 여러 달 동안 입장을 정하지 못했다. 사실 1960년대 이래 연합당은 원칙적으로 뮌헨 협정의 무효화와 주데텐에 대한 영토권 주장포기도 가능하다는 입장이었다. 그러나

5) 동베를린 대표를 환영하는 행사에 의장대가 없었고 연방 대통령이 관례적인 모닝코트 대신 일반코트를 입었음에도, 연합당 근본주의자들의 불만은 가라앉지 않았다.

추방자 그룹, 특히 문제의 주데텐 출신들은 체코가 "무효"라는 말을 뮌헨 협정이 소급적으로 법적 효력이 없다는 의미로 해석할 가능성이 있다고 주장했다. 그렇게 해석할 경우 주데텐 추방자들은 2차 대전 당시 체코 시민이었던 셈이 되고, 따라서 법적으로 배상책임이나 형사책임도 부담하는 결과가 된다고 보았다. 서독 협상단이 이미 그런 가능성을 배제하는 문구를 협정문안에 추가시켰지만, 연합당은 그 문구마저 양 당사국이 달리 해석할 가능성이 있다고 주장했다. 또한 근본주의자들은 협정전문이 체코에서의 나치범죄는 명시적으로 규탄하면서, 전후 체코가 독일계 주민들을 주데텐으로부터 추방하는 과정에서 폭력과 커다란 재산손실이 따랐던 것은 구체적으로 언급하지 않은 데 대해 강하게 이의를 제기했다.

기민/기사당 입장에서는 이 문제들만으로도 서독-체코 조약비준을 충분히 거부할 만했다. 그러나 설상가상으로 1973년 체코가 서독의 서베를린 대표권을 규정하는 조항을 거부하고 브란트가 이 문제에 대한 타협안을 받아들이는 일이 발생했다. 상원다수를 점하던 연합당 의원들은 1974년 초 의회심의 과정에서 이의를 재확인하고 전원 반대표를 던져 공식비준을 연기시켰다.

연합당의 분열과 근본주의자들의 완고함은 10년 전에 조인된 핵확산금지조약(NPT)에 대한 비준심의 과정에서 다시 한 번 드러나게 된다. 근본주의자들은 드골주의적 기질을 발휘해 NPT가 초강대국들의 쌍무적 이해에 기초하며 유럽을 차별한다고 비판했다. 또한 NPT가 향후 서유럽 연합국가의 자체적 핵억지력 개발을 막는 데 이용되거나, 적어도 소련에게 NATO의 핵무기에 관한 의사결정에 개입할 수 있는 권리를 부여해 "동방정책의 감춰진 안보위험"을 더 가중시킬 수 있다고 주장했다. 그들은 소련의 지속적 핵증강을 지적하며 그러한 위험성을 더욱 강조했다.

개혁파 사이에서도 NPT에 대한 유보가 없지는 않았다. 그러나 대서양주의적 성향을 가진 그들은 이 문제를 동맹의 결속에 대한 영향이라는 관점에서 접근했다. 프랑스를 제외한 모든 NATO 회원국들이 이미 NPT를 서명한 상황에서 서독이 비준하지 않는다면 동맹국으로서의 신뢰에 금이 갈 것이라고 우려했다. 그들은 또한 NPT가 미래의 단일 유럽국가에는 구속력이 없다는 미국의 보장을 받아들였다. 기사당은 아니더라도 적어도 기민당만은 NPT 승인을 저지하지는 않을 것이며, 다시 한 번 무익한 방어행동으로 국내외적 고립을 자초하는 무리수를 두지 않을 것이라는 예측이 우세했다.[6)]

사전조사에서는 조약에 반대하는 연합당 하원의원들이 과반을 약간 넘었지만, 1974년 2월 실제투표에서는 상황이 역전되었다. 조약의 모든 주요사항들이 불명확하고 소련이 서독과 미국의 해석을 거부했다는 슈트라우스의 주장에 따라 과반에 못 미치는 90명의 의원들이 반대표를 던졌지만, 일부 근본주의자들은 정부의 설명을 받아들여 기민당 개혁파와 함께 찬성표를 행사했다.

NPT 표결 전에 장기간의 사전심의가 있었기 때문에 연합당은 과거처럼 비준 후 상호 비난전이 벌어지는 것을 피할 수 있었다. 그러나 최초 동구조약들이 통과되고 2년이 지난 후에도 당내분열과 이중성은 여전히 해소되지 않았다.

6) 그들은 또한 서독이 NPT를 승인하지 않으면 원자력산업에 필요한 우라늄을 수입할 수 없게 될 것을 우려했다. *FAZ*, 1974년 2월 9일자.

2. 슈미트-겐셔의 실용주의

1974년 4월 말 정보당국이 총리실에서 암약하던 동독간첩을 적발했고, 그 여파로 이미 약해질 대로 약해져 있던 브란트가 자리에서 물러났다.[7] 후임자인 헬무트 슈미트(Helmut Schmidt)는 야심적이고 까다롭지만 명석하고 다재다능한 인물로 함부르크 부시장, 의회의장을 지냈고 1969년 입각해 국방, 경제, 재무장관을 역임했다. 안보, 통상전문가인 그는 서방과의 관계를 중요시했고 브란트를 은근히 무시하는 태도를 보이곤 했다. 그래서 그가 동방정책에 대해 비교적 신중한 입장이라는 것은 이미 널리 알려져 있었다. 신임총리는 취임 직후 동구관계보다 서방정책에 더 많은 관심을 기울였다. 또 데탕트에 대해 실용적이고 사무적인 접근방식을 채택해, 동구에 경제적 인센티브는 제공하겠지만 실제적 문제에 관해서는 양보하지 않을 것임을 분명히 했다.[8]

이러한 정책변화는 대통령이 된 쉘의 후임으로 자민당의 한스-디트리히 겐셔가 외무장관이 되면서 더욱 분명해졌다. 그는 내무장관 재직 시 빈번히 브란트 동방정책의 속도를 늦추려고 해 "제동수"(*brakesman*)로 불리기도 한 인물이다. 그러한 태도는 젊은 시절에 동

---

7) Baring, Arnulf, *Machtwechsel: Die Ära Brandt-Scheel*(Stuttgart: Deutsche Verlags-Anstalt, 1982), 722-62. 이 사건 자체는 동방정책 논쟁에 장기적 영향을 거의 미치지 않았다. 연합당 근본주의자들은 조사를 요구했고, 그 사건을 이용해 브란트의 동방정책이 순진함에서 벗어나지 못하고 있다고 비판했으며, 서독 주재 동독대표부가 "간첩소굴"이 되도록 한 것에 대해 경고했다. 그러나 아무도 동독대표부의 폐쇄나 동독과의 협상중단을 요구하지는 않았다. CDU/CSU, Fraktion, 보도자료, 1974년 5월 2일자.

8) 아르눌프 바링이 후에 지적했듯이 서독 외교정책의 이러한 결정적 전환은 1982년이 아니라 이미 1974년에 일어났다고 볼 수 있다. *DZ*, 1982년 10월 15일자.

독에서 이주한 그의 배경과도 무관하지 않았다. 또한 뛰어난 정치전략적 감각의 소유자인 그는 쉘과는 달리 사민당과의 연정에 연연하지 않았고 연합당과 어느 정도 교감도 있었다.

같은 시기에 프랑스에서는 발레리 지스카르 데스탱(Valéry Giscard d'Estaing)이 대통령에 당선되었다. 재무장관으로서 친분을 쌓았던 슈미트와 지스카르 데스탱은 집권 직후 많은 정책을 함께 추진했고 특히 유럽공동체(EC) 내에서 긴밀히 공조했다. 프랑스와의 협력을 중시했기 때문에 슈미트는 더더욱 동방정책 논란에 휩싸이는 것을 피하려 했다. 근본주의를 따라 다시 통일을 강조하든 사민당을 따라 동구협력을 강화하든, 어느 쪽이나 프랑스의 우려를 촉발해 양국간 새로운 동반자 관계를 훼손할 것이라고 보았기 때문이다.

슈미트와 겐셔는 전임자들이 추진한 정책의 내용은 유지할 수밖에 없었지만 우선순위와 접근방법은 달리했다. 사실 슈미트-겐셔의 실용주의적 정책은 여러 측면에서 그동안 야당이 브란트의 "순진한 도덕주의"(*naive moralism*)에 대한 해결책으로 제시했던 내용과 유사했다. 새 내각은 동방정책을 펴나가면서 민족문제에 대한 서독의 전통적 입장을 경시하지 않았다. 예컨대 슈미트는 1975년 국정연설에서 민족 단일성을 지지하고 독일역사에 대한 진솔한 평가를 요구하면서도 공산권과의 관계에서는 현실주의적 입장을 보였다. 한 신문사설은 "연합당이 더 보탤 것이 없다"라고 평할 정도였다. 그의 실용주의적 접근법은 보수주의 집단들까지 포함해 광범위한 지지를 받았다.[9]

다른 한편 슈미트와 겐셔는 경제적 지렛대를 이용해 어느 정도 정치적 양보를 얻어냈다. 1974년 모스크바 정상회담에서 원자력발전소 건설에 관한 합의로 베를린 지위문제에 대한 타협을 이끌어냈다. 몇 주 뒤에 슈미트는 동독에게 독일 내 무역과 관련한 "스윙"(*swing*, 무

9) *FAZ*, 1975년 1월 31일자.

이자 당좌대월)의 공여를 확대하고 그 대가로 동독이 서독 방문객들의 의무환전액을 대폭 인하하는 양보를 얻어냈다.

여러 여론조사 결과 서독인들, 특히 서베를린 시민들 사이에 동방정책에 대한 신뢰가 회복되거나 적어도 안정되는 것으로 나타났다. 1975년 초 알렌스바흐 연구소는 "낙관론이 우세하다"며, 브란트-쉘 정책에 대한 충격과 위기감, 초기의 실망감이 없어졌다고 결론지었다. 연합당을 지지하는 유권자들 사이에서조차 동방정책에 대한 불만이 다시 줄어드는 경향을 보였다.[10]

슈미트와 겐셔는 또한 세력균형의 필요성을 강조하고 안보와 에너지 정책에 관해 동맹국들과 긴밀히 협의했다. 미국은 서독이 서구의 일원으로서의 의무를 데탕트 추구에 종속시킬지도 모른다는 우려를 적어도 일시적으로나마 접을 수 있었다. 헨리 키신저는 서독에 "절대적으로 신임할 수 있는 인물이 있다는 것은 커다란 위안"이었다고 회고했다.[11]

1) 연합당과 헬무트 슈미트

슈미트와 겐셔의 성공으로 연합당은 난처한 상황에 놓였다. 연합당 지도자들은 베를린 문제와 동독관계에 대한 총리의 확고한 입장을 환영했지만, 근본주의자들은 그러한 정책의 성과를 낮게 평가하고 더 많은 양보를 얻어냈어야 했다며 요구의 수위를 높였다. 그들은 만약 연합당이 협상했다면 상대가 "언제든지 철회할 수 있는 약속"이 아닌 구체적이고 구속력 있는 반대급부를 내놓을 때에만 경제적 양보를 해줬을 것이라고 주장했다. 근본주의자들은 또한 소련과의 협

---

10) 알렌스바흐 조사, *Deutsche Zeitung/Christ und Welt*(이하 *DZ/CW*로 칭함), 1975년 1월 10일자; *Frankfurter Rundschau*, 1974년 10월 17일자.

11) Kissinger, Henry, *Years of Upheaval*(Boston: Little, Brown, 1982), 909.

력사업을 그곳에 거주하는 동포들의 이주확대에 연계시킬 것을 주장했다. 그들은 미·소교역을 유대인 이민에 결부시켰던 잭슨-바닉 수정안(*Jackson-Vanik amendment*)을 선례로 들었다. 연합당은 또한 동독이 의무환전액 인하를 실행에 옮기기도 전에 슈미트가 스윙을 확대해준 것을 맹비난했다. 동독이 과거에 약속했던 여행완화 조치를 이행하는 것에 불과한데, 서독이 마치 큰 은혜라도 입은 양 흔쾌히 대가를 지불한다고 비난했다. 바르첼은 정부가 한 것이라곤 기껏해야 원래 상태로 되돌린 것뿐이며 실제적 "성취"는 전혀 없었고, 게다가 동독은 언제라도 다시 환전액을 올리고 더 많은 양보를 요구할 가능성이 있다고 주장했다.[12] 근본주의자들은 슈미트가 스윙 확대의 대가로 정치범 석방, 국경과 베를린 장벽에서의 발포금지 등 더 많은 것을 얻어냈어야 했다고 주장했다.

정부의 실용주의적 정책에도 불구하고 슈미트의 임기 초기에 연합당은 여전히 서독과 동구진영의 관계를 쉽게 받아들일 수 없었다. 근본주의자들도 새 내각이 더 이상 실체적이고 중대한 양보를 하지 않고 보다 당당한 입장을 견지한다는 것은 인정했다. 그러나 그들은 사민-자민당 정부가 이미 루비콘 강을 건넜다고 판단했다. 동구와의 관계가 이미 분단의 수용을 전제로 한다는 것이다. 그런 조건하에서는 지위문제에 관한 작은 양보나 재정적 인센티브도 동독체제를 더욱 안정시킬 뿐이라고 보았다. 그들은 정부의 제한된 성과와 바르 같은 정치인들의 영향력을 지적하면서 여전히 데탕트의 위험성에만 집착했다. 개혁파는 그러한 우려에 어느 정도 공감하면서도 당이 데탕트 과정에 관여하는 것이 그러한 위험을 줄이는 최선책이라고 믿었다. 정부정책의 건설적 "감시자"를 자임했던 연합당은 결국 신중한 대응 외에 구체적 대안을 제시하지 못했고 당내 균열만 노출시키고

12) *TzDp*, ser. 2, vol. 2, 439.

있었다.[13)]

국내정치적 전략을 둘러싼 논쟁에서도 동방정책의 내용에 대한 당내이견이 두드러지게 나타났다. 슈미트의 실용주의에 대한 높은 국민적 지지에도 불구하고, 연합당은 1974~75년 일련의 주선거에서 승리했고(기사당은 바이에른에서 60% 이상 득표하였다), 여론조사에서도 당의 지지도가 상승한 것으로 나타났다. 슈트라우스 등 근본주의자들은 이를 연정에 대한 연합당의 완강한 저항에 대한 보상이라고 보았다. 이에 반해 기민당 대표인 콜과 개혁주의자들은 당이 동방정책에 유연하다는 새로운 이미지를 심는 것이 정치적으로 더 현명한 선택이라고 믿었다. 쿠르트 비덴코프 사무총장의 주도하에 기민당은 하부구조와 당원을 대대적으로 확충하였다. 또한 강령개정 작업에 들어가 국내문제에 대해 보다 새롭고 온건한 입장을 개발하고 있었다. 개혁파는 유권자들이 야당으로 지지를 바꾼다면 그것은 연합당이 사민-자민당 정책을 해체하려 하기 때문이 아니라 동구문제를 보다 성공적으로 다룰 것이라 약속했기 때문이라고 보았다.

그러나 콜은 1976년 선거를 앞두고 개혁적 실험을 감행할 수 있는 상황이 아니었다. 그는 한창 연합당 총리후보로서 당내입지를 굳히고 대중적 지지를 얻는 중이었지만 동방정책과 관련된 부정적 이미지를 상쇄하기 위한 쇄신운동에 나선다면, 여전히 정책결정의 중심이자 근본주의자들의 보루인 공동의원단과의 공공연한 대결이 불가피할 것이고 콜로서는 아직 그것을 감당할 입장이 못 되었던 것이다. 과거에도 그랬듯이 동방정책 이슈는 분열의 도화선이 될 것인

---

13) 키이프와 폰 바이체커 등 일부 개혁주의자들과 소련 및 동독관리들의 정기적 접촉에 대해 대부분의 당 지도자들과 모든 근본주의자들은 경계하기 시작했다. 1975년 키이프가 개인자격으로 동독의 관제야당 기민당 간부들과 접촉한 것에 대해 일부 개혁파 명망가를 제외하고는 콜을 비롯하여 당 전체가 비판을 하였다. *Neue Zürcher Zeitung*(이하 *NZZ*로 칭함), 1975년 1월 21일자.

데, 콜은 그 어느 때보다 연합당의 단합이 필요했다.

이와 같이 슈미트의 실용주의로 인해 점점 수세로 몰리면서도 연합당은 효과적으로 대응하지 못했다. 당 지도자들이 동방정책의 내용에 대해 여전히 입장을 분명히 하지 못했고 그 정치적 차원에 대해서도 의견이 갈렸기 때문이다. 콜은 연합당의 입장차이가 표출되지 않도록 하면서 당의 결속을 해치지 않을 정도까지만 유연한 모습을 보여주는 데 만족해야 했다.

신중한 합의형성을 중시하는 콜의 성향은 1975년 기민당의 새강령을 심의하는 과정에서도 분명히 나타났다. 그가 임명한 개혁파 사무총장 비덴코프가 말한 대로 이른바 만하임 선언(*Manheim Declaration*)은 기존정강 성명들에 비해 대외정책에 많은 비중을 두었다. 그러나 그것은 동방정책에 대한 기민당 정통파들의 원칙들에 다소 유연한 입장들을 더한 것에 불과했고, 양자의 조화로운 결합을 통해 보다 적극적인 접근법을 제시하지는 못했다. 물론 새강령은 양독관계에 상대적으로 높은 우선순위를 두었고 인적 접촉이 민족문제를 미해결 상태로 유지하는 데 필요한 것임을 명시했다. 또한 통일과 민주적 자유의 상호연계를 강조함으로써 민족주의적이라는 비판을 피해갔다. 그러나 동방정책 수행을 위한 기민당의 본격적 대안을 기대한 이들은 실망스러웠다. "변화하는 세계적 조건"으로부터 과거 외교정책의 성과를 보호할 것을 호소하는 내용을 담은 이 강령은 데탕트의 위험성에 대한 불안감이 — 그리고 동방정책을 제한해야 할 필요성이 — 여전히 기민당 전략을 지배한다는 것을 보여주었다.

상반된 입장들이 뒤섞인 이러한 분위기는 1975년 6월 기민당 대회에서도 재현되었다. 콜은 동구권, 특히 폴란드와의 협력을 위한 현명한 정책의 필요성을 강조했고, 당 동료들에게도 동독을 여행하면서 개인적 교류채널을 만들 것을 권고했다. 그러나 연사로 초청된 기사당 인사는 사민-자민당에 대한 연합당의 선명한 비판이 갈수록 커다란 여론의 호응을 받고 있다고 주장했다. 이어 나온 개혁파 키이프는 당의 "이데올로기적 제한성"에 대해 경고하면서 "우리내부에서 외교정책에 관해 토론할 충분한 자신이 있는가?" 라는 물음을 던졌다. 그러나 더 많은 박수를 받은 쪽은 기사당 인사였다.[14)]

몇 주 뒤 키이프의 물음에 대한 답변이라고 할 만한 사건이 터졌다. 라인란트 출신 한 기민당원이 동독에 대한 압력에 이의를 제기하면서 정통노선에 도전하는 글을 발표했다. 공동의원단은 지역당 간부들이 그 문건이 공식입장과 무관함을 밝혀야 한다며 콜에게 조치를 요구했다. 그 직후 독일정책에 관한 라인란트 기민당 회의에서 이 문제가 다루어졌고 회의에서 의사록에 남기기 부적절하다고 여겨질 정도의 신랄한 논전이 벌어졌다.[15)]

콜은 기사당이 공동으로 개입되는 경우, 정책변경에 훨씬 더 신중한 태도를 보였다. 대표적인 예가 1975년 11월 뮌헨 부근에서 있은 독일정책에 관한 범연합당 대회였다. 키이프와 비덴코프, 바르첼, 폰 바이체커, 슈뢰더, 그리고 라인란트의 기민당 대표단원 등 주요 개혁주의자들은 대회에 불참했다. 연단을 장악한 것은 추방자 그룹 등 의원단 내 근본주의자들이었다. 그들은 연합당 같은 대규모 정당에서 의견차이가 있는 것은 당연하지만, 압도적 다수의 입장을 대변하는 것은 자신들이라고 주장했다. 개혁파가 불참한 가운데 서독의 법적 입장 등 당의 전통적 원리들에 대한 호소에 열렬한 지지가 쏟아졌다. 그러나 단일성에 대한 "항구적이고 … 여전히 유효한 의무"가 동구대화와 어떻게 조화될 수 있는지는 어느 누구도 분명히 설명하

---

14) CDU, *Protokoll*: 23. *Bundesparteitag der Christlichen Demokratischen Union Deutschlands*, *Niederschrift*, Mannheim, 1975년 6월 23-25일자, 175-76.

15) 학자인 볼프강 파일러는 동독의 내부변화를 도모하는 정책이 동독의 차단조치와 인적 교류 제한을 불러올 뿐이라고 경고했다. 이는 연합당의 정통노선뿐만 아니라 바르가 내세운 전략과도 충돌하는 것이었다. *FAZ*, 1975년 11월 15일자; *SdZ*, 1975년 11월 24일자.

지 못했고, 동방정책의 위험성을 제한하기 위한 논의만이 무성했다. 또 많은 발언자들이 여전히 방어적 수사를 쏟아냈다. 당의 그간의 경고가 모두 옳았음이 판명되었다고 강조하여 심지어 "GDR"이라는 동독의 이니셜을 사용하는 것조차 거부했고 서독정부가 대외정책의 실패로 소련의 야심에 대한 서구의 대응을 무력화시켰다며 맹공을 퍼부었다.[16] 연합당에 우호적인 보수지 〈프랑크푸르터 알게마이네 차이퉁〉(*Frankfurter Allgemeine Zeitung*) 조차 연합당의 "개념의 결여"(*lack of a concept*) 를 개탄하며 대회에서 당의 "한심한 상황"이 그대로 드러났다고 평했다. 다른 신문은 대회가 1975년이 아닌 1965년의 사고방식과 이슈들에 머물렀고 당면과제들은 관심의 대상도 되지 못했다고 비판했다.[17]

---

16) CSU, *Information zur Deutschlandpolitik*, vol. 8, *Freiheit und Recht für Deutschland und Europa*, documentation from the Deutschlandpolitische Congress of the CDU/CSU, Ingolstadt, 1975년 11월 28-29일.

17) *FAZ*, 1975년 12월 1일자; *SdZ*, 1975년 12월 1일자.

3. 동방정책의 완성

연합당은 1975년 여름에 중대한 도전에 직면했다. 몇 달에 걸친 유럽안보협력회의(CSCE) 협상이 마무리되고 35개국의 지도자들이 헬싱키 최종의정서(Helsinki Final Act)의 조인을 앞두고 있었다.

중동 및 남아프리카 사태로 미·소관계가 냉각되면서 헬싱키 프로세스에 대한 헨리 키신저 미국 국무장관의 회의적 시각은 더욱 깊어졌다. 그럼에도 불구하고 그는 (인권문제를 더욱 강조하는 방향으로) 협정을 수정하든지 아니면 포기하라는 국내의 압박에는 맞섰다. 그는 데탕트 구축을 위한 하나의 "당근"으로서 CSCE가 필요하다고 보았던 것이다. 서독의 서유럽 동맹국들도 동서진영이 원칙을 선언하는 것이 어떤 가치가 있는 것인지에 대해 의구심을 가졌지만, 결국 의정서를 지지하기로 입장을 통일했다.

슈미트 정부도 우방국들의 유보에 공감했지만 CSCE가 데탕트에 결정적으로 기여할 것으로 판단해 협약을 승인했다. 이 문서가 조약이 아니라서 의회비준을 받을 필요는 없었지만, 서독 의원들은 소중한 여름휴가를 단축하고 특별회기에서 심의하기로 했다.[18]

연합당 지도자들 대부분이 의정서에 유보적 의사를 가졌으나 모두가 필사적으로 반대하지는 않았다. 그러나 의원단은 근본주의자들의 입장을 받아들여 총리에게 서명을 거부할 것을 공식 권고하기로 했다. 당의 단합된 이미지를 보이기 위해 만장일치 투표를 결정했지만, 다른 한편 유연한 인상을 주려는 의도에서 개별의원들에게 투표

---

18) 연합당은 협상이 막바지에 이르자 정부가 독일에 영향을 줄 조항들에 대해 견고한 입장을 보일 것을 요구했다. 그러나 진행 중인 동서협상에 조심스러운 입장을 취한 야당은 유럽안보협력회의(CSCE)가 역사적 기회라며 원칙적 지지를 표시했다. 연합당은 참관인 자격으로 제네바 회담에 참가했다.

이유를 개진하도록 권유했다.

근본주의자들은 소련이 지난 수십 년간 CSCE를 집요하게 추진한 이유는 그것이 "공격적이고 팽창적이고 침략적인" 평화공존 개념에 유용하기 때문일 것이라고 의심했다. 그들이 보기에 소련의 목적은 서구로 하여금 자신의 제국적 패권을 암묵적으로 인정하도록 하는 것이었다. 평화공세는 서구의 의견을 분열시키고 소비에트 패권주의라는 현실적 안보위협으로부터 관심을 돌리려는 것에 불과했다. 근본주의자들은 브란트와 바르가 CSCE를 적극 추진했고 그에 회의적이거나 무관심했던 미국을 재촉해 동참하도록 했다고 비난했다. 또한 슈미트가 CSCE의 최종서명을 진정한 협력을 구체화할 수 있는 유일한 대화구조인 비엔나 군축회담의 진전에 연계시키지 않았다고 비판했다. 근본주의자들은 소련이 꾸준히 군비를 증강하고 인도차이나와 앙골라에 대한 개입은 물론 NATO 회원국인 포르투갈에서도 막 싹튼 민주주의를 가로막기 위해 간접적으로 개입하고 있음을 지적했다. 그러한 시기에 위선적 최종의정서 선포는 데탕트와 안보에 대한 그릇된 인식을 낳을 것이라고 주장했다.

물론 최종의정서에서 소련이 원하는 모두를 얻은 것은 아니었다. 그러나 근본주의자들은 그것은 부차적 문제에 불과하다고 보았다. 그들의 관점에서 그 사실이 의미하는 바는 문서가 더 개선되었다는 것이 아니라 더 나빴을 위험성도 있었다는 것뿐이었다. 실제로 안보에 관한 바스켓(*Basket*) I의 조항들은 "국가들의 주권적 평등 존중", "국경 불가침성", "영토적 통합성", 타국내정에 대한 "불간섭"같이 동구조약들로부터 직접 차용한 문구들을 담았다. 근본주의자들은 소련이 이러한 문구들을 현상유지에 대한 서구의 정치적, 법적 인정으로 해석한다고 주장했다. 게다가 서방 협상대표들이 1968년 체코 침공을 불개입 조항에 대한 위반으로 이의를 제기하지도 못했기 때문에, 결국 소련에게 브레즈네프 독트린(*Brezhnev doctrine*)이 최종의정서로부터 면제되는 것으로 해석할 여지를 준 셈이라고 논했다. 그들은 서독정부가 또다시 소련이 자의적으로 해석할 수 있는 합의에 서명하는 우를 범하려 한다고 주장했다.[19]

개혁파도 그러한 점들을 우려했다. 외교관 출신이며 연합당의 주요 대변자로 떠오르던 알로이스 메르테스(Alois Mertes)는 CSCE가 (공식적으로는 아니더라도) 본질적으로 독일에 관한 회의였다고 보았다. 예컨대 영토적 통합성과 국경 불가침성에 관한 익숙한 문구들은 "프랑스와 스페인 간 또는 스웨덴과 핀란드 간의 국경을 염두에 둔 것이 아니었다." 그 목적은 명백히 독일분단에 대한 세계의 인정을 받아내려는 것이었고 소련이 CSCE에 집착한 것은 바로 그 때문이라고 주장했다.[20] 연합당 지도자들은 평화적 국경변경을 허용하는 조항에 대한 소련의 동의를 얻어낸 것은 높이 평가했다. 그러나 그것이 통일의 가능성을 열어두었다는 슈미트의 주장은 받아들이지 않았다. 소련이 "국경 불가침성"의 원칙이 우선한다고 주장할 것이기 때문이었다. 더욱이 평화적 국경변경에 관한 조항이 그 뒤의 자결권에 관한 내용에 명시적으로 연계되지 않았고, 따라서 독일인들의 자유선택에 의한 통일을 허용했다고 볼 수 없다는 것이다. 그러한 누락은 독일인들이 통일에 대한 국제법적 권리를 갖는다는 서독의 명분을 손상시켰다고 보았다. 의정서는 기껏해야 현존하는 두 주권국가들의 국가연합 형성(*confederal arrangement*)을 허용한 데 불과하며, 이것이야말로 전통적인 소련식의 "자결권" 관념에 부합하는 것이라고 연합당은 주장했다.

이러한 결함들이 사람과 정보의 더 자유로운 이동을 규정하는 바

---

19) CSU, *Information zur Deutschlandpolitik*, vol. 6, *Anspruch und Wirklichkeit*, documents about the Conference for Security and Cooperation in Europe(CSCE), Gerhard Baumann(1976).

20) 메르테스, *TzDp*, ser. 2, vol. 3, 274.

스켓 III의 이점을 무색하게 한다는 데 근본주의자들의 의견이 일치했다. 그들은 바스켓 III이 법적 의무를 생성시키지 않으므로 구속력이 없다는 것을 지적했다. 게다가 의정서에는 조건적이며 모호한 문구들과 "당사국의 자체 양식에 따라", "안보요건을 고려하여" 같은 구절들이 가득했다. 바스켓 III에 근거한 인권증진 노력에 대해서도 소련이 의정서의 내정 불간섭 원칙을 원용해 그러한 시도를 무력화시킬 것이라고 예측했다. 요컨대 헬싱키 협약은 개인의 권리가 아니라 국가의 권리를 명문화한 것이었다.

연합당 지도자들은 대체로 이 같은 내용적 비판에 이견이 없었지만, 개별 정치인들은 — 의원단이 처음 합의한 대로 — 각자의 상이한 반대근거들을 더 보태서 설명했다. 근본주의자들은 선언이 몇 가지 측면에서 "일리"가 없지는 않지만, 전반적으로 겉만 번지르르한 환상에 불과하다고 주장했다(슈트라우스는 심지어 사민당이 공산당과 공모한 것처럼 말했다). 이에 반해 키이프는 정부협상단을 칭찬했고, 서방국가들이 "훌륭히" 협력하고 독일의 자결권을 굳건히 방어해준 데 대해 찬사를 보냈다. 그는 최종의정서를 수용할 수는 없지만, 그럼에도 불구하고 정부와 야당은 독일의 이익과 보다 인도주의적인 유럽을 위해 "따로 행진해 함께 싸울 수 있을 것"이라고 말했다.[21]

이러한 내용적 반대를 건설적 야당이라는 이미지에 가장 효과적으로 연결시킨 것은 슈뢰더, 올라프 폰 브랑겔(Olaf von Wrangel), 알로이스 메르테스 등 중도파 정치인들이었다. 근본주의자도 그다지 개혁파 성향도 아닌 그들은 데탕트와 CSCE 자체는 긍정적 기회를

21) Hacke, Christian, "Parlamentarische Opposition und Entspannungspolitik — Die Position der CDU/CSU zur KSZE," in *Verwaltete Aussenpolitik: Sicherheits- und Entspannungspolitische Prozesse in Bonn*, ed. Helga Haftendorn, Wolf-Dieter Karl, Joachim Krause, and Lothar Wilkar(Cologne: Verlag Wissenschaft und Politik, 1978), 275.

제공한다는 것을 인정했으며, 서독협상단이 그 기회를 최대한 살리려 했고 실제로 일정한 성과도 거두었다고 평가했다. 연합당의 우려도 일부 해소되었음을 인정했다. 그러나 그들은 전반적으로 최종의정서가 득보다 실이 많다고 주장했다. 슈뢰더는 CSCE(그리고 1969년 이후의 여러 가지 쟁점들)에 관한 정부와 야당의 기본적 차이를 다음과 같이 요약했다. "우리는 정부에 비해 위험을 더 민감하게 인식한다. 당신들은 눈앞에 기회가 놓여 있는 것으로 믿는다. 그러나 위험의 존재를 누구도 부인할 수 없다. 야당이 아니라면 누가 그 위험을 지적하고 경고의 목소리를 내겠는가?"[22] 메르테스는 건설적 야당으로서 연합당은 모든 동구조약들에 대한 공산권의 해석에 맞서 서독의 공식적 해석을 계속 방어할 것이라고 덧붙였다. 몇 주 후 폰 브랑겔은 앞으로 정부가 최종의정서의 "부정적 결과에 대처하고 긍정적 기회를 적극 활용할 수 있도록" 기민/기사당의 협조를 약속했다. 무엇보다도 독일에서 인도주의적 조치의 확대를 추진해 일반주민들을 돕겠다고 다짐했다. 같은 선상에서 기민당 집행위원회는 최종의정서에 대한 의결 없이 "이 의정서를 공격적으로 이용할 것"을 맹세했다.[23]

연합당의 "완고한" 독일 이익의 방어와 "헬싱키 정신"에 대한 냉소적 태도는 일부 언론에서 지지를 얻었고, 논쟁과정과 그 이후의 당의 차별화된 접근에 대해서도 어느 정도 긍정적 평가가 뒤따랐다. 그러나 전반적 반응은 부정적이었다. 당시 유럽에서 CSCE를 반대한 정당은 알바니아 집권 공산당과 연합당뿐이었고, 사민당은 이후 몇 년간 그 사실을 두고두고 상기시켰다.[24] 여러 해가 지난 뒤 많은 연

---

22) *TzDp*, ser. 2, vol. 3, 295.

23) Ibid., 266-76, 417; *FAZ*, 1975년 8월 11일자.

24) 언론은 연합당이 데탕트 과정을 제로섬 게임으로 다룬다고 비판했다. 유럽안보협력회의(CSCE)가 비록 서방이 목표한 바를 모두 달성하지는 못했으나, 미국과 유럽의 안보연대를 공식화했고, 군사력을 유지하면서 데탕트를 추진하는 원칙을 확인했으며, 유럽의 인권기준을 소련이 받아들이도록 하는

합당 지도자들도 자신들의 반대가 실수였음을 인정했다.

1) 폴란드 협정

기민당 강령의 소폭개정과 헬싱키 협정에 대한 "차별화된 거부"에도 불구하고, 당은 동방정책에 대해 방어적 입장을 계속 유지했다. 1976년 선거가 다가오면서 경쟁정당들은 연합당이 "전부 아니면 전무 식의 접근법"을 취한다고 비판했다. 그러나 최종의정서 조인 직후 전개된 몇 가지 상황을 계기로 연합당은 처음으로 방어적 입장을 벗어던지게 되었다.

슈미트와 폴란드 공산당 지도자 에드워드 기에레크(Edward Gierek)가 헬싱키에서 정상회담을 열고 양국관계의 오랜 교착상태를 타개했다. 양국은 1970년 조약의정서에서 폴란드 거주 독일인들의 이민을 촉진하기로 합의했지만, 그후 여러 해 동안 폴란드 당국은 의정서가 모호하고 법적 구속력이 없다는 점을 악용했다. 공산당 정권은 실제로 출국비자를 제한했고 국제적십자가 추산한 이주희망자 수치가 잘못되었다고 반박했다. 정상회담을 통해 서독은 ① 10억 서독 마르크 규모의 무역차관을 유리한 조건으로 제공하고, ② 나치 강점기에 독일 사회보장제도에 부담금을 내고도 연금을 받지 못한 폴란드인들에게 13억 마르크를 보상하기로 했고, 이에 대한 대가로 폴란드는 12만 명의 이민을 허용하기로 합의했다. 양국은 이민, 무역차관, 사회보장에 관한 세 가지 합의로 "과거문제"를 청산한다는 데 의견을 같이했다.[25] 이는 슈미트-겐셔의 실용주의 정책이 거둔 또 하나의 성

등 몇 가지 측면에서 소련보다 유리한 결과를 이끌어냈다고 볼 수 있었기 때문이다. *DZ*, 1975년 8월 1일자; *Kölner Stadt-Anzeiger*, 1975년 7월 25일자.

25) 이는 또한 나치 집단수용소와 강제노동의 희생자들 모두에 대한 배상을 요

과였다.

일부 근본주의자들을 포함해 연합당 정치인들은 여러 해 동안 폴란드와 조심스럽게 관계를 형성했다. 그들의 선의(*goodwill*) 표시와 바르샤바 방문(폴란드는 그들을 환대했다)으로 연합당 정책에 대한 폴란드의 적개심은 어느 정도 완화되었다.[26] 그러나 양국화해를 원칙적으로 환영하면서도, 기민/기사당 지도자들은 폴란드가 과거에 약속했지만 이행하지 않은 인도주의적 양보조치에 대하여 서독이 너무 비싼 대가를 지불한다고 강력히 비난했다. 그들은 이민에 관한 새 의정서가 무역차관이나 연금에 대한 합의와 달리 구속력을 갖지 않으며, 약 28만 명(적십자 추산으로 서독당국은 이에 의문을 제기했다)으로 추산되는 독일계 출국비자 신청자들의 절반만을 대상으로 한다고 비판했다. 야당은 또 폴란드에 남아 있는 독일계 소수민족의 언어 및 문화적 권리를 보장하는 조항이 포함되지 않은 것을 개탄했다. 또한 폴란드 정부에 일괄 지급되는 현금이 과연 개인 연금생활자들이나 피해자들에게 돌아갈 수 있을지에 대해서도 의심스러워했다.[27]

근본주의자들은 요컨대 협상 전체를 "공갈"(*blackmail*)로 규정했다. 서독은 폴란드의 "가짜 인도주의", "가짜 화해"의 호소에 넘어가 같은 거래에 대해 값을 두 번 치르려 한다고 비난했다. 슈트라우스는 1970년 바르샤바 조약과 CSCE에 대한 연합당의 의심이 사실로 드러났다고 주장했다. 협정들에 대해 부정적인 여론조사 결과에 고무된 슈트라우스와 연합당 다수는, 비록 가능성은 희박했지만 슈미트에게 재협상을 요구했고 그렇게 하지 않을 경우 승인을 거부하기로 의견

구한 폴란드와 공식 전쟁배상을 거부한 서독 간의 타협이었다.

26) *SdZ*, 1974년 12월 23일자.

27) 근본주의자들은 그런 간접적 지불이 향후 추가"배상" 요구의 전례가 될 수 있으며, 동독이나 오스트리아가 아닌 서독만이 전쟁범죄에 책임이 있다는 소비에트 진영의 주장을 암묵적으로 인정하는 것이라고 주장했다.

을 모았다.[28]

콜도 그러한 우려에 공감하고 연합당이 하원에서 반대표를 행사해 항의표시를 해야 한다는 데 동의했다. 그런데 다른 조약들과 달리 연금합의는 국가재정에 직접 영향을 주기 때문에 상원의 의결을 거쳐야 했고 상원의 다수를 점하는 연합당이 통과를 막을 수 있었다. 그러나 콜은 그렇게까지는 하고 싶지 않았다. 과거에 있었던 상원의 거부는 기껏해야 국제합의를 지연시켰을 뿐이지만, 이번에는 협정 자체를 무효화시킬 수 있었기 때문이다. 콜은 상원이 관례적 권한을 벗어나 외교정책 영역에 무책임하게 개입하고 폴란드와의 화해노력을 무산시켰다는 비난을 받을 것을 우려했다. 이는 그해에 있을 선거에 부정적 영향을 미칠 수 있는 것이었다. 콜과 슈트라우스는 하원에서는 반대하지만 상원에서는 연합당 집권 주들의 독자적 결정을 허용하기로 했다. 이로써 상원통과는 거의 확실시되었다. 자민당과의 예외적이고 불안정한 암묵적 연합을 형성하고 있던 자를란트(Saarland) 지역 기민당이 관계유지를 위해 협정에 찬성할 수밖에 없었기 때문이다.[29]

그러나 콜은 단순한 협정승인에 만족할 수 없었던 바르첼, 폰 바이체커, 키이프, 슈뢰더 등 개혁파 명망가들의 압박에 직면했다. 청년 및 노동분파의 지지를 받는 이들 당내 "반대자들"은 협정에 아무리 결함이 있더라도, 폴란드와의 화해의 상징이며 인도주의적 개선을 보장하는 조치들인 만큼 공개적으로 지지하는 것이 현명하다고 판단했다. 그들은 교회 지도자들과의 만남이나 폴란드 방문을 통해

28) 위케르트 여론조사, *Kölnische Rundschau*, 1975년 11월 5일자. 슈미트 정부는 조약이 무산되면 화해를 원하는 폴란드 온건파, 즉 서구지향적 가톨릭 세력들의 힘을 약화시키는 결과를 초래할 것이라고 주장했다.

29) Pauly, Wolfgang, "Christliche Demokraten und Christlich-Soziale: Untersuchung zum innerparteiliche Bündnisverhalten von CDU und CSU, 1969-1979"(Ph. D. diss., University of Trier, 1981), 241-51.

자신들이 옳다는 것을 확신하였다. 콜은 개혁파의 의견에 공감하여 그들을 비판하지 않았으며 협정들에 대한 자신의 의사조차 모호한 상태로 두었다.

슈트라우스는 콜이 양자간의 양해와 달리 협정을 "유보 없이" 반대하겠다던 약속을 저버렸다고 비판했고 상하양원에서 전면적 비준 거부투쟁에 나설 것을 요구했다. 그는 명백히 콜을 겨냥한, 연합당 지도자들에 대한 공개서한에서 단결된 행동을 촉구하고 과거처럼 양분된 투표가 반복되어서는 안 된다고 경고했다. 동방정책에 대한 연합당의 이의제기가 옳았음을 증명하는 사태가 전개되는 시점에서 당의 그간의 비판적 입장을 부정하는 일이 있어서는 안 된다고 호소했다. 그는 1970년 조약이 화해와 인도주의적 개선을 가져다주리라고 생각했던 바로 그 연합당 지도자들이 그러한 이상적 가치를 "정치적, 재정적 협박을 위한 무제한적 도구"로 악용하는 폴란드의 행동을 분명하게 거부해야 한다고 주장했다. "돈으로 산 이주의 자유, 불공평한 데탕트, 정부정책의 이른바 인기"가 찬성 투표할 이유가 될 수 없다고 강조했다. 바이에른 주정부는 법률의견서를 내고 이주의정서가 구속력이 없다는 슈트라우스의 주장을 뒷받침했다. 또한 연정이 최종적 평화조약을 체결하기도 전에 간접적으로 근거 없는 "배상"요구를 들어줌으로써, 평화조약에 악영향을 끼치고 전 독일을 대표할 서독의 권리를 훼손했다는 슈트라우스의 주장을 되풀이했다. 기사당은 기민당이 협정에 찬성한다면 양당연합을 해체하고 제4의 정당을 만들겠다는 은근한 위협까지 가했다.[30]

근본주의자들의 압력으로 연합당에서는 협정에 대한 공개적 지지 표시가 더 이상 나오지 않았고, 의원단이 과거처럼 양분되는 사태도 일어나지 않았고, 슈트라우스도 어느 정도 만족할 수 있었다. 다른

---

30) 슈트라우스, *SdZ*, 1975년 10월 27일자. 바이에른 주 브리프, *DW*, 1975년 10월 27일자.

한편 소수의 반대자들도 다수의 입장에 동조하도록 강요받지는 않았고, 따라서 유연한 당의 이미지를 유지하려는 콜의 희망도 충족되었다. 이후 이 두 지도자는 연합당이 감시자 역할의 일환으로 하원에서 협정들을 거부하기로 다시 합의했다. 그러나 콜은 이번에도 반대투표에 모호한 조건을 내걸어 자신의 우려가 어느 정도 해소되면 방침을 변경할 가능성을 열어두었다. 또한 자를란트 등 기민/기사당이 관할하는 주들은 상원에서 독자적으로 투표할 수 있어야 한다고 계속해서 주장했다.

1976년 초의 사건들로 인해 상원에서 협정을 통과시키려는 콜의 전술이 성공할 가능성이 높아졌고 연합당의 단결이 다시 위기에 봉착했다. 니더작센(Niedersachsen) 주의회 투표에서 익명의 자민당 의원 3명이 놀랍게도 사민당과의 연합에서 이탈, 기민당의 젊은 개혁주의자 에른스트 알브레히트(Ernst Albrecht)를 지지하여 주정부 수반에 오르게 했다. 알브레히트는 이제 자민당의 인용하에 공식적으로는 소수정부의 유지를 기대할 수 있었으며, 이는 그해 연방선거를 앞두고 자신과 기민당에게는 커다란 쾌거였다. 자민당을 유인하기 위하여 그는 니더작센 주가 자민당 대표인 겐셔가 이끈 폴란드 협정을 지지하겠다고 약속했다.

격분한 근본주의자들은 연합당의 외교사안에서의 신뢰보다 지방정치를 우선시하는 기민당 주 지도자들의 행동을 중단시키라고 콜을 압박했다. 지역주의에 기반한 기사당이 그러한 요구를 제기한다는 것은 다소 역설적이었다. 그러나 콜은 입장을 굽히지 않고 계속해서 자를란트와 니더작센 주정부에 완전한 자율권을 주었다. 그가 슈미트와 프로테스탄트 교회 지도자들에게 연합당이 폴란드와의 화해 및 인도주의적 조치에 반대하지 않을 것을 보장했다는 소문도 있었다. 메르테스도 폴란드 당국자를 만난 이후 당의 주요 요구조건들을 몇 가지로 좁힌 것으로 보였다. 겐셔도 야당이 제기하는 문제들을 해결할 방안을 찾기 위해 연합당과 협상에 나섰다.

겐셔로부터 만족스런 답변을 듣지 못했고 근본주의자들의 반대압력에 직면한 상황에서, 연합당은 원래 계획대로 하원에서 협정들을 거부했다. 기민당의 개혁파 17명만이 찬성했고,[31] 2백 명이 훨씬 넘는 연합당 의원들이 반대표를 던졌다. 적어도 표면적 단결을 유지하기 위해 모든 연합당 지도자들은 화해와 인도주의적 개선에 대한 희망을 언급하면서도 동시에 정부정책에 대한 의구심도 함께 피력했다.

그러나 하원투표 직후 알브레히트는 니더작센의 입장은 "조건부 찬성"(*yes if*)이라고 선언했다. 그의 요구조건은 협정이 배상의 전례가 되어서는 안 되고, 더 중요하게는 협정에서 합의된 12만 명 이상의 이민을 확실하게 허용해야 한다는 것이었다. 알브레히트는 재협상은 불필요하다는 데 동의했다. 즉, 원칙적으로 폴란드는 이미 이민을 촉진하기로 공식 약속했고, 그것을 "단순한" 선언이 아니라 "국제적으로 유효한 방법"을 통해 뒷받침하면 된다고 본 것이다.[32] 알브레히트는 개혁파 발터 라이슬러 키이프를 재무장관에 선임하고 폴란드 방문일정을 잡아 재차 분명한 신호를 보냈다.

콜은 그러한 조치를 승인했다. 상황이 1972년의 "so nicht" 전략과 유사한 양상으로 전개되었다. 연합당의 협정유보를 근본주의자들은 결코 타협할 수 없는 반대로 간주한 반면, 콜 등은 충족될 수 있는 요구조건으로 보는 듯한 발언을 했다. 불안해진 근본주의자들은 다소 문제 있는 여론조사 결과를 인용하며 다수의 국민들이 협정에 반대한다고 주장했다.[33] 협정수용을 저지하려는 의도에서 그들은 폴란드

31) 그들은 과거 사민-자민당의 동방정책이 이주권을 확보하지 못했고 동포문제의 해결을 위한 화해 분위기도 조성하지 못했기 때문에 비록 결함이 있더라도 꼭 필요한 것이라고 주장했다. *FAZ*, 1976년 2월 2일자.

32) *Welt am Sonntag*, 1976년 2월 22일자.

33) 두 기관의 여론조사가 완전히 상반된 결과를 보임에 따라, 이 자료들의 신뢰성에 대한 논쟁이 벌어지기도 했다. 위케르트 여론조사, *SdZ*, 1976년 2

내 독일계 소수민족의 권리보호를 감시하기 위한 양국 공동위원회의 설치를 주장하며 기민/기사당의 요구조건 목록을 늘려가기 시작했다. 그러나 기민당 지도부의 요구목록은 메르테스가 말한 "중심적 문제", 즉 합의된 12만 명 이외의 추가이민 문제로 급속히 좁혀졌다.[34)]

겐셔가 야당의 요구를 들어주는 방향으로 기우는 것 같았기에 많은 사민당원들은 이에 실망했다. 그는 동서양측에 공개될 양해각서의 승인을 폴란드에 요구했다. 처음 각서에는 4년 후 12만 명 이외의 이주비자 "신청"을 처리하는 데 시간적 또는 재정적 제한이 없다고 되어 있었다. 나중에 "이러한 이주 '허가증'이 발급될 수 있다"는 내용으로 수정되었고, 상원투표 전날 폴란드 외무부장관이 "허가증이 발급된다"는 문구에 동의해 겐셔의 승리로 마무리되었다.[35)]

겐셔의 전체 패키지는 "여전히 결함이 있었지만" 알브레히트와 콜의 요구를 충족시켰다. 상원표결 전날 밤 그들은 끝까지 거부하는 연합당 주 지도자들을 만나 단순한 통과에 그치지 말고 만장일치로 승인할 것을 호소했다. 기사당 지도부는 양해각서 교환을 "눈속임"으로 보았지만, 콜은 슈트라우스와 2시간 동안이나 전화로 통화하며 협조를 당부했다. 뜻밖에 슈트라우스가 양보했고, 결국 폴란드와의 협정 패키지가 3월 12일 만장일치로 상원을 통과했다.

폴란드가 추가이민에 관한 서독입장에 즉각 이의를 제기했지만, 초당적 협력을 통한 협정승인은 콜과 겐셔 모두의 승리로 받아들여

월 24일자; 알렌스바흐 여론조사, *FAZ*, 1976년 3월 3일자.

34) Mertes, Alois, "Die Union und Polen," in *Union Alternativ*, ed. Gerhard Mayer-Vorfelder and Hubertus Zuber (Stuttgart: Seewald Verlag, 1976), 113-19.

35) *SdZ*, 1976년 3월 10일자. 그는 1972년 공동결의문과 마찬가지로 서독에 대해 구속력을 갖는 일방적 선언들을 덧붙였다. 이에 따라 배상의 전례를 남기는 것을 피하고, 폴란드 거주 독일인들의 생활조건을 개선하며, 그들의 이주를 촉진해야 한다는 연합당의 주장이 반영되었다.

졌다. 〈프랑크푸르터 알게마이네 차이퉁〉은 "현실주의와 확고함"을 결합한 콜의 성공으로 평가했다.[36] 콜은 슈트라우스를 고립시킨 뒤 설득함으로써 결국 내키지 않는 찬성표를 던지게 만든 전술적 승리를 거두었고, 공동전선을 완전히 손상시키지 않으면서 근본주의자들을 효과적으로 단속했다. 나아가 자민당과의 공조로 성공적인 초당적 협력을 예시하고 양당간의 관계를 진전시킬 계기를 마련했다.

요컨대 연합당은 처음으로 소련진영에 대한 전통적 입장을 완전히 굽히지 않고도 주도적으로 협정을 승인할 수 있었다. 이제 연합당의 정통노선을 유지하는 것과 데탕트의 기회를 활용하는 것이 양립 가능해 보였다. 이에 대해 메르테스는 "더 강경하고, 자기과신적인 협상을 한다고 해서 협정서명 전에 얼마나 더 많이 얻어낼 수 있었겠는가?" 라고 말하기도 했다.[37] 한 연합당 정치인은 폴란드 협정이 "연합당에게 중대한 전환점이 되었다. 그만큼 반응이 긍정적이었다" 라고 회고했다.[38]

두 번째 사건은 동독 등 동유럽에서의 반체제 움직임으로서 같은 효과를 가져왔다. 헬싱키 회의 직후 기민당 지도부는 동독 등에서 바스켓 III의 원칙을 관철하기 위한 공동노력을 촉구했다. 이어 1976년 초 하원에 동독 내 인권침해에 대한 평가를 정부의 연례 국정보고서에 포함시킬 것을 요구하는 결의안을 제출했다. 그들은 동독의 억압에 대해 더욱 강력히 항의하고 이를 중단시키기 위한 모든 정치·경제적 수단을 사용하며 유엔 등 국제회의에서 이 문제를 제기할 것을 정부에게 요구했다.

동구의 인권문제는 연합당에게 새로운 사안은 아니었다. 그러나 헬싱키 최종의정서의 채택으로 동유럽에서의 기본적 자유를 증진한

---

36) *FAZ*, 1976년 3월 13일자.

37) 메르테스, "Die Union und Polen," 118.

38) 발터 라이슬러 키이프, 1984년 6월 15일 필자와의 인터뷰.

다는 대의(*cause*)는 새로운 의미를 띠게 되었다. 데탕트의 위험에 대한 방어에 머무는 것이 아니라 그것의 "긍정적 기회"를 적극 이용하려는 "건설적 야당"의 입장에서, 동구권국가들이 스스로 서명한 국제적 인권기준을 제대로 준수하는지를 감시하는 것은 이제 당연한 역할이 된 것이다.

사실 기민/기사당 정통노선은 외부에서 인권문제를 제기하는 것이 공산주의자들의 행동에 큰 영향을 미칠 수 있을 것으로 기대하지는 않았다. 카르스텐스도 "우리는 소련의 정책과 유사한 동독의 정책기조에 영향을 줄 수 있을 것이라고는 생각하지 않는다"고 했다. 근본주의자들은 소련진영에서 반체제활동에 대한 탄압이 여전히 자행되고, 또 심지어 강화되는 것이 그 증거라고 주장했다. 콜 자신도 1976년 여름까지만 해도 최종의정서는 "명백한 후퇴"라고 선언했고, 근본주의자들은 더 거세게 반대했다.[39]

그러나 1976년 들어 동유럽과 동독에서 서서히 반체제 움직임이 일어나면서 그들도 생각을 달리하기 시작했다. 사민-자민당 연정과 마찬가지로 많은 근본주의자들도 데탕트가 소련진영에 압력이 될 수 있다는 점을 내심 인정하게 된 것이다. 최종의정서의 결과로 동독과 동유럽에서 이주비자 신청인 수가 확연히 증가했고, 여러 "헬싱키" 감시단들이 생겨나기도 했다. 이에 고무된 연합당 대변인들은 대화가 서방에 위험하기만 한 것이 아니라 이롭기도 하다는 점을 공개적으로 인정했다. 그래서 당 지도자들도 자신들의 성명 중에 최종의정서의 내용을 포함하기 시작했고 그 전면적 이행을 촉구했다. 한 연합당 정치인의 말처럼, 마치 연합당 자신들이 최종의정서를 작성했고 또 그에 반대한 적이 없었던 것처럼 행동하는 것이 일상화되었다.[40]

---

39) *DW*, 1976년 2월 5일자; 콜, *NZZ*, 1976년 8월 4일자; *TzDp*, ser. 2, vol. 4, 239.

40) 프리드베르크 플뤼거, 1984년 2월 15일 필자와의 인터뷰.

2) 1976년 선거운동

1976년 선거가 다가오면서 연합당은 전통적 지지층을 회복하는 것으로 보였다. 슈미트의 인기에도 불구하고, 사민당은 경제문제와 내부갈등으로 이미지에 타격을 입었다. 반면 연합당은 콜의 지도력 아래 어느 정도 안정을 되찾아, 1972년처럼 분열상이 외부로 표출되는 일도 줄어들었고 경제와 법질서 같은 "기민/기사당 이슈"를 중심으로 선거운동을 전개할 수 있었다. 1972년과 달리 당의 외교정책도 주류로부터 동떨어져 있지 않았다. 한편으로는 동구권에 대한 보다 현실적인 접근법을 약속하며 미국 대통령이 소련의 제3세계 개입에 대한 대응으로서 공개적으로는 "데탕트"라는 용어를 포기했음을 지적했다. 그러나 다른 한편으로 폴란드 협정 승인과정에서 당이 했던 주도적 역할, 그리고 당의 인권관련 시각에 대한 긍정적 반응에 힘입어 외교정책에 자신감을 가질 수 있었다. "환상에서 자유로우면서도"(*illusion-free*) 더 유연해진 연합당의 동방정책이 국민의 신뢰를 얻고 있다는 믿음을 가지고 선거운동을 펼쳤다.

연합당의 전략은 국민적 정서에 부합했다. 국민들은 동방정책 "전반을 부정적으로" 보는 것이 아니라 단지 지금까지의 결과에 실망했던 것이다.[41] 따라서 당은 집권하면 조약의 존중에 그치지 않고 "문구와 정신"(*letter and spirit*)을 지키고 "전체적 내용"에 기초해 이행하며 "활력을 불어넣겠다"고 공약했다. 또한 기민/기사당 정부하에서 동구관계의 "냉각기"는 없을 것이라고 약속했다.[42] 콜은 자신의 동방정책에 대한 유권자들의 신뢰를 강화하기 위하여 동구권국가들의 수도를 방문하기로 했고, 서방정책과 안보정책뿐만 아니라 외교문제 전반에 대한 초당적 협력을 새롭게 강조했다. 한 외국기자는 콜의

41) 알렌스바흐 평가, *DW*, 1976년 2월 26일자.
42) *DW*, 1976년 9월 25일자.

선거연설 상당 부분이 — "대외정책과 군사안보 분야에서는 거의 전부가" — "사민당 선거공약에서 그대로 따온 것처럼 대동소이"하다는 "주목할 만한" 사실을 지적했다. 연합당 지도자들은 또한 주요문제들에서 자민당과 의견을 같이한다는 점을 특별히 강조했다.[43]

정부와 야당 간 정책차이가 줄어든다는 것은 소련의 선거개입 기도에 대해 양측이 유사한 대응을 보인 데서도 확인되었다. 1976년 6월 소련은 "세계의 사려 깊은 시각과 동떨어진" 서독의 "어떤 세력들"을 맹비난하면서 독일선거를 전쟁과 평화 사이의 선택으로 규정했다.[44] 연합당의 대응성명은 "정부발표문에서 나올 법한" 문구들을 담았다. 예컨대 당은 진정한 관계 정상화로 이어질 수 있는 "동등한 권리와 상호존중 및 건설적 정신"에 기초한 동방정책을 약속했다.[45]

연합당에 대한 소련의 돌연한 공격이나 폴란드와 동독관리들의 논평은 야당이 동방정책의 선거 쟁점화를 성공적으로 차단한 데 대한 우려를 반영하였다. 이는 소련이 기민/기사당의 승리 가능성을 예상하였고, 연합당이 사민-자민당 정책을 뒤집거나 (동구권이 선전하는 것처럼) "복수에 나서지" 않고 "조약을 존중"하기는 하겠지만 사민당만큼 "손쉬운" 협상상대는 아닐 것이라고 우려했음을 보여주는 것이라고 풀이하는 시각도 있었다.[46]

1976년 여름 동·서독 국경에서의 몇 가지 사건들로 긴장이 고조되는 상황에서도 동방정책을 중립화시키려는 연합당의 노력은 계속되었다. 서너 명의 서독인들이 체포되거나 총격을 받았고, 한 이탈리아 공산당 소속 트럭 운전수가 요청에 따라 서류를 되찾으러 동독

---

43) The *Times*(London), 1976년 5월 25일자.

44) 메르테스, CDU/CSU, Fraktion, 보도자료, 1976년 6월 26일자.

45) CDU, *Union in Deutschland* 27, "Das versteht die Union unter Entspannung," 1976; *SdZ*, 1976년 6월 24일자.

46) *New York Times*, 1976년 10월 5일자.

검문소로 돌아가던 중 총에 맞아 사망하는 사건이 발생했다. 동·서독 관계가 갑자기 기본조약 이래 최악의 상태로 냉각되었지만, 슈미트는 신중하게 대응했고 정부도 상황을 악화시킬 행동에 대해 경고했다. 연합당 지도자들은 강경대응을 촉구하면서도 모호한 입장을 보였다. 한 기사당 정치인이 국경에서 무력사태 발생 시 "방어적 발포"(*protective fire*)를 해야 한다는 취지로 해석될 수 있는 발언을 해 논란이 일자, 연합당 지도자들은 서둘러 당의 공식입장과 무관하다고 밝혔다. 대신 슈미트에게 동베를린 주재 서독대표의 소환과 유엔 제소, 4강의 심판 요청, 국경회담 보류 등을 요구했다. 그러나 콜을 포함해 기민/기사당이 요구한 응징방안은 대부분 경제협력 제한이나 무역과 스윙 한도의 축소, 제재 등 경제적 조치였다. 폰 브랑겔은 향후 동독과의 모든 협정에 "선행" 조항(*good behavior clause*)을 넣어 위반 시에는 재정적 공여를 중지할 수 있게 하자고 제안했다. 연합당이 집권하면 무역차관 등 경제협력을 동독의 국경에서의 "발포명령"(*order to shoot*) 포기에 연계시킬 것이라는 보도도 있었다.[47]

사민당과 그 지지자들은 노골적인 경제적 압박은 동독공산당의 불안감을 고조시켜 차단과 단속조치의 강화로 이어질 것이라고 경고했다. 자민당은 경제제재로 인해 서독 내 35만 개가량의 일자리가 불안해지고, 계약의 절반 이상을 동독무역에 의존하는 (기민/기사당의 태생적 지지기반인) 3천여 개 소기업들의 경영이 위태로워진다고 지적했다. 또한 무역에 크게 의존하는 서독의 통상국가로서의 이미지에 타격을 입을 것이라고 경고했다.[48]

이런 주장을 반박하면서 연합당 지도자들은 하이테크 부문에 의한 경제 현대화를 꾀하는 동독으로서는 독일 내 무역에 크게 의존할 수밖에 없다는 점을 지적했다. 동독은 스윙을 통해 특별하게 유리한

47) *FAZ*, 1976년 7월 27일자; 폰 브랑겔, *FAZ*, 1976년 6월 21일자.
48) *FAZ*, 1976년 8월 18일자.

조건으로 무역혜택을 받았으며, 또한 서독과의 교역을 통해 여타 서구국가들과의 무역 및 무역차관에 용이하게 접근할 수 있었다는 점을 주장했다. 또한 서독이 도로나 전화통신 개선 등 다양한 경제협력을 통해 아무 부대조건 없이 동독에 직접 제공한 금액이 수십억 마르크에 이르고, 이는 동독재정에 상당한 기여를 했다는 점을 강조했다. 연합당은 동독이 아무런 상응하는 양보도 없이 공식적 약속이나 인도적 행위규범조차 지키지 않으면서 그러한 이익을 취하는 것을 묵과할 수 없다고 주장했다. 연합당은 공산당의 금고로 흘러들어가는 재원으로 서독에 얼마나 많은 학교와 병원을 세울 수 있는지를 보여주는 선거홍보물을 배포하기도 했다.

그러나 그들은 압박수단을 정확히 어떻게 사용할지 말할 때는 신중하고 모호한 태도로 바뀌었다. 먼저 게르하르트 슈톨텐베르크(Gerhard Stoltenberg)를 비롯한 당 재정전문가들은 무역제재나 제한이 "부적절"하다며 공개적으로 비판했다. 그는 처음 협상할 때 일방적으로 차관을 제공해서는 안 되며 동독의 양보를 얻기 위해 정교한 경제적 지렛대를 이용해야 한다고 주장했다. 그러나 신뢰할 수 있는 무역 상대국으로서의 이미지, 그리고 동독과의 "규제되고 균형 있는 경제관계"에 서독의 기본적 이해가 걸려 있기 때문에 제재를 정치적 문제의 해결을 위한 지렛대로 사용해서는 안 된다고 강조했다. 그러한 보복조치는 서베를린을 위협하거나 교통을 차단하는 등 "정치적 차이"가 위험수위에 다다를 때만 사용되어야 한다고 주장했다. 자민당은 슈톨텐베르크의 이러한 신중함에 찬사를 보냈다.[49]

다른 연합당 지도자들 대부분은 서독이 모든 실제적, 인도주의적 문제들을 경제협력과 명시적으로 연계시키고, 동독과의 관계를 "포괄적 한 묶음"(*comprehensive whole*)으로 취급해 동독공산당 당국이

---

49) *SdZ*, 1976년 8월 16일자.

"비인도적 처사를 계속하도록 고무하지는 말아야" 한다는 모호한 주장을 내놓았다. 콜은 집권하면 경제적 조치를 "고려"할 것이라고 말했다. 분명한 제재요구 대신 그런 모호한 연계를 주장한 것은, 연합당 지도자들이 겉으로는 강경입장이 대화를 방해하지 않을 것이라고 말은 하지만 사실은 그들 자신도 동독정권에 대한 직접적 압력에 의구심을 가진다는 것을 시사했다. 그래서 콜은 선거 직전에 제재의 성공 가능성을 낮게 평가하고, 연합당이 집권하면 협상을 통한 관계개선을 도모할 것이라고 약속했다. 또한 콜의 연설에서 제재보다 동독과의 화해에 대한 언급이 더 큰 비중을 차지했다.[50]

국경사건으로 인해 동방정책이 선거 캠페인의 주제가 되긴 했지만, 선거결과에 결정적 영향을 미치지는 못했다. 다수의 국민들이 정부의 대응이 너무 나약했다고 보았고(61%), 유엔 제소(78%) 등 더 적극적인 대응을 원했다(73%). 그러나 대응조치(*countermeasures*)에 찬성한 국민들은 상대적으로 적었고(52%), "방어적 발포"를 선호한 이들은 거의 없었다. 결국 연합당의 강경조치 요구나 구체적 대응방법에 관한 이중성은 일반인들의 정서에서 벗어나 있지는 않았다. 약 25%가 연합당이 국경사태를 사민당보다 더 잘 처리할 것이라고 응답했고, 25%는 사민당을 더 신뢰했으며, 27%는 어느 당도 효과적으로 다루지 못할 것이라고 생각했다.[51]

슈미트는 "방어적 발포" 논란을 십분 이용, 기민/기사당이 집권하면 과잉대응으로 내전에 가까운 상황이 발생할 것이라는 불안감을 고조시켰다. 그의 전형적 유세에는 영국 특파원이 묘사한 다음과 같은 장면이 등장했다. "'저쪽이 발포하고 우리가 응사한다. … 이제 어디까지 가겠는가?' 여기서 극적 장면이 펼쳐진다. 그의 얼굴은 격한 감정으로 붉어지고 머리카락은 헝클어지며 곧 닿을 듯 가운데로 모

50) 콜, *FAZ*, 1976년 8월 18일자; *Frankfurter Rundschau*, 1976년 9월 20일자.
51) *DW*, 1976년 10월 6일자; 알렌스바흐, *FAZ*, 1976년 9월 14일자.

은 두 손은 격렬하게 떨린다. 그리곤 마이크에다 대고 있는 힘껏 외친다. '우리 독일인들은 이미 두 번이나 세계대전을 겪었다.' 그러고는 뒤로 약간 물러나 손가락 끝을 맞댄 채 양손을 아래턱까지 올리고 최후의 결정타를 날린다. '우리 독일인들은 바로 여기까지 총을 맞았다.' 우레 같은 갈채가 쏟아진다."[52]

이런 와중에 총리실의 한 연구보고서가 주간지 〈슈테른〉에 유출되었다. 슈미트의 선거연설과 마찬가지로 국경사건에 대한 과잉반응의 위험성을 경고하는 내용이었다. 보고서는 서독의 공격적 정책이 동독주민들을 소원하게 해 동독공산당의 손아귀 안으로 더 밀어넣는 결과를 빚을 것이라는 주장을 담았다. 또한 서독 지도자들이 동독체제를 이미 주어진 것으로 받아들일 때에만 추가적인 인도적 접촉이 가능할 것이고, 그렇지 않을 경우 동독 내에서 강경파들이 득세하고 협력지지 세력의 기반이 약화될 것이라고 주장했다. 또한 그러한 사실을 받아들일 만큼 분별 있는 연합당 정치인들은 극히 소수에 불과하다고 강조했다. 기민/기사당은 이 "비밀"연구가 동독의 행위로부터 주의를 돌리고 1972년처럼 동방정책을 선거에 이용하고 연합당을 분열시키려는 사민당의 뻔한 책략이라고 일축했다.[53]

슈미트의 극적 호소와 보좌관의 보고서 유출에도 불구하고, 연합당은 선거에서 동방정책 문제를 중립화시키는 데 성공했다. 연합당이 국경사건에 대한 대응에서 얻은 것은 별로 없었다. 그러나 1972년 치열한 조약논쟁으로 이미지가 손상된 데 반해, 1976년에는 당의 접근법이 국민의 신뢰를 얻어 어느 당이 동구관계를 가장 잘 다룰 것인지에 대한 질문에 유권자의 응답이 반으로 갈릴 정도였다.[54] 그

---

52) The *Times*(London), 1976년 9월 14일자.

53) *Stern*, 1976년 9월 9일자; CDU, *Deutschland Union Dienst* 48, 1976년 11월 30일자.

54) 케르만 연구소 조사, *Quick*, 1976년 9월 9일자.

리하여 콜은 연합당에 유리한 다른 쟁점들에 초점을 맞추었다. 그 결과 총선에서 20년 만에 최고 득표율인 49%를 기록했다. 유일하게 아데나워만이 달성했던 단일정당 절대다수에서 단 1% 부족한 수치였다. 물론 그 결정적인 1% 차이로 인해 슈미트의 사민-자민당 연정이 하원의 다수를 유지하게 되지만, 1976년 총선은 동방정책에 대한 전면적 공격을 자제하는 것이 선거에서 보상받을 수 있다는 것을 보여주었다.

제 6 장

변화하는 동방정책 논쟁

1977~1979

1970년대 후반 들어 서독과 동구진영의 관계는 1970년대 초반의 모멘텀을 잃고 있었다. 동서 데탕트의 침체라는 불리한 국제환경이 한 원인이었지만 국내정치도 영향을 미쳤다.

총리가 지지도 조사에서 당을 훨씬 앞서고 자민당의 득표수가 늘어난 것을 고려하면, 1976년 선거결과는 슈미트와 겐셔의 개인적 승리이자 그들의 중도주의 정책들(*centrist policies*)에 대한 국민적 지지로 해석되었다. 이는 동방정책과 관련해서는 동구권과 실무적 대화 기조를 유지한다는 것을 의미했다. 두 사람은 동구권에 대한 초기 개방정책이 통일을 목표로서 강조하지 않음으로써, 또 (공식적인 것은 아니더라도) 효과적인 관계 정상화의 기초로서 현상유지를 인정함으로써 상당한 성과를 거두었다고 믿었다. 그들은 추가적 양보는 말할 것도 없이 앞으로의 주요구상들은 신중하게 접근해야 하며, 특히 그것이 서방정책에 영향을 미치는 것이라면 더욱 그래야 한다고 보았다. 강조점을 실질적 협상을 중심으로 한 "일상적 사업"에 두었고 그 과정에서 소련진영 지도자들과의 정상회담도 간간이 있었다.

1. 현상유지 정당 (*status quo party*)

1) 건설적 반대를 향하여

1976년 10월 총선은 연합당이 그 전 선거 이후 정치적으로 회복하고 있다는 것을 보여주었다. 콜은 그동안 당의 논조를 완화시켰고, 한층 더 개혁적인 쿠르트 비덴코프 사무총장은 신속하게 (일단의 보좌진을 갖추고 늘어난 진성당원에 기초한) 당기구를 확립해 근본주의자들이 주도하는 의원단을 견제하도록 했다. 그러나 콜은 여전히 슈트라우스가 이끄는 근본주의자들의 압력을 민감하게 받아들였다. 슈트라우스는 콜과 그의 중도주의(*centrism*)를 경멸했다. 기사당은 선거 직후 바이에른 지역 온천 휴양지인 크로이트(Kreuth)에서 고위급 회의를 열어 슈트라우스의 제안에 따라 기민당과의 공동의원단을 해체하고 기사당을 제 4의 전국정당으로 전환하기로 결정했다. 슈트라우스는 기사당이 독자적 정당으로 나설 경우, 전국적 보수정당으로서 모든 우파성향의 유권자들을 흡수할 수 있다고 주장했다. 이는 또한 기민당이 중도로 전향하여 자민당 지지표를 빼앗도록 "해줄" 것이라고 주장했다. 그가 공언한 목적은 양당이 계속 다수정당의 지위를 유지하는 것이었지만, 내심으로는 기사당의 지렛대를 극대화하려는 것이었다. 즉각 반격에 나선 기민당은 바이에른 지역에 당조직을 만들 것이라고 위협했고, 여론조사 결과는 그럴 경우 기민당이 기사당 지지표의 절반가량을 빼앗아가는 것으로 나타났다. 기사당원들은 놀라지 않을 수 없었다. 당 활동가들과 하원의원들은 (처음부터 독자정당 계획을 지지한 것은 50명 가운데 30명뿐이었다) 연방정치에서 자신들의 영향력이 위태로워질 수 있음을 깨달았고, 결국 슈트라우스는 당의 득실에 대한 계산착오를 인정하고 뒤로 물러섰다.

이러한 승리와 더불어 콜은 카르스텐스를 쫓아내고 원내대표 자리를 교체할 권한을 확보했다. 그는 조심스럽게 당의 단합을 유지하면서도 "데탕트로 수세에 몰려서는 안 된다"며, 동구관계에 대한 당의 입장을 보다 유연하고 건설적인 방향으로 이끌려고 했다. 조심스럽고 신중하게 근본주의자들을 영향력 있는 위치로부터 끌어내리는 것도 그의 전략 중 하나였다. 근본주의자들은 여전히 의원단과 외교 및 독일정책 관련위원회를 장악하였고, 콜은 이들의 "상투적 연설"에 신경질적 반응을 보이기도 했다.[1] 그는 또한 소련정부 관계자들이나 동독의 실무책임자들과 접촉하고 개인적으로 동독을 방문할 것을 권장했다. 여전히 한계는 있었지만 콜은 자신이 이끄는 기민당 조직 내에서 더욱 자신감 있는 행보를 보였다. 1976년과 1978년 사이에 집행위원회의 절반가량이 개인자격으로 동독을 방문했고, 키이프, 슈톨텐베르크, 비덴코프, 폰 바이체커 같은 정치인들은 본 주재 동독대표나 기타 동독 관계자들과의 정기적 접촉을 확대했다.

보다 중요한 것은 콜이 동방정책을 둘러싼 여야간 입장차이를 좁혀야 할 필요성을 강조한 것이었는데, 이 시도를 주로 담당한 인물은 전직 외교관 출신의 알로이스 메르테스였다. 그는 우선 초당적 합의가 가능한 분야를 부각시킴으로써, 연합당을 건설적 야당으로 각인시키는 데 주력했다. 그는 "연합당이 이끄는 신정부"는 무역, 베를린, 상호균형감군회의(MBFR) 회담, 유럽공동체(EC) 같은 문제에서 "전 정부의 길"을 따를 것이라고 선언했다. 연합당이 항상 소련진영과의 평화와 협력을 추구했으며, 현재의 동방정책보다 더 "현실주의적이고, 일관되고, 균형 잡힌" 것이지만 동시에 "예측 가능하고 신뢰성 있는"(*calculable and reliable*) 정책을 추진할 것이라고 주장했다. 따라서 다양한 동구조약들은 — 부속된 해석문서들과 더불어 — "연합당 정책의 핵심적 구성요소"가 될 것이라고 밝혔다.[2]

---

1) CDU, *Deutschland Union Diest*(이하 *DUD*로 칭함) 112, 1977년 6월 15일자, 3; *Frankfurter Allgemeine Zeitung*(이하 *FAZ*로 칭함), 1977년 2월 14일자.

메르테스는 "동방정책을 둘러싼 낡은 투쟁을 종식"하는 것이 반드시 연합당의 전통적 목표의 포기를 뜻하는 것은 아니며, 그것은 단지 조약이행에 따르는 "법적·정치적으로 책임 있는 결과"일 뿐이라고 강조했다. 사민당이 아데나워의 서구조약들에 반대하고 나서도 그것들을 자신들의 정책의 기초로 삼을 수 있었듯이, 기민/기사당도 야당으로서든 집권당으로서든 동구조약들을 동일하게 다룰 권리와 책임을 가진다는 것이다. 이에 대해 콜은 (명백히 동독을 포함해) 동구의 "현실을 인정하는 반드시 필요한 정책"이라며 메르테스를 지지했고, 구속력 있는 조약들은 어느 한 당의 "전유물"이 아니라는 점을 경쟁자들이나 동지들 모두에게 상기시켰다.[3]

그러나 동구조약들과 "그 내용"을 전적으로 존중하겠다고 다짐하면서도 연합당 지도자들은 자신들의 변신, 즉 온건화를 사민당이 서방정책으로 전향했던 것과는 구별하려 하였다. 그들은 전통적 당노선에 어떠한 수정도 필요하지 않으며 "붸너 연설"(*Wehner speech*)도 "고데스베르크"(Godesberg)도 필요 없다고 주장했다. 당 내외 누구든 유사한 조치의 필요성을 언급하면 즉각적 비난을 받았다. 콜과 메르테스는 연합당의 기본전제를 변경하지 않고도 조약들에 대한 전통적 반대사항들을 분명히 하거나 가능한 곳에서는 그 범위를 좁히면서 조약들을 받아들일 수 있다고 주장했다. 정부와 야당은 공동의 목표를 가지고 있으며 그것을 달성하는 데 필요한 역할을 분담할 수도 있다고 주장했다. 동독의 행위에 대한 기민/기사당의 지속적 감시와 비판이 당이 동방정책에 건설적으로 공헌할 수 있음을 확인시켜주는 것이라고 강조했다.

이렇게 새로운 방향을 모색하려는 연합당의 공공연한 노력은 현실적 모멘텀을 확보하지는 못했는데 콜 자신의 불안정한 위치도 그 원

---

2) CDU, *DUD* 152, 1977년 8월 11일자, 3-4.

3) *Süddeutsche Zeitung*(이하 *SdZ*로 칭함), 1977년 2월 5-6일자.

인 중 하나였다. 1976년 총선에서 선전하고 당대표와 원내대표를 겸직했음에도 불구하고, 콜의 지도력에 대한 불신은 사라지지 않았다. 자민당을 포용하려는 콜의 노력은 당 보수파와 충돌하였다. 계파를 막론하고 연합당 정치인들은 슈미트를 실각시키기 위해서는 보다 역동적인 인물이 필요하다고 느꼈다. 더구나 연합당의 새로운 동방정책을 명확하게 하려는 콜의 조심스러운 노력에 대해 사민당이 전술적 공작이라 비난한 것은 당연했지만, 연합당 당원들 사이에서도 그에 대한 반론이 종종 미묘하게 제기되었다. 메르테스는 야당의 정책이 부분적으로 동구조약에 "기초한다"고 선언했지만, 근본주의자 베르너 맑스는 "시간이 모든 것을 치유해주지 않는다"라고 경고했다. 맑스는 조약에 대한 기민/기사당의 오랜 의구심을 재확인시켜주는 사건들이 전개되는 상황에서 당이 조약을 수용해서는 안 된다고 강조했다. 더구나 의원단 내에는 동방정책에 반대하는 신랄한 수사가 여전히 우세했다. 그라들은 의원단 내에 독일문제에 대한 "충분히 차별화되지 않은" 사고방식들이 아직도 너무 많다고 주장했다.[4)]

동방정책에 대한 토론을 활성화하려는 콜의 노력은 기민당 기구 내에서도 그리 성공적이지 못했다. 그는 1977년 초 뒤셀도르프에서 독일정책에 대한 토론회를 열고, 연합당의 관점에서는 논쟁의 여지가 있는 비정통적 견해를 가진 연사들을 초빙했다. 그 가운데 한 명은 동독국적을 인정할 것을 제안하기도 했다. 그러나 기민당의 고데스베르크 회의(*Godesberg conference*)가 될 것이라는 많은 관측자들의 예상은 빗나갔다. 연사들이 환대를 받기는 했지만 그들의 주장들은 단호하게 거부당했다. 그라들은 당 지도부가 논쟁적 주제들에 대해 진정성을 가지고 고려하지 않는다며 불만을 표시하기도 했다.[5)]

---

4) 맑스는 기사당과, 메르테스는 자민당과 사실상 연락책임자 역할을 했다. *Die Welt*(이하 *DW*로 칭함), 1977년 7월 1일자; Gradl, Johann Baptist, *Stets auf der Suche*, 375.

최종결의문은 동유럽 내 "현실적 세력관계"에 대한 인정과 "동독과 대화, 협상, 합의하려는 의지", 양독간 무역관계의 확대, 기존의 "양독간 협정의 실현" 등의 요구를 담았다. 여기에서 헌법재판소 판결 같은 해석적 문서들은 언급되었지만 바르샤바 조약, 모스크바 조약, 기본조약은 명시적으로 거론되지 않았고, 연합당 정통노선의 모든 요소들이 재등장하였다. 이를 두고 한 신문은 조약정책과 이데올로기적 대결 사이의 타협이라고 불렀다.[6]

그라들은 뒤셀도르프 토론회 이후 근본주의자들 사이에 당의 동방정책에 대한 공개적 논의의 열의가 줄어들었다고 체념조로 지적했다. 그는 뒤이은 정강정책 성명들도 변화가 거의 없거나 오히려 퇴보한 듯한 인상마저 주었다고 했다.[7] 예를 들어 기사당은 1978년 초에 기민당과의 협의 없이 발표한 독일정책에 대한 성명서에서 연합당의 정통노선을 재확인했다. 기본조약을 언급했지만 단지 그것을 비판하고, 조약이 독일의 "기본적 정치상황을 변경하지 않았다"는 그 효과에 대한 제한된 해석을 천명하기 위해서였다. "독일민주주의공화국"이라는 동독의 공식명칭에는 인용부호를 붙였고 곳곳에서 동독을 "중부독일"이나 "러시아 점령지", "소련 보호령"이라고 표현하기도 했다. 기민당이 이 문서를 명시적으로 부정하지 않자, 비판가들은 이를 연합당의 우경화 증거로 간주하여 당노선을 변경하려는 콜의 온건주의가 폐기되었다고 판단했다.[8]

---

5) Gradl, Johann Baptist, *Stets auf der Suche: Reden, Äusserungen und Aufsätze zur Deutschlandpolitik*, ed. Christian Hacke (Cologne: Verlag Wissenschaft und Politik, 1979), 375.

6) *Die Zeit* (이하 *DZ*로 칭함), 1977년 3월 11일자. 토론회 결과는 너무 상반된 내용을 담고 있어서, 같은 방송사임에도 불구하고 한 기자는 그것을 기민당의 "고데스베르크"가 될 것이라 예측한 반면, 다른 기자는 그러한 가능성을 일축했다. *Vorwärts*, 1977년 3월 17일자.

7) Gradl, Johann Baptist, *Stets auf der Suche*, 375.

1977년과 1978년에 걸쳐 폰 바이체커가 이끄는 기민당 위원회가 당 기본강령의 개정안을 마련했다. 당은 콜의 지역구인 루드빅스하펜(Ludwigshafen)에서 열린 당대회에서 이를 압도적 지지로 채택했다. 그러나 여기서도 당의 태도는 신중했다. 당 대변인은 "당의 고유한 단합과 원칙" 덕분에 대회장에서 "누구도 커다란 합의의 흐름을 깨뜨리는 제안을 하지 않았다"고 자랑했다.[9] 연합당 대의원들이 "기존 당강령의 외교정책 관련부분을 수정할 필요는 전혀 없다"고 합의한 것은 별로 놀랄 일이 아니었다. 루드빅스하펜에서 동구정책에 대한 연합당 정통노선에 새롭게 첨가된 내용은 "외국 및 동독과의 조약들을 구속력 있는 것으로" 간주한다는 서약, 유럽에서의 "현실 권력정치적 상황"에 대한 인정, 삶의 조건을 개선하기 위한 동구권과의 추가협상에 대한 일반적 승인, 그리고 인권에 대한 강조 등이었다.[10]

2) 적응의 간접적 징후: 독일정책

이와 같이 연합당이 1970년대 후반 공식강령과 성명에서 새로운 동방정책으로 전환하는 데에는 한계가 있었다. 연합당의 정통노선, 특히 그에 대한 근본주의자들의 공공연한 집착을 고려하면, 당이 공개적으로 과거입장을 폐기하거나 새로운 입장을 채택할 수는 없었다. 그러나 같은 시기 연합당은 사민-자민당의 정책을 점점 더 많이 받

---

8) CSU, Landesgruppe, *Deutschlandpolitisches Grundsatzpapier: Sonderdruck zum 17. Juni* (1978); Prauss, Herbert, "CDU/CSU Aussenpolitik-nichts dazugelernt," *Die Neue Gesellschaft* 25 (May 1978): 404; *Neue Zürcher Zeitung* (이하 *NZZ*로 칭함), 1978년 1월 21일자.

9) Wegener, Henning, "Deutschland in der Welt," *Aus Politik und Zeitgeschichte* (1979년 2월 17일자): 45-48.

10) CDU, *Grundsatzprogramm der Christlichen Demokratischen Union Deutschlands* (1978), 51-60.

아들이고 연합당 정통노선에 대해서는 관망하는 태도를 보였다. 이러한 적응의 증거가 과감한 정강정책 선언으로 나타난 것은 아니었지만, 그런 조짐은 정부정책을 둘러싼 논쟁에서 당 대변인들이 연합당의 전통적 입장들이 동구대화와 양립 가능한 이유를 설명하는 가운데 함축적으로 나타났다.

보다 구체적으로 당 지도자들은 독일문제의 법적 차원을 무시하지는 않았지만, 법적 지위문제가 대화의 중요한 장애는 아닌 것으로 다루기 시작했다. 이 문제에 대해 개혁파뿐 아니라 근본주의자들도 신중한 태도를 취하기 시작했다.

연합당은 계속해서 독일문제가 법적, 정치적으로 미해결 상태로 남아 있어야 한다고 주장했고, 독일 내 경계와 국적문제, 기타 지위문제에 영향을 미칠 수 있는 모든 협상들을 면밀히 감시했다. 지도부 대부분은 여전히 동독 관계자들과 공개적으로 만나기를 거부했고 대신 당의 하급간부들로 하여금 그들을 상대하도록 했다. 그들은 사민당이 외무부에서 동독 외무장관과 대화를 나눈 데 대해 동독의 바람대로 그들의 위신을 세워주려 한 것이라며 개탄했다.[11] 근본주의자들은 범독일주의 의식을 약화시킬 조치들, 특히 젊은이들에게 그런 영향을 끼칠 조치들을 맹비난했다. 그들은 동베를린의 실패한 시민항쟁 기념일 대신 연방공화국의 건국 기념일을 주요 국경일로 정하려는 사민당의 계획에 반대했고, 전통적 국가(國歌)를 유지하고 학교수업에서 독일역사를 강조할 것을 주장했다.

그러나 당 전체로 보면 서독의 법률적 입장에 대한 공개발언은 줄

---

11) 또한 연합당은 1979년까지도 1937년의 국경 안의 모든 지역을 "국내"지역으로 규정한 전통적 분류법을 포기하려는 세법초안이 국적과 국경을 인정하라는 동독의 요구를 강화시킬 뿐이라며 반대했다. 결국 당은 동독과 동베를린을 동부영토로 기술하지는 못했지만, 적어도 "외국"으로 기술하지는 않기로 하는 모호한 타협안을 받아들였다. *FAZ*, 1979년 9월 28일자; 1979년 10월 19일자.

어든 대신 동독에 보편적 인권기준의 준수를 촉구해야 한다는 주장이 늘어났다. 연합당 지도부는 헬싱키 이후 발생한 동유럽 내 반체제운동과 지미 카터(Jimmy Carter) 미국 대통령의 인권 캠페인을 언급하면서, 정부에게 동독을 "봐주지 말고" 인권문제를 독일정책의 이슈로서 제기하라고 압박의 수위를 높였다. 연합당은 이를 위해서는 ① 동유럽의, 특히 동독의 개별 반체제 인사들과의 연대감을 표시하고, ② 베를린 장벽과 독일의 분단을 인간자유에 대한 장애물로 규탄하고, ③ CSCE와 그 후속회담에서 별 쟁점도 없는 데탕트 관련이슈들 대신 인권에 대한 공개적이고 솔직한 논쟁을 요구하고, ④ 반체제 인사들의 증언과 그들의 처우에 대한 묘사를 담아서 동유럽의, 특히 동독의 바스켓 III 조항준수에 대한 공식 평가보고서를 발간하고, ⑤ 유엔 및 유럽 인권재판소의 설립을 촉구하고, ⑥ 소련진영 국가들과의 경제적 관계를 시민적 자유의 존중 정도에 연계시키는 것 등이 필요하다고 주장했다. 연합당은 정부가 공식 승인한 목표를 달성하기 위해 이처럼 구체적 방법을 제시하는 등 건설적 야당으로서 제 역할을 하고 있다고 주장했다.

연합당의 이 주장들은 여전히 가끔씩은 매우 대결적인 논조를 보였지만 과거 동독의 독립국가로서의 정당성을 직접적으로 공격하던 것과는 차이가 있었다. 더욱이 국제적으로 받아들여지는 인권원칙을 독일정책의 일부로 추진하는 것은 민족통일을 강조하는 것보다 이웃국가들로부터 더 많은 이해와 공감을 얻으려는 노력으로 보였다. 기민/기사당 지도자들은 인권을 증진하는 일과 독일문제를 법적·정치적으로 미해결인 상태로 두는 것은, 모든 독일인들에게 있어 온정적 유대감과 자유에 대한 책임이라는 같은 동전의 양면이라고 주장했다. 그럼에도 불구하고 〈디 차이트〉가 파악했듯이 사실상 "연합당이 과거에 강조점을 통일과 자결권에 대한 요구에 두었다가 법적 지위의 보호로 옮긴 것처럼 이제 강조점을 새로운 무엇인가로, 즉 법적 지위에서 인권문제로 옮기고 있다"는 것은 의심의 여지가 없었다. 〈프랑크푸르터 알게마이네 차이퉁〉도 "독일문제가 인권문제로 점점 축소되고 있다"고 우려하며 동독 내 시민적 자유의 결핍은 민족분단의 비극에서 직접적으로 비롯된 것이라고 강조했다. 이 신문은 인권이 "편리한 관심 전환거리"이며 관심이 인권문제로 가면 갈수록 "엄격한 의미에서의" 독일정책의 실행은—야당에 의한 것조차—줄어들 것이라고 논했다. 〈프랑크푸르터 알게마이네 차이퉁〉은 야당이 민족문제에 대한 "정확한 사고"를 하지 못한다고 덧붙였다.[12]

마찬가지로 연합당은 계속해서 동독과의 강경한 협상과 동독으로부터의 대가급부(*quid pro quo*)를 주장했지만, 다른 한편 그러한 주장이 반드시 대화 자체를 배척하지는 않는다는 것을 보여주려 했다. 당 지도부는 "손지갑을 열어주고" 양독합의에서 불충분한 상응조치를 얻어내기보다는, 1백억 달러 이상의 경제거래를 포괄적 협상 패키지에 포함시켜 동독에 대한 협상 지렛대로 이용하고 인권문제에서 양보를 얻어내야 한다고 주장했다. 앞으로는 동독이 합의의 문구와 정신을 위반할 경우, 서독이 지불을 유예할 수 있게 하는 조항을 합의문에 담아야 한다고 주장했다. 근본주의자들은 더 나아가 무역과 무역차관을 제한할 필요가 있다는 입장을 시사했다. 동독이 협정을 위반하면 서독(간접적으로는 유럽공동체) 시장에의 접근이나 서구의 기술 및 차관 등 상응하는 무역상 혜택을 박탈하겠다는 위협은 동독이 신중하게 행동하도록 할 것이라고 주장하였다.

그러나 연합당은 대가급부를 위해 동독을 일정한 한계 이상으로 압박해야 할지의 문제에 관해서는 이중적이고 엇갈린 입장을 보였다. 연합당 지도자들은 정부가 동독을 살살 다룬다고 비판했지만, 실제 그들을 가장 화나게 한 것은 사민-자민당이 압박행사를 꺼리는

12) *DZ*, 1977년 3월 11일자; *FAZ*, 1979년 9월 22일자.

정도를 넘어 아예 포기하려는 태도였다. 그들은 동독 지도자들이 차단정책(*delimitation*)에 아무 위험도 따르지 않는다고 믿게 해서는 안 된다고 주장했다. 만프레드 아벨라인(Manfred Abelein) 의원이 달한 대로 선제적 양보(*preemptive concession*)는 동독공산당내 "비둘기파", 특히 서독의 보복을 피하기 위해 신중한 행동을 촉구한 동독 경제관료들의 입지를 약화시킬 것이 분명하다고 보았다. 따라서 연합당 대변인은 동독의 불확실성과 신중함을 유지시키기 위해서는, 실제 실행할 여부와는 상관없이 엄격한 조치를 동원할 의사가 분명히 있다는 것을 보여줘야 한다고 강조했다. 기민/기사당이 집권할 경우, 동독에게 그들의 호전적 행동은 경제관계에 부정적 영향을 미칠 것이란 점을 분명히 하겠지만 동독에 대한 지불합의는 여전히 존중할 것이라고 주장했다. 교조적 근본주의자들조차도 "동독에 대해 강력한 위협이나 보복"을 가하거나 무역을 축소할 의도는 없다고 인정했다.[13] 그들은 서독의 대응이 회유적이거나 "시위적"이어서는 안 되며 점진적이고 단호해야 한다고 주장했다. 〈바이에른쿠리어〉(Bayernkurier)조차도 이를 압박이라고 부르기보다는 "합리적 비용-편익 관계"를 추구하는 것이라고 말했다.[14]

정도의 차이는 있었지만 당 지도자들은 또한 연합당의 독일정책이 공공연하게 동독의 불안정을 조장하려는 것이란 의심을 없애려고 노력했다. 콜은 동독 내부문제에 "경솔하게 영향력을 행사할" 의도가 없다고 밝혔다. 그러한 행동은 탄압과 차단만 유발할 뿐이라는 것이 이유였다. 마찬가지로 그라들은 동독에 대한 "지속적 압박"을 촉구하면서도 타협을 목전에 둔 경우들에서는 "일정한 신중함"도 요구했다.

---

13) *Texte zur Deutschlandpolitik*(이하 *TzDp*로 칭함), ser. 2, vol. 7, 403; ibid., vol. 5, 190.

14) *SdZ*, 1977년 5월 25일자; *Bayernkurier*(이하 BK로 칭함), 1978년 11월 25일자.

어쨌든 체제생존에 대한 동독의 이해관계를 무시해서는 안 되기 때문이었다.[15] 아벨라인 같은 지독한 근본주의자조차도 이러한 인식을 공유했다. 그는 "동독공산당 서기장 호네커를 타도하는 것이 우리의 과제가 아니다. … 당연히 우리는 그가 필요하다. 분단상황을 완화하고 독일민족의 고통을 없애기 위해 호네커가 필요하고, 그 역시 (우리를) 상대해야 한다. … 호네커도 자신의 이해를 가지고 있고 우리도 우리의 이해가 있다. 우리는 이 두 가지를 조화시켜야 한다"고 말했다.[16] 아벨라인은 동독공산당이 서구자본을 필요로 하는 것을 이용해야 하지만, 최대치를 끌어내기 위해 강력한 조치를 취하는 일은 삼가야 하고 다만 유익한 거래(*good bargain*)를 해야 한다고 주장했다. 기민당의 한 연구보고서가 인정했듯이 보복은 바람직하지 않은 결과, 즉 인적 접촉 제한과 동독의 추가적 차단조치를 불러올 수 있는 것이었다.[17]

연합당 정통노선이 의식적으로 동독공산당을 안정시켜줄 필요가 있다는 사민당 좌파의 이론을 지지하지 않았던 것은 분명했다. 아벨라인은 "호네커를 타도하는 것이 우리의 과제는 아니지만 그렇다고 그를 지지하는 것도 우리의 과제가 아니다"라고 밝혔다. 폰 바이체커에서 아벨라인에 이르기까지 연합당 지도부는 공공연하게 동독 내 특정정권의 생존이나 전반적 현상유지를 도모해야 한다고는 결코 생각하지 않았다. 그러한 것은 장기적 성공의 전망이 없는 "반동적 접근법"(*reactionary approach*)이기 때문이다.[18]

---

15) 콜, *TzDp*, ser. 2, vol. 6, 140; Gradl, Johann Baptist, "Deutschlandpolitik-permanente Herausforderung," *Deutschland Archiv* 10(1977): 252-57.

16) *TzDp*, ser. 2, vol. 6, 213-14.

17) Bruns, Wilhelm, "Polemik statt Politik: Die CDU tut sich mit Deutschland schwer," *Die Neue Gesellschaft*(1978년 12월): 983.

18) *TzDp*, ser. 2, vol. 6, 212-13.

기민/기사당은 대신 동독 지도자들이 신중하게 행동하도록 하고 동독 내 "비둘기파"—사실 당은 오랫동안 이들의 존재 자체를 부인했다—의 주장이 힘을 받을 수 있는 분위기를 만들기 위해 강경한 협상방식이 필요하다고 주장했다. 당 지도자들은 동독에 대한 강경한 수사와는 달리 압박전술을 고수하지는 않았지만, 그렇다고 동독을 의식적으로 안정시켜야 한다는 사민당의 주장을 받아들일 생각은 없었다. 그라들은 동료들이 암묵적으로 점차 동조해가던, 위에서 언급된 견해를 설명하면서 "'전부 아니면 전무'라는 조악한 정책하에서는 동독정부가 '전무'를 택하는 것이 더 쉬울 것이다. 항상 자신의 목표의 중요성과 긴급성을 상대의 상황과 이해관계에 견주어보아야 한다. 하지만 그렇다고 자신의 팔다리를 묶어둬서는 안 된다"고 주장했다.[19]

3) 연합당, 폴란드, 그리고 소련

당의 전통적 목표에 의한 정의의 실현이 반드시 대화의 포기를 전제하지 않는다는 것을 보여주려는 연합당의 노력은 1970년대 말 폴란드 관계에 대한 접근법에서 훨씬 두드러졌다. 이는 특히 독일과 폴란드 간의 일련의 회의에서 분명히 나타났다. 메르테스와 폰 바이체커, 온건한 추방자 그룹 지도자인 필립 폰 비스마르크(Philip von Bismarck)가 이끄는 연합당 대표들은 회의에서 1970년의 서독-폴란드 조약을 받아들이며 그것에 새 활력을 불어넣고자 한다는 것을 강조했다. 그들은 연합당이 오데르-나이세 선을 인정한다는 것을 폴란드에게 납득시키려고 노력했다. 그들은 독일문제를 미해결 상태로 유지하기 위해 확실히 국경문제 역시 법적으로 미해결인 채로 남겨

---

19) Gradl, Johann Baptist, "Deutschlandpolitik," 255.

둘 필요가 있으며, 1970년 조약은 미래의 전 독일국가를 구속하지 않는다고 주장했다. 그러나 동시에 이러한 입장은 폴란드 영토에 대한 독일의 주권주장을 감추고 있는 것이 아니며 독일의 통일은 폴란드에 손해를 끼치지 않을 것이라고 강조했다. 요컨대 연합당 독일정책의 기본적 요소는 1970년 조약과 양립 가능하다는 것이다.[20]

〈프랑크푸르터 알게마이네 차이퉁〉의 보도에 따르면 폴란드 대표들은 연합당의 관계개선 의지를 믿는 것으로 보였지만 회의적 시각도 상당히 남아 있었다. 기민/기사당의 회의장 내에서의 조심스러운 어조에도 불구하고, 회의장 밖에서는 근본주의적 수사가 여전했기 때문이다. 즉, 다수의 연합당 보수주의자들과 특히 추방자 그룹 전체가 슈미트에게 동부지방이 "폴란드 관리하"에 있다는 헌법재판소의 판결을 폴란드에 상기시키고 폴란드의 "영토주장"을 반박하라고 요구하였다. 추방자 그룹 지도자들은 기민당에 대해 "독일의 전 지역"이 서독정부의 책임하에 있다고 규정한 자신들의 "기본강령"을 노골적으로 상기시켰다.[21]

게다가 독일-폴란드 포럼에서 연합당은 전후 독일인 추방과 폴란드 내 독일인들의 합법적 이주의 "침체"를 환기시킴으로써 폴란드의 화를 돋우었다. 근본주의자들은 보다 노골적으로 독일과 폴란드 간의 새 공동 역사교과서에 1944년, 1945년 사건에 대해 "인구이동"(*population transfer*) 대신 "추방"(*expulsion*)이라는 용어를 사용할 것을 주장했다. 그들은 또한 15만 명이 여전히 이주를 원하고 있다고 강조했다.

그럼에도 불구하고 〈프랑크푸르터 알게마이네 차이퉁〉의 보도대로 "현실적이고 적극적인" 대화가 독일과 폴란드 관계의 대세가 되었고,

---

20) Radio Free Europe, *Research Reports*, *Poland*, no. 17, 1977년 6월 28일자; *DW*, 1978년 10월 28일자.

21) CDU, *DUD* 214, 1978년 11월 8일자.

기민/기사당도 동참했다. 사민당은 계속해서 1970년 조약에 대한 연합당의 법률주의적 해석(*legalistic reading*)이 어느 경우에도 오데르-나이세 선을 인정한다는 이 조약의 정신에 위배된다고 비판했는데, 폴란드는 이에 동의하면서 이제 연합당 근본주의자들조차 "사실을 묻어버릴 수 없게 되고" 조약 이전의 상태로 되돌아갈 수 없게 된 점에 대해 만족하는 것으로 보였다.[22] 폴란드는 계속해서 연합당 지도자들을 바르샤바로 초청했고 당의 청년단을 토론회에 초청하기도 했다.

메르테스는 독·소관계에 대해서도 유사한 접근법을 지지하기 시작했다. 즉, 상대편에 대한 솔직한 태도가 차이를 얼버무리는 것보다 궁극적으로 보다 더 원활한 협력을 이끌어낼 수 있다고 보는 입장이었다. 소련의 "호전적 공존"(*militant coexistence*) 정책은 데탕트를 제한하지만, 그러한 제한이 공개적으로 인정되기만 한다면 사업(특히 독·소무역과 그 대가로서 독일에서의 인도주의적 양보조치)은 진행될 수 있다고 보았다. 그는 "양국간에 공통된 또는 같은 방향의 이해관계들이 있으며" 연합당 정부는 근본적 차이를 의식하면서 모든 가능한 분야에서 "호혜적 협력"을 추구할 것이라고 밝혔다.[23]

당의 논조를 일신시킨 데에는 메르테스 외에 슈트라우스의 역할도 컸다. 이것을 가장 잘 나타내 준 것은 레오니드 브레즈네프(Leonid Brezhnev)의 1978년 본 방문이었다. 이 소련의 권력자는 사민-자민당 지도자들 외에 콜과 슈트라우스도 만날 의사가 있음을 밝혔다. 콜과의 만남도 순조로웠지만 슈트라우스와의 대화는 훨씬 더 화목한 것이었다. 두 사람은 세계정치에 대한 각자의 견해를 피력했는데, 슈트라우스의 측근들은 이 회담은 브레즈네프가 훌륭한 현실정치가인 슈트라우스의 의견을 얼마나 진지하게 받아들이는지를 잘 보여준

---

22) *FAZ*, 1978년 10월 15일자; *Zycie Warszway*, 1980년 6월 14일자.

23) CDU, *Protokoll*: 26. *Parteitag der Christlichen Demokratischen Deutschlands*, Ludwigshafen, 1978년 10월 23-25일자, 355.

것이었다고 자랑했다. 슈트라우스는 훗날 브레즈네프에게 서독의 이해관계와 자신의 개인적 동기를 분명하게 설명했다고 밝혔다. 그는 브레즈네프에게 "탈레랑(Talleyrand)이 그랬듯이" 민족통일을 포함해 2차 대전 이후 독일이 "구해낼 수 있는 것을 구하는 것"이 자신의 목표라고 말했다고 전했다. 슈트라우스에 따르면 브레즈네프는 서로간의 차이에 대한 이런 솔직한 평가를 존중했고 스케줄에 신경 쓰는 보좌관들을 손사래로 물리치면서 15분이나 대화를 연장했고 슈트라우스를 차량 앞까지 몸소 배웅해주기까지 했다고 한다.[24]

슈트라우스는 회담 직후에 한 연방하원 연설에서 브레즈네프의 방문을 독·소관계 역사에서의 "이정표"라고 불렀다. 그는 최근 조인된 서독-소련 경제협력협정을 가리키면서 도취감과 과도한 기대로 점철된 "동방정책의 공상적 단계"가 이제 새롭게 부상하는 실용주의에 길을 내주고 있다고 선언했다. 이데올로기적 차이를 얼버무리지 않는다면, 그리고 데탕트로 인해 서독의 서방정책이 훼손되지 않는다면, 기민/기사당 정부는 기꺼이 협력할 것이고 동구조약은 "아무런 조건이나 단서 없이"(*with no ifs and no buts*) 존중될 것이며 (이 말에 사민당원들은 "들어봐, 들어봐"라고 환성을 질렀다), 무엇보다도 서독과의 경제관계에 대한 소련의 필요성에 부응해 협력의 "가능성과 목적, 한계, 기회, 위험성"에 대한 고려가 시작되어야 한다고 주장했다. 슈트라우스는 브레즈네프가 "전쟁광"(*warmonger*)이 아니며, 러시아 국민은 "평화를 사랑하는" 민족이고, 러시아인과 독일인은 사실 서로 "상대편"(*adversaries*)일 뿐 "적"(*enemies*)이 아니라고 선언했다. 과거 독일과 러시아의 관계가 평화로웠던 시기에 양국간 협력은 서로에게 다같이 이로웠다며 더 커다란 희망을 피력하면서, 만약 소련이 독일을 약화시키고 분열시키려는 이데올로기적 야심을 포기한다면 소련

---

24) *BK*, 1978년 6월 24일자; 노르베르트 셰퍼(Norbert Schäfer), 1984년 4월 2일 필자와의 인터뷰.

은 독일이 "감사할 줄 알고 공정하고 우호적인 동반자"라는 것을 알게 될 것이라고 주장했다. 만약 다른 유럽국가들의 이해와 우려가 함께 고려된다면, 그런 진정한 동반자 관계는 대륙 전체의 "새로운 여명"(*new dawn*)이 될 것이라고 역설했다.[25]

슈트라우스는 이후에도 몇 달 동안이나 계속 브레즈네프와의 대화를 언급했다. 연합당은 독·소관계의 "역사적 개화기"를 원하지만, 그러기 위해서는 "위대한 러시아 민족"이 분단종식에 대한 독일민족의 의지를 존중한다는 조건이 충족되어야 한다는 것을 소련 지도자에게 분명하게 밝혔다고 말했다. 요컨대 슈트라우스는 솔직한 의견을 피력했고, 소련 지도자는 그것을 "그 자신의 방식대로 존중하고 예우했다"고 주장했다. 폰 바이체커처럼 동구와의 접촉이 잦은 연합당 지도자들은 소련이 슈트라우스의 동방정책에 "특별히 긍정적 관심"을 보였다고 전했다.[26]

슈트라우스가 보다 적극적인 동방정책을 주장한 배경에는 당내상

---

25) FRG, Deutscher Bundestag, *Verhandlungen des deutschen Bundestages. Stenographischer Bericht*, 8. *Wahlperiode*, 90. *Sitzung*, 1978년 5월 11일자, 7085-93. 처음에 슈트라우스와 콜은 서독과 소련 간의 신경제협정을 환영했다. 그래서 대다수의 연합당 지도자들은, 공식비준이 필수적인 것은 아니었지만 어쨌든 비준찬성을 해야 한다고 느꼈다. 반면 메르테스는 공식비준이 소련과의 "특수관계"라는 인상을 줄 것이라며 비준에 반대할 것을 주장했다. 슈미트가 나중에 하원만의 승인을 받기를 원하자 메르테스는 다시 협정을 지지해도 안전하다고 당을 설득해야 했다.

26) *FAZ*, 1979년 1월 15일자; 폰 바이체커, *DW*, 1979년 2월 24일자; 바이에른의 수장으로서 슈트라우스는 1979년 8월에 2백 명의 대규모 사절단을—3개 주를 제외한 모든 주의 내각장관들과 대부분의 기사당 하원의원들을 포함—이끌고 부다페스트를 방문했다. 헝가리 당 수장인 야노스 카다르(Janos Kadar)와의 대화에서 그는 다시 한 번 "솔직함"을 과시했고, "서트른 화해시도나 단순한 칭찬"보다 "실용주의"에서 더 나은 상호이해가 가능하다는 것을 입증했다. 또한 보도에 따르면 슈트라우스는 소련의 방문초청을 받으려 애썼으며 실제로 소련언론들은 그의 "변신"에 대해 언급하기 시작했다. *Financial Times*(이하 *FT*로 칭함), 1970년 8월 7일자.

황의 변화도 있었다. 지난 2년 동안 슈미트에 도전하기 위해서는 콜보다 강력한 인물이 있어야 한다는 기사당의 주장이 기민당 내에서 공감을 얻었다. 자신의 지지율이 낮다는 것을 감지한 콜은 연합당의 1980년 총리후보로 에른스트 알브레히트를 내세우려 했다. 그러나 이미 기사당이 기민당 내 보수주의자들의 지지를 확보함으로써 슈트라우스의 선출을 막을 수 없는 상황이 되어버렸다. 이제 이 바이에른의 지도자는 마침내 슈미트에 도전할 수 있는 기회를 잡았고, 따라서 외교정책에 관해 정치적 지도자로서의 면모를 보일 필요가 있었던 것이다.

2. 데탕트를 둘러싼 연정 내 불협화음과 연합당

동구권과의 대화를 계속하는 것이 당 정통노선과 양립 가능하다는 것을 보여주려고 노력하는 과정에서 연합당은 서서히 정부의 동방정책 입장에 다가가고 있었다. 이러한 변화가 비록 근본주의적 논조 속에 가려져 있었지만, 슈미트-겐셔 정책과의 차이는 점차 좁혀지고 있었다.

이러한 수렴경향은 동방정책을 둘러싼 정부와 사민당 내 일부 세력 간의 긴장이 감추기 어려울 정도로 고조되면서 훨씬 뚜렷해졌다. 슈미트와 겐셔는 단일성 문제에서 공식적으로는 여전히 서독의 권리를 인정하는 비교적 실용적이고 신중한 정책을 고수하였다. 따라서 그들은 보다 적극적인 데탕트를 주장하는 사민당 일부 지도자들의 압력에 계속 맞서야 했다. 이들 지도부 내 분파는 붸너, 브란트, 바르와 젊은 좌파들로서 총리와 외무장관의 정책이 "정적"(*static*)이고 "정체되어 있고"(*stagnant*) 기왕의 성과를 유지하는 데만 급급하다며 불만을 표시하였다. 사민당 좌파는 서독정부가 조약들을 너무 좁게 해석하고 독일문제의 미해결성을 지나치게 강조하며 너무 엄격하게 동구진영의 협정준수를 요구하는 반면, NATO의 새로운 군사조치에는 너무 관대하게 대처한다고 주장했다. 그러한 접근법은 동독공산당의 불안감만 고조시켜 이데올로기적 차단행위(*delimitation*)와 인적 접촉의 제한을 유발하고, 따라서 분단상황이 현실적으로 개선될 희망을 파괴할 것이라고 비판했다. 그들은 서독정부에게 "통일에 대한 법률적 환상"을 버리고 동독을 "있는 그대로" 받아들여 관계를 정상화함으로써, 공산주의자들의 불안감을 가라앉히고 더 나아가 정치·경제적 양보를 통해 동독공산당을 점차 안정시킬 것까지 촉구했다. 양독간의 상호신뢰 구축을 위한 이러한 이니셔티브는 중유럽의 단계적 비무장화와 더불어 1969~73년의 정신을 되살림으로써 동·서독 간의 이질화(*estrangement*)를 종식하고 새로운 "평화질서"의 창출에 기여할 것인데, 바로 이 길이 어떤 형태로든 민족통일을 달성케 할 유일한 희망이라고 주장했다.[27]

내부적 차이와 무관하게 연합당 지도부는 만장일치로 사민당의 새로운 동방정책 비전을 거부했다. 그 결과 1970년 후반기에는 동방정책에 관하여 3각 논쟁이 전개되었다. 연합당은 동구조약이 헌법재판소와 슈미트 정부의 해석대로 되어야 하며 민족문제를 인간적 접촉의 문제로 축소하는 사민당 좌파의 입장으로부터 보호되어야 한다고 주장했다. 연합당은 종종 슈미트와 겐셔가 기존의 정책을 포기하고 보다 과감한 데탕트를 추진하라는 요구에 굴복한다며 비판했지만, 그들의 당당한 태도에 찬사를 보내기도 했다. 메르테스는 동구조약에 대한 외무부의 "합헌적" 해석을 환영했고 겐셔가 기민/기사당 연정하에서도 당연히 장관직을 유지할 것이라는 뜻을 내비쳤다. 아벨라인 같은 근본주의자들도 자민당과 슈미트가 보다 "차별화된" 접근법을 취한다고 평가하기 시작했고 사민-자민당 연정 내 온건파와 연합당 간의 초당적 합의의 "뉘앙스"를 인식했다.

구체적으로 연합당 지도자들은 서독의 국적규정을 동독의 거부감이 덜하도록 수정하는 것이 가능할지를 타진하기 위해 사민당이 제시한 몇몇 시안을 거부했다. 사민당 내 일부 인사들은 동독시민들이 서구 자본주의를 거부하면서 자국의 경제적 성취에 대해 자부심을 가지고 있으므로 이미 민족적 열망을 상실했고, 따라서 전통적 의미에서의 민족문제는 이미 소멸했다고 주장했는데, 연합당은 슈미트에게 이같이 민족문제를 무시하는 주장을 배격하라고 요구했다. 이러는 가운데 1978년 민족문제 논쟁과 관련된 중요한 사건이 발생했다.

---

27) *FAZ*, 1977년 1월 19일자; *Vorwärts*, 1977년 4월 28일자.

동독의 반정부 공산주의자들이 “공격적 민족정책”과 동독공산당을 제외한(비록 민주적 공산주의와 사회주의하에서이긴 하지만) “통일”을 공공연하게 요구하는 강령을 발간한 것이다. 연합당 지도자들은 이 강령이 동독 내에서 통일 관념이 얼마나 강한지를 보여준다고 주장하면서, 강령을 폄하하거나 “도발적”이라고까지 한 붸너 등 일부 사민당 지도자들을 맹비난했다. 〈디 차이트〉도 이 사건이 “동독에서 민족문제가 쇠퇴했다는 서독의 일반화된 가정”에 의문을 제기하는 것이라고 평했다.[28)]

1) 서방정책을 둘러싼 연정 내 불협화음과 연합당

1970년대 후반 들어 연정 구성원들 사이에 동방정책과 서방정책 간 관계에 대한 견해차이가 커져갔고, 그 결과로서 데탕트의 이 측면과 관련하여 연합당은 점점 더 신뢰성 있는 건설적 야당으로서의 인상을 주게 되었다.

슈미트나 겐셔, 그리고 정부의 외교정책 전문가들은 안보와 데탕트 정책 간의 적절한 균형을 유지해야 할 필요성을 인식하였다. 이는 미국 신행정부에 대한 우려로 인해 더욱 강화되었다. 성격과 정치스타일, 선호하는 정책에서의 차이로 인하여 슈미트와 지미 카터 사이에는 깊은 반목이 존재하였다. 슈미트는 이 새로운 미국 대통령이 서구동맹을 이끌 능력이 있는지를 의심했고 그에게 유럽 내 균형 확보를 위해 미국이 얼마나 중요한 존재인지를 계속해서 상기시키려, 아니 가르치려 하였다.

그러나 슈미트는 유럽에 대한 핵보장자로서의 미국 역할을 너무 강조한 나머지 오히려 그 반발로 미국 내에서 반데탕트 기류가 형성

28) *DZ*, 1978년 3월 10일자.

되는 일이 없도록 신중해야 했다. 동서화해에 대한 카터의 개인적 신념에도 불구하고, 많은 미국의 고위관리들과 의원들은 소련의 (특히 제3세계에서의) 움직임에 대해 우려했으며 동방정책을 미국과 독일 간의 데탕트 개념이 상이함을 나타내는 증거로 보았다.[29)]

이런 이유로 슈미트와 지스카르 데스탱(Giscard d'Estaing) 프랑스 대통령의 관계가 더욱 중요해졌다. 이 프랑스 대통령은 슈미트의 미국 리더십에 대한 의구심, 동서유럽간 실무적 협력에 대한 신념, 그리고 서유럽이 보다 단호한 태도를 취해야 할 필요성 등에 공감하였다. 서독과 프랑스 간의 긴밀한 협의에 힘입어 슈미트는 방위와 데탕트에 대한 자신의 입장을 보다 넓고 공통적인 서유럽 정책의 일부로서 제시할 수 있었는데, 이는 미국과 연합당, 그리고 사민당을 다루는 데 유용한 것이었다.

그러나 바르, 브란트, 붸너 등이 이끄는 많은 사민당원들은 안보정책과 데탕트 정책 간 균형보다는 양자의 결합을 원했다. 그들은 1969년 이후 안보 개념이 "질적으로 바뀌어" 안보가 단순한 국방정책이 "더 이상 아니라는" 것을 강조하며 서독 등 서구 전체가 동구와 "안보협력체제"(*security partnership*)를 형성하기를 희망했다. 강대국 간 관계의 교착화에 놀란 그들은 소련의 군사조치를 과도하게 부각시키는 것에 대해 경고했고 소련의 동기가 기본적으로 "방어적"이라는 의견을 내비쳤다. 그들은 서방진영에 대해 평화에 대한 소련의 관심을 협력증진과, 특히 군비통제를 향한 진전으로 인정할 것을 촉구했다.[30)]

---

29) 미국 고위관리들과 의원들은 슈미트가 카터에게 보인 "오만한" 태도뿐만 아니라 "유럽에서 소련의 핵위협에 매우 우려하면서도 단호한 대응에 매우 비협조적인" 태도에 대해서도 비난했다. Brzezinski, Zbigniew, *Power and Principle: Memoirs of the National Security Advisor*, 1977-1981(New York: Farrar, Straus & Giroux, 1983), 289-315.

30) SPD, Fraktion, *Sicherheitspolitische Informationstagung der SPD*

그러나 이러한 "정치적 안보"에 대한 믿음과 더불어 사민당은 동서 진영간 협력이 분단상황을 단기적으로는 개선하고 장기적으로는 종식시키기 위한 핵심적 전제조건으로 간주하려는 경향이 있었다. 이와 관련하여 붸너는 독일정책은 "반대진영간의 군사적 긴장이 고조되는 것을 막아내고 국경지역을 덜 위험하게 만드는 데 집중해야 한다"고 주장했다. 따라서 그는 서독이 NATO 내에서의 새로운 위상을 이용해 구체적 군비통제 협상을 "추진"하는 데 특별한 이해관계를 가진다고 보았다. 슈미트와 겐셔의 신중한 실용주의에 신물이 난 붸너는 사민당 내의 상당한 지지를 업고, (어쩌면 동·서독간 군비통제 대화를 시발로 한) 중부유럽의 비핵화와 양독일간 연방(*confederation*) 구성만이 평화와 민족통일을 보장할 수 있다고 주장했다.[31] 사민당 내 많은 이들은 "동구조약과 군비통제·군축 정책의 구체적 결과들이 1969년 이래 추구한 하나의 정치적 개념의 두 가지 단계"라는 데 전적으로 동의했다.[32]

그러나 연합당은 군비통제가 무기와 긴장을 줄이는 데는 도움이 되겠지만, 소련으로부터의 안전과 민족문제라는 서독이 직면한 중심적 문제들을 해결하는 데 아무런 도움이 되지 않는다고 보았다. 오직 서방정책만이 안보와 궁극적 통일을 실현시킬 수 있고, 그렇기 때문에 군비통제는 동맹정책의 요구에 완전히 종속되어야 한다고 주장했다. 이런 점에서 사민당보다도 연합당이 오히려 슈미트 정부에

Bundestagsfraktion, Augsburg, 1978년 9월 17일자.

31) Wehner, Herbert, "'Deutschland' statt Politik," *Die Neue Gesellschaft* (1977년 4월) : 268-71 ; *FAZ*, 1979년 3월 27일자.

32) Pawelczyk, Alfons, "Die Entspannungspolitik muss als Element der Sicherheitspolitik genauso ernst genommen werden wie die Verteidigungspolitik," in *Koalition auf Entspannungskurs: Beiträge zur Abrüstungspolitik mit einer Dokumentation*, ed. Rolf Seeligen (Munich : Rolf Seeligen, 1979), 25.

더 가까웠고, 특히 유럽 내 군사적 균형의 필요성을 미국에 인식시키려는 총리의 노력에 대한 입장에 있어서는 더욱 그러했다. 이와 같이 민족문제와 마찬가지로 군비통제와 안보문제에 대해서도 3자간 논쟁이 벌어졌고 이 과정에서 연합당과 정부는 더 가까워졌다.[33)]

연합당은 사민당의 정치적 안보 개념이 평화를 절대선(*absolute good*)으로 떠받들고 소련의 안보에 과도하게 민감하다고 비판했다. 기민/기사당은 특히 동서 냉각기에 군비통제를 통해 동방정책을 강화하겠다는 사민당의 주장은 서독을 위험한 방향으로 몰고 갈 것이라고 주장했다. 즉, NATO의 군비통제를 각별히 옹호함으로써 소련의 희망대로 서구진영 내에서 그들의 "대리인"이 되고 말 것이라고 보았다. 그들은 서독이 이런 역할을 자청함으로써 점차 미국과 멀어져 초강대국간 "등거리" 지점에 위치하거나 궁극적으로 동구권과 사실상의 특수관계를 발전시키게 될 것이라고 주장했다. 결국 널리 알려진 슈미트의 친서구적 성향에도 불구하고, 동방정책의 "제 2단계"는 핀란드화, 즉 친소 중립화로 귀결할 것이라고 비판했다.

이러한 모든 차이들은 빈사상태에 있던 동서 병력감축 회담을 되살리자는 제안을 둘러싼 논쟁에서도 나타났다. 붸너, 바르, 브란트를 비롯한 많은 사민당원들은 재래병력 균형이 이미 존재한다고 주장했다. 그들은 소련의 군사력 수준을 과도하게 부각시키는 것을 경계했고 소련을 제외한 바르샤바 조약 국가들의 병력의 신뢰성에 대해 의심을 제기했다. 그들은 군사력 감축이 반드시 대등한 상태를 목표로 할 필요는 없다고 주장함으로써 병력 수준에 대한 상충되는

---

33) 슈미트 정부와 사민당 좌파는 연합당이 유럽의 안보나 협력을 위한 군비통제에 대해 실질적 관심이 전혀 없으며, "힘의 정책"이 군비경쟁을 고조시키고 데탕트를 파괴할 것이라고 공개적으로 비난했다. 그들은 기민/기사당의 군비통제에 대한 태도를 협정준수 약속에 대한 리트머스 테스트로 본 것이다. Seeligen, Rolf, ed., *Koalition auf Entspannungskurs*, passim.

자료로 인해 생긴 협상의 교착상태를 우회할 것을 주장했다. 연합당 대변인들은 자료문제를 우회하는 것은 대칭성에 대한 NATO의 오랜 요구를 부정하는 것이라며 거부했다. 이 점에서 야당인 연합당은 상호균형감군회의(MBFR) 안을 부활하려는 어떠한 일방적 제안도 거부한 겐셔와 한편이었다.[34]

이러한 차이는 서유럽에 강화 방사선, 즉 중성자 무기(*Enhanced Radiation Weapons*, ERW, 이하 ERW라 약칭함 — 옮긴이)를 생산, 배치하자는 미국의 1977~78년 제안을 둘러싼 장기간의 격렬한 논쟁에서 다시 드러났다. 이 제안에 대해 특히 바르가 그 무기의 "비윤리성", 핵갈등의 가속화 가능성, 그리고 군비통제에 대한 부정적 효과를 들어 반대의 목소리를 높였는데, 사민당의 거부방침을 더욱 굳게 한 요인은 동구와의 조화로운 정치적 관계를 지향하는 당의 근본적 입장이었다. 그러나 슈미트는 미국이 ERW 생산을 공식 결정하기 전까지 자신의 결정을 미룬 채, 다른 NATO 회원국이 그 무기를 받아들이기로 동의하고 동맹이 그것을 우선 협상카드로 이용해야 한다는 것을 수용의 전제조건으로 내세웠다. 겐셔도 이 입장을 선호하였다.

초기에 유보적 입장을 보였던 연합당은 소련의 밀집 기갑부대를 상쇄해 NATO의 억제력을 강화할 수 있다면, ERW는 정당화될 수 있으며 협상카드로도 활용될 수 있다고 주장했다. 따라서 연합당은 슈미트와 국방부가 그 무기를 즉각 거부하지 않은 것을 지지했고, 1978년 1월 당 의원단은 ERW의 독일배치를 요청하라고 만장일치로 촉구했다. 슈미트가 사민당의 끈질긴 압력으로 인해 조건부 승인입장을 유지하자, 연합당은 그가 "굴복"했다고 비난했고 미국이 독일에 무기배치를 강요하는 것으로 보이지 않도록 ERW를 공개적으로 받아들여야 한다고 주장했다.

---

34) 겐셔는 또한 붸너가 서독의 군축외교 재편에 정치인들을 "끌어들인" 것에 분개했다. *SdZ*, 1979년 9월 15일자.

그해 4월 카터 대통령은 ERW 생산을 무기한 연기했다. 슈미트로 하여금 중대한 당내위기를 피할 수 있도록 하자는 것도 연기이유 가운데 하나였다.[35] 연합당은 카터의 결정이 서독이 내건 조건 탓이라고 보았다. 이는 ERW에 대한 소련의 대대적 선전에 맞서는 것을 두려워한 사민당과 이 사민당의 압력에 직면한 슈미트의 "불쌍한 나약함"에서 비롯되었다고 비판했다. 카터의 "중대한 결정"에 대해 슈트라우스는 "붉은 차르(*Red Czar*)에 굴복했다"며 신랄한 비판을 퍼부었다.

요컨대 기민/기사당은 국방부 관리들처럼 동방정책에 대한 고려 없이 주로 군사·안보적 요소에 기초한 결정을 선호했다. 그러나 사민당은 "소련의 강한 압력에 굴복해", "정치적 안보와 데탕트를 위해 잠재적 군사력의 한 요소"를 희생시켰으며, 이에 대해 한 기민당 보좌관은 "이정표적" 사건이라고 불렀다.[36]

서유럽에 신형 중거리 미사일을 배치하는 문제를 놓고 연합당은 사민당과 더욱 치열한 논쟁을 벌였다. 슈미트가 이 문제를 처음 제기한 후 그에게 전적인 지지를 보낸 것은 사민당이 아니라 야당인 연합당이었다. 정부와 야당 지도자들은 전략무기제한협상(SALT) II에서 승인된 초강대국간의 균형은 유럽에 배치된 무기의 불균형성을 "확대했으며", 따라서 NATO의 유연대응전략(*flexible response strategy*)의 신뢰성에 의문을 제기한다고 주장했다. 이는 미국의 대유럽 안보공약 전반에 대한 의심을 야기하고, 소련은 이를 이용해 핵위협을 하며 실제적으로나 인식적으로 미국을 동맹국으로부터 분리시키려 할 것이고, 소련이 1977년 이후 이동 가능하고 정확성이 강화된 신형 다목표 중거리 미사일 SS-20을 확대 배치하면서 이 인지된 전역(戰域) 불균형(*theater imbalance*) 문제는 더욱 악화되었다는 것이 연합

---

35) Brzezinski, Zbigniew, *Power and Principle*, 301-06.

36) Rühle, Hans, "German Security Policy: Position, Problems, Prospects," *International Security Review* 5(1980년 여름): 194.

당의 주장이었다.[37]

바르, 브란트, 붸너와 다수의 사민당원들은 영국과 프랑스의 무기체계와 NATO에 배치된 미국의 대륙간 미사일을 고려하면 어느 정도 상시적인 유럽전략적 균형(*Eurostrategic equilibrium*)이 존재한다고 주장했다. 따라서 새로운 미사일 배치는 불필요할 뿐 아니라 오히려 데탕트에 위험하다고 보았다. 붸너는 중거리 미사일 동결과 양독간 경제적 연방구성을 제안함으로써 구체적으로 미사일 문제를 동방정책에 연계시켰다. 1979년 12월에 NATO에서 4년 내 중거리 핵전력(*intermediate-range nuclear forces*, INF, 이하 INF라 약칭함—옮긴이)을 배치하고 그 시기 동안 전역 불균형 해소를 위한 협상을 추진하기로 결정했을 때에도 위와 같은 압력으로 인하여 슈미트는 단지 사민당의 조건부 승인만 얻을 수 있었다. 사민당이 배치용인을 위해 내건 조건은 ① 모든 협상을 통한 해결의 기회가 소진되었을 것, ② SALT II가 비준되었을 것, ③ 유럽의 또다른 나라도 자국영토 내 배치에 동의할 것 (단독배치 불가) 등이었다.

위에서 언급된 정치적·군사적 문제로서의 전역 불균형에 대한 우려로 인하여 연합당 지도자들은 INF 배치를 고려하겠다는 미국의 의지를 환영했고 사민당의 반대를 비판했다. 사민당의 첫 번째 조건과 관련하여 당의 군사통들은 NATO가 "불가피하게" 독자적 전역무기(*theater weapons*)를 필요로 한다고 주장했고, 협상의 성과와 무관하게 INF 배치는 안보의 관점에서 사활적 중요성을 지닌다는 입장을 시사했다. 그들은 보다 확실한 협상입지를 확보하기 위해 적어도 회

---

37) 정부와 야당 지도자들은 SALT II에 대해 해석을 달리했다. 슈미트는 안정과 데탕트를 향한 일보전진으로 환영했으나, 메르테스 등 기민당 지도자들은 내키지는 않았지만 균형을 받아들이면서 정부에 유사한 입장을 나타냈다. 그러나 기민당의 대다수는 소련이 일방적 군비확장으로 전략적 우위를 잠식해나가는 것을 막지 못한 미국을 비판했고, 기사당 역시 공개적으로 미국을 비판했다.

담 전에 배치가 시작되어야 한다고 강조했다. 어쨌든 연합당은 군비통제 방안의 우선순위를 낮게 보았으며, 사민당이 배치 여부를 협상 가능성의 사전 소진 여부에 연동시킨 것을 비난했다. 그들은 사민당이 두 번째 전제조건으로 미국의 SALT II 비준을 내세운 것을 INF 현대화를 막으려고 꺼내든 "조커" 카드라고 불렀다.[38] 연합당은 또한 단독배치 불가조건은 INF 계획을 방해하려는 또 다른 구실에 불과한 것으로 보았다. 연합당은 서독이 필요하다면 단독으로라도 배치하겠다는 의사를 미국에 밝혀야 한다고 주장했다. 현재의 불균형에서 가장 취약한 나라는 바로 비핵국가인 서독이라고 보았기 때문이었다. 요컨대 연합당은 사민당이 "조건부로" 위의 이중 트랙 계획(*two-track plan*)을 승인한 것은 오직 그 계획을 훼손하고 INF 배치를 막기 위한 꼼수라고 비판했다.[39]

연합당 지도자들은 INF 문제가 사민당의 안보 개념이 군사적 균형보다는 동서화해에 더 의존하고 있음을 확인해주었으며, 양독관계에 관한 소련과 동독의 위협에 사민당이 얼마나 취약한지를 보여주었다고 주장했다. 그들은 사민당이 군비통제와 단독배치 반대를 고집하는 것은 동방정책을 유지하기 위한 "선제적 양보"(*preemptive concession*)라고 규정했다. 특히 사민당이 양독간 군비통제 회담을 제안하자 연합당은 강하게 반발했다. 소련정책의 도구에 불과한 동독은 실제적이고 인도주의적인 문제를 지렛대로 서독을 협박해서 INF를 포기하게 하고 서독의 사활적 안보이해를 위태롭게 하려 할 것이라

---

38) *FAZ*, 1979년 2월 1일자; CDU, *DUD* 195, 1979년 10월 10일자. 어쨌든 연합당은 조약에 소련의 중거리 미사일 제약에 관한 내용이 제외되었고, (우회금지 조항과 의정서에 의한 크루즈 미사일 개발제한을 통해) NATO로 하여금 소련의 중거리 무기와 대등한 무기체제를 갖출 기회를 박탈했음을 지적하고, 조약을 둘러싼 미국의 논쟁에서 서독이 "검찰 측 증인" 역할에 그쳐서는 안 된다고 주장했다.

39) CDU/CSU, Fraktion, 보도자료, 1979년 1월 22일자.

고 주장했다.

사민당은 연합당이 군비통제의 희망을 가로막고 아직 시기상조인 서독 핵무기 배치를 경솔하게 추진한다고 반격했다. 사민당은 또한 연합당이 유보를 통해 SALT II를 약화시키려 하며, 이는 민족적 극수주의(*national chauvinism*)와 반미주의의 증거라고 보았다. 또한 서독과 미국 간 특수한 핵관계(붸너는 이를 *axis*라고 불렀다)라는 망령과 "핵단추에 손가락을 얹은" 독일에 대한 공포를 불러일으킨다고 비난했다. 그들은 이 모든 것이 기민/기사당이 여전히 동방정책을 모든 차원에서 받아들이지는 못하고 있음을 보여준다고 주장했고, 기민/기사당의 안보정책은 동구조약에 대해 다른 수단을 통해 저항하는 것에 다름 아니라고 보았다.

또한 이 전체 시기 동안 (1970년대 후반) 맑스와 슈트라우스가 이끄는 연합당 지도부는 서독정부가 유럽외부에서 서구안보를 강화시키기 위한 노력을 거의 도외시하고 있다고 비판했다. 소련의 세계전략이 서방진영을 모든 전선(*front*)에서 약화시키고 동맹을 분열시킬 것을 목표로 하고 있음에도, 사민-자민당은 세계적 관점에서 사고하기를 거부한다고 주장했다. 연합당 내 근본주의자들은 서독이 국제문제에서 영향력 행사수단이 제한되어 있는 점을 인정했지만, 적어도 서방진영의 수사적 연대감(*rhetorical solidarity*)과 미국의 행동에 대한 정치적 지지를 확실히 할 수는 있다고 주장했다. 그러한 의지표명을 통해 동맹을 분열시키려는 소련의 시도를 저지할 수 있고, 또한 미국에게 세계 곳곳에서 소련에 대항하는 것이 공동의 이익을 위한 것이라는 확신을 줄 수 있을 것이라고 강조했다. 연합당은 서독이 별난 성격에 확신도 없는 카터를 압박해서 보다 결단력 있는 행동을 이끌어내기를 원했다. 슈트라우스는 유럽이 새로운 서방정책을 채택해야 하며, 그것이 서구 공동체의 독립된 일원으로서 자신의 역할을 지킬 수 있는 마지막 기회가 될 것이라고 주장했다. 슈트라우스 주도하에 연합당 지도부는 또한 "팽팽한 전선을 다시 느슨하게 할" 중국정책 같은 일방적 조치를 주문했다. 중국 카드를 이용해 소련의 서구에 대한 압박을 상쇄하기 위해서 북경에 개발원조나 군사 노하우, 심지어는 선박도 보낼 수 있다고 주장했다.[40]

1970년대 후반 동방정책을 둘러싼 국내논쟁은 1969년에서 1973년 사이의 시기보다는 덜 격렬했지만, 정부와 야당이 합의에 도달하기는 여전히 어려워 보였다. 그러나 연합당은 협상에 기초한 정책에 더 잘 부합할 수 있게 전통적 입장을 완화할 의사가 있음을 내비쳤다. 더욱이 비판의 초점을 슈미트와 겐셔의 공식정책을 위험하게 수정하려는 좌파의 압력에 맞춤으로써, 연합당이 현상유지를 인정하는 방향으로 얼마나 많이 다가갔는지를 — 가끔씩은 마지못해서, 심지어는 무의식적으로 — 보여주었다. 이어지는 위기의 시기 동안 서독의 데탕트 정책에 대한 압박이 가중되고 연정 내 분열이 악화되는 가운데 점진적으로, 그리고 마지못해 동방정책으로 전향해가고 있는 기민/기사당의 모습을 확인할 수 있다.

---

40) CDU, *DUD*, no. 64, 1978년 4월 4일자. 또한 기민/기사당 지도자들은 사민당과 이탈리아 공산당의 관계, 사민당의 사회주의적 유럽에 대한 논조로 볼 때, 슈미트가 당 이데올로그들의 압박으로 유럽 "인민"전선을 추구하거나, 서구를 분열시키고 진정한 통합을 가로막을 계급노선에 입각한 유럽공동체를 추진하게 될지도 모른다고 주장했다.

제7장

위기와 합의

1980~1982

1980년대 들어 동방정책을 둘러싼 서독 내 논쟁양상이 변화하기 시작했다는 것이 보다 분명해졌다. 동구권과의 관계개선 속도가 둔화되면서 실체적 문제들에 대한 연정 내 양당의 분열이 연정과 야당의 분열만큼이나 크게 드러났다. 슈미트와 겐셔의 실용주의에 대한 사민당 좌파의 실망은 더욱 커져갔고, 반대로 연합당은 소리 없이 정부정책에 더 가까이 다가갔다. 1980년대 초 동독, 소련, 미국과의 관계에서의 일련의 위기로 인해 양측의 태도변화가 두드러지게 나타나고 또한 증대되었다.

1. 아프가니스탄 사태와 동방정책

1979~80년 겨울 동안 소련의 아프가니스탄 개입은 미국의 강렬한 반응을 불러일으켰다. 이란 인질사태로 궁지에 몰려 있던 카터 대통령은 서남아시아에서 미군의 배치를 확대하고 SALT II 비준을 연기했으며 소련에 대한 서방의 제재조치를 호소하는 한편, 모스크바 올림픽 보이콧을 촉구했다. 미국의 목표는 "소련을 배척하고 규탄하면서 지역 내 신뢰를 강화하는 것"이었다.[1)]

슈미트의 반응은 보다 더 신중했다. 국제적 위기감이 고조되자 그는 1914년 8월 사태(제1차 세계대전의 발발—옮긴이)의 재발 가능성을 경고했다. 그는 호전적 태도와 계산착오, 과도한 반응은 위기를 심화시키고 또 유럽으로 확장시킬 뿐이라고 생각했다. 서독은 따라서 유럽 내 데탕트를 보호하기 위해 "위기관리" 정책에 착수했고 이를 위해 프랑스와 협력했다. 슈미트와 지스카르 데스탱 프랑스 대통령은 냉정함과 "예측 가능성"(*calculability*)을 호소하고 미국의 과도한 반응을 경계했으며 유럽이 동서진영간 대화를 유지할 특별한 책임이 있다는 믿음을 상호 확인하였다.

서독은 특히 현재의 조약의무를 존중하고 협상을 계속할 것을 약속했다. 슈미트와 겐셔는 초기에는 소련진영과의 다양한 고위급 회담이 예정대로 진행되기를 원했다. 소련이 동서간 긴장을 이유로 회담연기를 발표했을 때도, 서독관리들은 소련의 "정중한" 발표태도를 장기적으로는 사태를 낙관할 만한 근거로 해석했다. 슈미트는 위기에도 불구하고 브레즈네프 및 호네커와 예정된 정상회담을 열고자 하는 희망을 분명하게 밝혔다. 일상적 실무대화는 계속되어 어느 서

1) Brzezinski, Zbigniew, *Power and Principles: Memoris of the National Security Advisor*(New York: Farrar, Straus & Giroux, 1983), 429.

독각료의 말대로 중유럽에서 정상적 관계의 유지에 기여했다. 슈미트는 연방하원 연설에서 어려운 시기에 특히 대화가 지속되어야 하며 이것은 독일에 대해서는 "특별한 정도로 적용된다"고 강조했다.[2)]

위기관리의 일환으로 슈미트는 미국과 소련 간 대화를 복원하려고 노력했다. 그는 아프가니스탄 사태의 외교적 해결을 촉구했고 두 초강대국들이 INF 배치의 동결 같은 군비통제를 위한 회담을 계속할 수 있는 방안을 제안했다. 그러나 슈미트의 위기관리 전략은 중동이나 서남아시아에서의 서구의 군사행동에 대하여는 아무런 운신의 여지가 없었다. 겐셔가 모호하게나마 중유럽에 주둔한 미군의 일부가 다른 지역으로 이동할 경우 독일이 그 틈을 메울 수도 있다는 발언을 한 정도였다. 대신 서독은 경제원조를 통해 이 지역을 안정시키는 것을 선호한다는 입장을 밝혔고 실제로 터키에 대한 원조를 늘렸다.

가장 첨예한 논쟁을 불러일으킨 것은 소련에 대한 제재를 추진하는 문제였다. 슈미트는 초강대국을 고립시키고 처벌하려는 것은 위험하며 실제 그 국가의 행동을 변화시킬 가능성도 없다고 경고했다. 더욱이 무역과 무역차관을 조정하는 것은 소련보다 서구에, 특히 서독에 더 손해를 입힐 것이라고 주장했다. 그는 미국의 올림픽 보이콧 요청에 대해서는 "러시아인들이 웃을" 거라며 일축했다.[3)]

슈미트의 사민당 동료들은 위기관리 전략을 지지했지만, 미국의 과도한 반응에 대해 총리보다 더 심각한 경계심을 가졌다. 특히 카터가 SALT II의 비준을 연기한 후, 그들은 주변적 위기(*peripheral crisis*)로 보이는 사태가 군비통제를 막고 데탕트를 약화시키기 위해 이용되는 것을 염려했으며 그 가장 큰 피해자는 유럽, 특히 독일일

2) *Der Spiegel*(이하 *DS*로 칭함), 1980년 4월 7일자. Schmidt, FRG, Deutscher Bundestag, Stenographischer Bericht, 8. Wahlperiode, 203. Sitzung, 1980년 2월 28일자, 16172.

3) *DS*, 1980년 2월 10일자.

것이라고 주장했다. 사민당 좌파의 다수는 미국을 비판하고 서독의 INF 계획철회를 요구했으며 슈미트에게 양 초강대국에 대한 유럽의 규탄을 주도하라고 촉구했다. 브란트와 바르는 프랑스와 공동으로 보다 신중하게 유럽의 이해를 강조하고(지스카르는 이미 대오를 이탈해 바르샤바에서 브레즈네프와 회담을 가졌다), 그럼으로써 미국과 거리를 두면서 데탕트를 구해낼 것을 주장했다. 그들은 제재나 미국의 올림픽 보이콧 제안을 명백히 반대했다.

그러나 카터는 공개적은 물론 개인적으로도 슈미트에게 압력을 이겨내고 미국을 지지해 달라고 요구했다.[4] 누구보다도 겐셔는 대서양 양안간에 위기가 발생할 가능성에 경각심을 갖게 되었다. 결국 서독의 위기관리 전략은 동맹의 단결이라는 명목으로 다소 수정되었다. 소련과의 대화의사를 밝히면서도 슈미트 내각은 소련에 최종기한을 통보한 후 서독 올림픽 위원회에는 모스크바 게임을 보이콧하라고 요청했다. 바르가 공개적으로 참가를 촉구했지만, 올림픽 위원회는 약간의 표 차이로 보이콧하기로 결정을 내렸다. 나아가 서독은 무역을 계속하겠다고 했지만, 미국의 무역제한 품목인 농산물과 하이테크 상품 등의 소련수출을 동결시킴으로써, 미국의 경제제재 효과를 약화시키지는 않기로 했다. 서독은 또한 현재의 계약이 유지된다는 조건하에 이른바 코콤(CoCom, Coordinating Committee for Export Control to Communist Areas: 대공산권수출통제위원회 — 옮긴이) 목록상의 "전략적 상품"의 동구권 수출을 보다 엄격하게 제한하는 문제를 논의하는 데에 동의했다.

1월에서 7월까지의 여론조사 결과 슈미트의 접근방식이 광범위한 국민적 지지를 받고 있고, 그것에 비판적인 국민들조차 엄격한 대응은 선호하지 않는 것으로 나타났다. 소련의 계획에 대한 국민들의

---

4) Carter, Jimmy, *Keeping the Faith: Memoirs of a President* (Toronto: Bantam, 1982), 500.

의심이 커지고 데탕트에 대해 비관적 전망이 확산되었지만, 몇몇 여론조사에서 70~80%의 국민이 데탕트 정책의 지속과 소련과의 협력증진, 그리고 동·서독 정상회담을 원하는 것으로 나타났다. 서독국민들은 비록 미국과의 관계강화와 NATO 예산의 증가를 지지했지만, 경제제재와 올림픽 보이콧에 대한 의견은 이중적이고 분열되는 양상을 보였다.[5)]

1) 연합당의 대응

연합당 지도자들은 소련의 개입이 역사적 야심을 실현하고 세계혁명을 진전시키기 위한 장기적이고 기회주의적인 제국주의 전략에 따른 것으로 규정했다. 슈트라우스와 콜 등은 소련의 대담성은 터키나 유고슬라비아 등 이미 이탈경향으로 취약해진 나라들을 불안에 떨게 한다고 말했다. 슈트라우스는 더 중요한 것은 NATO의 "보호막 없는 뒷문"(*unguarded rear door*)이 위협받고 있다는 것, 즉 붉은 군대(*Red Army*)가 페르시아만 유전지대를 장악해 서구의 사활적인 에너지 생명선을 끊고 자신들의 수요만 충족시키려 하는 것이라고 주장했다. 다수의 근본주의자들은 이번 위기가 세계적 군사균형을 유지하려는 노력을 잠식한 지난 10년간의 데탕트 탓이라고 강조했다. 일부는 서독의 동구조약이 유럽 밖에서 소련의 팽창에 길을 터준 "재보장 조약"(*reinsurance treaties*)이며 유화정책이라고 비난했다.[6)]

연합당 지도자들은 서독의 위기관리 정책조차 데탕트 시대의 그릇

---

5) 인파스 조사, *Frankfurter Rundschau*, 1980년 7월 30일자; 엠니드 조사, *Die Welt*(이하 *DW*로 칭함), 1980년 3월 29일자; 알렌스바흐 조사, *Stern*, 1980년 1월 24일자.

6) Graf Huyn, CDU, *Deutschland Union Dienst*(이후 *DUD*로 칭함), 95. 1980년 5월 23일자.

된 전제에 기초한다는 점이 더 심각한 것이라고 주장했다. 이들은 서구 전체의 안보이해가 위협받고 있을 때 유럽만 평온과 안정의 섬으로 남아 있을 수는 없다고 강조했다. 데탕트는 분리될 수 없으며 그렇게 만들려는 시도는 서유럽을 위태롭게 할 것이라고 보았다. 콜은 유럽이 새로운 폭풍으로부터 안전한 정치적 틈새(*niche*)인 것처럼 행동하는 것은 "오산이며 위험하고 치명적이기까지 하다"고 선언했고, 당 지도자들도 그의 이 발언에 공감했다. 그들은 또한 마치 아무 일도 없었다는 듯이 양독대화를 계속해서는 안 된다고 주장했다. 그들은 "가장 가까운 가신(*vassal*)"인 동독을 미끼로 서독을 동맹으로부터 떼어놓으려는 소련의 의도에 넘어가서는 안 된다고 말했다.[7]

연합당은 특히 연정이 미국과 거리를 두는 모양새를 취하고 초강대국들간의 대화를 추진하기 위해 "통역자"(*interpreter*)처럼 행동한다고 비판했다. 또한 슈미트가 상호 INF 동결제안과 소련을 고립에서 풀어줄 모스크바 방문을 통해 미·소간 군비통제 회담을 되살리려는 것에 대해 경고했다. 그들은 서독이 독일 (그리고 전 유럽적) 방위노력의 확대에 저항하는 한편 아시아에서 미국의 군사적 대응조치에 대한 지지에 소극적이고 미국의 제재요구에 미온적 반응을 보이는 것을 비판했다.

연합당 지도자들은 데탕트를 분리가능한 것으로 만들려는 연정의 노력이 독일의 안보를 위태롭게 할 것이라고 주장했다. 프랑스의 지원이 있더라도 서독이 스스로의 역할을 "통역자"에 국한시켜 미국과 거리를 두다가는 결국 낭패를 볼 수밖에 없다고 강조했다. 콜은 "우리의 특수한 역할은 미국과 함께한다"며 독일이 미국의 보호에 특히 크게 의존하고 있음을 강조했다.[8] 그들은 특히 슈미트가 카터를 경

7) *Frankfurter Allgemeine Zeitung*(이하 *FAZ*로 칭함), 1980년 2월 14일자.

8) FRG, Deutscher Bundestag, *Verhandlungen des deutschen Bundestages, Stenographischer Bericht*, 8, *Wahlperiode*, 203. *Sitzung*, 1980년 2월 28일자,

멸조로 비난하고 (자신들이 "모스크바파"로 부르는) 사민당 좌파를 배격하지 못하는 것을 비판했다. 연합당은 미국의 정책에 대한 바르의 공개적 반대나 독·소관계의 특수성에 대한 논의, 좌파의 반미주의적 논조가 미국과의 관계를 소원하게 하고 라팔로(Rapallo) 조약(양차대전 사이 서구에 대항하기 위해 독일과 소련이 맺은 조약—옮긴이)의 이미지를 상기시켜 미국 내에서 고립주의적 반발을 유발할 것이라고 보았다.

이러한 날카로운 비판에도 불구하고 슈트라우스 등 연합당 지도자들은 동구대화를 위태롭게 한다는 인상을 주지 않도록 조심했다. 이러한 온건한 모습은 당의 태도변화를 반영한 것이기도 했지만, 동방정책이 주요 선거이슈가 되는 것을 막으려는 의도가 깔려 있었다. 특히 슈트라우스는 그동안 우파 표심을 얻기 위해 유권자를 양극단으로 갈라놓았지만, 이제 총리후보로 나서는 만큼 정치 지도자로서의 자질을 보일 필요가 있었다.

이와 같이 연합당 지도자들은 처음부터 서독의 초당적 대응을 호소했다. 그 즈음 서베를린 기민당 당수로 선출된 폰 바이체커 같은 개혁주의자들은 베를린이 위기의 영향을 받지 않도록 전당적 협력을 촉구했다. 그는 사민당 소속 서베를린 시장의 워싱턴 방문을 촉구했고 또 그에 따라 방문한 것을 칭찬했다. 메르테스는 슈미트에게 보내는 공개서한에서 냉정하고 초당적인 안보정책을 호소했다. 그는 또한 당이 "수사적 시위"를 하지 말라고 경고했다. 보다 중요한 것은 슈트라우스가 사민당 좌파를 비판하면서도 초당적 협력을 호소한 것이었다. 그는 "나는 말싸움을 원하지 않는다. 그러기엔 상황이 너무 심각하다"고 말했다. 평소 격렬한 수사를 쏟아내던 "바이에른 한복판에서의" 성회일 연설에서도 그는 침착한 대응을 호소했다.[9]

16177.

9) 메르테스, *Neue Zürcher Zeitung*(이하 *NZZ*로 칭함), 1980년 1월 11일자;

1970년대 중반 일련의 테러사태 이후 처음으로 정부와 야당 지도자들이 정책협의를 위해 회합을 가졌다. 슈미트, 겐셔, 슈트라우스가 참가한 공개회담에서 미국이 병력을 이 지역 외부로 이동하기로 결정할 경우 그 틈을 메우기 위한 독일의 조치에 대한 모호한 대화만이 오갔다. 연합당은 또한 하원에서 터키에 대한 추가원조안에 찬성했다. 40명의 사민당 의원들이 반대했던 터라 야당의 지지는 하원 통과에 결정적 도움이 되었다. 메르테스는 서독정부의 공식적 군비통제 정책에 대한 당의 지지를 재확인했다.

정부와 야당은 또한 데탕트를 복원하려는 열망에서도 같은 입장이었다. 슈미트의 위기관리 정책에 대해서는 비판했지만, 연합당은 동서대화의 문을 열어두었다. 콜과 알브레히트는 아프가니스탄 사태가 데탕트의 필요성을 없앤 것이 아니라, 단지 유럽의 데탕트가 세계적 권력정치의 현실로부터 완전히 분리될 수 있을 것이라는 환상을 깬 것일 뿐이라고 단언했다. 메르테스는 유권자들이 관심을 갖는 것은 연합당이 이 위기상황에서 무엇을 하고 싶어하는가가 아니라, 조약들과 세력균형이라는 주어진 환경 속에서 무엇을 할 수 있는가라고 역설했다.[10]

더욱 인상적인 것은 총리후보 슈트라우스가 메르테스의 주장을 따라 "범죄적 본능을 가진 바보만이 데탕트 정책이 아닌 다른 무언가를 하려 할 것이다"라고 강조했다는 점이다. 그는 지속적 동서협력이 인적 접촉과 베를린의 안전, 그리고 전반적 정치안정을 위해 극히 중요하다고 덧붙였다. 서독이 필요로 하는 것은 도그마로서의 데탕트

슈트라우스, *FAZ*, 1980년 2월 21일자. 평소 슈트라우스에 비우호적이었던 신문들이 그의 "정치지도자 다운 태도"와 "균형감각"을 칭송했고 그에게 냉소적인 사람들조차 카이저 빌헬름(Kaiser Wilhelm) 처럼 슈트라우스도 "당리당략이 아닌 진정으로 독일 국민을 위했다"고 평가했다.

10) *FAZ*, 1980년 1월 9일자; 메르테스, NZZ, 1980년 1월 11일자.

나 데탕트를 위한 데탕트가 아닌 "현실적 데탕트"이며, 1969년 이후 유럽외부에서의 군사적 요인과 사건들의 중요성이 줄어들기는커녕 더욱 증가했다는 사실을 고려하는 정책이 필요하다고 주장했다.[11]

연합당은 서독이 새로운 전반적 정책, 즉 "포괄정책"(*Gesamtpclitik*) 속에서 안보와 데탕트에 대한 접근법을 조화시켜야 한다고 주장했다. 동서협력을 포기할 필요는 없지만, 세계적 안보에 대한 보다 현실적인 개념틀 속에서 추구해야 한다는 것이다. 다시 말해 서구국가들은 공동행동을 통해 소련의 군사력 증강을 상쇄하고 또한 제3세계에서의 팽창을 봉쇄해야 하는데, 이는 미국의 강력한 세계적 리더십에 대한 유럽의 일치된 지지를 전제한다는 것이다. 연합당 지도자들은 아프가니스탄 사태가 미국에 충격을 주어 슈트라우스가 베트남전쟁 이후의 오랜 "수난극"(*passion play*)이라 불렀던 침체상태에서 벗어나게 한 것은 다행이라고 생각했다.[12]

나아가 연합당은 소련에 대해 아프가니스탄 사태 이후의 사정이 전과 같을 것이라고 기대해선 안 된다는 것을 보여주려는 미국의 노력을 지지해야 한다고 주장했다. 이는 경제제재와 올림픽 보이콧을 지지한다는 것을 의미했다. 무역과 스포츠는 국익에 종속되어야 한다는 것이다. 그러한 조치가 소련의 철수를 강제하지는 않겠지만, 서구의 단결을 보여주고 또 소련에게 자신의 행동에 대한 대가를 치러야 한다는 사실을 일깨워줄 것이라고 보았다. 연합당은 서독이 미국의 압력으로 어쩔 수 없이 보이콧에 동참했다는 인상을 주지 말아야 한다고 주장했다.

마지막으로 연합당이 제시한 이른바 포괄정책은 불필요한 일방적 외교를 거부하는 것이었다. 소련 지도자들이 서구를 분열시키고 약화시키기 위해 유럽의 데탕트 열망을 이용할 수는 없다는 것을 분명

---

11) *Die Zeit*(이후 DZ로 칭함), 1980년 1월 25일자.

12) *FAZ*, 1980년 2월 21일자.

히 깨닫게 해야 한다는 것이 논거였다. 이는 소련의 공갈의 여지를 축소시킬 것이기 때문에 결과적으로 현실적 동서협상의 가능성을 낮추는 것이 아니라 오히려 높일 것이라고 주장했다.

2) 포괄정책의 정식화

이른바 포괄정책은 미국에 우호적인 입장과 사민당에 비판적인 태도를 온건화 및 대화에 대한 신념에 조화시키려는 연합당의 희망을 보여주는 것이었다. 그러나 이들 양자 사이에서 적절한 균형을 찾기란 쉽지 않았다. 일각에서는 이 문제에 관해 연정과의 대결을 주장했고, 다른 일부는 초당적 협력을 지지했으며, 대다수는 시기에 따라 상이한 전술을 택하는 것을 선호했다. 이 실망스런 혼란을 더욱 부채질한 것은 슈트라우스의 놀라운 역할변화였다. 사민당에 대한 공격에서도, 반대로 초당적 협력과 데탕트 유지의 필요성에 대한 호소에서도 언제나 가장 극단적인 입장을 보인 것은 바로 슈트라우스였기 때문이다.

구체적 사항에 들어가면 기민/기사당 지도자들은 그들의 포괄정책이 무엇을 의미하는지에 대해 마찬가지로 불분명하고 양면적이거나 나뉘었다. 그들은 정부에 대해 국방비 3% 증가라는 NATO의 목표를 충족하라고 요구했지만, 어디서 자금을 조달할지에 대해서는 구체적 대책을 내놓지 못했다. 더 논란이 된 것은 그들이 NATO의 안보벨트를 북회귀선 너머로 확장해야 한다는 의견을 내비친 것이었다.[13] 드레거(Dregger)는 더 나아가 국경외부에서의 무력사용을 제

13) 슈트라우스는 "오늘날 우리에겐 다른 안보지역들이 있다"고 선언했고 뵈르너는 NATO의 "구조와 임무"를 재평가할 것을 요구하며 NATO의 "지정학적 제한을 없애야 한다"고 덧붙였다. 1980년 1월 11-12일 기민당 안보정책회의에서의 발언, "Freiheit durch Sicherheit: Sicherheitspolitischer Kongress

한하는 기본법 조항은 독일이 인도양에서 서방의 해군력 증강에 기여하는 것을 막지 않는다고 주장하기까지 했다. 그는 "독일 배는 어디나 다닐 자유가 있다"고 했다. 그러나 폰 바이체커 같은 당 지도자들은 그러한 논의를 비판했고, 짧은 논쟁이 있은 후 슈트라우스, 뵈르너(Wörner), 드레거와 콜은 NATO의 공식적 영역이나 서독의 군사행동 영역을 확장하자는 주장을 거부하고 단지 동맹을 세계적 맥락에서 봐야 한다고만 강조했다.[14]

더욱이 연합당 지도자들은 서독이 데탕트의 섬이 될 수 없다고 강조했지만, 이러한 주장이 진행중인 협상과 관련해서 무엇을 의미하는지에 대해서는 이중적 입장을 보였다. 폰 바이체커는 위기가 유럽으로 확산되는 것을 방지해야 한다는 슈미트의 호소를 되풀이했다. 콜과 슈트라우스도 이에 암묵적으로 동의했고, 슈트라우스는 서독이 서구우방들뿐만 아니라 동구권의 협상 상대방들에게도 "확실히 믿을 수 있는" 존재로 남아 있어야 한다고 지적했다.[15] 원활한 관계에 대한 관심을 보이기 위해 니더작센 지역 기민당 관계자들이 3월에 라이프치히(Leipzig)에서 열린 무역박람회에 참가했다(그러나 동독 지도자들을 만나지는 않았다).

메르테스는 낮은 수준의 대화를 주장함으로써 기민/기사당의 이중적 입장을 최대한 좋게 포장하려 했다. 그는 "특히 위기상황에" 접촉과 대화가 중요하지만 엄격히 낮은, 기술적 수준에서 이루어져야 한다고 말했다. 자신의 주장을 강조하기 위해 그는 모스크바 방문계획을 취소했다. 연합당은 슈미트에게 호네커 및 브레즈네프와의 정상회담을 연기하라고 촉구했지만, 완전히 취소하라고 압박하지는 않았다. 폰 바이체커는 총리에게 1980년 초에 호네커를 만나라고 권고하

der CDU am 11. und 12. Januar in Bonn."(1980.)

14) *FAZ*, 1980년 1월 29일자.

15) *Bayernkurier*(이후 *BK*로 칭함), 1980년 3월 1일자.

기까지 했다.[16]

더구나 위기 한중간에 슈트라우스는 자신이 총리가 되면 소련진영과 새로운 협정을 추진할 의사가 있다는 것을 재확인했다. 그는 또한 그해 모스크바를 방문하고자 하는 희망을 감추지 않았다. 그는 브레즈네프를 세계적 문제를 논하기 위해 기꺼이 만나고 싶은 "중요한 정치 지도자"라고 평했다. 그는 "나는 어떠한 도덕적 판단도 하지 않는다"며 아프가니스탄 점령에 관해 브레즈네프는 소련의 행동규범 내에서는, 그리고 소련의 이해를 위해서는 적절하게 행동한 것이라고 덧붙였다.[17]

슈트라우스는 실제로 부쿠레슈티를 방문해 루마니아의 국가원수 차우셰스쿠(Ceaucescu)와의 회담으로 이목을 끌었다. 이 바이에른 주지사와 소련진영 국가수반 간의 만남은 1980년 초반 양측간 회동 중 최고위급이었다. 귀국 직후 슈트라우스는 동서냉각의 책임을 소련에 돌리며 서방은 접촉을 계속할 적극적 이해가 있음을 시사했다.

겨울과 봄 동안 연합당 지도자들은 동·서독 관계를 해치지 않기 위해 특히 신중을 기했다. 폰 바이체커는 소련의 무력사용 대가를 동독이 치르게 해서는 안 된다고 주장했다. 슈트라우스는 한 외국언론에 자신이 관계개선을 원하는 것은 착각해서가 아니라 "인도주의와 우리 공동의 조국을 위해서"라고 말했다.[18] 연합당 지도자들은 새로운 동·서독 통행협정이 "현실적 상호주의를 결여했다"고 비판했지만, "아무 일 없었던 것 같은" 모습을 피하기 위한 연기주장을 하지는 않았다.

---

16) 메르테스, CDU, *DUD*, 1980년 1월 14일자; 폰 바이체커, *FAZ*, 1980년 1월 24일자.

17) *Süddeutsche Zeitung*(이후 *SdZ*로 칭함), 1980년 3월 8일자.

18) 폰 바이체커, *SdZ*, 1980년 4월 9일자; 슈트라우스, *The Times*(London), 1980년 5월 7일자.

여름으로 예정된 슈미트의 모스크바 방문날짜가 다가오면서 연합당은 더욱 이중적인 입장을 취했다. 메르테스는 정상회담이 나쁜 생각이라고 단언했다. 군비통제에 관한 서구입장을 수정하라는 소련의 슈미트에 대한 압박이나 심지어는 만남 그 자체도 서구의 단결을 훼손시킬 것이라고 주장했다. 메르테스는 "우리는 위기 속에서도 대화해야 하며 여기에는 어떠한 의심도 있을 수 없다"고 한 뒤, 그러나 "낮은 수준의 신중한 대화"가 "거창한 정상회담"보다 낫다고 덧붙였다. 맑스와 드레거도 서독의 현정책의 "전체적 맥락에서" 정상회담을 비판했지만, 슈미트가 모스크바에서 미국과 NATO의 정책에 대한 독일의 지지를 재천명한다는 조건부로 정상회담을 지지했다. 드레거조차도 위기 속에서 대화의 필요성을 재차 강조했다. 슈트라우스는 "원칙적으로" 그러한 정상회담은 유용할 수 있다는 입장을 밝혔다.[19]

그러나 초여름에 정상회담을 놓고 서독과 미국 사이에 긴장이 고조되었다. 지미 카터가 이미 "헬무트의" 방문계획에 대한 우려의사를 알려왔다. 카터는 서한을 보내, 양측에게 "(미사일의) 추가배치를 포기하라는" 슈미트의 주장은 동결에 대한 호소로 받아들여질 수 있으며, 소련이 이를 이용해 동맹의 분열을 획책할 수 있다는 우려를 표명했다. 이러한 경고성 내용이 언론에 보도된 후, 두 지도자는 "믿기 어려운 회담"을 가졌고 카터는 당시 슈미트가 "마구 고함을 질러댔다"고 회고했다.[20] 연합당 지도자들은 슈미트에게 대미관계의 위기를 만들지 말라고 경고하면서도 공개적으로 모스크바 정상회담을 반대하지는 않았다.

이와 비슷하게 연합당은 미국과의 유대강화를 촉구하면서도 서구의 소련에 대한 조치문제에서는 솔직한 입장을 나타내기를 꺼려했

19) 메르테스, CDU, *DUD* 81, 1980년 5월 2일자; 맑스, 드레거, *Die Welt* (이후 *DW*로 칭함), 1980년 4월 18일자; 드레거, FAZ, 1980년 4월 18일자.

20) Carter, *Keeping the Faith*, 535-37.

다. 슈트라우스와 콜은 자신들이 책임 있는 위치에 있다면 구체적 제안을 내놓겠지만, 구체적이고 "인기 없는 조치"를 제시하는 것은 야당의 의무가 아니라고 밝혔다.[21] 연합당은 1980년 내내 이러한 모호함으로 일관했다.

올림픽 보이콧에 대해 처음에는 2 대 1 정도로 반대여론이 우세한 상황이었는데, 여기서도 연합당은 입장을 분명히 하지 않았다. 기민당 지도부는 몇 주 더 지나서야 공식적으로 보이콧을 지지했고, 슈트라우스 총리후보는 여전히 머뭇거렸다. 여론의 호응이 높아진 2월 말이 되어서야 그는 보이콧에 대한 전적인 지지를 표명하며 사민당의 반대입장을 비판했다.

경제제재에 관한 연합당의 두드러진 이중적 태도는 더 오래 지속되었다. 일반적으로 당은 슈미트에게 소련에 분명한 메시지를 보내려고 애쓰는 미국이 궁지에 몰리게 하지는 말 것을 촉구했다. 실제로 당은 독일회사들이 밀이나 하이테크 제품 수출에 대한 미국의 제한조치의 효과를 약화시키는 행동을 못하게 할 것을 요구했다. 또한 전략적 상품 수출을 제한하기 위한 코콤 목록의 확대에도 찬성했다. 그러나 이러한 조치들은 이미 슈미트 정부가 취하고 있는 것들이었다. 연합당은 정부가 앞으로 계속 일방적 행동을 해나가면서 유럽공동체(EC)에 대해 제재동참을 설득할지 여부를 분명히 하지 않는다고 비판했지만, 자신들도 구체적 대안을 내놓지는 않았다.[22] 무역정책에서도 연합당은 서구권 내 협의와 협력의 강화를 주장했지만, 역시 구체적 제안을 내놓지는 않았다. 더욱이 당은 전면적 금수조치에는

---

21) *FAZ*, 1980년 1월 29일자.

22) 콜은 서독의 소련 자원에 대한 의존을 낮출 것을 주장했고 비덴코프와 슈트라우스는 추가적 무역특혜를 보류하고 동구권 사업에 대한 신용금융을 제한할 것을 요구했다. 그러나 당은 공식적으로 그러한 제안을 채택하지 않았다. *SdZ*, 1980년 2월 18일자.

공개적으로 반대했고 향후 동구권 교역을 더 개선시키려는 슈미트의 희망에 공감을 나타냈다.

특히 슈트라우스는 제재에 대한 그의 이중적 입장을 그대로 드러냈다. 정부가 미국의 조치를 전적으로 지지하지 않는다고 비판하였지만 정작 본인은, 그것도 워싱턴 방문기간 중에 추가적인 경제적 징벌조치를 지지하기 위해 필요한 여러 복잡한 전제조건들을 나열함으로써 유보적 입장임을 시사했다. 그가 언급한 전제조건들은, 동유럽 내 소련 동맹국들과의 무역이 자동적으로 거부되어서는 안 되고, 독·소간 현재의 계약을 제외한 미래의 계약만이 영향을 받아야 하며, 미국을 포함한 어느 동맹국도 독일의 무역제한 조치로부터 일방적 이득을 얻어서는 안 된다는 것들이었다. 프랑스가 제재에 반대한다는 것은 이미 알려져 있음을 감안할 때, 슈트라우스의 조건은 거의 실현될 수 없는 것이었고, 따라서 사실상 제재를 거부한 것이나 마찬가지였다.[23]

슈트라우스는 한편으로는 미국에 대항하는 독일과 프랑스의 공동전선 아이디어를 지스카르 데스탱의 면전에서 바로 비판하면서도, 다른 한편 미국의 제재를 선뜻 지지하지 못하는 유럽 지도자들에 대해 공감을 나타내기도 했다. 그는 그러한 제재조치들이 효과가 거의 없을 것이라는 데 동의했다. 더욱이 그는 만일 양국이 소련을 거부했다가 나중에 미국이 중성자 무기의 경우에서처럼 갑자기 입장을 번복한다면 또다시 웃음거리가 될 가능성에 대한 우려가 있음을 인정했다. 그는 또한 위기지역에서 지리적으로 더 가까운 유럽의 지도자들이 위기를 고조시킬 행동에 주저하는 것은 당연하다고 말했다. 슈트라우스는 과거에 미국이 동맹국들과 협의하지 않았던 것을 상기시키면서 카터의 응징조치에 대한 독일과 프랑스의 유보를 사실상 정당화했다. 그

23) *SdZ*, 1980년 3월 15일자; *Handelsblatt*(이후 *HB*로 칭함), 1980년 3월 24일자.

리고 보다 분명하게 그는 초강대국을 위협한다는 것이 무의미하다는 슈미트의 주장을 지지했다. 슈트라우스는 슈미트와 겐셔, 지스카르의 의견을 알기 쉽게 바꾸어 말하고 있을 뿐이라고 주장했지만, 그는 분명히 이러한 주장들을 더 편안하게 느끼는 것으로 보였다. 그 역시 "엉뚱한" 카터에 대해 슈미트 못지않은 불신감을 가지고 있었다.[24]

슈트라우스는 신뢰성 있는 포괄정책에 대한 보다 정확한 정의를 제시함으로써 미국의 조치를 지지하는 데 주저하는 자신을 정당화했다. 그는 서독이 미국과의 "완벽한 연대"를 표명해야 하지만 그것이 반드시 개별적 조치들을 지지하는 것을 의미하지는 않으며, 서독이 아프가니스탄 사태 이후 세계상황에 대한 미국의 시각을 공유하고 이에 따라 서구의 대소련 전략을 재정립할 의사가 있다는 것을 보여주는 것은 매우 중요하며, 그러한 넓은 맥락에서 구체적 정책들은 유용성과 타당성에 따라 개별적으로 검토될 수 있다고 주장했다. 그는 "지지할 만한 것도 있고 그렇지 않은 것도 있을 수 있다"면서 핵심은 공통적 위협인식과 소련에 맞서기 위한 공동의 세계전략의 필요성에 대한 동의에 있고, 이를 담보할 수 있는 것은 좌로 표류하고 있는 사민당이 아니라 연합당이라고 강변하였다.[25]

기민당 지도자들은 사민당의 우선순위를 뒤집어 국방을 외교정책의 중심축으로 하고 데탕트를 보조축으로 삼겠다고 공약했다. 전통적으로 대서양주의자인 그들은 미국정책에 대한 공개적 비판을 자제했다. 그러나 그들도 연합당이 동방정책을 위험에 빠뜨린다는 비판을 피하려 했고, 그래서 제재문제에 대해 신중한 태도를 유지했다.

---

24) "예측 불가능한" 카터를 겨냥해 슈트라우스는 "지난 며칠간 소련에 대한 내 입장이 크게 달라졌다고 말할 필요조차 없다"고 언급했다. 슈트라우스 의회 발언, CDU pamphlet, "Der sowjetische Überfall auf Afghanistan — die Konsequenzen für die freie Welt," 22.

25) *HB*, 1980년 1월 25-26일자.

요컨대 슈트라우스나 다른 연합당 지도자들은 그들의 포괄정책이 소련의 도전에 맞서 서방의 응집력을 유지하는 동시에 동구권과의 협력이 서독을 주요 동맹국들로부터 고립시키지 않도록 함으로써, "현실적 데탕트"(*realistic detente*)를 위한 공간을 남겨둔다는, 실제로는 "만들어낼" 것이라는 점을 보여주기 바랐다.

3) 동방정책, 폴란드 위기, 그리고 연방선거

그해 늦게 선거운동이 막바지 단계에 이르면서 연합당은 포괄정책을 통해 선거이슈로서 동방정책을 중립화하는데 몰두하고 있음이 분명해졌다. 당 지도자들은 슈미트와 호네커의 정상회담이 세계적 이슈와 군비통제를 중심의제로 다룰 경우, 서독과 미국을 이간질하려는 전략에 이용될 것이라고 경고했다. 그들은 회담이 인도주의적 조치의 확대문제를 다루는 것이어야 하고 또한 독일통일의 목적에 부합해야 한다고 강조했다. 이러한 우려와 전제조건에도 불구하고, 그리고 정상회담을 선거에 이용하지 말라고 경고하면서도, 연합당은 회담 자체를 반대하지는 않았다. 심지어는 폰 바이체커가 슈미트의 동독 방문길에 동행하는 문제를 논의하기까지 했다.

그러나 8월 하순 정상회담이 연기되었는데, 이는 명백히 폴란드 노조의 소요사태로 인한 것이었다. 연합당은 슈미트가 회담취소의 원인이 폴란드 사태라는 점을 인정하지 않는 것과 사민당이 폴란드 연대노조에 대해 미온적 지지만 보내는 것을 동시에 비판했다. 콜은 폴란드 파업 때문에 슈미트의 동베를린 방문이 무산된 것은 명백히 "데탕트의 딜레마"를 보여준다고 주장했다. 사민-자민당의 동방정책이 공산주의체제하에서 고통받는 주민들의 곤경보다 공산주의 지도자들의 심기를 더 걱정하게 되었다고 비난했다. 연합당은 정부에 대하여 폴란드 연대노조를 분쇄하기 위한 소련의 개입에 대해 경고할 것을 요구했다. 그들은 또한 새롭게 확대시킨 폴란드에 대한 신용공여 조치를 일반 노동자들에게 혜택이 돌아갈 수 있다는 보장이 있을 때까지 “보류”할 것을 요구했다.[26]

그러나 이러한 주장을 제외하면 연합당의 태도는 서독 정치권 내에 위기를 고조시키지 않는다는 근본적 합의가 있다는 말이 돌 정도로 신중했다. 슈트라우스와 콜은 독일의 대응조치에 관해 구체적 대안을 내놓지 않았다. 슈트라우스는 1956년 및 1968년 서방이 소련진영 반정부 인사들에게 그릇된 희망을 주었던 예를 반복하지 말아야 한다고 경고했다. 더욱이 신용공여 조치를 수단으로 연대노조를 돕는 문제에 대해 당의 입장은 훨씬 더 모호했다. 슈트라우스는 선거 직전 기고를 통해 동서관계가 아직도 적대적 성격을 가진다는 점은 분명히 해야 하지만, 그럼에도 불구하고 “모든 이성적이고 민주적이고 평화를 사랑하는 정치인들은” 데탕트를 위해 노력해야 한다고 역설했다.[27]

아프가니스탄 위기 때와 마찬가지로 연합당의 접근법은 여론에 반하는 것처럼 보이지는 않았다. 여론조사 결과 독일인들은 폴란드 사태를 우려하지만, 데탕트에 영향을 미치지 않기를 바라는 것으로 나타났다. 국민들은 물론 다수의 연합당 지지자들도 연대노조를 지원하기 위한 수단으로 제재조치를 사용하는 것은 반대했다. 현실적 데탕트에 대한 연합당의 호소에도 불구하고, 여전히 상당한 다수가(기민/기사당 지지자의 3분의 1가량이) 동구권과의 관계개선은 사민당이 더 잘한다고 믿고 있었다.[28]

이런 의미에서 연합당이 동구권과 계속해서 대화할 것임을 약속하여 동방정책에 대한 태도변화를 보였음에도 아직 그에 대한 정치적

---

26) *FAZ*, 1980년 8월 29일자.

27) *NZZ*, 1980년 8월 22일자; *BK*, 1980년 9월 6일자.

28) *FAZ*, 1980년 9월 11일자.

보상은 실현되지 않고 있었다. 부분적으로 슈트라우스를 비롯한 기민/기사당 정치인들이 유연한 태도를 보이긴 했지만 사민당 및 슈미트에 대한 맹렬한 공격도 병행했던 까닭에, 많은 유권자들은 연합당이 실제로 변했다고는 믿지 않았던 것이다. 오히려 연합당의 온건화는 전통적 지지자들만 혼란스럽게 했고, 그 결과 봄에 치러진 일련의 지방선거에서 연합당의 지지율은 하락하였다.

연합당의 이런 오락가락하는 태도는 인기 있는 총리에 대한 반대표를 동원하는 데 불리하게 작용했다. 겐셔는 자민당에 대한 지지가 좌우 양극단에 대한 반대를 의미하는 것이라고 주장했는데, 슈트라우스가 국내외 이슈와 관련해 사민당을 맹렬히 공격하자 실제로 자민당만 유리해지는 결과가 나타났다. 게다가 기민당 내부와 바이에른 이외 지역의 유권자들 사이에 슈트라우스에 대한 뿌리 깊은 반감이 깔려 있었으므로 슈트라우스는 여론조사에서 계속 뒤지고 있었다. 한여름쯤이 되어서는 기민당 당료들이 자신들의 총리후보인 슈트라우스가 몇 표 차이로 질지를 두고 내기를 하는 등 패배를 기정사실화했고, 다만 연합당이 다수당이나 되기만을 바랄 뿐이었다고 한다. 많은 당원들은 슈트라우스의 패배로 기사당의 의석수가 줄어들면 기민당이 야당으로서의 연합당을 지배하게 될 것에 그나마 희망을 걸었다.

10월 연방선거에서 예상대로 슈트라우스가 이끄는 연합당은 1950년대 초 이래 최악의 총선성적을 기록했다.[29] 연합당은 44.5% 득표율로 최대정당 지위를 지켰지만, 사민당이 43%를 유지하고 자민당이 10.6%로 크게 늘어나 연정은 안정적 다수를 확보하였다.

---

29) 아프가니스탄 사태와 폴란드 사태도 선거 결과에 큰 영향을 미치지 않았다. 인파스 보고서, Wahlen, Bundestagswahl 1980.

2. 게라 요구(*Gera demands*), 그리고 동방정책에 대한 콘센서스

선거 직후 서독의 동방정책은 또다시 위기를 맞게 되고 그에 따라 연합당도 시험대에 올랐다. 10월 중순 동독은 다시 한 번 독점시장에서 수요의 가격 비탄력성이라는 자본주의 원칙을 잘 이해하고 있음을 보여주었다. 동독을 방문하는 서독인들의 의무환전액을 두 배로 올린 것이다. 이는 명백히 주민들의 왕래를 제한할 목적에서 나온 것이었다. 게라(Gera) 시에서 한 연설에서 에리히 호네커는 환전액 인상을 동독공산당이 오랫동안 요구한 "정상화"에 연계시켰다. 서독이 상주대표부를 대사관으로 승격시키고 동독국적을 인정하며 엘베 강 중간을 국경으로 받아들이고 경계선상에서의 발포를 감시하는 서독의 잘츠기터(Salzgitter) 사무소를 폐쇄한다면, 의무환전액수를 다시 내리겠다는 것이었다. 이러한 "게라 요구"에도 불구하고 호네커의 진의는 폴란드 연대노조의 부상으로 공산주의 지배가 위협받는 상황에서 서구와의 접촉에 대한 소련진영의 불안감이 커지고 있는 데서 찾아야 한다는 것이 지배적 추측이었다. 공산권 지도자들은 또한 서독이 미국의 아프가니스탄 정책을 지지하는 동시에 데탕트의 과실을 향유할 수 없다는 것을 보여주려 한다는 분석도 있었다.

원인이 무엇이든 아프가니스탄 폭풍에서 살아남은 중유럽 데탕트의 섬이 이제 타격을 입게 될 것이라는 점은 분명했다. 슈미트는 의무환전액 인상이 데탕트의 중대한 후퇴이며 인적 접촉과 정치적 협력을 위한 양독간 합의의 내용과 정신을 위반한 것이라고 규정했다. 그러나 동독의 결정철회를 위해 "단호하게" 대처하겠다는 슈미트의 약속에도 불구하고, 서독에 사실상 마땅한 대응방안이 없다는 것을 정부나 언론 모두 잘 알았다. 슈미트 내각은 스윙 신용기간 연장과 에너지 및 교통협력 확대를 위한 회담의 연기를 발표했다. 슈미트와 호네커의 정상회담도 다시 연기되었다. 그러나 사회주의통일당이 환전액 인하를 논의할 의사만 보여도 이러한 조치들은 철회될 수 있다는 입장이었다. 경제분야에서 더 이상의 가혹한 조치는 취해지지 않았다. 정부관리들은 보복은 일반주민들에게만 손해를 입힐 것이라는 것을 인정하고 "차단(*delimitation*)을 차단으로 대응할 수는 없다"는 입장을 밝혔다. 이미 합의된 사항은 영향을 받지 않게 되었고, 비록 겐셔가 마드리드에서 열린 유럽안보협력회의(CSCE)에서 동독의 조치에 항의하긴 했지만 서독의 정치적 대응은 여전히 온건했다.

연합당 근본주의자들은 처음에는 정부의 궁지를 기회로 삼아 자신들이 옳다는 것이 증명되었다고 주장했다. 그들은 얼마 전 선거 캠페인에서 슈미트 연정만이 동방정책을 사수할 수 있다고 한 사민-자민당 주장의 아이러니를 꼬집었다. 슈트라우스는 사민-자민당 데탕트의 종말을 선언했고, 다른 지도자들은 이 사건을 "대실패", "스캔들", 또는 수년간의 경솔했던 정부정책에 대한 영수증이라고 불렀다. 그들은 슈미트에게 호네커의 게라 요구를 거부하고 아직도 동독을 적극적으로 포용하라는 사민당 일각의 요구를 거부할 것을 촉구했다. 폰 브랑겔은 의원총회 연설에서 정부가 마드리드 CSCE에서 이 문제를 제기하여야 하며 호네커와의 정상회담과 청산결제 관련회담들을 연기하고 조약상 의무가 아닌 지불을 줄이거나 보류하고 재협상해야 한다고 주장했다.[30]

그러나 이 제안 가운데 마지막 사항을 제외하고는 정부의 공식대응과 다를 바 없었다. 또한 기사당이 강경하고 구체적인 대응조치를 언급한 반면 기민당은 갈수록 신중해졌다. 폰 바이체커는 사태의 책임을 주로 소련의 압력으로 돌리면서 서독과 동독은 대화에 이해관

---

30) CDU/CSU, Fraktion, 보도자료, 1980년 10월 10일자; 슈트라우스, CSU, *Correspondenz*, 보도자료 555, 1980년 10월 10일자; 폰 브랑겔, CDU, *DUD* 192, 1980년 10월 10일자.

계를 — 전자는 인도주의적인, 후자는 경제적인 — 가지고 있고, 따라서 차단에 대한 보복조치를 취해서는 안 된다고 주장했다. 게르하르트 슈톨텐베르크나 베른하르트 포겔(Bernhard Vogel) 같은 기민당의 개혁적인 주정부 지도자들은 아무리 원래부터 옳지 못한 것이었다 해도, 공식적으로 예정된 지불을 보류해서는 안 되며 현재의 다른 합의사항들도 파기해서는 안 된다고 주장했다. 대부분의 당 정치인들과 마찬가지로 이들 주정부 수반들도 그런 방법들을 배제할 경우, 환전액 인상을 철회시키기 위해 어떻게 "경제적 지렛대"를 사용할지에 대해서는 분명한 해답을 내놓지 않았다. 대부분의 당간부들은 "언어적 항의 이상"을 해야 한다는 모호한 주장에 그쳤다. 연합당의 이러한 신중함은 상황의 연원들(*origins*)에 대해, 그리고 서독의 대응책이 제한되어 있다는 것에 대해 정부와 야당 간에 실체적 공감이 있었기 때문이라는 것이 관측자들의 의견이었다. 다만 단순히 연합당이 이미지를 쇄신하려 했다는 주장도 있었다.[31]

1) 연합당의 고데스베르크 강령?

이러한 두 가지 요인 — 정부입장에 대한 실질적 공감과 당의 이미지 고려 — 의 작용으로 연합당 내부에서 동방정책에 대한 새로운 초당적 접근방법이 필요하다는 주장이 다시 제기되었다. 근본주의자들은 사민당 좌파의 저항을 물리치고 더 강력한 정책을 개발할 수 있도록 슈미트를 돕겠다는 늘 해왔던 제안을 반복했다. 더 중요한 것은 기사당의 프리츠 짐머만(Fritz Zimmermann)이 메르테스가 평소 해온 "동방정책을 둘러싼 지난 10년간의 논쟁을 끝내야 한다"는 호소를 반복하며 당은 "싸구려 아집"에는 관심이 없다고 선언한 것이다. 슈톨텐

31) 폰 바이체커, *DW*, 1980년 10월 16일자; 슈톨텐베르크, 포겔, *FAZ*, 1980년 10월 29일자; *HB*, 1980년 10월 17-18일자.

베르크, 알브레히트, 포겔, 바덴-뷔르템베르크(Baden-Württemberg)의 로타르 슈페트(Lothar Späth) 등 기민당의 개혁적 주정부 수반들이 위기관리를 위한 초당적 협력을 촉구했고, 하이너 가이슬러(Heiner Geissler) 기민당 사무총장도 같은 주장을 펼쳤다. 모든 연합당 정치인들은 초당적 협력을 위해 정부와 야당이 함께 과거와 현재를 "재점검"할 것을 요구했다. 가이슬러는 연정이 스스로의 입장을 재평가한다면 연합당도 그렇게 할 것이라고 밝혔다. 냉정한 균형이 필요하다는 것이다.[32]

그러나 새로운 초당적 협력과 재평가가 연합당 정책의 명시적 변화를 수반하는 것으로 보여도 될지에 관해서는 당내의견이 갈렸다. 기민당 소속 주정부 수반들은 당이 동구권과의 대화를 확대할 준비가 되어 있어야 한다고 주장했다. 슈페트는 그동안 소련진영과 교류하려는 당의 노력이 부족했음을 공개적으로 인정하면서 이는 "유권자들 사이에서 연합당이 공산주의자들과의 대화를 원하지 않으며 따라서 데탕트에 반대한다는 의심을 자초했다"고 말했다. 알브레히트도 이에 동의하면서 당이 반대만 하는 세력으로 비쳐지도록 내버려뒀다고 덧붙였다. 가이슬러는 당이 동방정책의 성공, 무엇보다도 헬싱키 최종의정서의 성과를 인정할 것을 주장했다. 가이슬러와 그의 전임자 비덴코프는 최근의 일련의 사태에도 불구하고, 당은 "약속은 지켜져야 한다"는 과거의 슬로건을 넘어 더 전진해야 한다고 선언했다. 개혁성향의 라인란트 기민당도 근본주의자들에게 낡은 투쟁을 포기하고 최대치 입장을 반복하지 않겠다는 당의 약속을 존중하라고 촉구했다.[33]

이러한 논의는 즉각적으로 연합당의 고데스베르크 강령이라고 불

32) 짐머만, *DZ*, 1980년 10월 31일자; 기타, *DW*, 1980년 10월 30일자.

33) *DS*, 1980년 11월 3일자; 라인란트 CDU appeal, Frankfurter Rundschau, 1980년 11월 29일자.

릴 만큼 주요한 공식적 정책 재정립이라는 언론의 추측을 낳았다. 그러나 그러한 추측은 기민당 개혁파가 불러일으킨 오해였다. 근본주의파 의원들은 연합당이 "카노사(Canossa)의 굴욕"은 물론이고 고데스베르크 스타일을 재현할 의사도 없다고 밝혔다. 서둘러 진화에 나선 짐머만은 논쟁의 종식과 협력정신에 대한 요구가 연합당의 기존정책에 대한 재평가가 필요하다는 의미는 아니었다고 강조했다. 그는 10년간의 환상에서 깨어나 방향을 돌려야 하는 것은 사민당이라며 최근의 사태들은 기민/기사당이 전적으로 옳았고, 따라서 방향을 바꿀 필요가 없다는 것을 보여주었다고 덧붙였다. 슈트라우스도 이에 동의하며 "정책은 셔츠처럼 입었다 벗었다 할 수 있는 것이 아니다"라고 했다. 연합당이 "10년 동안 시대정신에 맞서다가" 이제 와서 붕괴하고 있는 사민-자민당 정책을 채택할 "이유는 그 어느 때보다도 적다"고 주장했다.[34]

메르테스는 초당적 협력을 민족적 의무로 옹호하면서도 당내 두 가지 시각을 화해시키려 했다. 그는 연합당이 사민당과 타협할 수 있지만, 최근 사태로 의구심이 제기된 동방정책에 "있는 그대로" 순응할 수는 없다고 주장했다. 또한 연합당이 동구와의 접촉이 너무 적었다는 주장도 일축하며 당이 소련이나 폴란드 의원들과의 모든 연방하원 회동에 참석했고 기타 다자적, 양자적 포럼에도 참가했다는 점을 들었다.[35]

연합당의 입장을 최종적으로 정리한 것은 콜이었다. 그는 10월 말경 기민당 집행위원회를 대표해 직접 성명서를 발표했고 이후 하원 연설을 통해 입장을 재천명했다. 첫 번째 성명은 정부와 야당의 "재

---

34) 짐머만, *DW*, 1980년 11월 3일자; 슈트라우스, *DS*, 1980년 11월 3일자; BK, 1980년 11월 15일자.

35) CDU, *DUD* 198, 1980년 10월 20일자: CDU, *DUD* 204, 1980년 10월 28일자.

점검" 의지에 기초한 초당적 접근을 재차 호소했지만, 새로운 방향정립이 연합당의 기본원칙을 저버리거나 사민-자민당 정책에 대한 "소급적 책임"을 진다는 것을 의미하지 않는다는 것을 강조했다. 그는 과거 연합당의 입장이 유권자들에게 제대로 전달되지 못했고, 그래서 받아들여지지 않았지만 "고데스베르크 식의"(*a la Godesberg*) 방향전환은 없을 것이라고 밝혔다.[36]

콜의 1980년 11월 26일 하원연설은 "붸너 연설"처럼 공식적으로 정부의 정책을 수용한 것은 아니지만, 당의 공식입장으로서는 그것에 접근할 수 있는 최대치의 내용을 담았다. 콜의 논조는 부드러웠다. 그는 정부와 야당 간의 공통분모를 찾아야 한다는, 이제는 거의 의무화된 제안을 했고 아무런 조건도 달지 않았다. 그는 독일 단일성이 유지되어야 한다는 기본신념에 대한 광범위한 동의에 기초한 동방정책을 호소했다. 그가 양독간의 다툼이 유럽의 긴장을 더 이상 고조시켜서는 안 된다고 주장하고, 양독의 이산가족들에 대한 안타까운 심경을 표현하는 대목에서는 자민당과 일부 사민당 의원들도 박수갈채를 보냈다.[37]

보다 중요한 것은 콜이 소련진영 국가들과 협상을 계속해야 한다고 선언한 것이다. 사업을 위한 분명한 기초가 필요하며 "개입"으로 비난받거나 "무관심"으로 오해받지 않을 신중한 정책도 필요하다고 주장했다. 그는 동구조약들이 그러한 정책의 핵심적 요소라고 선언하고 "그 조약들을 민족과 평화를 위해 정치적으로 철저하게 이용해야 한다"고 덧붙였다. 그러한 동방정책은 상대편(*adversary*)들과의 실용적 외교라는 맥락에서 서독의 기본적 입장을 분명히 하는 것을 의

---

36) *SdZ*, 1980년 10월 28일자.

37) FRG, Deutscher Bundestag, *Verhandlungen des deutschen Bundestages, Stenographischer Bericht, 9. Wahlperiode, 6. Sitzung*, 1980년 11월 26일자, 45-50.

미한다고 주장했다.[38]

일부 사민당원들은 기민/기사당의 "분명한 신호"를 받았다고 주장했으나, 다른 당원들은 콜의 "일부 희망적인 코멘트가" 기민/기사당의 낡은 상투어구 속에 파묻혀버렸다고 개탄했다. 그들은 기민/기사당이 여전히 고데스베르크적 전환, 즉 자신들의 과거입장에 대한 재평가를 필요로 한다고 주장했다.[39]

콜의 "새로운 방향설정"은 온건하고 신중하면서도 모호했다. 내용의 중요성에 비해 논조는 부드러웠다. 근본주의자들뿐 아니라 대부분의 당 지도자들과 마찬가지로 고데스베르크 식의 전환을 하기에는 소련진영 문제를 다루는 콜의 모호함이 너무 깊었다. 그는 또한 고데스베르크 식의 정책전환을 밀고 나간다면 당의 단결을 해칠 것이라고 우려했다. 사민-자민당 정책의 전제를 수용하는 것은 말할 것도 없고, 과거 기민/기사당의 입장에 공개적으로 의문을 제기하는 것만으로도 당의 단합에 타격이 될 것으로 보였다. 슈트라우스의 선거패배로 연합당 근본주의자들이 신뢰에 손상을 입고 취약해졌지만, 콜은 그들이 여전히 강력하다는 것을 알고 있었고 따라서 그들이 당의 전향에 얼마나 격렬하게 반발할지에 대해 민감하지 않을 수 없었다.

콜은 지금까지 자신이 그 명분을 대변한 기민당 개혁파 다수가 자신의 접근법, 즉 근본주의자들에게 지나치게 민감하다는 평을 듣는 자신의 접근방식이 새로운 유권자들이나 자민당의 지지를 얻지 못할 것이라고 생각하는 것을 잘 알았다. 콜은 연합당이 안정된 균형을 유지하도록 하는 것이 그러한 지지를 얻을 수 있는 전제조건이라고 생각했다. 그는 당이 상충하는 신호로 분열된 모습을 보이기보다 일관된 정책으로 단합된 모습을 보일 때, 비로소 유권자들과 자민당으로부터 더 많은 신뢰를 받게 될 것이라고 믿었다.

---

38) Ibid., 47

39) *SPD*, 보도자료 803, 1980년 11월 28일자; *FAZ*, 1980년 10월 30일자.

2) 콜(Kohl)과 지속성

1980년 이후 기민당의 콜과 그 추종자들은 근본원칙을 포기하지 않고 동방정책을 수용하겠다는 연합당의 의지를 신중하지만 분명하게 강조했다. 이는 최소한 부분적으로 상호 모순되는 두 가지를 혼합하려는 노력이었으나, 그들은 이것만이 연합당 다수가 용인할 수 있는 유일한 방안이라는 것을 알았다.

콜이 1980년 하원연설에서 동구조약들에 대한 지지를 표명한 이후, 1981년 평화정책에 대한 선언을 비롯한 당의 문서들에서 이 조약들에 대한 언급이 점점 많아졌다. 동독과 폴란드에 대한 정책의 성과들이 더 자주 언급되었고, 이 조약들 자체에 대해서도 "건설적 이니셔티브"라는 긍정적 평가를 내렸다.

콜은 1981년 초 기민당 전당대회를 앞두고 연합당이 집권하면 동독주민들의 생활조건을 개선하기 위해 "가능한 모든" 조치를 취할 것이라고 선언했다. 그는 연합당이 "동독과의 규제된 공존"*(a regulated coexistence with GDR)*을 추구할 준비를 해야 한다고 주장했다. 메르테스 등은 독일민족을 돕고 평화를 유지하기 위해 정치적 노력을 다하는 과정에서 조약들을 "정책의 핵심 구성요소"로서 적극 활용할 의사가 있다고 강조했다.[40] 슈트라우스, 기사당, 근본주의자들은 이러한 정책 지속성 공약에 대해 훨씬 더 모호한 입장이었으나, 1980년 선거 이후 수세에 몰려 있었고 어쨌든 비교적 신중해 보이는 콜의 전략에 대해 전처럼 과감하게 도전할 수 없는 상황이었다.

또한 슈미트 정부와 협조하려는 노력도 있었다. 언론은 독일정책에 대한 하원의 논의를 "싸움보다는 씨름"이라고 불렀다. 양측 사이

40) 콜 CDU, Union in Deutchland 8, 29 Bundesparteitag der *CDU*, Mannheim, 1981년 3월 9-10일자; 메르테스, *Die Zeit*(이후 *DZ*로 칭함), 1981년 10월 30일자.

에는 정책목적에 대한 (구체적 방법에 대해서는 아니라 하더라도) 동의가 있었던 것이다. 비공개 위원회 회의에서는 더욱 긴밀한 초당적 협력이 이루어졌다. 한 하원직원은 많은 연합당 정치인들이 현재 체험학습 중이고 자민당이 연합당과 사민당 사이에서 중재하는 경우가 많아졌다고 전했다.[41]

기민당은 또한 부정적 국제환경과 동독의 차단조치에도 불구하고, 실제적 문제들에 관한 동구권과의 대화에 대해 더욱 고무적인 태도를 보이는 것으로 비춰지길 원했다. 폴란드와의 관계개선을 위한 겐셔의 노력에 대해서도 제한적이긴 했지만 긍정적 평가를 내렸다. 아프가니스탄 사태와 미사일 논쟁에도 불구하고, 독·소간 대화도 방식이 적절하다면 계속될 수 있을 것이라고 밝혔다. 유보가 없지는 않았지만 원칙적으로 유럽과 소련 간의 천연가스 파이프라인 계획에도 즉각적 반대를 제기하지 않았다. 소련에 대한 에너지 의존의 위험성에 대해 경고하면서도 연합당은 조심스럽게 "계약은 계약이다"라고 강조했다. 신정부는 (한 소식통에 의하면) 설사 소련군이 폴란드에 밀고 들어온다 하더라도, 전 정부로부터 승계하는 약속을 존중할 것이라고 밝혔다.[42]

더욱이 당 지도자들은 1981년 말 브레즈네프의 본 방문을 지지했다. 그들은 정상회담은 중요한 문제에 관한 두 나라의 입장을 "분명하게 해줄" 것이라는 데 동의했다. 연합당은 브레즈네프가 군비문제에 관해 NATO의 분열을 조장하지 못하도록 할 것을 요구하면서 초강대국 사이에서 "통역자" 역할을 자청한 슈미트 총리를 비판했다. 하지만 이 와중에도 슈트라우스는 브레즈네프를 평화를 원하는 "위

41) 귄터 힌드리히(Günther Hindrichs), 1958년 4월 2일 필자와의 인터뷰.

42) *New York Times* (이후 *NYT*로 칭함), 1981년 10월 13일자; John Wallach, "What Europe's Leaders are Saying," *Washington Quarterly* 5 (1982년 겨울): 35

대한 정치 지도자"라고 평가했다. 콜은 정상회담과 초당적 동방정책에 대해 더욱 적극적인 지지의사를 표시했다. 슈트라우스의 보좌관은 슈트라우스와 소련 실력자 간의 만남을 마치 오랜 친구들 간의 해후 같았다고 묘사했다. 1978년과 마찬가지로 브레즈네프는 접견에 너무 열중해 다음 방문인사의 도착을 알리는 의전관을 또다시 손사래로 물리쳤다고 했다.43)

1981년에 연합당 지도자들은 슈미트에게 정상회담 성사를 위해 "꼴사나울 정도로 극성스럽게" 호네커를 "쫓아다니지" 말라고 경고했다. 그들은 또한 슈미트가 스윙 기간의 연장을 의무환전액 인하에 연계시키려는 움직임을 비판했다. 물론 개혁파도 의무환전액은 무조건적으로 인하되어야 한다고 주장했다. 그들은 동독이 협력의 혜택을 받으려면 원상회복시켜야 하고 앞으로 있을 정상회담에서 근본적 문제를 논의해야 한다고 주장했다.

그러나 연합당이 의무환전액을 미리 인하할 것을 협상의 전제조건으로 내세운 것은 아니었다. 원래의 상태로 되돌려놓지 않으면 "관계 확대도 합의도 없을 것"이라고 주장했지만, 협상 자체를 배제하지는 않았다. 연합당은 단지 전시효과가 아닌 구체적 결과를 목표로 한다는 조건하에 정상회담을 지지했다. 개혁파는 게라 요구와 관련, "동독의 일부 요구들은 합리적 방식으로 충족될 수 있을 것"이라고 밝히기도 했다.44)

연합당이 정책적 연속성을 단지 말로 약속하는 데 그치지 않고 실

---

43) *NZZ*, 1981년 12월 3일자; 노르베르트 셰퍼, 1984년 4월 2일 필자와의 인터뷰.

44) 폰 바이체커의 보좌관 페터 로렌츠는 동독 시민들이 서독을 거쳐 제3국으로 이동할 때 그들의 여권을 받고 새 서독 여권을 발행해주는 관행은 중단될 수 있을 것이라고 말했다. 이러한 방문객들은 대개 서독 시민권을 이용할 생각이 없고 자발적으로 동독으로 돌아가는 사람들이기 때문이다. *FAZ*, 1981년 5월 7일자.

천하려는 의지가 있다는 것은 주정부 수준에서 더욱 분명했다. 특히 기민당의 주정부는 대화의 실제적 세부사항들을 다루었다. 예를 들어 니더작센 주 알브레히트 정부는 동독의 엘베 강 오염을 방지하려는 협약을 추진했고, 1981년 연례적인 라이프치히 무역박람회에서 동독공산당 중앙위원들을 만나 관계개선을 논의했다.

더 중요한 사건은 1981년 5월 폰 바이체커의 서베를린 시장당선이었다. 이는 지역 자민당과의 암묵적 연합을 통해 가능했다. 동독과의 특수한 실제적 문제들과 협약들을 감안할 때, 서베를린은 서독 독일정책의 중심이었다. 이러한 사실과 서베를린에 부여된 특수한 부분적 자율성 때문에 연방정부는 신임시장과 긴밀하고 공식적인 협의를 해야 했다. 폰 바이체커가 임명한 대표가 총리실에서 5인의 고위급 실무그룹과 정기적으로 회동을 갖기 시작했다. 고위 정부관계자들도 접근할 수 없는 민감한 사안에 대한 논의가 폰 바이체커에게 보고되었다. 한 관측자가 말했듯이 이제 동독에 관한 정책의 수립에서는 사실상 "대연정"이 존재하게 된 것이다.[45] 연합당 내에서는 연방정책을 공동으로 결정하는 것에 대해 이견이 거의 없었다. 기민/기사당은 사민당의 초기 우려와 달리 이러한 새로운 역할을 이용해 양독관계를 가로막으려 하지 않았다.

폰 바이체커는 시장으로서 사실상 독자적인 동베를린 정책을 추진하기 시작했다. 통행, 에너지공급, 오염방지 등 베를린과 관련된 수많은 실질적 문제들이 그의 관할권 아래에 있었다. 한 비판자가 지적했듯이 "연합당이 베를린에서 핵심적 역할을 맡게 되면서 많은 문제들이 달라 보였고 훨씬 더 구체적으로 다가왔다. 연방하원의 야당에게는 순전히 이론적이었던 문제가 구체적 실제가 되었다. 따라서 연합당은 정부와 마찬가지로 이것들의 실질적 관리문제를 고려해야

45) Dettmar Cramer, "Kommentare und aktuelle Beiträge," *Deutschland Archiv* 6(1981). 562-63.

했다."[46]

폰 바이체커 정책의 이러한 특성으로 인해 연합당은 실제적 문제에서의 진전을 위해 근본적 문제를 접어두는 데 더욱 익숙해졌다. 이는 그가 오랫동안 당에 요구한 사항이었다. 비판세력들도 폰 바이체커가 양보에 대해 대가를 지불해야 할 필요성을 포함하는 "독일정책의 변증법"을 잘 이해한다고 평가했다. 그는 이제 "정태적 동결"(*static freeze*)이 아니라 평화적 개선을 의미하는 데탕트에 사활적 이해가 있다고 강조했다. 그는 "구체적 주제들의 발전을 저해하면서 방어적이고 차단적인 이념적 도그마"에 의존해서는 안 된다고 경고했다. 그는 베를린이 "분단이 지속하는 한 그것을 보다 인내할 만한 정도로 개선하거나 분단을 극복"하기 위한 "선택된 장소"라고 덧붙였다.[47]

46) Ibid.

47) *DZ*, 1981년 10월 2일자.

3. 데탕트에 관한 연정 내 이견과 연합당

1970년대 말과 마찬가지로 사민-자민당 내부에서 독일정책을 둘러싼 견해차이가 커지면서 연합당의 적응조짐이 나타났다. 연정 내 양당 간의 이견은 동·서독 관계의 교착과 호네커의 게라 요구에 의해 더욱 악화되었다. 슈미트와 그 보좌진들, 겐셔의 자민당은 동독에 대한 냉정하고 신중한 태도를 선호했다. 그러나 브란트와 붸너, 바르, 사민당 좌파는 대화를 촉진하기 위해 동독의 이해를 더 많이 배려할 것을 주장했는데, 게라 요구도 협상 가능한 문제로 취급할 의사가 있는 것으로 보였다. 그들은 1981년 들어 대화를 재개하고 조건 없이 정상회담을 하라며 정부에 대한 압박의 수위를 높였다. 연합당은 현재의 국제환경과 동독의 요구를 고려할 때, 관계를 진전시키려면 결국 동독의 요구를 받아들여야 할 것이고 이는 기본법, 그리고 확립된 기존정책에 위배된다고 주장했다. 야당은 독자적 국적인정 등 동독의 요구를 수용하라는 사민당의 고위 정치인들(그리고 몇몇 자민당 이단아들)에 맞서 정부입장을 옹호했다.

이러한 경향이 가장 극적으로 드러난 것은 귄터 가우스(Günter Gaus)의 발언으로 촉발된 논쟁에서였다. 동베를린 주재 서독 상주대표직에서 물러나기 직전 〈디 차이트〉와 가진 인터뷰에서 그는 민족통일이 달성 가능한 시기에 대한 기대가 전혀 달랐던 때에 기본법이 만들어졌으며, 따라서 서독이 기본법의 틀을 벗어나지는 않더라도 그 안에서 보다 유연성을 발휘할 수 있다고 주장했다. 그는 “민족”이라는 단어가 “영토탈환주의자” 서독이 동독의 존재를 인정하기를 거부한다는 동독공산당의 주장에 힘만 실어주고 있는 만큼, 그 단어를 이제 그만 사용해도 된다고 주장했다. 그는 동독에 대한 태도를 바꾸어 동독을 단지 경찰국가로만 보지 말고 동독정권의 성격보다 동독주민들이 무엇을 필요로 하는지에 더 집중하여야 하며, 국가통일이나 민족통일 달성에 대한 논의는 중단해야 한다고 주장했다. 문화적 단일성을 강조하는 것이 더 바람직하지만, 제일 좋은 것은 민족이라는 개념을 아예 폐기해버리는 것이라고 덧붙였다.48)

기민/기사당은 당연히 공식정책의 분열과 정부 내 균열을 겨냥했다. 당은 가우스의 발언이 누구를 대변하는지 밝히라고 요구했고, 슈미트에게 가우스가 협상 가능하다고 보는 게라 조건에 대해 정부의 거부입장을 분명히 하라고 촉구했다. 연합당은 또한 전통노선에 따라 국가통일을 추구할 권리의 중요성을 강조했다. 그렇지 않을 경우 언젠가 동독 공산주의자들이 잠재된 민족주의 감정을 이용해 동베를린 통치를 정당화할 것이라고 덧붙였다. 마치 시기를 서로 맞추기라도 한 듯 몇 주 뒤 호네커가 몇 년 만에 처음으로 통일전망을 언급했다. 동독공산당 회의에서 그는 서독이 "사회주의화"된다는 가정하에 통일에 대해 긍정적으로 언급했다. 호네커의 말이 바뀐 데는 여러 이유가 있겠지만, 연합당은 그 발언을 호네커가 민족문제에서의 "빈틈을 메우고 있다는" 명백한 증거로 보았다.49)

슈미트는 4월 국정연설에서 정부가 민족 단일성을 추구할 의무가 있음을 재확인했다. 비록 그가 "통일"이라는 단어를 사용하지는 않았지만, 언론과 연합당은 민족 개념에 대한 그의 강조를 가우스의 발언에 대한 부정으로 받아들였다. 더욱이 슈미트는 다소 유연성을 보이기는 했지만 국적문제에 대해 "기본법에 명시된 대로" 서독의 전통적 입장을 고수하겠다고 약속했다. 연합당 지도자들은 자신들이 정

---

48) *DZ*, 1981년 2월 6일자.

49) CDU, *DUD*, 33, 1981년 2월 18일자. 주요 신문들도 이에 동의했다. 사민당 정책을 오랫동안 지지해온 *SdZ*조차도 정부가 장기적 독표와 민족 단일성 추구의 의무를 불분명하게 했다고 평했고, 연합당의 "충분히 정당한" 설명 요구에 "상투적인 말"로 답해서는 안 될 것이라고 덧붙였다. *SdZ*, 1981년 2월 24일자; *SdZ*, 1981년 7월 22일자.

부의 기존정책을 확고히 하는 데 기여했다고 주장했다.[50]

1) INF와 국내 데탕트 논쟁

양독관계라는 좁은 영역을 넘어 군비통제와 같은 데탕트의 다른 수준의 문제에서도 연정 내 긴장이 발생했고 연합당은 이를 적절히 이용했다. 미국 신행정부는 소련의 제3세계에서의 활동과 핵무기 증강에 대해 서방진영이 더 단호하게 대처할 것을 요구하였다. 로널드 레이건(Ronald Reagan)은 봉쇄전략을 부활시키려 했고 이에 대한 동맹들의 지지를 기대했다. 슈미트와 레이건 사이에는 카터 재임시절 양국관계를 긴장시켰던 것 같은 개인적 불화가 없었다. 슈미트는 미국 신행정부의 논조에 경계심을 가지긴 했지만, 미국과의 관계개선을 통해 레이건을 설득함으로써 데탕트와 군비통제에 관해 리처드 닉슨과 유사한 정책을 채택하도록 하고자 했다. 슈미트는 "우리는 동구와 서구 모두에 대해 지렛대를 가질 수 있는 위치에 있어야 한다"고 강조했다.[51]

그러나 사민당 내 슈미트의 동료들은 정부가 레이건의 모험주의와는 거리를 두고 필요하다면 독자적 데탕트 정책을 추진하기를 원했다. 바르와 브란트는 군비통제에 대한 "미국의 경직된 입장"과, 〈슈피겔〉이 "과격한 수사적 논조"라 표현한 것에 대한 (특히 겐셔의) 형식주의적 지지에 대해서도 비판했다. 그들은 서독의 그러한 입장이 미국 행정부가 군비통제에 관심이 없으며 대화의 희망을 가질 수 없게 한다는 소련의 의심을 확인해줄 뿐이라고 주장했다. 사민당 지도자들은 자신들도 같은 의심을 가지고 있으며 "동구조약들이 빈껍데기가 되고 동방정책 이전의 상태로 후퇴할 것이라는" 소련의 우려와

50) *FAZ*, 1981년 4월 10일자.

51) *DS*, 1981년 7월 27일자.

의심에 공감한다고 밝혔다.[52] 슈미트, 겐셔, 정부관리들은 미국에 대한 이러한 비판을 조심스럽게 거부했고 사민당과 정부의 관계는 더욱 소원해졌다. 1981년 논쟁의 초점이 중거리 핵무기(INF) 이슈로 옮겨가자 사민-자민당의 동반자 관계는 한층 더 심각한 손상을 입기 시작했다.

연합당은 확실히 여러 가지 면에서 레이건 행정부와 정책적으로 잘 어울렸다. 키이프와 비덴코프 같은 정치인들은 미국의 주류세력과 오랫동안 관계를 유지했고, 메르테스, 뵈르너, 그리고 슈트라우스도 어느 정도 미국 행정부 관리들과 특별한 관계를 유지했다. 연합당의 준공식기구인 콘라드 아데나워 재단은 1976년 워싱턴에 사무소를 개설함으로써 실무 차원의 정기적 접촉을 지원했는데, 이 사무소는 사실상 "기민당의 주미대사관" 역할을 하였다. 공화당과 연합당 정치인들, 학자들과 의회 보좌관들도 상호 교환방문을 가졌다. 1978년에는 재단이 레이건을 본에 초청해 여러 모임을 주최하기도 했다.[53]

이러한 접촉은 양측간에 철학적 친화성을 강화시켰다. 연합당 지도자들은 "워싱턴으로부터의 새로운 바람"을 환영했고, 슈미트에게 미국과 함께 보다 냉정하고 현실주의적인 방식으로 동서균형의 회복을 모색할 것을 촉구했다. 그러한 포괄정책은 소련으르 하여금 "평화적 동반자 관계에 필요한 구속력 있는 규범들"을 받아들이게 하고 서독의 동방정책을 보다 용이하게 할 것인데, NATO의 INF 결정을 지지하는 것이 그 정책의 첫 단계라고 주장했다.[54]

---

52) 바르와 브란트는 1981년에 동구권과 독자적인 대화를 했고, 소련이 제안한 동서독 간 정기 협의(심지어 핵무기 문제에 대해서도)와 경제 공동체를 논의했는데 이것은 외무부를 더욱 무색하게 만들었고 겐셔와도 더 소원해지게 만들었다. *DS*, 1981년 6월 15일자.

53) 한 기자는 독일의 어떠한 야당도 미국 행정부와 그렇게 긴밀한 관계를 확립한 적이 없으며 미국이 야당과의 접촉을 그렇게 체계적으로 준비한 적은 없었다고 평했다. *DZ*, 1981년 4월 24일자.

연합당은 그러한 포괄정책이 추진되지 못하는 이유는 슈미트가 당을 장악하지 못했기 때문이라고 보았다. 기민/기사당은 서독 내 핵무기 배치에 무조건 반대하는 많은 사민당 지도자들과 지연전술을 펼치는 다른 정치인들을 비난했다. 또한 미국의 입장에 대해 맹공을 퍼부으면서 슈미트가 미국을 압박해 소련의 협상제안을 더 많이 수용하도록 해야 한다고 주장하는 사민당을 비판했다. 연합당은 슈미트에게 반미정서를 부추기고 NATO 정책을 헐뜯는 사민당 동료들, 그리고 반INF 집회에 참가한 수천 명의 사민당 의원 및 당원들과 거리를 두어야 한다고 주장했다.

연합당은 정부가 동독과 군비통제 대화를 고려하려는 기미만 보여도 거세게 반발했다. 호네커가 인도주의적 이슈들을 이용해 서독정부를 협박함으로써 NATO의 INF 배치에 대한 서독의 지지를 희석시키려 할 것이라고 주장했다. 메르테스는 소련이 서독의 "예방적 선행"(*preventive good behavior*)을 이끌어내려고 할 것이라고 말했다.

때때로 연합당은 슈미트가 사민당의 압력에 굴복해 데탕트를 지나치게 강조한다고 주장하기도 했다. 또한 미국과 소련 간의 통역자 역할을 함으로써 INF에 관한 양국간 타협을 이끌어내려는 그의 노력을 비판했다. 1981년 중순 슈미트가 레이건을 만나 군비통제 제안을 수정하라고 설득했지만 결국 실패한 것을 두고 슈트라우스는 "하느님, 감사합니다. 그가 빈손으로 돌아왔군요"라고 말했다.[55] 연합당은 또한 총리가 INF에 대한 사민당의 최종결정을 1982년으로 연기하도록 허용했다고 비난하기도 했다.

그러나 연합당은 대체로 슈미트와 겐셔의 공식정책을 지지했고 단지 그들이 연정 내에서 지지를 받지 못한다고 주장했다. 콜의 최고위급 측근이며 프랑크푸르트 시장이던 발터 발만(Walter Wallmann)

54) CDU, *DUD*, 1981년 1월 5일자.
55) *FAZ*, 1981년 5월 25일자.

은 정부와 야당의 차이점은 전자가 "다수지위도 없으면서 말만"을 늘어놓는 반면, 후자는 "단결과 결단력"을 보이는 점이라고 말했다.[56] 슈미트와 겐셔가 INF 정책에 대한 연정의 지지를 얻기 위해 사임 카드라도 써야 하는 상황에서, 오히려 야당이 정부정책을 밀어주고 있다고 연합당은 주장했다. 1981년 6월 INF 문제에 대한 하원투표에서 기민/기사당은 정부안에 찬성했고 (12명의 사민당 의원은 반대했다) 미사일 논쟁에 대한 결의안을 제출했다. 결의안의 일부 내용은 이후 자민당의 요구로 정부성명에 포함되었다.

1981년 서독에서 핵무기에 대한 불안감이 고조되자 연합당 지도자들은 미국이 정책을 완화하기를 원했다. 그들은 군비증강이 통제 불가능하지 않다는 것을 설득해 국민들을 안심시켜야 한다고 주장했다. 그렇지 않을 경우 NATO와 미국의 정책에 대한 반발이 있을 것이며 자신들에게도 영향을 미쳐 당의 정치적 재기를 늦출 것이라고 보았다. 설문내용에 따라 차이는 있었지만, 대부분의 여론조사에서 다수가 새로운 미국의 INF를 반대하고 미국 신행정부에 대해 반감을 가진 것으로 나타났다. 연합당 지지자들 가운데서는 다수가 INF에 대해 유보적 의견을 보였고 ERW에 대해서는 전적으로 반대한 것으로 나타났다.[57]

그래서 슈트라우스 등 기민/기사당 정치인들은 미국에게 유럽 내에서 제한 핵전쟁을 수행할 수 있는 역량에 대한 언급을 자제해줄 것을 요구했다. 뵈르너 등 대서양주의자들도 1981년 미국이 ERW 생산을 재개하기로 결정하자 "불행한" 일이라며 유감을 표시했고, 이미 INF에 대해 불안해 하는 서독국민들의 심적 부담을 가중시킬 것

---

56) CDU, Profotoll. 30. Bundesparteitag der *CDU*, Niederschrift, Hamburg, 1981년 11월 2-5일자.

57) 슈피겔 조사, *DS*, 1981년 3월 2일자, 엠니드 조사, *Frankfurter Neue Presse*, 1981년 9월 26일자.

이라고 우려했다. 뵈르너, 맑스, 메르테스, 그리고 폰 바이체커는 서독 내 ERW 배치를 분명하게 지지했던 1978년의 입장에서 후퇴했다. 그들은 대미여론이 악화될 것을 우려해 소련의 군비통제 제안에 대해 "단순한 '거부'" 이상의 조치가 있어야 한다고 강조했다.

연합당 지도자들은 미국에 대해 독일의 변화된 분위기를 고려하라고 촉구하는 한편, 국민들의 진정한 핵 불안감에 대해 공감을 보이려 했다. 그들 대부분은 반핵시위가 비록 오도되긴 했어도 진정성은 있다고 보았지만, 그들이 핵심좌파(*hardcore left*)라고 부른 세력에 대해서는 강하게 비난했다. 연합당은 평화운동에 맞서 자신들의 평화정책을 출판물과 공청회, 하원결의, 대중청원을 통해 제시했고 핵무기와 생화학무기의 통제에 찬성한다는 점을 강조했다.

그러나 연합당은 일반적으로 NATO의 군비정책에 대한 굳건한 지지를 표명했다. 사실 당은 INF의 필요성과 윤리적 정당성을 설득하기 위해 유연한 태도와 대화의지를 보여주려 했다. 연합당 지도부, 특히 기사당은 무기배치를 옹호하는 당의 정책에 대한 어떠한 논쟁이나 수정도 필요하지 않다고 느꼈다.

2) 연합당 합의의 시험

연합당이 수십 년만의 최악의 선거패배를 겪고 1년이 지난 후, 동방정책에 대한 콜의 신중하고 합의를 중시하는 접근법은 성공적이라 평가될 수 있었다. 도박을 피함으로써 실수를 막을 수 있었고 논쟁을 피함으로써 당내분쟁을 방지할 수 있었다. 콜은 기사당도 누그러뜨린 것 같았다. 1981년 3월 기민당 대회는 전례 없는 연합당의 화합을 보여주었다. 한 언론은 이 대회를 콜의 "지루한 성공"이었다고 불렀고, 또 다른 신문은 "콜만큼 논쟁의 소지가 없는 기민/기사당 지도자는 아마도 콘라드 아데나워가 유일할 것이다"라고 평했다.[58]

가장 고무적인 것은 여론조사 결과였다. 1981년 중반 바로 전해에 슈미트를 지지했던 유권자들 중 4분의 1이 좌로는 신생 친환경 정당인 녹색당으로, 우로는 연합당으로 지지정당을 바꾼 것으로 나타났다. 많은 독일인들이 사민당의 내분에 대해 부정적이었고 사민당이 지나치게 좌파적이고 소련에 우호적이라고 보았다. 여론조사 결과는 여러 문제들, 특히 경제와 관련해 연합당에 대한 국민들의 신뢰가 높아졌음을 보여주었다. 연합당이 정부와 협력해 초당적 외교정책이 가능하도록 한 것도 긍정적 평가를 받았다. 1981년 여론조사에서 연합당의 지지도는 50%에 달했고 콜의 지지도도 역대 최고를 기록하 한때 슈미트를 앞서기도 했다.[59]

더욱이 베를린에서의 선거협력이 전례가 되어 본에서도 연합당과 자민당 간의 연대가 임박했다는 추측이 난무했다. 안보·경제문제에 대한 양당 정책간의 공통성은 이미 분명한 데다가 슈미트 정부에 대한 사민당 좌파의 압박과 그로 인한 연정의 지지도 하락으로 사민당에 대한 자민당의 불신이 날로 커졌다. 겐셔는 자민당이 사민당에 묶여 있지 않다는 의중을 넌지시 내비쳤고, 또 사민당 좌파의 공격으로부터 연합당을 변호함으로써 외교정책에 관해 야당이 보인 초당적 협조에 보답했다. 1981년 중반에 이르러서는 대부분의 유권자들이 몇 달 내에 연합당이 이끄는 정부가 등장할 것이라고 예상했다.[60]

〈프랑크푸르터 알게마이네 차이퉁〉이 "연합당은 가장 즐거운 야당 시절을 보내고 있다"고 평할 정도였다.[61] 그러나 콜의 많은 측근들

58) *Financial Times*(이후 *FT*로 칭함), 1982년 3월 11일자; *Stuttgarter Zeitung*, 1982년 3월 11일자. 콜은 압도적인 지지를 받아 기민당 대표로 재선되었다. 슈트라우스는 콜을 (연합당이 자민당과 연정 구성에 성공한다면) 총리로서도 암묵적으로 인정했는데 이는 그가 자신의 경쟁자로 여기면서도 기민당 개혁파에 대한 견제를 위해 필요한 존재로 여겼기 때문이었다.

59) *FAZ*, 1981년 12월 4일자.

60) 알렌스바흐 조사, *Capital*, 1981년 9월.

조차도 자기만족에 대해 우려하기 시작했다. 연정에 대한 국민의 실망에 따른 "여론조사상의 다수"에 만족해서는 안 되며 이러한 분위기는 금세 사라질 수 있다는 것이었다. 더욱이 그들은 연합당이 연정의 붕괴만을 기다리다가는 냉소적 기회주의자로만 비쳐질 것이라고 보았다. 확실한 장기적 성공을 위해서는 연합당이 자민당이나 새로운 유권자 집단, 특히 1980년에 슈미트를 압도적으로 지지했던 젊은 층의 지지를 받을 수 있도록 해야 한다고 주장했다.

이러한 기민당 지도자들, 특히 사무총장 가이슬러, 직전 사무총장 비덴코프, 노조파 노르베르트 블륌(Norbert Blüm), 주지사 슈페트는 대부분 동방정책에 대해 개혁적 입장을 취했으며, 주요이슈들에 대한 공개적 토론과 정책대안을 개발하기 위한 체계적 노력을 요구했다. 그들은 연합당 청년조직 의장인 마티아스 비스만(Mathias Wissman)과 마찬가지로 당의 단합을 신성시한 나머지 당의 정책이 새로운 유권자들, 특히 젊은 층의 관심사항을 무시한다는 인상을 주어서는 안 된다고 강조했다. 그들은 연합당의 당대회를 동구국가의 정당집회를 연상시키는 "잘 훈련된 열정"과 지도부에 대한 경외심으로 가득 찬 "순종의 장"(*theater of conformity*)으로 묘사한 한 영국 언론인의 말을 인용했다.[62]

가장 논란이 되었던 것은 연합당의 핵무기와 데탕트 정책을 공개적으로 토론에 부치려는 가이슬러의 노력이었다. 그와 동료들은 당이 NATO와 레이건의 정책을 아무런 성찰도 없이 받아들인다는 인상을 주어서는 안 되며, 갈수록 커져가는 서독인들의 반핵정서를 순진해 빠진 평화운동에 불과하다거나 극좌파와 연계된 것이라 비판한다는 평가를 들어서는 안 된다고 주장했다. 그들은 그러한 행태는

---

61) *FAZ*, 1981년 2월 6일자.

62) *CDU, Union in Deutschland 29. Bundesparteitag der CDU*, Mannheim, 1981년 3월 9-10일자; *FT*, 1981년 3월 11일자.

연합당이 유권자들의 신뢰를 잃게 만들 것이라고 우려했다. 나아가 NATO의 핵 억지 전략에 대한 국민들의 지지가 저조하다는 점을 지적했다. 자신들의 지도자들이 군비경쟁 억제에 대한 광범위한 관심을 의식하고, 또 그것을 정책에 반영할 것이라는 믿음을 국민들에게 주어야 한다는 것이다. 이를 위해 개혁파는 군비 및 그 통제에 관한 반핵단체들과의 대화를 촉구했다.[63]

이 논쟁의 와중에 동방정책에 관한 연합당의 고데스베르크적 전환의 문제가 다시 수면 위로 떠올랐다. 가이슬러는 연합당 청년분과 모임에서 "우리는 동구에 대해 개방적인 외교정책을 필요로 한다. 우리는 소련과 차이점만 있는 것이 아니라 공통의 이해관계도 가지고 있다. … 우리는 조약을 활성화해야 한다. … 이제 말은 충분히 했고 행동할 때다"라고 선언했다.[64] 비덴코프도 이에 동의했다. 그는 당이 국방문제를 너무 강조한다며 공동의 이해가 걸린 문제들에 대한 협상을 포함하는 다차원적 동방정책의 필요성을 주장했다. 키이프는 10월에 모스크바를 방문했고 가이슬러는 이것을 당이 소련과 정기적으로 협의할 것을 약속하라고 요구하는 데 이용했다. 한 미국 관측자는 소련에 대한 기민당의 비판이 "갈수록 모호해진다"고 평했다.[65]

이러한 움직임은 첨예한 당내논쟁을 촉발했다. 특히 1981년 10월 본에서 수천 명이 참가한 대규모 반핵시위가 있은 후 논쟁은 더욱 격화되었다. 콜과 국방전문가 뵈르너, 메르테스는 핵문제에 대한 논

63) 비덴코프는 한 에세이에서 지구의 생명을 파괴할 수 있는 정책에 대해 장기적인 동의는 있을 수 없으며 그런 문제에 대한 결정이 미국 대통령 등 소수에게 맡겨져서는 안 된다고 주장했다. *DZ*, 1981년 10월 30일자. 하지만 콜, 뵈르너, 메르테스, 키이프는 그의 주장이 일방적 군축을 주장하는 이들에 의해 이용당할 수 있다고 경고하며, 그의 "개인적 의견"과 거리를 두었다. *DW*, 1981년 11월 2일자.

64) *DZ*, 1981년 10월 2일자.

65) *NYT*, 1981년 11월 6일자.

의는 있어야 하지만, 가까운 미래에 핵 없는 세계가 오리라는 그릇된 희망을 부추겨서는 안 된다고 경고했다. 기사당 근본주의자들은 토론과 자기비판을 호소하는 연합당 청년분과의 태도를 전쟁과 평화의 문제에 대한 당의 단합을 훼손하면서 이목만 끌려는 행위라고 비판했다. 그들은 계속해서 평화운동을 비난하고 반핵시위에 공산주의자들이 개입했는지 여부를 조사하라고 요구했다. 콜과 슈트라우스는 기민/기사당이 동방정책 문제에서 열세라는 것을 부인하고 동구에 대한 개방정책이 필요 없다고 주장했다.

1981년 함부르크(Hamburg) 당대회를 앞두고 갑자기 콜의 장래가 현실적 위험에 처한 것으로 보였다. 논쟁이 가열되면서 총리후보로서 그의 자질에 대한 의구심이 다시 고개를 들었다. 영국의 〈이코노미스트〉(*Economist*)는 슈미트와 콜이 처한 난국을 비교하면서 "독일이 어느 헬무트를 먼저 차버릴 것인가"라고 물었다. 독일언론은 콜이 다음 선거까지만 안전할 것이라며 소극적 정책으로 인해 재정전문가인 슈톨텐베르크 같은 강력한 경쟁자들에게 주도권을 빼앗겼다고 평가했다. 슈톨텐베르크는 누가 차기 총리후보가 될지는 아직 결정된 바 없다고 강조했다.[66]

당내 정치와 군비 및 동방정책에 대한 입장을 둘러싼 위기는 11월 함부르크에서 열린 기민당 당대회에서 해소되었다. 단합에 대한 집착과 논쟁 자체에 대한 두려움에도 불구하고, 콜은 가이슬러가 주로 평화운동가들로 이루어진 젊은 비당원 5백여 명을 핵무기와 데탕트에 대한 공개토론에 초청하는 것을 허락했다. 콜은 심지어 개막연설에서 "우리는 독일 평화운동과 함께한다. 우리 모두가 군축과 데탕트를 원한다"고 선언하기도 했다. 관측자들은 이러한 즉석발언이 중립주의에 대한 경고보다 더 많은 환호를 받은 것에 놀랐다(환호는 주로

---

66) *Economist*, 1981년 11월 7일자; *FAZ*, 1981년 10월 2일자.

연합당 젊은 활동가들과 초대손님들로부터 나왔다). 폰 바이체커는 연설을 통해 독일이 미국의 정책을 맹목적으로 따라서는 안 되며 미국과 유럽은 결국 시각차이가 있을 수밖에 없다고 주장했다. 그와 비덴코프, 가이슬러 역시 열정적인 박수갈채를 받았다.[67]

대회의 관심은 5백여 명의 온건파 평화운동가들에게 쏠렸다. 이들은 마이크에 대고 핵무기와 핵단추에 손가락을 올려놓고 있는 분별없는 정치인들에 대한 불안감을 토로했다. 일부는 군복무의 가치와 국방의 필요성에 대해 공공연하게 의문을 제기하기도 했다. 다수가 연합당 정책에 대한 실망을 쏟아냈고, 그에 대해 간간이 기민당 청년활동가 등 당원들의 환호가 쏟아졌다. 이들이 발언을 마치면 명망 있는 당 정치인들이 전통적 당정책을 반복하거나 표현만 약간 바꿔 이에 응답했다. 초대손님들이 급진파는 아니었기 때문에 논쟁은 거의 없었고 당 지도자들도 부담을 느끼지 않는 것으로 보였다.

이러한 조율된 "대화"에도 불구하고, 그리고 어쩌면 그것으로 인해 함부르크 당대회는 "콜의 승리이자 승부수"(〈디 차이트〉)로 널리 받아들여졌다. 보다 많은 개방과 정책토론을 주장했던 이들도 부분적으로 만족했다. 또 한편 대회가 통제된 방식으로 진행되었고 전통적 정책에 대한 공개적 도전도 없었으므로 근본주의자들도 불만을 갖지 않았다. 언론의 반응은 대체로 호의적이었으며 당의 비교적 단결된 모습은 보는 이들에게 강한 인상을 주었다.[68]

함부르크 대회는 연합당 내 합의의 현주소를 다시 한 번 브여준 셈이다. 당이 데탕트 정책, 그리고 동방정책의 지속성에 대한 의지를 보여줄 필요가 있다는 인식이 확산되었다. 함부르크 대회를 근거로 관측자들은 당이 "완만하고도 신중한 경로수정" 과정에 있다고 보았다. 그러나 함부르크 대회는 또 한편으로 연합당 전체는 물론이고

67) *NYT*, 1981년 11월 4일자.

68) *DZ*, 1981년 11월 20일자.

기민당 다수도 전통적 당정책을 공개적으로 변경하거나 과거의 오류를 인정하지 않는다는 것을 보여주었다. 동구관계에서의 정책적 연속성은 당의 전통적 정책 우선순위의 연속성과 결합되어야 했던 것이다.[69]

4. 정권교체를 향하여

1981년 12월 슈미트는 독일영토 내에서 10년 만에 다시 열리는 양독정상회담을 위해 동독지역의 한 작은 마을로 향했다. (1970년 브란트의 에어푸르트 방문 때처럼) 시민들의 대대적 환영을 막기 위한 동독경찰들의 통제가 있었지만, 서독 정부인사들은 분위기가 우호적이었다며 긍정적으로 평가했고 호네커와 슈미트 간의 "특별한 관계"에 대해 언급했다. 동독이 의무환전액 인하와 미래의 다른 개선조치들을 시사한 대가로 스윙 신용을 계속 제공하기로 하는 잠정적 합의가 이뤄졌다. 그러나 폴란드의 계엄령 선포가 정상회담에 어두운 그림자를 드리웠다. 갑작스러운 위기 분위기에도 불구하고, 슈미트는 방문일정을 단축하지 않았다. 대신 그는 계엄령이 "필요했던" 것에 대해 유감을 표시하였을 뿐 탄압행위에 대한 동독이나 소련의 직·간접적 관여를 비난하지는 않았다.[70]

1) 연합당, 동방정책, 그리고 폴란드 계엄령

연합당 지도자들은 이미 독일언론과 해외에서 들끓던 슈미트에 대한

69) *SdZ*, 1981년 11월 6일자.
70) *DS*, 1981년 12월 21일자.

비판에 동조하는 데 그치지 않고 한 걸음 더 나아가 증폭시키려 했다.[71] 폰 바이체커조차도 계엄령에 대한 슈미트의 미온적이고 모호한 대응을 비난했지만, 기사당의 논조는 당연히 더 신랄했다. 그러나 슈트라우스와 일부 근본주의자들을 제외하고는 누구도 슈미트가 방문일정을 중단하지 않은 데 대한 직접적 비판을 삼갔다. 폰 바이체커와 슈페트는 오히려 슈미트가 계엄령 때문에 동독에서 갑작스럽게 떠났다면 새로운 동·서독 이니셔티브를 훼손했을 것이며 동독인들도 그러한 행동을 이해하지 못했을 것이라고 말했다. 정상회담을 조심스럽게 지지했던 기민당 지도자들 대부분은 회담 자체의 결과에 관심을 집중했다. 일부는 회담의 결과가 미흡하고 분명치 않을 뿐 아니라 공허한 희망에 기초하고 있다고 평가했다. 폰 바이체커 등은 양독관계에 해빙이 있었다며 가까운 미래에 구체적 결과가 있기를 희망했다. 그러나 더욱 중요한 것은 어느 누구도 폴란드 계엄령과 양독간 대화를 연결시키려 하지 않았고 양자의 상호영향에 대해 분명한 언급을 피했다는 사실이었다.[72]

연합당은 폴란드 사태에 대해 소련을 비난하면서 제 2의 아프가니스탄 사태가 발생한다면 데탕트는 살아남지 못할 것이라고 한 슈미트의 1980년 발언을 상기시켰다. 그러나 동서관계에 대한 영향이 불가피하다고 주장하면서도 당은 위기 중에도 "현존하는 채널"을 이용해 소련진영과의 대화를 이어가야 한다고 주장했다.

동시에 연합당은 이 새로운 위기 동안 초당적 협력이 필요하다고 호소했다. 당은 연정과 함께 7가지 조항의 결의문을 작성했고 이 결의안은 의회에서 모든 당으로부터 승인을 받았다. 폴란드에 대한 비

71) 심지어 많은 해외 좌파들조차 계엄령에 대해 격양된 반응을 보였고, 그들은 슈미트의 반응이 너무 약하다고 평했다. *NYT*, 1981년 12월 28일자.

72) 슈트라우스, *FAZ*, 1981년 12월 14일자 ; 폰 바이체커, 슈페트, *SdZ*, 1981년 12월 16일자.

판 및 호소와 더불어 결의문은 연대노조(*Solidarity*) 운동이 헬싱키 최종의정서에서 도움을 받았다는 것을 언급했다. 폴란드에 대한 제재는 분명한 조치를 촉구한 연합당과 어떤 제재도 반대하는 사민당 사이에서 타협적 형태로 정리되었다. 결의문은 다소 모호하게도, 억압이 계속되는 한 경제지원 여부를 "미결상태로 둘" 것을 서독과 유럽공동체에 촉구했다.

사민당의 압박이 있기도 했지만 위기의 확산을 막기 원했던 슈미트 정부는 제재에 대한 결의문 내용을 좁게 해석했다. 연정은 폴란드에 대한 경제원조 중단이나 상업적 관계의 제한에 대해 고려하기를 거부했고 소련에 대한 어떠한 조치도 부적절하다며 역시 거부했다. 서독은 그러한 제재가 위기를 "고조"시킬 것이라고 경고했고, 슈미트 또한 "무역전쟁"에 반대한다는 입장을 밝혔다.[73]

슈미트의 입장은 연합당이나 미국의 입장에 반하는 것이었다. 미국은 1981년 12월 29일 폴란드와 소련에 대한 일련의 제재조치를 승인했으며 여기에는 서유럽과 소련 간의 가스 파이프라인 사업에 미국기업들의 참여를 금지하는 내용도 포함되었다. 레이건 행정부 내 다수는 이러한 조치가 서구의 대응을 "집중적이고 극적인 것으로 만들" 것이라고 믿었다. 또한 서유럽을 소련 에너지에 의존하게 하고 결과적으로 소련의 압박에 취약하게 할 우려가 있는 가스 파이프라인 사업을 자연스럽게 무산시킬 수 있을 것이라고 믿었다.[74]

미국의 압박과 서독의 반응은 양국관계에 심각한 긴장을 유발시켰다. 프랑스 등 다른 나라들도 데탕트의 유지를 주장하고 미국의 제재에 반대했지만, 미국정책에 대한 슈미트의 강한 거부로 인해 미국의 분노는 독일에 집중되었다. 일부 미국 상원의원들은 압박수단의

73) *Wall Street Journal*, 1981년 12월 29일자.

74) Alexander Haig, *Caveat : Realism, Reagan, and Foreign Policy* (New York: Macmillan, 1984), 247-58

하나로 대규모 철군을 논의하기 시작했다.

연합당 지도자들은 슈미트가 사민당 좌파의 압력에 굴복했다고 비판했다. 그들은 슈미트에게 서독의 실제입장이 무엇인지 분명히 하고, 사민당으로부터 거리를 두어 단호하게 계엄령을 규탄할 것, 그리고 서구의 공동대응을 지지할 것을 요구했다. 당은 또한 서독이 중재자(*mediator*) 역할을 하겠다는 어떠한 암시도 해서는 안 되며 이는 고립만 자초할 뿐이라고 주장했다. 폰 바이체커도 슈미트가 서독의 "기본방향"에 대해 "커다란 의구심"을 자아내게 하는 당의 행동을 방관한다고 비판했다. 미국의 제재를 반대하는 세력들과 많은 좌파들까지 포함한 다른 유럽인들도 서독정부의 입장과 "안정된 동유럽"에 독일의 이해관계가 걸려 있다는 사민당의 주장에 대해 불안감을 가지고 있었다.75)

기사당은 미국의 제재조치를 지지하고 신용 및 보증공여를 중단해 공산주의 지도자들에게 더 이상 이전과 같은 관계를 기대할 수 없다는 것을 보여줄 것을 요구했다. 초당적 협력에 대한 사명감과 기사당의 압력하에서 메르테스는 1월에 새로운 하원 공동결의문을 입안하려 했다. 이번 결의문은 이전의 결의문보다 더욱 분명한 입장을 담았다. 탄압이 계속되는 한 폴란드에 대한 경제지원과 차관공여를 (단순히 "미결상태로 두는 것"이 아니라) 중단하고 서독의 가스 파이프라인 사업참여를 보류할 것을 요구했다. 이와 대조적으로 연정의 결의문 초안은 "필요조건이 충족되면" 차관공여와 경제지원을 계속하겠

75) 폰 바이체커, *FT*, 1982년 1월 1일자; *Economist*, 1982년 1월 30일자. 많은 유럽인들이 미국의 제재에 대한 서독의 냉소적 시각을 공유하긴 했지만, 인권에 전혀 무관심한 듯한 슈미트와 겐셔의 태도에 유럽인들은 (스칸디나비아나 좌파에서조차) 놀라움을 금치 못했다. 일부는 소련과 독일이 폴란드의 자유를 희생하고 손을 잡았다고 주장했다. 한 프랑스 만평은 슈미트가 브레즈네프의 부츠를 닦는 모습을 묘사했고, 이에 〈*이코노미스트*〉는 잠재적인 반독일 감정의 폭발에 대해 경고했다.

다고 약속하는 것이었다. 이러한 내용상의 공공연한 차이와 치열한 의회논쟁으로 초당적 협력에 대한 기대는 물거품이 되었다.[76]

그러나 메르테스의 결의안은 미국의 “징벌”(*punishment*) 조치에 대한 전적인 지지를 요구한 것은 아니었다. 그 자신이 이미 “징벌”이라는 용어를 명백히 거부한 바 있었다. 그는 연합당이 야루젤스키(Jaruzelski) 장군의 폴란드 정권을 법정에 세우거나 처벌하려는 것이 아니라 “공조된 인권정책”을 추구하려는 것이라고 주장했다. 기사당 지도자들은 기민당의 보다 분명한 입장을 요구하며 메르테스가 폴란드에 관한 초당적 정책을 이끌어내기 위해 “겐셔주의적” 태도를 취한다고 비판하고 사민-자민당은 임의대로 해석할 수 있는 모호한 결의내용을 요구할 것이라고 주장했다. 그러나 기민당 지도자들 대부분이 제재에 대해 우려와 회의적 시각을 가진 것은 분명했다. 폰 바이체커도 많은 경우 징벌조치가 엉뚱한 사람들에게 해를 미친다는 것을 지적하며 유보의사를 표명했다. 기사당조차도 구체적 사항에 대해 지속적이고 명백한 지지를 보낸 것은 단 두 가지 조치뿐이었다. 그것은 첨단기술이 동구로 넘어가는 것을 막는 것, 그리고 소련과 거래하는 기업의 상업은행 대출에 대한 정부보증을 중단하는 것 등이다. 슈트라우스도 여전히 소련진영과의 무역이 필요하다는 것을 강조했다.

미국이 소련 파이프라인을 봉쇄하려는 조치를 강화한 6월에도 비슷한 양상이 전개되었다. 미국이 파이프라인 건설에 필요한 자재의 수출을 금지하고 유럽 자회사를 통해 파이프라인 사업에 관여한 미국기업들에 대해 법적 조치를 취하자 대부분의 서유럽국가들은 당황했다. 겐셔는 조심스러운 비판으로 대응했고 미국과의 대화를 통해 갈등을 피하려 노력했다. 그러나 슈미트는 미국의 조치를 강하게 비

76) *NZZ*, 1982년 1월 11일자.

판했고 사민당 지도자들은 레이건 행정부를 더욱 강력하게 구탄했다. 당의 단합을 유지하기 위해 일부 총리 보좌관들은 미국과 결판을 내라고 촉구했다. 언론은 이를 두고 30년 내에 최악의 대서양 양안간 갈등이라고 불렀다.[77]

연합당 지도자들은 겐셔와 같은 입장임을 강조했다. 메르테스는 미국정책의 취지에 공감을 표시하고 사민당의 강경입장을 비판했다. 그러나 동시에 연합당은 미국과 유럽 간의 보다 효과적인 사전협의와 동맹에 기초한 분명한 의사결정 및 조율을 요구했다. 미국의 행동에 대한 암묵적인, 그리고 조심스러운 비판의 표현이었다. 콜은 금수조치가 바람직하지 않은 대서양 양안관계의 한 "원인"이며 "많은 상호 오해들" 가운데 하나라면서 미국에 대한 지지표명을 회피했다. 그는 효과적 정책을 위해서는 소련과 그 동맹국들에게 어떤 행동이 어떻게 무역에 영향을 미치는지를 사전에 분명히 하는 "유연대응" 전략이 필요하다고 강조했다.[78]

연합당 내에서 미국의 금수조치와 이를 뒷받침하는 미국의 주장에 대한 공감은 거의 찾아볼 수 없었다. 연합당 지도자들은 미국에 무조건 추종하는 모습을 보이기는 원하지 않았다. 이는 부분적으로 유럽에 대한 미국의 차별적 무역관행에 대한 전통적 보수주의자들의 반감을 반영하는 것이기도 했지만, 또 한편 동구관계의 악화에 대한 책임을 피하려는 연합당의 입장을 보여주는 것이기도 했다.

2) 연합당 정책의 새로운 양상

1982년 초에 양독관계에 대한 연합당의 입장이 완화되고 있음이 더욱 분명해졌다. 당은 양독관계를 "선린관계"로 보는 슈미트의 시각을

77) *SdZ*, 1982년 6월 25일자.

78) CDU/CSU, Fraktion, 보도자료, 1982년 7월 23일자.

분명히 거부했었다. 게라 요구에 대한 협상은 받아들일 수 없다는 주장을 굽히지 않았고 슈미트에게 게라 요구를 협상의제로 하자는 일부 사민당원들을 공개적으로 비판할 것을 요구했다. 연합당 지도자들은 또한 서독이 정상회담의 후속협상에서 너무 많이 주고 너무 적게 받았다고 주장했다. 협상에서 의무환전액의 인하를 명시하지도 않은 채 스윙 신용한도를 증액하기로 합의했다는 것이다. 앞으로는 차관 같은 모든 금융거래를 인도주의적 접촉의 개선에 연계시키는 패키지 협상으로 진행해야 한다고 주장했다.

그러나 연합당이 경직된 연계를 주장하지는 않았다는 것이 보다 분명해졌다. 연합당은 단지 서독의 경제적 협상 지렛대를 "포기하지 말아야 한다"고 주장한 것이었다. 근본주의자들이 간간이 연설을 통해 발포명령의 제거를 협상의 전제조건으로 내세우기는 했지만, 협상을 명시적 전제조건에 연계시키자는 주장은 점점 줄어들었다. 대신 동독은 인도주의적 접촉, 특히 의무환전액에서의 차단조치를 완화하기 전까지는 경제관계의 개선을 기대할 수 없을 것이라고 보다 조심스러운 주장을 폈다.

더욱이 당은 다른 면에서 동독을 보다 부드럽게 대했다. 동독이 두 명의 유력한 기민당 정치인들에게 비자발급을 거부했을 때, 콜은 스윙 신용공여의 연장조치가 있자마자 취해진 비우호적 행위라고 비판하는 데 그쳤다. 또한 호네커가 원활한 관계와 서독방문에 관심을 가지고 있다면 서독의 제안을 계속 거부해서는 안 된다는 입장을 나타냈다. 폰 바이체커의 보좌관인 페터 로렌츠(Peter Lorenz)는 동독이 곧 서독의 집권당이 될 수도 있는 정당을 그렇게 무례하게 대하는 것에 대해 경고했다. 그는 연합당과 동독공산당이 대립관계에 있지만 "이성적 교류를 필요로 하는" 실제적 문제를 논의할 공통의 책임이 있다고 덧붙였다. 연합당은 정부가 보복조치를 취하지 않은 데 대해 불쾌감을 표시하지 않았다. 그 직후 폰 바이체커는 서베를린

시장자격으로 오염방지 회담을 위해 동베를린을 방문했다.[79]

연합당은 1982년에 비밀스럽게까지는 아니더라도 조심스럽게 동독 관리들과 더 자주 만나 앞으로 새로운 연합당 정부가 동·서독 관계에 어떻게 접근할 것인지를 논의했다. 슈톨텐베르크, 메르테스, 키이프 등이 동독공산당의 서독문제 책임자인 헤르베르트 헤버(Herbert Häber)와 회담을 가졌다. 동독은 연합당이 서독의 새정부에 대한 동독의 반응을 알아보기 위해 "비공식적" 협상을 벌인다는 것을 공개했다. 동독의 신문과 라디오는 이러한 회담과 근본주의자들의 발언 가운데 어느 쪽이 당의 정책을 진정으로 대변하는 것인지 혼란스러워했다. 그들은 미래의 기민/기사당 정부가 "조약정책을 이어갈" 것인가 아니면 10년간의 양독관계의 모든 긍정적 변화를 위험에 빠뜨릴 것인가라는 수사적 질문을 던졌다. 동독은 아직 불확실하긴 하지만 점차 서독에 새로운 협상 상대자가 나타날 것이라는 전망 쪽으로 기우는 것처럼 보였다.[80]

폴란드 위기 이후 연합당 지도자들은 동방정책을 지속하겠다는 당의 의지가 서독의 동맹 내 역할에 대한 입장에 영향을 미칠 것이라고 여겨질 만한 어떤 언급도 피했다. 그들은 안보이해를 우선시하지만 그 과정에서 실제적 데탕트도 실현되도록 하는 포괄정책을 추구할 것을 약속했다. 이제는 익숙해진 이러한 노선은 사민당 좌파와 대립되는 연합당과 겐셔의 연합양상을 더욱 분명히 했다. 폴란드 위기 이후 몇몇 유력한 사민당 인사들은 서독이 NATO의 핵 억지정책보다 군비통제와 데탕트를 우선시해야 한다고 주장하였다. 연합당은 바르의 동서 "안보 파트너십 개념"(*security partnership concept*)을 자기중립화에 다름 아니라며 거부했고, 선제적 핵무기 사용을 포기하거나 비핵화지대를 창설하려는 사민당의 계획도 NATO의 억지력을 약

79) 콜, *FAZ*, 1982년 6월 21일자; 로렌츠, *FAZ*, 1982년 7월 24일자.

80) *SdZ*, 1982년 5월 13일자.

화시키고 서독을 고립시킴으로써 같은 효과를 갖는다고 주장했다. 또한 사민당이 INF와 관련한 결정을 지연시키고 타협안을 제안하는 것은 소련을 진지한 협상에 끌어들일 유인을 약화시킬 것이라고 비판했다. 기민/기사당은 슈미트가 당내좌파를 거부하지 않아 NATO를 약화시키고 미국과의 관계를 소원하게 한다고 비판했다(사민당의 중립주의 경향에 대해 불안해 하는 프랑스 정부와의 관계 역시 소원하게 한다고 비판했다).

이와 대조적으로 연합당은 일치단결해 NATO를 지지하고 군비통제 문제로 미국을 압박할 의사가 없고 미국의 유일한 믿을 만한 파트너가 자신들이라고 내세웠다. 연합당 지도자들은 레이건 행정부 인사들과 긴밀한 관계를 맺고 있다는 것을 공공연하게 과시했다. 미국도 연합당을 응원하는 것으로 보였다.[81] 기사당 지도자들은 특히 미국의 정책에 대한 자신들의 지지를 강조했다. 원조 독일 드골주의자(*Gaullist*)라 할 슈트라우스조차도 미국저널에 "대서양주의 선언"(*Atlanticist manifesto*)을 발표하여 대서양 양안간 유대와 생명선, 유럽과 미국 간의 공동운명에 대해 논했다.[82]

연합당 지도자들은 동맹 파트너로서의 당의 신뢰성이 동방정책을 포함한 서독 외교정책의 연속성을 지켜낼 능력을 강화시킨다고 강조

---

81) 슈트라우스의 미국 방문기간에 〈*슈피겔*〉은 헤이그 미국 국무장관이 독일과의 관계에 대한 자신의 입장에 관한 소문을 부인했다고 보도했다. 그 소문은 헤이그가 슈미트의 정치적 생존이 서독을 NATO에 잔존하도록 하는 데에 필요하다고 보았고, 연합당 정부와 함께라면 "문제가 훨씬 적을 것"이라며 연합당의 집권을 희망했으며, 슈트라우스를 "공공연히 미래의 협력자로서" 대우했다는 내용이었다. Boston Globe, 1982년 4월 4일자.

82) 미국의 보다 강력한 리더십을 환영하면서도 슈트라우스는 그의 드골주의적 성향을 드러내 유럽이 2급 협력자로 행동하거나 대우받아서는 안 되며 미국이 모든 부담을 지거나 모든 것을 혼자서 결정해서는 안 된다고 강조했다. Franz Josef Strauss, "Manifesto of a German Atlanticist," *Strategic Review* 10(1982년 여름) : 11-15

했다. 연합당만이 현실주의적 데탕트를 가능하게 할 우방들의 신뢰를 받기 때문에 슈미트가 옹호했던 (그러나 결국 자신의 당 때문에 이행하지 못했던) 정책을 이어갈 수 있는 유일한 세력이라고 자신했다. 메르테스는 연합당을 "신뢰성과 연속성"의 유일한 원천이며 준비된 정부로 묘사했다. 다른 지도자들도 동서정책에서 180도 전환이나 90도 전환도 없을 것이며 단지 공산주의 지도자들을 "덜 신뢰하는" 방향으로 15도 정도의 전환만 있을 것이라는 데 의견을 같이했다. 당은 공식적 동맹정책을 전적으로 지지할 것이며 국방비도 증액할 것이라고 밝혔다.[83]

이와 대조적으로 근본주의자들과 기사당 대표자들은 여전히 연속성 문제를 제한하기 위해 애썼다. 그들은 정부와 야당 간 의견이 접근한다는 이미지를 "교정"하기 위해 인권, 국방비, 아프가니스탄 사태, 대소련 제재문제 등에 대한 양자간 차이를 강조했다. 데탕트와 동방정책에 대한 공격에 나선 슈트라우스는 이 정책들이 독일의 상황을 변화시키지 못했다고 주장했다. 그의 한 바이에른 출신 동료도 기민/기사당은 "환상적이고 일방적인" 데탕트를 지속하는 데 대해 지지나 지원, 협력을 하지 않겠다고 선언하며 그러한 형태의 연속성은 침몰하는 배에 새로운 선원을 승선시키는 것과 같다고 말했다.[84]

3) 동방정책과 연정정치

초당적 합의의 영역을 평가함에서 기민당 지도부는 잔의 반이 찬 것으로 보았고 기사당과 근본주의자들은 잔의 반이 빈 것으로 보았다. 이러한 차이는 정책의 내용에 대한 이견에서 비롯된 측면도 있었지만, 또한 국내정치 전략에 대한 양자간의 고질적 차이를 반영한 것

83) 메르테스, *FAZ*, 1982년 6월 19일자; *Boston Globe*, 1982년 3월 2일자.
84) *BK*, 1982년 5월 15일자.

이기도 했다. 야당 지도자들이 지금까지는 사민-자민당 연정의 분열을 가속화시키기 위해 외교정책 문제를 이용했지만, 그 논리적 다음 단계에 대해서는 서로 합의할 수 없었다. 여론조사 결과 연합당의 지지도는 50%를 넘었고 국민들이 정권교체를 기대한다는 것을 보여주었다. 그렇다면 이제 연합당은 자민당과 함께 연정을 구성해야 할 것인가 아니면 단독으로 집권해야 할 것인가?

콜은 이제 오랜 목표였던 기민/기사당-자민당 연합을 실현시켜 자신이 총리가 될 시기가 무르익었다고 믿었다. 그는 겐셔의 자민당이 좌경화하는 사민당과 결별하고 연합당과의 연대를 준비한다고 느꼈다(연정내부에서 경제정책을 둘러싼 이견이 더욱 커져가고 있었다). 따라서 그는 기민/기사당이 인내심을 가지고 집권을 준비하자고 자신 있게 주장했다. 이제 연합당에게 요구되는 것은 현 연정이 사민당 좌파의 압박에 취약하다는 것을 부각시키고 연합당이 자민당과 입장이 같다는 것을 강조하면서 정책의 연속성과 안정성에 대한 의지를 보여주는 것뿐이었다.

모든 연합당 지도자들이 당을 사실상 자민당에 의존하게 하는 전략에 동의한 것은 아니었다. 슈트라우스와 기사당은 기민/기사당과 자민당으로 구성된 연정에서 자신들이 바라던 자리가 (특히 외무부장관직이) 자민당에 돌아갈 것을 우려했다. 따라서 연합당이 (조기선거나 1984년으로 예정된 다음 선거를 통해서) 독자적으로 집권하고 자민당을 퇴출시키고자 할 때에는 슈트라우스 자신이 총리후보로 나서려 할 것이라는 추측이 제기되었다. 그래서 기사당과 근본주의자들은 연합당의 연속성 공약과 자민당과의 합의영역을 더욱더 무시하려 했다. 요컨대 국내정치가 연속성 공약에 대한 기사당의 경계심을 강화시킨 것이다.

따라서 자민당이 1984년 전에 연정 파트너를 실제로 바꾸려 할지 여부가 결정적 변수가 되었다. 1982년 중반 겐셔와 그 보좌관들은 사민당 좌파가 동방정책을 동맹에 대한 의무와 직접 상충되는 상황으로 몰아가려 한다는 우려를 다시 제기했다. 겐셔는 폴란드 위기 동안 제재문제로 야당과 논쟁을 하긴 했지만, 연합당이 정부정책에 접근한다는 점을 높이 평가했다. 자민당 일부는 기민당이 여전히 동방정책의 정신을 존중하지 않고 고압적 태도로 동독의 행태를 변화시키려 하고 군비통제에 관심이 없으며 결국 가스 파이프라인 사업을 중단시킬 것이라는 데에 사민당과 의견을 같이했다. 그러나 대부분의 자민당 지도자들은 초당적 협력영역을 강조하는 겐셔의 입장에 동조했다. 겐셔는 폴란드 위기 이후 그의 연설들을 통해 이 점을 분명히 했고 미국저널인 〈포린어페어스〉(*Foreign Affairs*)에 실린 "전반적 서구전략을 향하여"라는 제목의 기고문에서 재차 강조했다. 기고문에서 그가 제시한 정책은 사민당의 동서안보 파트너십 개념보다는 연합당의 포괄정책과 더 유사해 보였다. 많은 언론과 사민당원들은 겐셔가 사민당과의 결별을 정당화하려는 것이라고 보았고 임박한 연정 내 변화에 대해 수군거리기 시작했다.[85]

그러나 관측자들은 겐셔의 이중성에 주목했다. 그는 연합당이 정부정책 쪽으로 접근한다고 강조하면서도 또한 적응의 과정을 완결하라고 분명하게 촉구했다. 그는 야당 내에 여전히 "날카로운 논조"(*shrill tone*)가 있다고 말했다. 겐셔는 콜이나 폰 바이체커와는 함께 정책을 펼칠 수 있지만, 슈트라우스에 대해서는 브란트보다도 더 불편해 했다. 그는 연합당 근본주의자들이 실제로 외교정책의 연속성을 완전히 지지한다고는 믿지 않았다.

85) 메르테스는 겐셔가 핵심적인 문제들, 특히 NATO에 대한 지지 문제에서 정부의 정책을 연합당의 입장에 좀더 가깝게 만든 것을 높이 평가했다. 그는 겐셔가 서독의 동방정책을 지나치게 유리한 관점에서 보는 것은 당연하지만, 연합당은 논쟁을 다시 시작할 의사가 없고 조약들이 새로운 정책에서 건설적인 위치를 가질 것이라고 덧붙였다. CDU/CSU, Fraktion, 보도자료, 1982년 9월 15일자.

그럼에도 불구하고 1982년 9월 겐셔와 자민당 지도부는 일부 소수 유력인사들의 반대에도 불구하고, 서독의 정치적 주류에서 멀어져가고 있는 사민당과 함께하는 것보다는 연정을 탈퇴하는 것이 장기적으로 더 유리하다고 결정했다. 이러한 결정을 내리게 된 직접적 원인은 예산감축을 둘러싼 사민당과의 논쟁이었고 이는 사회경제적 정책에 관한 더 깊은 갈등에서 비롯된 것이었지만, 관측자들은 외교정책이 결정적이고 근본적인 요인 중 하나라고 보았다. 겐셔가 염려한 것은 안보 파트너십을 추구하고, 게라 요구를 놓고 협상을 해야 한다고 주장하고, 특히 군축협상이 실패할 경우 서독의 INF 배치약속을 철회하라는 사민당 좌파의 압력 아래에서는 외교정책의 연속성은 물론 서독의 국제적 지위도 더 이상 유지될 수 없다는 점이었다. 그는 하원에서 열린 마지막 회의에서 그러한 우려를 표시하면서, 사민당에 대해 외교안보 정책에 대한 자신의 개념을 분명하게 지지하고 다른 정당들이 평화에 대한 사명감을 결여하고 있다는 주장을 거둘 것을 요구했다. 〈프랑크푸르터 알게마이네 차이퉁〉이 보도한 대로 "(겐셔의) 비판으로 세 번의 선거에서 사민당과 자민당이 연합당을 이길 수 있게 해준 양당간 연대의 최초이자 마지막 고리, 즉 자칭 '평화정책'(*peace policy*) 이라는 이름의 '연정'의 외교안보 정책이 붕괴되었다."[86]

자민당은 슈미트 정부를 붕괴시키면서 연합당과 연정을 구성하려는 희망을 피력했다. 겐셔의 지도부는 기민/기사당-자민당 연정이 광범위한 국민적 지지를 받을 것이고 그에 따라 자민당이 정부 내 위치와 정치적 생존을 확보할 수 있을 것이라고 계산했다. 이러한 판단에는 외교정책의 연속성에 대한 연합당의 약속이 진정성이 있으며 당내에서 충분히 공유되고 있다는 자민당의 가정이 깔려 있었다.

86) *FAZ*, 1982년 9월 20일자.

자민당 지도자들은 연합당 근본주의자들이 여전히 동방정책에 대해 의구심을 갖고 있으며, 적어도 독일문제가 미해결 상태라는 시위적 주장을 내세우는 등 어조와 강조점에서 얼마간의 수정은 요구하리라는 것을 알고 있었다. 그러나 자민당은 기민/기사당의 강조와 수사적 요구가 협상을 가로막거나 어렵게 하지는 않을 것이며 특히 겐셔가 외무부장관직을 유지하는 한 더욱 그럴 것이라고 믿었다. 자민당은 콜이 근본주의자들을 제압할 수 있을 것이고, 연합당이 이끄는 정부가 동독을 포함한 소련진영과 실무적 관계를 도모하는 데 도움을 될 것이라고 기대했다.

대부분의 언론은 콜 정부 하에서도 동방정책이 틀림없이 지속될 것으로 관측했다. 그러한 접근법은 외교정책에 대한 기민/기사당의 입장과 콜의 권력획득(및 유지) 전략과 불가분하게 결합되어 있었다. 동독의 반응도 동일한 예측을 반영하였다. 동독언론들은 동서관계에서 수년간 서독이 해온 "전반적으로 긍정적인 역할"이 끝나고 있다고 유감스러워하면서, 연합당 정부가 대서양주의적 관점을 더 많이 가지고 있으며 향후 동·서독 관계가 침체될 것이고 특히 연정에서 강경론자들이 득세하고 서독이 NATO의 INF를 배치한다면 더욱 그렇게 될 것이라고 예측했다. 그러나 동독언론의 논조가 하나같이 부정적인 것은 아니었고 동·서독 관계의 붕괴를 예상하지도 않았다.[87]

1982년 10월 1일 헬무트 콜이 최초로 하원에서의 건설적 신임투표(*constructive vote of confidence*)를 통해 총리로 선출되었다(당노선에 반대하는 일부 자민당원들은 반대표를 행사했다). 그는 정부출범 선언에서 연속성을 약속하면서 연합당이 현존정책에 어느 정도 적응했는지를 보여주었고 또한 적응의 한계도 제시하였다. 그는 "동구와의 잠정협정이 타결되었고 우리는 이러한 조약들을 준수하며 이를 적극적 평

87) *FAZ*, 1982년 9월 23일자.

화정책의 도구로 활용할 것이다. … 동독은 우리가 승계한 의무를 준수할 것으로 믿어도 된다. … 독일국가들간의 협력은 독일인들과 유럽 내 이웃들의 이해에 입각해 개선되어야 한다. 우리는 주민들의 이익을 위해, 그리고 현존하는 협정들에 근거해서 포괄적이고 장기적인 합의들에 관심을 가지고 있다"[88] 고 밝혔다.

88) *Texte zur Deutschlandpolitik*, ser. 3, vol. 1, 10.

제4부

결론

제 8 장

연합당 적응의 이중성

기민/기사당은 야당으로 있던 13년을 거치면서 동구관계의 변화를 받아들일 준비가 되어 있다고 믿을 만한 이유를 충분히 보여주었다. 그러나 사민-자민당의 동방정책을 공개적으로 수용하거나 일관되고 점진적으로 방향전환을 했던 것은 결코 아니었다. 단지 초강경 성향의 근본주의자들조차 1969년 이후의 기본적 변화를 되돌리려 하지는 않을 것이라는 간접적이고 암묵적인 시사만이 있었을 뿐이다. 즉, 그 변화란 동독을 포함한 공산주의 정권과의 직접협상에 초점을 두고 관계 정상화와 동·서독간 협력의 확대, 그를 통해 분단의 고통을 완화하는 것을 목표로 하는 정책이 이미 독일 사회내에 확립된 것이다. 다른 분야에서 사민-자민당의 국정운영에 반대할지는 몰라도, 연합당은 그러한 기본적 접근법만은 유지할 것임을 분명히 했다. 당은 사민-자민당 정책의 관행과 수단, 그리고 결과에 적응해갔던 것이다.

1. 동방정책에 적응케 한 요인들

연합당이 1969년 이후 동구정책의 운영적 차원에 적응하고 집권 이후 정책의 연속성을 약속한 것은 국제적, 사회적, 당내적 요인들이 복합적으로 작용한 결과였다. 이 가운데 처음 두 요인이 보다 중요했고 연합당 내부상황은 부차적이었다. 연합당의 적응을 유발한 국제적 제약과 사회적 영향은 근본적이고 지속적인 요인으로 1945년 이후 서독의 외교정책 형성에 여러 형태로 작용했다. 이 요인들은 ① 분단된 유럽 내에서의 광범위한 정세변화에 대한 서독 특유의 민감성, ② 과거의 상처에 여전히 영향을 받는 정치문화라고 할 수 있다. 이 두 요인들의 (그리고 연합당 구조와 지도부의 부분적이지만 점진적인 변화의) 작용은 서독 외교정책이 볼프람 한리더가 지적한 "양립 가능성과 합의"의 필요성에 의해 제약을 받았다는 것을 보여준다.[1)]

1) 국제적 요인들

동방정책 및 독일정책에 대한 기민/기사당의 행태에 가장 결정적인 영향을 미친 것은 서독 외교정책에 대한 국제적 제약요인들이었다. 그러한 제약요인들은 국제환경에 대해 서독의 정책입안자들이 공유하던 동일한 민감성을 반영한다고 할 수 있다. 1945년 이전 역사에 대한 기억을 지우고 싶어하는 바람이 외적 조건에 대한 이러한 반응성(*responsiveness*)의 원인이기도 했지만, 보다 결정적인 것은 서독 자

1) Wolfram Hanrieder, "Compatibility and Consensus: A Proposal for the Conceptual Linkage of External and Internal Dimensions of Foreign Policy," in Comparative Foreign Policy: *Theoretical Essays*, ed. Wolfram Hanrieder (New York: David McKay), 242-64

신의 위상변화였다. 칼 카이저(Karl Kaiser)가 지적했듯이 연방공화국은 자기 고유의 외교정책을 가진 국가가 되기 전에 이미 다른 국가들의 외교정책에 의해 만들어진 국가였다.[2] 시간이 지나면서 서독의 국제적 역할이 증대되기는 했지만, 분단된 유럽의 블록구조 니에서의 특수한 위치로 인해 항상 운신의 폭이 제한되었고 정책입안자들은 더 커다란 외부환경에 특별히 민감할 수밖에 없었다. 기민/기사당은 자신들의 수사와는 달리 이러한 제약을 피해갈 수 없다는 것을 깨닫게 되었던 것이다.

(1) 블록체제의 공고화

사민-자민당의 동방정책과 이후 기민/기사당의 적응에 가장 커다란 영향을 미친 것은 도저히 막기 어려워 보이는 전후 유럽 블록체제의 장기적이고 점진적인 공고화였다. 이미 1950년대 중반 양 군사동맹의 창설로 유럽의 분할은 고착화되었다. 베를린 위기와 쿠바 위기에서 극적으로 표출되었던 강대국간의 핵교착은 블록 분할구조에 도전하려는 시도가 얼마나 위험한지를 보여줌으로써 그 구조를 한층 더 강화시켰다.

이 과정에서 민족통일을 목표로 하는 서독정책이 희생되는 것은 불가피했다. 연합당보다 사민당과 자민당이 그 사실을 훨씬 빨리 받아들였다. 물론 실제로 통일을 이뤄내려는 희망이 연합당의 외교정책 전반을 규정한 것도 아니고 독일정책의 주된 단기적 동기도 아니었다. 그러나 당은 통일이 가까운 미래에 달성될 가능성도 없고 실제로 달성되지도 않을 것임을 잘 알면서도, 그 목표를 유지하고 지지해야 하며 특히 소련진영과 관련된 문제에서는 더욱 그래야 한다고 보았다. 연합당의 서구로의 통합정책이 사실상 민족 단일성의 회

2) Karl Kaiser, *German Foreign Policy in Transition: Bonn between East and West* (London: Oxford University Press, 1968), 1.

복에 방해가 되는 것이라 하더라도, 당 지도자들은 이 문제에 관해 동구에 양보해서는 안 된다고 보았다. 1960년대 들어 통일의 가능성이 희박해지면서 민족문제를 동방정책의 중심에 놓아야 한다는 주장이 당내 근본주의자들 사이에 더욱 팽배해졌다. 이 보수주의자들과 민족주의자들은 서독이 하나의 국가체제 아래에서의 통일을 추구할 도덕적, 정치적, 법적 권리를 가진다는 전통적 주장의 근거를 보전하기 위해 치열한 싸움을 벌였다. 연합당 내 다수가 정부는 분단이 법적으로 잠재적 성격을 갖는다는 것을 존중해야 하고 동독과 거리를 두거나 적어도 전면적 관계는 거부해야 한다고 믿었다. 명시적이지 않더라도, 동독의 존재(*existence*)와 그 정당성(*legitimacy*)을 다툴 근거는 남겨두어야 한다는 것이다.

이런 이유에서 1960년대와 1970년대 초 근본주의 다수파는 동서간 화해를 저지할 방법을 모색했다. 보다 유연한 입장의 개혁주의 소수파는 세계정치의 새로운 현실을 받아들일 것을 요구했지만, 다른 한편 서독이 블록체제의 공고화 과정에 개입함으로써 독일문제가 최종적이고 받아들일 수 없는 형태로 해결되는 것을 막아야 한다고 주장했다. 개혁파는 서독이 블록체제의 전개를 저지할 수도 없고 저지해서도 안 되지만, 서독의 전통적 독일정책(*Deutschlandpolitik*)에 미치는 부정적 효과를 완화시킬 수는 있다고 보았다.[3)]

그러나 블록체제가 공식적으로, 그리고 거의 영구적으로 공고화되면서 연합당은 새로운 상황에 직면했다. 이제 더 이상 블록체제의 진전에 저항할 수 없었고 그것을 도외시하거나 재구성할 수도 없었

---

3) 많은 개혁주의자들은 이러한 공고화의 속도를 오판했다. 1973년까지도 헬무트 콜은 국제적 상황은 여전히 유동적이라고 주장했고 브란트가 독일문제를 미해결상태로 유지하도록 더 확실한 조치를 확보하지 못했다고 비판했다. 그러나 이조차도 통일 목표에 기초한 정책은 블록체제의 공고화로 인해 의문시될 것이라는 인식을 내포하고 있었다. *Texte zur Deutschlandpolitik*(이후 *TzDp*로 칭함), ser. 1, vol. 12, 105.

다. 1972년, 혹은 늦어도 1975년이나 헬싱키 조약체결 무렵에는 동서진영 모두 유럽의 블록분할이 국제관계의 안정에 대한 도전이라기보다는 전제조건이라는 것을 사실상 인정하게 되었다. 통일을 연합당 동구정책의 중심에 놓겠다는 것은 이제 단순히 논쟁의 여지가 있는 정도를 넘어 더 이상 유지할 수 없는 주장이 되어버렸다. "독일문제를 미해결 상태로 두는 것은" 이제 요구라기보다 호소가 되었다. 이미 내용상 방어적이었던 정책은 이제 형식과 수사적 측면에서도 방어적인 것이 되어야 했다.

연합당 지도자들, 특히 근본주의자들은 당연히 이러한 사실을 받아들이기를 거부했다. 그들은 새로운 동방정책에서 기술적으로 잠정적 성격만을 강조하는 것이 더 중요하다고 여겼다. 그들은 브란트가 맺은 동구조약들에서 서독이 민족문제를 법적으로 미해결 상태의 문제로 유지할 수 있었던 것은 자신들의 노력 덕분이라는 것을 강조했다. 그러나 당은 갈수록 독일정책의 초점을 유럽의 실제현실과 양립 가능한 것으로 옮겨야 한다는 것을 느꼈다. 연합당은 이미 1972년 의회논쟁에서 조약에 "통일"이라는 용어를 넣자는 주장을 지속하지 않았다. 통일을 추구할 권리가 보전되고 보호되어야 하지만, 그것이 정책의 유일한 내용일 수는 없다는 것을 근본주의자들도 암묵적으로 인정하기 시작한 것이다. 요컨대 "미해결 독일문제"(*open German question*)의 법적 차원은 암묵적으로 더욱더 형식적인 성격을 띠게 되었다. 나아가 당 지도자들은 점차 통일이라는 용어 대신 덜 엄격하고 덜 도발적인 개념인 자결권(*self-determination*)이라는 용어를 쓰게 되었다.

그렇다고 연합당이 통일을 사활적 목표로 삼아야 하고 국가 단일성에 대한 권리를 표명해야 한다는 주장을 완전히 접은 것은 아니었다. 단지 그것이 당의 독일정책에서 차지하던 중심적 역할이 상대적으로 줄어들었을 뿐이었다. 이는 블록체제의 강화로 인해 통일 개념이 지배하는—설사 그것이 수사적 차원이었다 하더라도—정책의 신뢰성이 무너져버린 점을 당이 인정했다는 것을 의미한다. 한 기민당 정치인이 말한 대로 "동구관계에서의 사실상의 발전이 법률적 영역에서의 법적 후퇴보다 더 중요한 의미를 갖게 된 것이다."[4]

(2) 서방정책

두 번째 국제적 요인은 첫 번째 요인과 긴밀하게 연관되어 있는데, 연합당 지도자들이 외부환경에 대한 서독 특유의 민감성을 얼마나 크게 인식하게 되었는지를 다시 한 번 보여주는 것이었다. 유럽의 정치구조가 근본적으로 변화할 가능성이 줄어들면서 서구 동맹국들은 점차 소련과의 잠정협정에 관심을 갖게 되었다. 이는 긴장완화와 특히 핵무기 통제를 가능하게 하는 관계의 새로운 기초였다. 동맹국들은 더 이상 독일문제가 이 데탕트를 가로막게 내버려두지 않으려 했고 서독으로 하여금 현상유지를 받아들이는 방식을 찾도록 압력의 강도를 높여갔다. 1969년까지 연합당 정부는 저항했으나 브란트의 연정은 이를 받아들였고, 그 결과 그의 정책은 서구로부터 적극적 지지까지는 아니라도 인정을 받았다.

상황이 이렇게 전개되면서 연합당은 궁지에 몰렸다. 서독은 건국배경이나 역사, 안보의 필요조건, 경제적 위치 등으로 인해 서구 동맹국에 특별히 민감하고 의존적이지 않을 수 없었다. 서독의 서구정책을 발전시킨 것이 바로 연합당이었으므로 그들은 동맹국들을 독일의 안보와 신뢰성, 가능성은 낮지만 통일의 희망에 결정적으로 중요한 존재로 보았다. 서독정당들 가운데 주변국들, 특히 미국으로부터의 고립을 가장 견딜 수 없었던 당이 연합당이었다.

1960년대 동안 연합당은 바로 이 문제로 분열되어 있었다. 즉, 데

4) 볼프강 덱스하이머, 1984년 4월 20일 필자와의 인터뷰.

탕트를 향한 출발점으로서의 현상유지를 수용하지 않음으로써 생길 서구 동맹국들과의 반목관계를 어느 정도까지 참아낼 수 있을 것인가라는 문제였다. 1960년대에 연합당 내 드골주의자들은 서구동맹을 재조정해 이 문제를 우회하려고 했다. 대서양주의자들은 서구 동맹국들과 좋은 관계를 유지해 고립을 피하고 동서 데탕트 과정에서 독일이 배제될 위험을 줄여야 한다고 믿었다. 동일한 입장차이가 1969~72년 조약논쟁에서 재등장했다. 이 시기에 이르는 동안 미국과 서유럽 지도자들은 (역시 다소 모호하게) 연합당에 대해 브란트의 조약을 저지하여 동서 데탕트를 방해하는 행동을 하지 말라는 암묵적인, 그러나 가끔씩은 노골적인 압력을 행사했다. 수년이 지나고 나서 알로이스 메르테스 같은 온건파들조차 외국 정치인들이 데탕트의 이점에 대해 자신들 앞에서 늘어놓은 설교를 떠올리며 불쾌감을 나타냈다.

그러나 미국과 서유럽으로부터의 고립에 대한 우려가 당의 행동을 바꾸려는 개혁파들의 노력 — 바르첼이 협정을 승인하기로 결정한 것에서부터 1970년대 독일의 법적 지위문제를 부각시키지 않으려 한 것에 이르기까지 — 에 결정적 요인이 되었다. 근본주의자들은 보다 공개적으로, 그리고 지속적으로 미국과 서유럽의 압력에 맞섰다. 어떤 이들은 연합국이 히틀러를 과소평가했던 것과 마찬가지로 지금 동맹국들은 소련진영을 잘못 보고 있다고 주장했다. 때때로 연합당 대변인들은 동맹국들의 간섭에 대항하기 위해 민족주의적 분노를 자극하려 하기도 했다. 그러나 근본주의 다수파조차 결국 체념하고 적어도 부분적으로는 당과 서독의 고립을 피하기 위해 1972년 조약들을 승인했다. 그들이 나중에 헬싱키 최종의정서에 반대표를 던졌지만, 이는 어디까지나 유럽안보협력회의(CSCE)에 대한 독일의 입장에 영향을 미치지 않을 구속력 없는 하원 결의문에서였다.

물론 서구로부터의 고립에 대한 두려움도 연합당으로 하여금 사민-

자민당의 동방정책을 완전하게 수용하도록 하지는 못했다. 연합당은 많은 서구 지도자들도 사민당 정책의 장기적 목표와 영향에 대해 의구심을 가지고 있다는 점을 적절하게 지적했다. 1974년 이후 많은 서구인사들이 서독의 데탕트 정책을 고무하기보다는 오히려 제한하기를 원한다고 주장한 것도 사실 옳은 것이었다. 1982년 무렵 미국이나 프랑스와의 관계가 소원해짐으로써 문제에 직면한 것은 사민당이었다. 당시 양국에서는 데탕트에 대한 열정이 이미 식었고 오히려 일방적이고 유사 중립주의적(*quasi-neutralistic*)인 독일의 데탕트 정책에 대해 유보적 입장이 세를 얻고 있었다.

연합당에 궁극적 영향을 미친 것은 서구의 데탕트 열정이 아니라 우방국들, 특히 프랑스가 독일문제를 공식적으로는 아니더라도 사실상 종결된 것으로 취급하려 했던 것이었다. 대부분의 연합당 지도자들은 특히 1970년대 초에 유럽 정치 지도자들과 다양한 협의를 가졌다. 그런 모임을 언급할 때마다 그들은 독일의 분단을 기꺼이 공식화하려던 유럽 정치인들에게서 받은 실망감을 감추지 않았다. 연합당 지도자들은 서구의 태도에 비춰볼 때 사민-자민당 동방정책의 핵심주장들 가운데 하나, 즉 동맹국들에게 더 이상 유럽의 현상유지를 거부하라고 할 수 없다는 점을 인정해야 했다. 이에 대해 기민당 내 소수 개혁파는 1969년 이전에 이미 이해했고 근본주의자들은 이제 마지못해 동일한 결론에 이른 것이다.

당연히 연합당은, 특히 근본주의자들은 독일의 단일성을 지지하는 서구의 공식선언들과 통일을 지지하는 우방국들에서의 여론조사 결과를 계속해서 언급했다. 1970년대 후반의 여론조사에서도 이웃나라 국민들의 다수가 독일통일에 우호적인 것으로 나타났다.[5] 그러나 연합당은 프랑스, 영국, 미국정부들의 통일지지 선언이 순전히 형식

---

5) *Stuttgarter Nachrichten*, 1978년 2월 21일자.

적이며 독일조약에 따른 의무에 부응하는 것 이상도 그 이하도 아니라는 것을 깨달았다. 이 국가들이나 이탈리아, 다른 작은 나라들에서의 실제정책과 언론, 정치적 논쟁은 독일통일에 무관심했고 심지어 반대입장을 보이기도 했다. 사민-자민당 정책의 일부 측면들이 동맹국들을 불안하게 하긴 했지만, 유럽국가들, 특히 프랑스는 사민-자민당의 동방정책을 적극적 통일노력이나 간신히 남아 있던 통일 전망의 종결로 해석했다.

그라들 같은 개혁주의자는 연합당이 인정하지 않을 수 없는 현실을 솔직하게 표현했다. 즉, 그는 독일 단일성에 대한 서구정브들의 지지와 대중적 공감에도 불구하고, 독일통일에 대한 서구의 유보는 무시해버리기에는 "너무나 빈번하고 완고하고 깊이 생각한 결과"라는 점을 지적했다. 너무 많은 서유럽인들이 독일 점령시절을 떠올렸고, 그렇지 않은 이들도 통일된 독일이 유럽에서 지배력을 행사하게 되는 것을 우려했다.[6] 요컨대 서독이 서구 동맹국들, 특히 프랑스와의 연대를 유지해야 할 필요성은 기민/기사당으로 하여금 데탕트에 대한 헌신까지는 아니더라도 최소한 더 이상 민족문제가 동서협력의 장애물이 되지는 않게 할 것을 요구했다.

(3) 베를린

연합당 외교정책의 변경에는 베를린의 노출된 위치에서 기인하는 또 다른 국제적 요인이 작용했다. 이 분단된 도시는 사민-자민당의 동방정책에서 중요한 역할을 했다. 동방정책의 목표 가운데 하나가 베를린의 위기 가능성을 줄이는 것이었다. 연합당과 서베를린 시민들은 4강협정과 후속협약에 대해 처음에는 회의적 반응을 보였다. 이

6) CDU, Deutschland Büro, Exil-CDU, Johann Baptist Gradl, "Europa und die deutsche Frage," speech at the Deutschland session of the Exil-CDU, Lübeck-Traveme unde, 1979년 3월 2-4일자.

합의들이 서베를린 내에서의 서독의 존재(*presence*)는 지나치게 제한하면서 통행로상 동독에 의한 차단행위의 가능성은 별로 줄이지 못했다고 본 것이다. 그러나 1970년대 동안 이 도시의 미래에 대한 자신감이 높아졌고 1970년대 말에 이르러서는 베를린 시민들이 — 연합당 지지자들조차도 — 동구권과의 대화에 대한 가장 강력한 옹호자가 되었다.[7]

이에 따라 기민/기사당 정치인들은 베를린의 안전보장을 위해 대화가 반드시 필요하다고 보기 시작했다. 아프가니스탄 위기 동안 폰 바이체커와 슈트라우스는 베를린 문제를 소련진영과의 대화를 지속해야 하는 주된 이유로 들었다. 1981년 베를린에서 집권한 이후 연합당의 입장은 더욱 신중하고 유연해졌다. 당시의 한 관측자의 표현대로 연합당에게 "많은 문제들이 달라 보였고 훨씬 더 구체적으로 다가왔다. … 순전히 이론적이었던 문제가 구체적 실제가 되었다."[8]

사민당과 달리 연합당은 서독의 안보를 강화하기 위해 새로운 동방정책을 채택해야 할 필요는 느끼지 않았다. NATO의 억지정책에 의존할 수 있기 때문이다. 그러나 베를린의 취약한 안보는 다른 문제였고 이 점에서 기민/기사당은 점차 소련진영과의 관계개선이 반드시 필요하다고 보게 되었다. 한스-페터 슈바르츠가 지적한 대로 기민/기사당은 "베를린 문제에 서독의 외교정책이 저당잡혀 있는 상황에 더욱 민감해졌다."[9]

---

7) *Die Zeit*(이후 *DZ*로 칭함), 1974년 4월 5일자; *Süddeutsche Zeitung*(이후 *SdZ*로 칭함), 1979년 12월 29일자.

8) Dettmar Cramer, "Kommentare und aktuelle Beiträge," *Deutschland Archiv* 6 (1981): 562-63.

9) Hans-Peter Schwarz, "What Is Wrong with U.S-West German Relations?" *SAIS-Review*(1982년 봄): 69.

(4) 예측 가능성

서독의 외부환경에 대한 민감성은 또 다른 측면에서 연합당의 적응을 촉진했다. 안보위험에 대한 노출과 취약성, 그리고 1945년 이전의 과거로 인해 서독의 정책입안자들은 항상 "예측 가능성"(*Berechenbarkeit*)을 매우 중시했다. 다시 말해 그들은 급격한 노선변경, 드골주의적인 예측 불가능성, 그리고 일방주의를 피하려 애썼다.

이러한 성향은 서독의 어떠한 정부라도 확립된 외교적 약속의 기본내용을 위반하거나 폐기하지 않는다는 가정을 형성했다. 어느 정도는 바로 그런 이유에서 1960년대 사민당이 연합당의 서구정책을 받아들였던 것이고, 또한 1969년 이후 서독이 동구에 문호를 개방하고 조약이나 현실정책으로 관계를 구체화한 것을 연합당 역시 이미 바꿀 수 없는 기정사실(*fait accompli*)로 수용할 수밖에 없었던 것이었다. 동독이 암묵적으로 인정되었고 새로운 관계가 형성되었으며 양독간 경계와 오데르-나이세 국경선에 대한 법적 약속이 이루어지고, 상업적 거래의 형태가 확대되고 후속문제에 대한 장기적 협상들이 시작되었다. 브란트와 쉘의 동방정책은 서독에게 소련진영과의 새로운 관계를 존중할 법적·정치적 의무를 부과했으며, 누구도 예측 가능성을 훼손하지 않고서는 이 관계를 실질적으로 되돌릴 수 없게 되었다.

초기부터 연합당은 브란트의 정책을 완전히 되돌릴 수 없다는 것을 암묵적으로 인정했다. 동방정책의 결과가 기정사실로 굳어진 시기에 대해서는 여러 의견이 있었다. 알로이스 메르테스는 동독을 실질적으로 인정했던 1970년 브란트-슈토프 정상회담 때부터였다고 보았으나, 바르 문서나 1972년 비준투표, 조약의 합헌성을 인정한 결정시기로 보는 시각도 있었다. 연합당은 교통협정을 승인하고 모스크바 조약과 바르샤바 조약을 비준함으로써, 새로이 확립된 사실을 인정한다는 것을 시사했다. "약속은 지켜져야 한다"는 슈트라우스의 선언은 가장 좁은 의미에서도 전반적 정책의 불가역성을 최소한도로나마 인정한다는 것을 의미했다. 1970년대 중반까지 연합당 정치인들은 자신들이 관계를 "어떻게 풀어나갈지"를 보이는 데 더욱 많은 노력을 기울였다. 이제 그러한 관계의 기초에 대한 논의는 더 이상 의미 없게 된 것이다. 1973년 "시간이 모든 것을 치유해주지 않는다"고 했던 근본주의자 베르너 맑스는 10년 후 "시간이 치유한다"는 사실을 인정했다.[10]

2) 국내요인들

연합당이 사민-자민당의 동방정책을 지속시키려 했던 것은 어느 정도는 서독 외교정책에 다양한 국내요인들이 작용한 결과였다. 이러한 요인들은 과거를 뒤로하고 정상성을 되찾으려는 서독인들의 희망을 여러 형태로 반영하였다.

(1) 여론 : 일반

많은 언론인들과 정치분석가들은 기민/기사당이 동방정책에 적응한 것을 단지 그 새로운 정책의 인기 때문이라고 보았다. 그러나 이 문제에 대한 대중들의 태도는 일반적으로 알려진 것보다는 복잡했고, 연합당의 반응도 단지 여론을 추종하는 차원 이상이었다.

집권 후 몇 해 동안 (1969~72년) 브란트의 정책은 국민여론의 지지를 받았다.[11] 그러나 소수의 개혁파를 제외한 연합당 지도자들이

---

10) 알로이스 메르테스, 1984년 6월 13일 필자와의 인터뷰; 베르너 맑스, 1984년 6월 20일 필자와의 인터뷰.

11) 브란트 정책의 지지도는 협상이 한창이던 1970년에 정점에 이르렀고 베를린 협상이 오래 지속되자 답보상태였다가, 1972년 선거에서는 동방정책에 대한 국민투표와 다름없었을 정도로(연합당을 지지하는 유권자 3명 가운데 1명이 지지했을 만큼) 상승했다.

동구협상을 가장 강력하게 반대했던 것도 바로 그 시기였다. 그들 대부분은 1972년 선거 당시 연합당이 국민정서와 동떨어진 메시지를 전달하였다고 회상한다. 그해에 연합당을 지지하는 유권자들의 3분의 1이 브란트와 쉘의 정책을 받아들였다. 당시 많은 당 지도자들은 브란트의 "여론조사상의 다수"가 손쉽게 역전될 것이라고 생각했다. 어쨌든 그들에게는 조약에 대한 반대가 유권자들의 반발보다 더 중요했던 것으로 보였다.

1972년 이후 동방정책에 대한 국민적 열기가 수그러들었다.[12] 1973년 이후에는 동구권과의 관계개선을 낙관하는 서독인들이 극히 드물었고, 1980년대 초, 특히 아프가니스탄 사태와 동독의 차단조치 이후 상당한 다수가 관계가 악화될 것이라고 전망했다. 기민/기사당을 지지하는 유권자들은 두 경우 모두 압도적으로 비관적이었다. 더욱이 동구에 대한 "보다 강경한" 정책에 대한 지지가 1970년대 초 약 30%에서 1970년대 중반 60~70%로 거의 수직으로 상승하였다.[13]

연합당 근본주의자들은 사민-자민당 동방정책에 대한 지지가 둔화된 것을 자신들의 초기반대가 옳았음을 증명해주고 정부정책에 대한 더 강한 비판을 정당화하는 근거로 내세웠다. 그러나 연합당은 1973년과 1974년에 잠시 정부비판을 강화한 것을 제외하면 오히려 정책의 연속성을 강조했는데, 이때는 이미 국민들의 동방정책에 대한 열기가 가라앉은 것으로 보이던 시기였다.

---

12) 1976년에 전체 유권자의 58%가 (연합당 지지자들의 87%) 동방정책의 결과에 대해 실망했고, 단지 40% 만이 (연합당 지지자들의 12%) 동방정책이 목표를 달성했다고 생각했다. 다른 조사에 의하면 40%는 전반적으로 만족하지 않았고 31%는 만족했고 나머지는 불분명했다. 케르만 연구소 조사, Quick, 1976년 9월 9일자; 알렌스바흐 자료, *Münchner Merkur*, 1976년 2월 26일자.

13) *Frankfurter Allgemeine Zeitung* (이후 *FAZ*로 칭함), 1980년 12월 23일자; FAZ, 1976년 10월 25일자.

그러나 연합당의 입장은 보이는 것만큼 그렇게 역설적인 것은 아니었다. 비록 국민들이 동방정책에 실망하고 동구에 대한 강경한 태도를 용인하게 되었지만, "소련이나 동독과 협상한다"는 관념은 이미 단단히 뿌리내렸다. 연합당과 가까운 여론조사 기관 알렌스바흐의 1976년 조사에 따르면, 국민들이 동방정책 자체를 부정적으로 보는 것이 아니라 단지 주요조약들의 비준 이후 전개된 상황에 실망했을 뿐이었다.[14] 아프가니스탄 사태로 동서긴장이 최고점에 달했을 때도 결과는 비슷했다. 같은 기관의 1980년 초 실시된 조사 결과, 소련의 진의에 대한 의심이 커지는 가운데에도 다섯 명 가운데 한 명만이 동방정책을 노력할 만한 가치가 없는 것으로 생각하였다. 이 비율은 7년 전 이래 변하지 않은 것이었다.[15]

국민들이 동방정책에 호응한 이유는 무엇이었을까? 많은 국민들은 동구여행과 이산가족 상봉기회가 확대된 것을 중요시했다. 그러나 인적 접촉과 개인적 관계가 없는 다수의 국민들도 대화정책(*policy of dialogue*)이 안정과 정상성을 담보하는 것으로 간주했다. 비록 타격받고 위축되긴 했지만, 협상과 접촉을 지향하는 정책은 "정상화"와 동일한 것으로 널리 받아들여지게 된 것이다. 현상유지에 대한 도전을 사실상 포기하는 것은 정상화를 위해 기꺼이 치를 수 있는 대가라는 게 대부분 국민들의 생각이었다. 여기서 정상화란 (일정한 한계 내에서 동독을 포함한) 모든 동구진영 국가들과의 관계 정상화뿐 아니라 서독 외교정책의 정상화도 의미하였다. 1972년 이후 서독은 과거의 잘못 때문에 고립될 상황도 아니었고 유럽의 현상유지에 도전해 긴장을 고조시킨다고 비난받을 상황도 아니었다. 동방정책은 서독을 국제무대에서의 정상적 행위자로 만들었고, 국민들은 이러한 변화를

---

14) *Münchner Merkur*, 1976년 2월 26일자.

15) Elisabeth Noelle-Neumann and Edgar Piel, *Allensbacher Jahrbuch der Demoskopie 1978-1983*(Munich: Saur, 1983), 637.

환영했으며 이를 되돌릴 생각이 없었다. 이에 대해 게브하르트 슈바이글러는 "서독인들은 자신들이 무엇을 원하는지를 알고 있다. 긴장완화, 안보상황의 개선, 관계의 정상화(여기서 정상성은 서유럽의 현존상태를 의미하는 것으로 정의할 수 있다)가 바로 그것이다. 이것이 동방정책의 추동력이다"라고 말했다.[16]

기민/기사당 정치인들은 이러한 정서를 받아들이게 되었다. 정상화와 안정에 대한 독일인들의 열망이 소련의 의도를 수용하는 결과를 가져와서는 안 된다고 조심스럽게 강조했지만, 그들은 대화를 통해 긴장이 완화될 수 있고 새로운 평화질서의 등장까지는 아니더라도 적어도 위기는 해소될 수 있을 것이라고 주장했다. 결과적으로 기민/기사당이 (서독이 그동안 중요시한 법적 지위문제를 경시한다는 대가를 치르면서도) 동독의 안정을 해칠 의사가 없다고 단언한 것이나 (오데르-나이세 선의 인정을 의미하는) "폴란드 국민들을 몰아낼" 생각이 없다고 한 것, 소련에 대한 응징에 미온적이었던 것(1980~82년 미국의 제재요구에 대한 모호한 반응) 등은 당이 여론에 적응해가고 있다는 것을 분명하게 보여주었다.

(2) 여론 : 민족의식

동방정책에 대한 국민적 지지와 기민/기사당의 적응은 또한 서독 정치문화의 주요영역인 범독일주의 의식의 점진적 변화에서 기인했다고도 볼 수 있다. 시간의 흐름과 세대교체, 체념, 현실주의가 통일달성에 대한 국민적 열망과 자신감을 침식했으며, 그리하여 기민/기사당의 전통적 독일정책의 토대를 약화시켰다고 평가된다. 그 결과 새로운 형태의 범독일주의 의식, 즉 인적 접촉의 확대에 따른 민족-

---

16) Gebhard Schweigler, *West German Foreign Policy*: The Domestic Setting, The Washington Papers, vol. 12, no. 106 (New York: Praeger, 1984), 51.

문화적 유대감(*national-cultural togetherness*)이 발전했다. 그래서 연합당은 "민족의 실체"(*substance of the nation*)를 유지해주는 상호작용의 확대를 담보하는 정책을 이어가야 한다고 느끼게 되었다.

통일 가능성에 대한 국민들의 믿음은 실제로 약화되었다. 여론조사에 의하면 1967년에는 3명 가운데 1명이 10년 내에 통일이 가능하다고 믿었지만, 1980년에는 그 비율이 5명 중 1명 이하로 낮아졌고, 특히 젊은 층에서는 더 낮게 나타났다. 독일인의 거의 4분의 3이 분단을 영구적인 것으로 간주했다. 연합당 정치인들은 이런 통계수치는 사민-자민당의 동방정책으로 인해 체념의식이 확산되었기 때문이며, 그동안 서독정부가 국민들에게 통일을 희망할 이유를 전혀 제시하지 않았다고 주장했다. 그나마 연합당에게 위안이 된 것은 같은 여론조사에서 3분의 2에서 4분의 3가량의 국민들이 통일에 우호적이며, 4분의 3은 통일을 공식적, 헌법적 목표로 유지함으로써 민족문제를 미해결 상태로 두는 데 찬성했다는 점이었다. 그러나 통일을 가장 중요한 현안이슈로 여기는 이들은 백 명 가운데 한 명 정도에 불과했다.[17]

사민-자민당의 동방정책이 통일의 목표도 미뤄둘 수 있다는 국민정서를 반영한 것이긴 했지만, 그러나 약속한 대로 인적 접촉의 확대를 통해 범독일적 유대감을 높이지는 못했다. 동방정책이 비록 다른 영역에서의 성과로 국민적 지지를 받았지만, 민족의식의 활성화라는 측면에서는 성과를 검증하기가 어려웠다. 슈바이글러는 외교정책에 대한 독일인들의 태도를 평가하면서 "새로운 동방정책이 많은 목표를 달성한 것은 맞지만, 민족적 연대감을 유지하는 데 기여했는지는 아직 의문스럽다"고 결론지었다.[18]

물론 동독을 방문하는 서독인들의 수는 꾸준히 증가했고, 연합당

17) *Die Welt*(이후 *DW*로 칭함), 1980년 8월 13일자.

18) Schweigler, *West German Foreign Policy*, 43.

은 이를 사민-자민당 정책의 긍정적 결과로 인정했다. 마찬가지로 서독방문을 허가받은 동독 연금생활자들의 수도 1970년대 동안 1백만 명에서 1백 5십만 명으로 늘어났다.[19] 그럼에도 불구하고 동독을 방문하는 서독인들의 증가율은 기대에 못 미쳤고, 1980년에 동독이 의무환전액을 인상하면서 급격히(4분의 1가량) 둔화되었다. 동독인들의 서독방문은 사민-자민당의 희망했던 것보다 적었고, 더구나 연령이 낮은 비연금생활자 가운데 서독여행을 허가받은 사람들의 수는 극히 적었다. 동독은 여전히 성공적으로 접촉을 제한할 수 있었던 것이다.

더구나 여론조사 결과 동독사정에 대한 서독인들의 관심과 인식이 감소한 것으로 나타났다. 1970년대 말에는 25~30%의 서독인들이 동독방문 경험이 있었고(겨우 5~6%가 정기적으로 방문했다), 그들 중 반 이상이 친지나 친구를 만나기 위해서였다. 동독사정에 관심을 가지고 지켜보는 국민들은 절반도 안 되었다. 대다수가 동독에 상대적으로 무관심했고 특히 젊은 층에서는 더 그런 것으로 나타났다.[20]

또한 조사대상 중 다수가 "독일"이 서독으로만 이루어진다고 대답한 것은 놀랄 일이 아니었다. 조사대상의 3분의 1 이하만이 "독일"이 양국가를 의미한다고 보았고, 오데르-나이세 선 너머 구제국의 영토를 독일과 동일시한 이들은 10분의 1에 불과했다. 한 조사에 의하면 조사대상자의 3분의 2가 두 개의 독일국가만이 아니라 두 개의 독일

19) 동독을 방문하는 서독인들은 1970년 연간 125만 명 가량에서 1970년대 중반에 약 300만 명으로 증가했다. 동베를린 당일 여행은 연간 140만 명 정도였다. FRG, Press and Information Office of the Federal Republic, Fact and Figures: *A Comparative Study of the Federal Republic of Germany and the German Democratic Republic*(Bonn: Press and Information Office, 1981), 66-74.

20) Infratest 여론조사, *DW*, 1979년 9월 26일자; *Forschungsgruppe Wahlen data in Mannheimer Morgen*, 1979년 10월 1일자.

민족이 존재한다고 생각했다. 젊은 층에서는 절반 가까이가 동독을 외국으로 간주하는 것으로 나타났다.[21]

동독을 정기적으로 방문하는 사람들은 당연히 동독을 독일의 일부로 보는 경향이 있었다. 그러나 위에서 본대로 이들은 극히 소수에 불과했고, 그런 낮은 수준의 접촉으로부터는 민족의식의 고조는커녕 유대감의 확대도 불가능했다. 동방정책에도 불구하고 범독일주의 정서의 성장은 거의 없었다는 것이 여러 연구들의 공통된 결론이었다. 1980년에 서독인들의 동독방문 목적은 1960년이나 1970년과 마찬가지로 친지와 친구를 만나기 위해서였고 달라지지 않았다. 그외 대부분의 서독인들, 특히 젊은 층은 여전히 무관심했다.[22]

연합당 지도자들도 새로운 유형의 범독일주의적 정서를 수용해야 한다고 느끼지 않는 듯했다. 당 정강정책이나 그라들, 폰 바이체커 같은 개혁파들은 인적 접촉이 민족 단일성 의식을 유지시키고 궁극적 자결권을 위한 희망의 불씨를 계속 살려줄 것이라고 주장했지만 이는 동방정책 수용이라는 다른 이유에 근거하는 연합당의 의지를 합리화하기 위한 논리라는 측면이 강했다.

연합당에 실제로 영향을 미친 것은 인도주의적 조치를 지향하는 독일정책이 민족문제에 부여했던 보다 실제적이고 구체적인 형태였다. 연합당 지도자들은 아무리 제한적이더라도 인적 교류는 독일문제에 법적 개념과 정치적 호소로는 도저히 불가능한 현실성을 부여한다는 것을 인식하게 되었다. 근본주의자들은 오랫동안 사민-자민당이 독일정책을 "동베를린에서 Minna 아줌마와 차를 함께하는" 차

---

21) *DW*, 1979년 9월 26일자; *Mannheimer Morgen*, 1979년 10월 1일자.

22) Norbert Ropers, "Zwischen Wiedervereinigung, Abgrenzung und Entspannung: Der innerdeutsche Reiseverkehr und die Politik zwischen den beiden deutschen Staaten," in Europa *zwischen Konfrontation und Kooperation: Entspannung für die achtziger Jahre*, ed. Peter Schlotter (Frankfurt: Campus Verlag, 1982), 281-82.

원의 문제로 격하시킨다고 비아냥거렸다. 그러나 실제적 협력과 교류를 중시한 이 정책이 비록 광범위한 범독일주의 정서의 물결을 일으키지는 못했더라도, 법률문구들보다 훨씬 더 커다란 국민적 관심을 집중시킨 것은 분명했다. 동구권과의 일상적 관계를 추진하고 계량 가능한 개선을 추구하는 것은 아무리 주변적인 것이더라도 민족문제에 일정한 구체성을 부여했으며, 관계개선과 직접적 이해관계가 없는 이들조차도 그렇게 받아들였다.

즉, 연합당으로서는 브란트가 시작한 과정이 성공적 독일정책의 필요조건(*sine qua non*)은 궁극적 통일이 아니라 협력이라는 것을 국민들에게 각인시켰다는 사실을 무시할 수 없게 되었다. 브란트 이후 민족정책이 적실성을 가지려면 사민-자민당의 의제를 채택하지 않을 수 없었다. 그에 더해 국가 단일성에 대한 법적·정치적 주장을 함께할 수는 있겠지만, 그 중심요소는 관계개선의 추구일 수밖에 없게 된 것이다.

사민-자민당의 동방정책은 전 국민적 범독일주의 의식의 물결을 일으키지는 못했지만, 서독의 적극적 역할에 대한 인식을 강화했다. 슈바이글러가 지적했듯이 서독인들은 전 독일적 민족의식을 상실하고 대신에 서독적 민족의식을 발전시키고 있었다.[23] 브란트와 쉘의 정책은 동구와의 관계를 정상화하고 동독과의 교류에 구체성을 부여함으로써 서독 외교정책을 정상국가적 외교정책으로 전환시켰다. 즉, 동구에 의해 고립되거나 서구에 전적으로 의존하지 않고, 예외적이지 않고, 더 이상 추상적이기만 하거나 불가능한 목표에 집착하지 않는 정책으로 바꿔놓은 것이다. 서독을 "독일"과 동일시하는 국민들이 줄어들지 않고 오히려 늘었다는 것은 동방정책이 새로운 정체성 의식을 강화했다는 것을 보여주었다. 국민들은 정부 지도자들

23) Schweigler, *West German Foreign Policy*, 45.

이 정상국가적 목표를 추구하고 있다는 데 만족했다. 예컨대 국민들이 봉쇄전략으로 회귀하라는 미국의 압박에 맞서 서독정부가 동독과의 대화를 계속하기를 원했다면, 그것은 범독일주의적 유대감의 부활 때문이 아니라 독립국가의 시민들이 위압적 동맹국에 대해 느끼는 불쾌감을 반영한 것이었다.

기민/기사당이 그러한 분위기에 적응하는 데는 시간이 걸렸다. "나는 (독일인이 아닌) 서독국민이 되고 싶은 마음은 없다"는 바르첼의 애처로운 선언도 연합당이 내키지 않지만 피할 수 없는 도전에 직면하고 있다는 사실을 감출 수 없었다. 동구대화를 서독 외교정책의 "해방"으로 (물론 서독의 억지력으로도) 간주하는 사민당의 표현법을 그대로 따라하지 않는다 하더라도, 연합당은 이제 동방정책을 서독의 핵심 국가좌표 중 하나로 다루어야 했다. 서독의 외교관계를 4강에 저당잡히고 서독을 서구 봉쇄전략의 전진기지로 만드는 과거의 독일정책으로 회귀하려 했다면, 그것은 연방공화국의 현재지위에 대한 모독으로 보였을 것이다.

(3) 연정정치

독일정치는 1945년 이후 계속해서 연정에 기초했다. 역사적으로 형성된 "일당 정부"에 대한 반감, 사민당이나 연합당 내의 이념적 극단에 대한 우려, 정상성과 중도주의에 대한 선호에 힘입어 광범위하고 온건한 연정이 계속해서 성공을 거둘 수 있었다. 자민당이 단지 생존을 넘어서 자신의 실제세력에 비해 더 커다란 영향력을 행사할 수 있었던 것은 대체로 연정정치 때문이었다. 1960년대 중반 이후 어떤 정당도 자민당과의 연합을 무조건적으로 배제할 수 없었다.

게다가 자민당은 1969년 이후의 동방정책에 명백히 헌신했고 그것과 동일시되었다. 자민당은 사민당에 비해 보다 온건한 기대를 가지고 있었고, 민족문제를 놓고 양보하는 것에 대해 더 부정적이었으며, 보다 전통적인 범독일주의적 성향을 띠었다. 또한 동구관계를 개선하기 위해 서구일원으로서의 역할을 무시하는 행동에 반대했다. 그러나 자민당은 근본적으로 1969년 이후 확립된 관계를 보존하려고 했고, 민족문제에 과도한 법적 부담을 지우지 않으려 했으며, 군비통제를 통해 동서간의 분위기 개선에 도움을 주려고 했다. 결국 자민당이 1969년에 사민당과 손을 잡은 것은 주로 새로운 동방정책을 추진하기 위한 것이었고, 자민당이 결국 그 정책을 실제로 떠맡게 되었다. 자민당 출신 외무장관들, 특히 겐셔는 동방정책을 비롯한 외교관계를 자신들의 고유한 영역으로 다루었다. 1980년 초에 사민당과 자민당이 파국을 맞고 있을 때에도 동구조약들은 여전히 연정을 묶어주는 공동의 연결고리로 남아 있었다.

이와 같이 연합당은 지난 13년 동안 결론도 없이 지루하게 토론만 해온 어려운 문제에 대해 이제는 정치적 선택을 해야 하는 상황에 직면했다. 즉, 자민당을 배제하고 단독으로 집권해야 하는가, 그것이 아니라면 자민당을 끌어들이기 위해 어느 지점까지 갈 것인가, 자민당이 의회연설이나 비공개 위원회 회의에서 유연하고 초당적인 동방정책을 요구할 때 과연 이에 응해야 하는가라는 질문에 대답을 해야 했던 것이다.

기민당 지도자들 대부분은 선택의 여지가 거의 없다고 보았다. 콜 같은 일부 지도자들은 기민/기사-자민당으로 구성된 비사회주의 정부를 실현하려는 희망을 공개적으로 피력했다. "기회주의적" 자민당에 대해 콜만큼 우호적이지는 않았던 다른 지도자들도 놓쳐서는 안 될 정치적 파트너로 간주했다. 주 차원의 기민당 지역당에서는 자민당과의 관계강화에 더 커다란 이해가 걸려 있었다. 자를란트에서 시작해서 알브레히트 주도하의 니더작센, 다음으로 폰 바이체커의 베를린에서 기민당은 자민당과의 연정을 형성했다.

자민당과의 연정구성 노력이 서서히 진행되면서 연합당은 동방정책의 지속에 대해 더욱 강한 의지를 나타냈다. 1972년 공동결의안에서부터 1976년 폴란드 협정 비준, 콜의 1980년 의회연설에 이르기까지 연합당의 방향전환 과정에서 일어난 중요한 사건들에는 스스로를 보다 매력적인 연정 파트너로 만들려는 의도도 개입되어 있었다.

그러나 기사당은 자민당에 대한 기민당의 관용적 태도를 공유하지 않았다. 더 넓은 범위의 다당연정이 실현될 경우 자신들의 영향력이 줄어들 것을 우려했기 때문이다. 연합당이 단독으로 과반수를 획득할 수 있다는 여론조사가 나올 때마다 (1976년과 1981년, 1982년) 기사당은 기민당에 대해 외교정책의 양보로 자민당의 환심을 사려하지 말고 자민당과의 연정계획을 포기할 것을 요구했다. 그러나 다른 한편으로 기사당은 사민당과 자민당의 차이를 이용해 연정을 분열시키려 했는데, 그 과정에서 간혹 연합당과 자민당의 공통점을 강조하고 확대하는 것이 필요했다. 기민/기사당 내부의 진짜 이견은 자민당을 끌어안을 것인가 하는 문제가 아니라 그러기 위해서 연합당이 어느 지점까지 가야 하고 어떤 조건을 요구해야 하는가 하는 문제였다. 요컨대 연정정치 과정에서의 필요성으로 인해 기사당이 일관되고 엄격한 근본주의 노선을 지킬 수만은 없었다.

(4) 경제적 이익

경제적 이해관계 역시 기민/기사당의 정책에 영향을 미쳤다. 동독을 포함한 동구권과의 무역은 동방정책 초기 몇 해 동안 크게 증가했다. 볼프 폰 아메롱겐(Wolf von Amerongen)이나 베르톨트 바이츠(Bertolt Beitz) 같은 서독 내 주요 산업단체 지도자들은 상업관계의 확대를 지지했다. 그들은 무역금융을 위한 정부의 지원을 지지했고 스윙 신용공여를 동독의 행태에 연계시키는 것에 반대했다. 주요 산업부문과 3십 만개가량의 일자리가 소련진영과의 무역에 달려 있고 수천 개의 서독회사들이 스윙 신용공여와 그것에 의해 촉진된 무역에 간접적으로 의존하고 있다는 점을 강조했다.

연합당과 서독산업계의 관계를 고려하면, 재계가 당에 영향력을 행사한다는 것은 충분히 예상할 수 있는 일이었다. 기민/기사당은 재계 출신 의원의 비율이 가장 높은 정당이었다. 민간부문의 로비스트들은 대체로 연합당에 쉽게 접근할 수 있었고, 당의 보조기관들이 당구조 내에서 이들의 접근을 제도화하고 있었다. 재계 지도자들이 가장 많이 속해 있는 정당이 연합당이었고, 민간산업체의 직간접적인 정치자금이 가장 많이 흘러들어가는 정당 또한 연합당이었다.

더욱이 연합당은 독일기업들의 동구와의 이해관계가 가장 커진 1970년대 후반과 1980년대에 정책적 연속성을 보다 굳게 약속했다. 1970년대 초만 해도 연합당 지도자들은 공산주의국가들에 무역신용을 공여하는 것을 "배상"(*reparation*), 납세자에 대한 부담, 강탈이라며 공격했다. 하지만 1970년 후반 들어 정치적 문제와 경제적 문제의 연계요구에 관해 보다 신중한 태도를 취했고 나중에는 경제적 공여가 일방적이어서는 안 된다는 정도의 입장으로 후퇴했다. 그 결과 많은 정통한 관측자들은 "막후에서" 업계가 기민/기사당의 정책을 바꾸기 위해 상당한 공을 들였다고 추측했다.[24]

그러나 기민/기사당의 적응과정에서 경제적 차원은 동구무역에 이해관계를 가진 민간기업들의 요구에 부응하는 문제 이상이기도 했고 이하이기도 했다. 앙겔라 슈텐트(Angela Stent)와 미카엘 크라일레(Michael Kreile)는 경제적 이유는 원래 동방정책을 추진한 동력이 아니었다고 주장한다. 브란트의 동구에 대한 개방은 정치적 근거에서 출발했고 무역은 뒤따라온 것이며 이후 관계개선의 도구가 되었을 뿐이라는 것이다. 동구와의 경제관계를 적극 지지하는 업계인사들이 있긴 했지만, 대부분의 경제인들은 동구무역을 통해 상업적 이익을

---

24) 귄터 슈미트, 1984년 4월 12일 필자와의 인터뷰.

얻을 가능성을 높게 보지 않았다. 한 연합당 간부는 동구무역에 대한 기대를 "정신분열증"이라고 비난했다. 어떤 기업들은 동구 수입품과의 경쟁에 경계심을 갖기도 했다. 크라일레는 비준논쟁 때 사민당 소속 재무장관 칼 쉴러(Karl Schiller)가 더 많은 기업들의 지지를 받을 수 있도록 호소해야 했다고 지적한다. 동방정책으로 많은 무역장벽이 제거되고 상업관계가 확대되었을 때조차 서독기업들은 실질적 이익 가능성에 대해서는 냉정한 태도를 유지했다. 무역관계의 확대에도 불구하고 동구와의 거래가 서독의 전체 해외무역에서 차지하는 비중은 미미했다. 1980년대 초 무렵 독일 내 거래를 포함하더라도 동구에 대한 수출은 전체 수출의 6~7% 정도에 불과했다.[25]

비준논쟁 기간 동안 경제계는 연합당을 압박하기는커녕 오히려 동구무역으로부터의 경제적 이익을 대수롭지 않게 평가했는데 어느 정도는 연합당과 소원해지지 않으려는 이유에서였고, 연합당에 대한 경제계의 기부액은 동방정책 논쟁이 한창일 때에도 줄어들지 않았다. 기민당 재무 책임자였던 라이슬러 키이프 등 당 관계자들은 경제계로부터 동구관계의 연속성을 보장하라는 압력이 전혀 없었다고 말했다.[26] 한 연구에 따르면 동구무역에 관여한 산업단체들은 야당에 대해서보다는 주로 행정부에 노력을 집중했다고 한다.[27]

기민당 경제관련 보조기구가 동구무역을 지지하긴 했지만, 그 간

---

25) Angela Stent, *From Embargo to Ostpolitik: The Political Economy of West German-Soviet Relations 1955-1980* (New York: Cambridge University Press, 1981), 173-202; Michael Kreile, *Osthandel und Ostpolitik* (Baden-Baden: Nomos Verlag, 1978), 115-41.

26) 발터 라이슬러 키이프, 1984년 6월 15일 필자와의 인터뷰.

27) Arno Burzig, "Ostpolitik und Osthandel-Das Zusammenwirken vo Regierung und Wirtschaftsverbänden in der Ost-West Wirtschaftspolitik," in *Verwaltete Aussenpolitik*, ed. Helga Haftendorn, Wolf-Dieter Karl, Joachim Krauss, and Lothar Wilkar (Cologne: Verlag Wissenschaft und Politik, 1978), 230.

부들은 당내 동방정책 논쟁에서 적극적 역할을 하지 않았다. 새도나 각의 재무장관 게르하르트 슈톨텐베르크를 제외하고는 기민/기사당의 기업 및 산업전문가 가운데 외교정책에서의 개혁파라고 할 만한 인사는 거의 없었다. 당시 그들의 주된 관심은 외교정책이 아니라 노조의 경영관여를 막는 것이었고, 따라서 가장 보수적인 연합당 내 근본주의자들과 오랫동안 긴밀한 관계를 유지했다.

그럼에도 불구하고 상업적 관계의 개선이 동구관계 "정상화"의 여러 측면 중 하나로 자리잡았고, 연합당도 이미 확립된 무역형태는 방해하려 하지 않았다. 1980년 초에 당은 동구에 대한 경제적 응징이나 압박을 공공연히 요구하던 입장에서 후퇴함으로써 미국을 실망시키기도 했다.

연합당이 경제적 압박수단에 대해 신중해진 데에는 동구무역에 관여하는 기업이나 산업부문으로부터의 조용한 요청도 어느 정도 작용했다. 그러나 보다 일반적인 압박요인이 그 배경에 있었는데, 무역의존국인 서독이 정치적 이유로 상업거래를 제한함으로써 그 신뢰성에 의문을 갖게 해서는 안 된다는 초당적 합의도 그 가운데 하나였다. 제재는 그 대상국이 어디건 간에 바람직하지 않은 것으로 보았다. 공작기계 제조업 등 특정 산업부문이 어느 정도 동구수출에 의존한다는 점도 연합당이 동구무역의 제한을 지지하지 않은 이유 중 하나였다. 한 의회관리는 "산업계가 기민/기사당에 압력을 가한 것이 아니라 당이, 특히 서독경제가 어려운 상황에서 상업적 이해를 의식한 것"이라고 평했다.[28]

마지막으로 연합당이 주로 비경제적인 다른 요인들의 영향으로 새로운 동방정책을 수용하게 되면서 법적 지위문제에 대한 타협 없이 무역을 적극적 유인으로 활용하여 대화를 이어갈 수 있다는 것을 깨

28) 귄터 힌드리히, 1984년 4월 2일 필자와의 인터뷰

닫게 되었다. 슈트라우스가 1978년 브레즈네프의 본 방문 직후 주장했듯이 소련이 서구와 교역해야 할 필요성이 협력증진의 기초가 될 수 있다고 본 것이다. 무역은 연합당의 방향전환에 앞서거나 뒤따라온 것이 아니라 단지 나란히 함께 왔다고 할 수 있었다.

3) 당내요인들

1982년 이전의 10년 동안에 연합당의 당내 세력균형과 국내정치 전략이 바뀐 것도 사민-자민당 동방정책으로의 적응을 촉진한 한 요인이었다. 이러한 상황변화는 당이 사회적, 국제적 제약조건에 저항하지 말아야 한다고 주장하는 측에게 주·객관적 모든 면에서 힘을 실어주었다. 따라서 이러한 당내요인들이 연합당 정책의 전반적 변화를 지원하는 역할을 했다.

(1) 연합당 내부구조

1969년에서 1973년 무렵까지의 비준논쟁이 전개되던 시기에 야당의 주된 의사결정기구 역할을 한 것은 의원단이었고, 특히 외교정책에 관해서는 더욱더 그랬다. 원로 정치인들과 기사당의 압도적 영향력 아래 의원단은 브란트의 동방정책에 대항했다. 그러나 1972년 이후부터 의원단은 기민당의 다른 당기구와 권력을 나눠가져야 했다. 신임 원내대표인 칼 카르스텐스의 상대적 경험부족으로 인해 의원단의 힘이 빠진 측면도 있었다. 더구나 비준논쟁이 마무리될 즈음에는 제도적 측면에서 하원이 실제로 일을 하는 정부기관이라기보다 공론의 장(*public forum*)이라는 과거의 역할로 되돌아갔고, 이러한 하원의 비중축소와 함께 야당 의원단의 역할도 축소된 것이다.

동시에 이제까지 연합당 총리들의 선거지원 역할에만 머물렀던 기민당 당기구가 변화하고 있었다.[29] 콜과 두 명의 전후임 사무총장 쿠르트 비덴코프, 하이너 가이슬러의 주도하에 기민당은 당비를 납부하는 당원들을 적극적으로 모집하고 풀뿌리 조직들을 발전시켜 공개적 정책토론을 벌이고 포괄적 정강성명을 내놓았다.

1970년대 동안 기민당 내에서 조직화된 특정한 이익집단이 영향력을 확대해갔다. 예를 들어 당 청년그룹은 회원수를 50% 늘렸고 노조그룹과 함께 일련의 이슈에서, 특히 외교정책에 관하여 당내 보수주의자들에게 도전했다. 반면 연합당 추방자 그룹은 인원이 줄어들고 지지자들도 서독사회에 동화되어가고 있는 것을 우려했다. 이들은 새로운 당내모임을 만들었지만 자신들의 영향력이 줄어들고 있는 것을 감출 수는 없었다. 경제문제 관련단체 등 다른 보수주의 그룹들은 외교정책 논쟁에서 거의 목소리를 내지 못했다.[30]

그 결과 1972년 이후 기민당은 완전히 성공적이지는 못했지만, 보다 적응적인 동방정책을 구축하려고 꾸준히 노력했다.[31] 당간부들은 대중들의 당에 대한 시선의 초점을 선거에서 별로 도움될 일이 없는 반동방정책 노선으로부터 다른 이슈로 옮겨야 한다고 생각했다. 그러한 경향은 동구대화를 신중하게 받아들이는 내용을 담은 1975년 만하임 선언(Mannheim Declaration)과 1978년 기본강령(Basic Program) 같은 당의 정강들에서 분명히 나타났다. 콜이 소집한 1977년 뒤셀도르프 기민당 당대회에서도 비록 성공적이지는 못했지만, 그러한 방향으로 더 나아가려는 시도가 있었다. 가이슬러와 평화운동가

---

29) 1972년 선거 패배는 기사당보다 기민당에 더 큰 타격을 주었다. 바이에른 외 지역에 경합 선거구와 부동층이 더 많았기 때문이다. 이는 기민당이 지지기반을 넓혀야 하고, 보다 효과적인 의회 외적 구조를 필요로 한다는 주장을 뒷받침했다.

30) Wolf Schönbohm, *CDU: Porträt einer Partei* (Munich: Günther Olzog, 1979), 89-137.

31) 기민당 최고회의는 브란트 조약들을 통과시키자는 바르첼의 1972년 결정을 지지하였으나, 의원단은 강하게 반대했다.

들 사이의 대화가 있었던 1981년 함부르크 대회에서도 데탕트와 군비통제를 수용하려는 기민/기사당의 입장을 강조하려 애썼다.

요컨대 동방정책에 대한 연합당의 보다 유연한 입장은 기민당을 쇄신하려는 노력과 불가분의 관계에 있었다. 1972년 선거패배 이후 당기구의 영향력이 커지면서 개혁파들은 보다 안정된 활동기반을 확보했다. 비덴코프와 가이슬러가 개혁적 지도부에 포함되었던 것은 결코 우연의 일치는 아니었다.

(2) 야당으로서의 전술

연합당의 야당으로서의 행동방식 또한 1970년대에 변화를 겪었는데, 이는 동방정책에 대한 적응을 더욱 촉진시켰다. 1969년에서 1972년 사이에 대부분의 연합당 지도자들은 의석수에서 열세인 사민당과 자민당이 변칙적이고 "비도덕적"으로 연정을 구성함으로써 자신들이 정권을 도둑맞았다고 생각했다. 그래서 그들은 새로 들어선 정부를 공격하고 무너뜨리는 데에만 온 힘을 쏟았을 뿐, 성숙한 정책대안을 제시하는 등 중도세력을 놓고 사민-자민당과 경쟁하는 데에는 별 관심을 두지 않았다.

그러나 연합당은 1972년 선거패배 이후부터는 점차 자민당을 포섭하고 경쟁력 있는 야당의 역할을 하는 데에 관심을 기울이기 시작했다. 동방정책에 관해서는 메르테스처럼 당을 대표하는 정치인들이나 근본주의자들도 연합당이 연정보다 동독이나 소련과의 협상을 더 효과적으로 수행할 수 있다고 주장했다. 이러한 주장은 대체로 "더 강경한 협상"에 대한 호소에 지나지 않은 것이었지만, 조약들과 헬싱키 최종의정서를 보다 적극적으로 활용해야 한다는 당의 주장이나 슈트라우스의 소련진영 지도자들과의 만남과 같이 많은 경우에서 사민-자민당을 바로 그들의 홈그라운드에서 이겨내겠다는 결의를 보여주었다. 폰 바이체커가 그러한 경향의 전형을 보여주었다. 그는 사민-

자민당이 동방정책을 독점하기를 원하고 연합당의 방해전술을 전혀 두려워하지 않고 있는데, "그러나 그렇게 되도록 내버려두지 않을 것이다"라고 선언했다.[32] 슈트라우스도 브레즈네프와의 1978년 회동을 비롯한 여러 경우에서 유사한 입장을 보였다. 요컨대 연합당 지도자들은 당이 동방정책을 놓고 정부와 경쟁해야 하며 그렇지 않을 경우에는 현실 적합성을 잃을 것임을 잘고 있었다. 이는 유보에도 불구하고 주어진 조건에서 꾸려나가야 한다는 것을 의미했다.

경쟁력 있는 야당의 역할은 또 다른 측면에서 연합당의 적응을 촉진했다. 연합당은 이미 확립된 정책의 집행을 위한 대안을 제시하면서 동구와의 협상에서 자신들이 더 유리하다는 주장을 내세웠다. 연합당은 사민-자민당이 모험과 실수를 거치면서 소련진영 국가들과의 포괄적 대화를 기정사실화했다고 보았다. 사민-자민당 연정은 그러서 자신의 정책이 옳다는 것을 증명해야 할, 스스로 자초한 압박을 받는 데 비해, 연합당은 그런 압박에서 자유롭기 때문에 동독이나 소련에게는 더욱 두려운 상대라는 것이 그들의 주장이었다. 또한 연합당 지도자들은 당의 확실한 친서구적 경향이 동구협상에서 운신의 폭을 넓히고 신뢰성을 강화할 것이라고 믿었다. 보수적 정부가 한 과감한 약속을 동맹국이 거부할 위험성은 훨씬 적기 대문이다. 마지막으로 슈트라우스 같은 연합당 지도자들은 공산당이, 서구 수정주의로 소련진영의 정통노선을 희석화하려는 사회민주주의 이단자(*Social Democratic heretics*)들을 상대하는 것보다는 보수주의 이교도(*conservative infidels*)들과 협상하는 편을 선호할 것이라고 확신하였다.

1970년대 후반에 야당 지도자들은 서독 정치문화의 오랜 긍정적 전통이었던 초당적 협력을 위해 다함께 진지한 노력을 기울였다. 1972년 브란트의 조약을 지지하여 초당주의를 구현하려던 바르첼의

32) *DW*, 1980년 6월 21일자.

노력이 실패로 끝나긴 했지만, 1976년 폴란드 협정을 지지하면서 펼친 논리에는 야당도 건설적 모습을 보여야 한다는 연합당의 인식이 담겨 있었다. 이러한 행동이 선거를 의식해서 나온 것임은 분명했지만, 그 사실 자체가 초당주의적 이상이 얼마나 호소력이 있는지를 보여주는 것이었다. 더욱이 1977년 이후 메르테스는 정부와 야당 간 이견이 없는 분야와 야당이 조약의 공식적 해석을 뒷받침함으로써 정부를 비판적으로 지지하는 분야를 강조함으로써 초당주의에 대한 표명을 연합당의 정책성명에서 관례적 일부분으로 만들었다. 사민당의 분열이 확대되자 연합당은 슈미트와 겐셔를 지지하고 이들에 비판적인 사민당 좌파에 맞서 싸울 기회를 가지게 되었다. 건설적 야당의 모습을 보여주기 원했던 연합당은 예컨대 아프가니스탄 위기 당시 슈트라우스가 그랬던 것처럼, 기존정책에 대해 그 기본가정에 동의하지는 않으면서도 사실상 정부와 함께 공동으로 옹호하기도 했다.

연합당 전략의 또 다른 측면이 당의 입장을 보다 유연하게 하는 데 역할을 했다. 1970년대 말 연합당은, 특히 기민당은 대부분의 우파 성향 유권자들의 지지를 회복했다. 극우정당들이 획득한 표는 1969년 전체의 4.3%에서 1972년 0.6%, 1976년 0.3%, 1980년 0.2%로 줄어들었다. 즉, 1970년대 말에 이르러서는 엄격하고 비타협적인 민족주의적, 근본주의적 입장을 취해야 할 정치적 필요성이 줄어든 것이다. 격동의 1980년 동안 동방정책에 관해 정치 지도자로서의 유연함을 보이려 했던 슈트라우스의 노력은 연합당의 우측이 안전하다는 자신감에서 비롯된 것이라고도 볼 수 있었다.

(3) 개별 정치인들

마지막으로 연합당이 보다 적응적인 동방정책의 필요성을 어느 정도로 받아들일지는 몇몇 당 정치 지도자들의 손에도 달려 있었다.

그토록 조심스럽고 점진적이었던 연합당의 적응과정은 헬무트 콜의 정치적 운명의 부침과 정확하게 궤를 같이했다. 적응의 과정은 콜이 아직 당권을 공고히 하지 못했던 1973년과 1974년에 가장 느리게 진행되었고, 콜이 야당 지도자로서 가장 강력했던 시기인 1975년, 1976년, 그리고 1980년 선거 이후 그 과정은 탄력을 받기 시작했다.

콜은 독일의 자기결정권이 민주주의에 합치하는 목표라고 분명하게 선언했지만, 동방정책에 대한 생각은 대체로 진부한 것이었다. 연합당 정책을 더욱더 적응적으로 만든 콜의 기여는 사실 그의 정치 전략에 따른 간접적 결과였다. 그는 연합당의 깨지기 쉬운 단결을 유지하면서 가급적 자민당과의 연합을 통해 정권을 장악하고자 했고, 그러기 위해서는 당이 정치적 이슈로서의 동방정책을 중립화시킴으로써 그에 대한 당내 회의론이나 반대론이 가져올 정치적 타격을 최소화해야 한다는 것을 잘 알았다. 동방정책에 대해 보다 유연한 입장을 취함으로써 사민-자민당 연정을 분열시키고 자신이 갈망하던 비사회주의 대연정을 위한 기초를 놓을 수 있다고 보았다. 그러나 콜은 또한 어떠한 당 지도자도 당내 근본주의자들이 용인할 수 있는 속도보다 더 빨리 당의 적응을 추진할 수는 없다는 것도 잘 알았다.

국민다수의 의견을 따르면서도 연합당 내부의 합의를 유지하기 위하여 콜은 두 가지 정책이 당의 생각과 발언에서 공존할 수 있는 분위기를 만들었다. 당대표이자 원내대표로서 그는 신랄한 표현이나 민족주의적 뉘앙스에 대해 경계했고 초당적 태도를 요구했다. 특히 폰 바이체커나 메르테스 같은 정치인들을 밀어줌으로써 기민/기사당의 전통에 새로운 동방정책을 결합한 정책의 형성에 기여했다. 콜은 또한 의원단 내에서 강경 근본주의자들을 자기 사람들로 대체하려고 노력했고 어느 정도의 성공은 거두었다. 그러나 콜은 근본주의자들을 지나치게 압박하지 않도록 조심했고 기사당의 반대에 특히 민감했다. 그는 당정책을 과감하고 공개적으로 바꾸려 한 적이 거의 없었는데(1977년 선거 후 단 한 번의 예외가 있었으며 여기서 교훈을 얻었다), 동방정책에 관한 연합당의 고데스베르크적 변화를 원했던 이들은 콜의 이런 태도에 실망했다. 요컨대 콜은 내부균형을 유지하면서 연합당 안으로 새로운 사람들과 정책을 흡수하려 했다.

정통주의와 개혁을 융합시키는 과정에서 알로이스 메르테스는 새로운 동방정책에 대한 연합당의 적응을 반영하는, 그리고 동시에 이끌어나간 인물이다. 외교관 출신인 그는 동료이자 라인란트-팔츠 주정부에서 상관이었던 헬무트 콜의 도움으로 정치경력을 쌓았다. 수개국어를 구사하는 외교전문가 메르테스와 지역 정치인이었던 콜은 한목소리로 서방을 선택한 독일의 결정은 전략적 선택 이상의 의미가 있다고 강조했다. 그것은 나치시대에 대한 보상의 한 형태인 민주적 원칙과 이상에 대한 헌신을 반영한다고 주장했다. 메르테스는 또한 민족 단일성 주장은 연방공화국의 존재이유가 독일영토에서 자유를 회복하는 것임을 상기시키는 역할을 하며, 연합당 우측에 민족주의자 정당이 등장하는 것을 막기 위해서도 필요하다고 보았다.[33] 또한 그는 과거를 고려할 때 서독은 법을 신뢰하고 지지해야 한다고 주장했다. 따라서 그는 연합당 정통노선이 법적 지위를 강조하는 것을 옹호했고, 그러한 근거에서 브란트의 조약에 대한 설득력 있는 반론을 제시했다.[34]

동시에 메르테스는 유연했다. 그는 정치적 결정에는 도덕적 고려

---

33) 그는 학생 시절에 본에서 들었던 사민당의 쿠르트 슈마허의 경고(서독이 바이마르 공화국의 운명을 되풀이하지 않으려면 언제라도 폭발할 위험이 있는 민족문제를 극단주의자들의 손에 남겨 두어서는 안 된다)를 떠올렸다.

34) 메르테스의 이러한 신념은 기사당의 오랜 외교통이었던 구텐베르크의 영향이 컸다. 그와 함께 일한 적이 있는 메르테스는 그를 매우 높이 평가하여, 그가 사망하고 10년이 지난 후에도 그의 사진을 책상 위에 놓고 있을 정도였다.

가 필요하지만, 연합당의 조약반대 같은 정책선택은 엄밀한 정치적 편익분석(*risk-benefit analysis*)에 기초해야 한다고 강조했다. 또한 법적 권리만으로 정책을 방향잡거나 형성할 수 있는 것도 아니라고 주장했다. 메르테스는 그런 결정적이고 근본적인 문제들에 대한 불필요한 논쟁이 국가의 외교정책에 대한 의견을 분열시키고 합의를 가로막는 것은 피해야 한다는 굳은 믿음을 가졌다. 그는 원칙과 일상적 문제에서 정부와 야당이 상호 동의하는 분야를 계속해서 강조했다. 1970년대 중반 그는 여야 양측에 대해 분열적인 동방정책 논쟁을 끝낼 것을 요구했다. 누구도 의심하지 않았던 그의 도덕성과 진정성, 그리고 연합당 정통정책과 동방정책 간 균형의 필요성에 대한 분명한 호소 덕분에 메르테스는 연합당 외교정책 분야의 가장 중요한 대표자가 되었다. 그에게서 비롯된 이미지는 많은 당원들에게 준거틀이 되었다.

메르테스와 마찬가지로 리하르트 폰 바이체커도 논쟁을 유발하지 않고 동방정책에 대한 입장의 양극화를 피할 수 있는 방식과 어조로 정통노선을 명료히 했다. 이러한 방식과 그것을 통해 전달되는 그의 도덕적 신념은 연합당 이념의 호소력을 널리 확산시켰고 당에 적대적이던 젊은 층이나 대학인들, 자유주의자들, 노동자들이 연합당의 주장에 귀기울이도록 만들었다. 자유주의 성향의 귀족가문 출신인 폰 바이체커는 전형적 기민당 정치인은 아니었지만, 당의 소중한 자산이었으며 그의 생각에 동의하지 않는 이들조차 그를 높이 평가했다. 폰 바이체커의 영향력은 1981년 이후 베를린 시장직을 수행하면서 더 커졌다. 그는 1969년 이후 동서관계에 결정적 영향을 미치는 정치적 단위에서 권력을 행사한 첫 번째 연합당 인물이 되었고, 그가 선임한 대표자들이 정부정책을 입안하는 핵심그룹의 일원이 되었다.

폰 바이체커는 당의 정책형성을 도울 수 있는 위치였고 적응에 대한 메시지를 당내에 전할 수 있었다. 그는 동구관계에 관한 극단적 국론분열은 서독이 힘들여 얻은 국제사회에서의 신뢰와 국내에서의 사회적 구조 모두를 위태롭게 할 것이라고 보았다. 또한 그는 폴란드와의 화해를 도덕적 책무라고 믿었고 또한 독일과 그의 제2의 고향인 베를린에서의 일상을 더 편안하게 만들 정책을 원했다.

다소 역설적으로 프란츠 요제프 슈트라우스도 동방정책으로의 적응을 촉진시킨 인물이었다. 1970년대까지 슈트라우스의 영향력은 그가 가졌던 직위가 아니라 근본주의적 보수주의의 상징이자 가장 강력한 옹호자로서의 그의 역할에서 나왔다. 기사당의 이해가 걸린 몇 차례 사건에서 당의 지지를 확보하지 못했던 적도 있긴 하지만, 기사당에게 그는 의원들 전체나 바이에른 주정부보다도 더 중요한 존재였다.

슈트라우스는 영리한 전술가였다. 그런 측면에서 그의 성공은 비판세력들이 그를 기회주의자라는 호칭을 빼고는 달리 어떻게 불러야 할지 의견일치를 볼 수가 없었다는 사실에서 비롯되었다. 때때로 그는 다양한, 그리고 복합적인 동기에서 동방정책에 대해 유연한 모습을 보이는 것이 자신이나 당에게 이익이 되리라고 보았다. 1972년에 공동결의문을 성사시키려던 노력이나 "약속은 지켜져야 한다"는 선언, 1978년 브레즈네프 방문, 그 직후의 동구방문, 1980년 아프가니스탄 위기 당시 신중한 반응 등이 그 예들이었다. 슈트라우스는 자신이 경쟁자들을 이길 수 있다는 것을 보여주기 원했지만, 또한 당이 전략적이고 실용적으로 사고하도록 가르쳐야 할 필요가 있다고 느꼈다. 그는 보수주의자들이 사회주의자들보다 더 공개적이고 자신감 있게 공산주의자들을 상대할 수 있기 때문에 정치적 현실주의(*Realpolitik*)를 실천할 수 있고 또 실천해야 한다고 주장했다. 그가 아무리 자신의 "현실주의적 데탕트"(*realistic detente*)를 사민당의 "환상적이고 낭만적인 데탕트"(*illusory, romantic detente*)와 구분했다고는 해도, 그는 이미 연합당이 오래 유지했던 것을 일부 포기하고 대신 타자에 의한 동방정책 입장을 기꺼이 받아들일 준비가 되어 있었다.

그가 당 원칙의 실용주의적 적응을 주장한 경우에도 많은 근본주의자들이 그를 따를 만큼 커다란 신뢰를 받았다. 그는 근본주의와 실용주의 양자 모두의 가장 강력한 옹호자였다. 그러나 그는 기회주의적 성향과 사민당 정책을 비판하기 위한 민족주의적 수사로 인해 어느 정도는 타협 혐오주의자들의 포로가 되었다. 그러한 관계로 인해 그는 적응적 동방정책을 촉진하는 데에 아주 적극적으로 나서지는 못했다.

2. 양면성의 극복 : 적응을 용인한 요인들

이와 같이 1972년 직후 기민/기사당은 새로운 형태의 외교정책과 완전히 융화할 충분한 이유가 있었던 것으로 보인다. 앞서의 논의들만으로도 충분히 그렇다고 짐작할 수 있을 것이다. 그러나 기민/기사당의 적응과정에서 가장 주목할 만한 점은 적응했다는 사실 자체가 아니라 방식, 즉 그토록 더디고 모호했던 적응방식이었다. 일련의 조약들이 비준되었을 때 동구와의 새로운 관계를 받아들여야 한다고 느낄 많은 이유가 있었음에도 불구하고, 많은 연합당 지도자들은 조건부로 또는 무조건적으로 반대했다. 많은 이들의 예상과는 달리 연합당 내에서는 종래입장 중 많은 부분을 포기하고 정부의 외교정책을 과감히 수용하는 고데스베르크 식의 선언이나 붸너 식의 연설, 그 어느 것도 없었다.

실제로 1972년 이후에도 동구대화에 대한 지지는 대부분의 경우 조건부로 이루어졌다. 연합당은 계속해서 강경한 협상을 요구했고 민족문제의 법적 잠정성을 양보하는 것에 반대했으며 인권상황을 개선하라고 압력을 가했다. 연합당의 비판자들은 당의 논조가 1970년대 초보다도 더 강경해지는 걸 보고 대연정 이전의 입장으로 후퇴할 것 같다며 개탄한 적도 종종 있었다. 콜이 1977년과 1978년 기민당 강령 일부를 수정하려던 시도가 난관에 부딪혔던 것이나, 1980년 선거 이후 기민/기사당의 "고데스베르크"를 강하게 추진하지 않았던 것은 모두 당내저항이 얼마나 강했는지를 보여주는 예들이었다. 그러나 연합당의 고데스베르크적 전환을 막은 것은 근본주의 다수파만이 아니었다. 소수파를 제외한 대부분의 당 지도자들도 역시 사민-자민당의 동방정책과 그 함의에 대해 실제로 양면적인 태도를 취했다.

부분적으로는 당파적 적대감으로 이러한 망설임과 양면성을 설명할 수 있을 것이다. 많은 당 지도자들, 특히 근본주의자들은 사민당의 "배신적 정책"(*sell-out policy*)이 분단의 고통을 완화했다는 것을 인정하지 않았다. 더욱 결정적인 것은 사민-자민당 동방정책의 장기적 영향과 함의에 대해 기민/기사당이 진정으로, 그리고 지속적으로 우려했던 것이다. 새로운 정책의 수단, 실천, 그리고 그 즉각적 결과를 받아들이는 것이 옳아 보였음에도, 당내 정통노선은 당으로 하여금 독일문제와 동서관계에 관한 정책의 장기적 이익과 위험에 대해 상이하고 회의적인 계산을 하게 했다. 현상유지의 승인에 기초해 공산주의 당국과 협력하는 것이 앞에서 언급한 모든 이유로 인해 이미 불가피한 것처럼 보였음에도, 당 지도자들은 그러한 정책을 독일의 민족문제 해결에 이르는 길로 보지 않았다. 그들은 사회주의통일당, 즉 동독공산당의 목표와 동기에 대한 기민/기사당의 전통적 관점을 고수했고, 따라서 인적 접촉이 분단을 진정으로 "극복"할 수 있게 한다는 이론을 믿지 않았다. 동독의 차단조치가 그것을 막을 것이라 생각했기 때문이다. 심지어 폰 바이체커 같은 개혁파도 동독공산당으로서는 차단조치의 필요성이 경제적 이익을 위한 협력 필요성보다 확실히 크다고 주장했다. 연합당 지도자들은 화해가 동독의 내부구조를 변화시킬 것이라는 바르의 주장에 결코 동의하지 않았다. 그들은 동독공산당이 자신들의 권력독점을 위협할 만한 진정한 자유화를 허용할 리가 없고 필요하다면 모든 접촉을 끊을 것이라고 주장했다.

보다 중요한 것은 연합당 지도자들은 자기결정권을 통해 통일을 달성하려는 목표와 서독이 최우선시하는 서구정책이 사민-자민당의 정책으로 인해 위태로워질 수도 있다고 우려했던 점이다. 연합당은 시간이 흐를수록 동·서독 화해를 위한 노력은 간접적으로, 그리고 구조적으로 서독에 더 많은 양보를 요구할 것이고, 동독은 인적 접촉을 허용하겠다는 의사를 비쳐 서독을 유인한 뒤에 지위, 경제적

원, 국가인정 등의 요구를 모두 받아들이도록 할 것이라고 주장했다. "동독공산당의 안정"이나 "불안감의 원인제거"에 관한 사민당의 주장을 보면서 정부가 실제로 이 방향으로 갈 가능성을 우려했다.

연합당 정치인들은 "새로운 유럽 평화구조"의 구축을 통해 동·서독 관계를 강화하려는 움직임을 보고 역시 경악했다. 군비통제나 병력철수 압력을 통해 데탕트를 추진하려는 서독정부의 노력은 동맹을 약화시키고 서독을 서구 우방국들로부터 고립시킬 것으로 보았기 때문이었다.

마지막으로 연합당 지도자들은 새로운 동방정책이 서독의 국내 사회구조를 침식할 것을 우려했다. 사민-자민당의 데탕트 주창자들은 공산주의정권을 완전히 동등한 협상 상대자로 대우하고 동서긴장의 권력정치적, 이데올로기적 연원을 경시함으로써 "동서간의 근본적 차이를 흐리고 있다"고 보았다. 이는 소련진영의 공갈협박과 침투, 전복기도 등으로부터 연방공화국 체제를 방어하려는 서독인들의 장기적 의지를 잠식할 것이라고 여겼다.

즉, 1972년 이후 연합당 정치인들은 동방정책의 초기조치보다는 장기적 방향에 대해 더 많이 우려했다. 그들은 동구와의 새로운 관계가 우연이든 의도적이든 연방공화국의 지향점을 근본적으로 바꿔버릴 수도 있는 위험한 계기를 조성할 것으로 보았다.

이러한 우려들 자체만으로도 연합당의 적응과정이 느리고 불완전할 수밖에 없었겠지만, 거기에 더해 당의 구조와 당내 정책형성 과정이 이 우려들의 효과를 한층 더 증폭시켰다. 야당 기간 동안 당이 많은 변화를 겪었음에도, 막강한 1인자를 허용하지 않는 당의 분권화된 구조는 변하지 않았다. 연합당 내부는 기능별로 나뉘어졌고 여러 하부단위들, 특히 의원단과 당기구들 간에 제도적 긴장이 지속되었다. 보다 중요하게는 기사당이 정치적 부침에도 불구하고 그 구성적·이념적 응집성과 독립된 구조, 의석수 비중, 블록투표 관행 등으로 인해 연합당 내에서 막강한 영향력을 행사할 수 있었다. 기사당은 총리후보나 선거공약, 의회정책 등의 결정과정에서 거부권에 버금가는 권한을 행사할 수 있었다. 더구나 어떤 공식적 지도자도 혼자서 연합당의 정책을 좌우할 수 없었다. 바르첼이나 콜 모두 늘 시험대 위에 놓여 있었을 뿐이었고, 오히려 콜이 10년 이상이나 기민당 대표직을 유지할 수 있었던 것은 그가 당내분파들에게 단일한 입장을 강요하지 않았기 때문이었다.

이와 같이 점진주의와 끊임없는 합의추구 노력이 연합당의 정책형성 과정에서의 지배적인 특징이었다. 이것은 단순히 개인적 스타일의 문제가 아니었고, 당의 기본적 입장이나 기존정책의 획기적 변화를 최소화시키려는 당 구조 속에 깊이 내재된 원칙이었다. 슈트라우스와 근본주의자들의 신뢰가 땅에 떨어진 것 같았던 1980년 선거 직후에도, 콜은 연합당의 단결을 해칠 위험을 감수하지 못하고 당의 정통노선에 고데스베르크 식으로 도전하라는 개혁파들의 요구를 거부했다.

따라서 기민/기사당의 새로운 동방정책으로의 적응을 이해하는 핵심은 "이러한 양면성이 어떻게 전개되었는가" 하는 문제이다. 1972년 이후 10년 동안의 변화는 기민/기사당이 그 정책이 가져올 장기적 이득과 위험에 대한 의구심을 극복하거나 적어도 감내할 수 있도록 함으로써 적응과정을 촉진했다.

연합당이 현상유지에 기초한 동구관계가 필연적으로 독일의 영구분단이나 고립, 중립화로 이끌지는 않을 것이라고 결론내리게 된 것은 서독 외교정책에 내재한 제약조건들 때문이었다. 연합당은 동방정책과 상관없이 국제적, 사회적 요인들이 서독의 정책입안자들을 구속하고 있으므로 서독이 서구라는 정박지를 벗어나 중립주의라는 흐름에 휩쓸리게 될 위험이 없다는 것을 분명하게 깨닫게 되었고, 이러한 깨달음에 입각해서 당 지도자들은 일상적이고 운영적인 차원의 동방정책을 안전하게 수행할 수 있으며, 특히 연합당 정부하에서 더욱더 그럴 것이라는 자신감을 가지게 되었다.

1) 국제적 요인들

서독이 가지는 외부환경에 대한 민감성에서도 연합당이 사민-자민당의 동방정책에 적응할 필요성을 받아들인 이유를 찾아볼 수 있을 것이다. 바로 이 민감성은 또한 당이 적응할 수 있다고 느낀 이유를 설명해준다.

연합당 지도자들이 사민-자민당의 동방정책의 위험을 가장 심각하게 느낀 것은 1960년대 말과 1970년대 초였다. 안톤 드포르테(Anton Deporte)가 지적한 대로 이 시기에 긴장완화의 분위기 속에서 유럽체제에 근본적 영향을 미칠 수 있는(많은 사람들이 그렇게 보는) 변화가 일어나고 있었다.[35] 유럽에서의 미군철수와 초강대국의 공동관리도 생각해볼 수 있는 상황이었다. 연합당은 전후체제의 기반이 전환되고 있는 상황에서, 서독정부가 강제적으로 또는 유인되어서 원래 온건하던 데탕트 정책을 확대함으로써 서독이 독일문제를 미해결 상태로 두려는 노력을 완전히 포기한 채 소련이 주도하는 유럽 전체의 집단적 틀로 편입되거나 동·서독간의 국가연합을 결성해 궁극적으로 중립화의 길로 가게 될 것을 우려했다. 블록체제의 해체를 전망하는 바르의 기고문들과 사민당 좌파의 동서수렴론(*talk of East-West convergence*)이 그러한 불안감에 부채질을 했다.

그러나 초강대국들 사이에 데탕트 열기가 식어버린 다음에야 데탕트가 기본적으로 전후 유럽체제의 안정화와 긴밀히 관련된 것임이 명백해졌다. 양극체제와 블록분열 상황은 근본적으로 바뀌지 않았

35) Anton DePorte, *Europe between the Superpowers: The Enduring Balance* (New Haven: Yale University Press, 1979), 177.

고, 1970년대 말과 1980년대 초에 많은 사민당 지도자들이 진정한 변화의 속도가 더딘 것에 실망감을 표시하기 시작했다. 1980년에서 1982년까지의 위기로 인해 슈미트는 사민당 다수가 원하는 것과 서구동맹 일원으로서의 의무 사이에서 선택을 해야만 했다. 이따금씩 데탕트가 분리 가능한 것이라고 주장하기도 했지만, 서독정부는 궁극적 차원에서는 서구동맹 관계의 이점을 인정했다. 블록간 대치상황, 그리고 서구 우방국들의 태도에 대해 민감할 수밖에 없었던 서독은 1970년대 초 이후 동구권과 과감한 관계를 쉽사리 추진할 수 없었다. 서독의 운신의 폭은 여전히 제한되어 있었으므로 오직 온건하고 실용적이고 실무적 정책만이 블록체제나 그 체제 안에서의 서독의 역할과 양립할 수 있었고, 이런 양상은 1972년 이후의 새롭게 나타나기 시작한 대결적 국제환경 속에서 더욱 심화되었다.

그러한 정책들이 바로 슈미트가 한동안 추구했던 것인데, 그는 결국 서독의 지정학적 역할과 사민당의 희망, 기대라는 현실이 만들어 낸 서로 배치되는 압력에 시달리게 되었다. 연합당은 언제나 등서관계를 본질에서 대립적인 것으로 상정했기 때문에 대화의 한계가 분명할 때 대화하는 것을, 즉 동구를 상대한다는 생각을 보다 편안하게 받아들였다. 기민/기사당은 비교적 낮은 수준의 이해관계만 걸려 있고 근본적인 변화의 가능성은 없을 때(따라서 근본적 문제를 타협하라는 국내외적 압박의 가능성이 없을 때) 협상이 더 안전하다고 생각했다. 연합당은 현상유지의 승인에 기초한 대화에 여전히 불만스러웠지만, 서독정책에 대한 국제적 제약조건이 대화의 위험성을 낮출 것으로 생각했다.

동독이 독일 내 관계에 부과한 제한조치들도 똑같이 역설적으로 연합당의 적응을 촉진시켰다. 동독공산당은 인적 접촉이 국내안정을 해칠 정도로 확대되거나 양독간의 정치적 협력이 자신들의 독자적 정체성 유지를 방해할 정도로 확대되는 것을 용인할 수 없었다. 그래서 동독은 접촉을 제한하고 법적 차단조치를 취했으며 이는 거의 상시적으로 내독 관계의 범위와 모멘텀을 제한했다.

동독의 차단조치가 자신들의 회의론과 경고가 옳았음을 확인해주는 것이라고 보았던 연합당 근본주의자들도 점차 그러한 조치가 양독간 대화의 "위험한" 모멘텀을 완화시키는 효과가 있다는 것을 인정하게 되었다. 서독이 기본법상 도저히 수용할 수 없는 게라 요구를 하는 등 비타협적이었던 호네커의 태도도 사실상 독일 내 대화를 점진적이고 보다 현실주의적인 속도로 유지시켰다. 더 넓은 비전들이나 그 비전들이 실현될 것이라 보는 국민들의 기대는 사라졌다.[36]

연합당은 동독과의 대화가 서독에 반드시 위험한 것은 아니라는 결론에 도달했다. 동독공산당, 즉 사회주의통일당이 체제를 흔들만한 변화를 감당할 수 없기 때문에 서독으로서도 체제변환을 고무하는 정도의 중대한 양보를 할 필요가 없는 것이다. 대신 사무적이고 실용적인 거래, 접촉의 확대와 약간의 긴장완화를 동반한 진정한 "규제된 공존"이 추진될 수 있었고, 이는 연합당이 더 잘 관리해나갈 수 있다고 보았다. 연합당은 동독의 서독에 대한 경제적 의존이 증가한다는 것을 이용해 어느 정도 동독의 대외정책에 영향을 미칠 수 있다는 것을 알게 되었다. 당은 이것이 동독의 이해에 반하는 것이 아니라 그에 부응하는 방식으로 동독공산당의 유연성을 고무할 수 있는 기회를 만들 것이라고 믿었다. 1970년대 말에 이르러 근본주의자들조차 경제협력을 통해 동독의 현실주의자들에게 힘을 실어줄 수 있다고 주장했다. 연합당은 지위문제나 이념에 관한 논쟁을 약화시

---

36) 따라서 "화해를 통한 변화"는 보다 실용주의적인 기대와 사무적인 협상으로 대체되어야 했다. Peter Ludz, "Ostpolitik and the Present State and Future Course of Inner-German Contacts," in *The Political Implications of Soviet Military Power*, ed. Lawrence Whetten (London: Macdonald and Jane's, 1977), 79.

키기보다는 우회하기를 원했고 이것이 그 방법이라고 믿었다.

2) 사회적 요인들

연합당은 국내적 요인들 또한 사민-자민당의 동방정책을 효과적으로 제한해 그 장기적 위험의 가능성을 낮추는 것으로 보았다.

1972년 이후 10년 내내 국민여론은 동구관계에서 강경한 협상을 지지했다. 앞에서 본 대로 연합당 근본주의자들은 국민들의 그러한 정서를 대화 자체에 대한 반감으로 오해했다. 그러나 이러한 정서는 소련진영의 완고함에 대한 불만을 반영한 것일 뿐이었다. "더 강경한 협상"(*harder bargaining*)이나 "열정적 정책"(*energetic policy*)에 대한 지지는 1973년에서 1974년까지, 그리고 1976년과 1980년대 초기처럼 동독의 차단이나 동서위기 시기에 가장 두드러졌다. 국민들은 단지 보다 더 신중해졌을 뿐이며, 적극적 외교나 소련과 동독의 무리한 요구의 수용보다는 실용적 점진주의(*pragmatic incrementalism*)를 더 선호하게 되었다.

범독일주의 전통 또한 사민-자민당의 정책이 연합당이 한계로 정한 크기의 모멘텀 이상으로 발전하는 것을 제한했다. 브란트의 접근법이 처음에 국민의 지지를 받았던 것은 연합당을 제외한 대다수가 통일의 불가능성을 인정하고 있다는 것을 반영한 것이었지만, 통일이란 목표까지 포기함으로써 화해를 가속시키려던 사민-자민당의 시도에도 분명한 한계가 있었다.

이 부분에서 칼스루에(즉 헌법재판소)의 결정에 대한 존중이 중요한 역할을 했다. 칼스루에의 결정은 특히 사민당에게 브란트의 조약들에 대한 매우 좁은 해석을 제시함으로써, 동독의 국적인정 요구 등 지위문제에 대한 추가협상의 범위를 제한했다. 그러한 사법적 제약이 서독관리들의 운신의 폭을 제한했고, 동독의 지위관련 요구를 협상할 가치가 있는 것으로 보았던 사민당을 실망시켰다. 많은 사민당원들은 "그 형편없는 판결"에 대해 개인적 불평을 늘어놓곤 했다.

연합당 지도자들은 헌법재판소가 자신들의 주장대로 실제로 동방정책을 제한할 것이라는 점을 점차 인정하게 되었다. 따라서 (헌법재판소가) 서독의 법적 입장들 중 남아 있는 이슈들에 대해 명백하고 구속력 있는 정의를 내림으로써, 협상과정에서 민족문제가 완전히 종결될 위험을 줄이고 적극적 대화를 보다 안전하게 만들 수 있을 것이라는 그라들의 견해에 많은 이들이 동의했다.[37] 그후 연합당의 정강도 칼스루에의 요건이 충족된다면 조약들은 "법적, 정치적으로 존중될 수 있고 존중되어야 한다"는 입장을 담기 시작했다. 이는 협상을 인정한다는 것을 완곡하게 표현한 것이었다.

게다가 서독주민들은 협상의 토대로서 분단을 기꺼이 받아들이려 했지만, 민족문제를 완전히 종결시켜버릴 우려가 있는 추가조치들에 대해서는 미온적 반응을 보였다. 1980년대 초 여론조사 결과 서독주민의 3분의 2가 여전히 궁극적 통일을 지지하는 것으로 나타났다(그것이 목표로서 현실성이 있다고 보는 사람들은 극히 일부였지만).[38] 이러한 모호성을 설명하기는 어렵지 않다. 독일인들은 단기적으로는 당연히 협력정책을 원했지만, 다른 한편 장기적으로는 어느 정도 분단에 저항하고 통일의 희망을 유지시켜주는 정책을 원했던 것이다. 사민당은 동독의 차단행위를 고려할 때 1969~1973년 브란트의 정책보다 더 나아간 조치들을 국민에게 설득하기가 어려웠다. 추가적 양보를 주장하던 사민당 세력들은 1980년대 초에야 이러한 한계를 깨닫기 시작했다. 그들로서는 실망스러웠지만 연합당에게는 만족스러운 상황이었

37) Johann Baptist Gradl, "Ausgangsposition, nicht Endstation: Deutschlandpolitik auf der Grundlage der Verträge," *Politik und Kultur* (1974년 1-2월): 12-15.

38) *DW*, 1979년 10월 1일자; *Economist*, 1981년 8월 22일자.

다. 동독을 외교적으로 승인하거나 기본법 전문에서 통일추구 의무조항을 삭제하는 것에 대한 국민들의 지지는 여전히 미미했다.

연정정치 또한 동방정책의 모멘텀을 제한하는 데 커다란 역할을 했다. 쉘, 특히 겐셔 같은 자민당 지도자들은 분단을 인정하는 것, 그리고 동독과의 협상에 나서는 것을 협력과 데탕트를 위해 치를 수 있는 대가로 여겼다. 그러나 독일문제를 미해결 상태로 유지하려는 서독의 전통적 입장을 다른 것으로 대체하려는 생각은 없었다. 예컨대 겐셔는 범독일주의적 입장을 견지해 독일문제를 미결상태로 유지하고 독일의 권리를 보전할 필요성을 강조했다. INF 논쟁에서 나타났듯이 자민당 지도자들은 서구 우방국들에 대해 동방정책에 유리한 동서 데탕트를 추진하도록 압박하는 데에서 사민당보다 신중한 태도를 보였다. 자민당은 1973년 이후 계속 사민당에게 동방정책의 속도 조절을 요구했다. 슈미트는 이에 분노한 (브란트, 바르, 붸너, 가우스 등) 사민당 동료들의 압력에도 불구하고, 그리고 스스로도 불쾌감을 느꼈지만 종종 자민당의 요구를 수용했다.

이와 같이 1973년 이후 국내외적 제약요인들로 인해 동구와의 관계는 둔화되었다. 헬무트 슈미트가 빌리 브란트에 의해 "동방정책 제2탄"이라 명명된 정책을 발전시키려는 당의 열망을 공유했더라도 역시 한계에 직면했을 것이다. 서독의 추가적 양보를 최소화하는 보다 일상적이고 실용적이며 사무적인 정책만이 국제적 여건에 가장 잘 부합하고 국내적으로도 뒷받침될 수 있었기 때문이다. 연합당 지도자들은 동구대화가 전후 서독의 지향점 설정에 해로운 영향을 미칠 자기동력을 만들어낼 것을 걱정했지만, 이제 동방정책의 제약조건들을 보면서 그러한 우려를 덜 수 있게 되었다. 서독의 "현상유지" 정당이라 할 수 있는 연합당이 이제 현상유지와도 공존할 수 있게 되었다. 이는 1972년에는 불가능한 일이었다.

3. 1982년 이후 기민/기사당의 동방정책

기민/기사당은 1982년 재집권하면서 이중의 유산(*dual legacy*)을 이어받았다. 첫째는 동구관계와 독일문제에 대한 당의 전통적 가정이며, 둘째는 자신들이 "채택(*adopt*)해야" 하고 안전하게 "채택할 수" 있다고 믿은 사민-자민당의 정책수단과 관행들이었다. 그러나 이러한 양면성과 계속되는 우려가 시사하듯이 연합당의 적응은 독일문제와 동서관계에 대한 그들의 태도 "때문"이 아니라 그것에도 "불구하고" 이루어진 것이다. 사민-자민당 정책의 운영적 차원을 받아들일 때에도 연합당은 여전히 그대로인 전통적 신념체계에 내재한 본능적 신중함과 경계심을 가지고 받아들였다. 특히 근본주의자들은 모두 그러한 경계심을 가졌다.

따라서 연합당은 전통적 전제들과 새로운 동구대화를 서로 결합하거나 조화시킬 개념틀을 발전시키지 않았다. 이 정책요소들은 완전히 대립하는 것은 아니었지만, 그렇다고 자동적으로 상호 양립되는 것도 아니었다. 그러나 연합당에서는 동방정책을 공개적으로 수용하는 붸너 연설 같은 사건도 없었고, 신구요소를 혼합하여 전통적 이상과 원칙을 자신들이 채택한 실용적인 현실정치적 실천과 조화시킬 바르 같은 인물도 배출되지 않았다.

물론 메르테스와 폰 바이체커가 연합당의 전통(*tradition*)과 사민-자민당의 혁신(*innovation*)의 온건한 결합을 시도한 적은 있었다. 그들은 인도주의적 조치들이 연합당 정통노선의 목표인 독일문제를 미해결 상태로 유지하는 것에 도움이 되며, 데탕트로 완전히 새로운 평화구조를 창출할 수는 없더라도 어느 정도의 긴장완화는 가능하다고 강조함으로써 동구관계를 지속시키려는 입장을 정당화하였다. 그들은 이러한 설득력 있는 주장으로 사민-자민당의 실천(*practice*)과 연합당의 전통적 이론(*theory*) 간의 불일치를 완화시켰지만 완전히 제거하지는 못했다. 더구나 당 전체가 언제나 메르테스와 폰 바이체커의 논리를 따른 것은 아니었다. 다른 연합당 지도자들은 사민-자민당의 정책과 기민/기사당의 전통적 신념을 조화시키는 대신 단순히 조합했다. 변증법적 합(*dialectical synthesis*)은 없었고, 이 양 요소들은 연합당의 이중적 접근법 내에서 불안한 긴장 속에 공존하였다.

1) 이중적 정책

1982년 무렵 연합당은 조약들의 실제적 의미와 결과에는 도전하지 않으면서 그것들의 잠정적 성격을 강조하고자 했다. 연합당은 독일 문제의 법적·정치적 미해결성과 양독간 경계의 잠정성을 강조하는 한편, 칼스루에의 결정을 지지하고 호네커의 게라 요구를 전면 거부하기로 한 것이다. 서구 동맹국들과의 관계가 소원해질 것을 우려한 나머지 추방자 그룹을 제외하고는 누구도 오데르-나이세 선을 폴란드와의 최종국경으로 인정하는 데 이의를 제기하지 않았지만, 대부분의 당 지도자들은 이 바르샤바 조약이 미래의 독일국가에 대해서도 구속력을 가지는 것은 아니라고 주장했다. 바르샤바 조약에 대한 이러한 태도에 대해 근본주의적 선동행위이자 무리한 요구라는 비판도 있었지만, 연합당 지도자들은 전통적 입장을 고수하는 것은 동구 협상에서 유연성을 발휘하기 위해 반드시 필요하다고 보았다. 이러한 유연성을 용인할 수 있는 이유는 근본적 문제들에 대해 확고한 태도를 가진 정부만이 자신들의 실용주의가 민족문제의 영구종결을 향한 첫걸음이 아니라는 것을 국내외에 명백히 할 수 있기 때문이라고 주장했다. 바로 그러한 이유에서 연합당 지도자들은 자신들이 사민당에게는 허용하지 않았던 유연성의 폭을 — 지위문제에 대해서조차 — 스스로에게는 기꺼이 허용한 것이다.

1982년보다 훨씬 전부터 이미 연합당 근본주의자들조차 동독과의 교류를 원했다. 그들 대부분은 동독공산당을 지원할 의도는 없다고 했지만, 동독정권의 안정을 해치려 한다고 비쳐지는 것도 원치 않았다. 아울러 당은 기꺼이 동독의 서독자본에 대한 수요를 상당 부분 충족시켜주려 했다. 보다 공평한 조건과 상호주의, 동독에 대한 경제적 지렛대의 필요성들을 언급하기는 했지만, 기민/기사당의 "경제적 응징" 위협은 1980~82년 위기 때도 그랬듯이 대체로 동독공산당으로 하여금 보다 신중한 정책을 펴도록 하려는 의도에서 나온 것일 뿐이었다. 사실 연합당은 근본문제에 대해서는 양보하지 않았지만, 독일 내 관계를 엄격한 사업적 거래로 다룸으로써 지위나 이데올로기와 관련된 기본적 문제들을 피할 수 있다고 보았다. 물론 이렇게 동독경제에 도움을 주는 일이 간접적으로나마 동독공산당을 안정시키는 효과를 수반하는 것이고 그러한 부수적 효과가 물론 바람직한 것은 아니지만, 용인할 수 있는 범위 내라고 보았다. 서독 외교정책에 부과된 제약조건을 늘 유념하는 기민/기사당 정부 아래에서는 그것이 동독을 외교적으로 완전히 인정하거나 또는 더 나쁜 상황으로 발전될 위험이 없을 것이라고 믿었기 때문이었다.

이와 마찬가지 방식으로 연합당은 인권에 대한 자신들의 입장이 동구권과 대화하기 위해 반드시 지켜져야 될 전제조건이라고 보았다. 비록 일부 근본주의자들이 소련진영의 불안정을 도모하기 위한 수단으로 인권을 언급하였지만, 막상 그들도 동구를 방문했을 때는 공산주의체제를 "법정"에 세울 의도는 없다며 발언의 수위를 낮췄다. 그들의 인권발언은 주로 국내여론을 겨냥한 것이었다. 인권을 강조함으로써 동서진영간의 근본적 차이를 부각시키고 데탕트가 체제간 기본적 차이를 없앨 수 있다는 환상을 지움으로써, "이념적 노선을 뛰어넘는" 적과의 협력이 수렴 또는 특별한 내독 관계에 대한 위험스런 기대를 불러일으키는 것을 막을 수 있다고 보았다.

무엇보다도 연합당은 데탕트와 안보문제에서 서구 우방국들과의 연대를 보여주고자 했다. 당 지도자들은 군비나 군비통제 정책이 우선 전통적 핵억지 요구에 기초해야 하며 — 이는 대중들의 불안을 누그러뜨려야 할 필요성으로 인해 강화되었다 — 유럽 동맹국들은 소련의 팽창을 저지하게 위해 미국의 세계정책을 지지해야 한다고 보았다. 연합당은 여전히 그러한 연대가 동서대결의 영향으로부터 서독의 동구정책을 보호해줄 것으로 여겼다. 아프가니스탄과 폴란드의 위기에서 보았듯이 신뢰성 있는 포괄정책이 동구와의 지속적 대화를 가능하게 하며 소비에트 진영 국가들에 대한 경제제재를 요구하는 미국의 압력도 피할 수 있게 할 것이라고 보았기 때문이다.

달리 말해 연합당은 군비통제에 관해 동맹국들에게 양보를 강요하지 않고 유럽 이외 지역에서의 서방의 안보를 위해 적어도 수사적으로라도 미국의 정책을 지지함으로써, 서방과의 조화로운 관계를 복원하기를 기대했다. 동맹간의 연대는 서독 외교정책의 목표에 대한 미국과 서유럽국가들의(특히 프랑스의) 의구심을 해소시킬 수 있고, 그 결과 동구권과의 대화에 대한 동맹국들의 지지를 확보할 수 있다는 것이다. 또 그렇게 되면 국내여론이나 동구국가들이 이제는 서방 동맹국들이 서독의 동구정책을 제한할 필요가 더 이상 없게 되었음을 알게 된다는 것이다. 즉, 관계국들에게 포괄정책을 신뢰할 근거를 줌으로써 서독은 동방정책과 관련하여 중요한 운신의 폭과 신뢰성을 확보할 수 있게 될 것이라고 보았다.

따라서 기민/기사당은 서구 동맹국들의 안보와 긴장관계에 있는 독자적 데탕트 정책이란 망령을 불러내지는 않으면서 서독이 동구와의 대화에 특수한 이해관계가 있음을 주장하고자 했다. 미국과의 조화를 열렬히 옹호한 만프레드 뵈르너(Manfred Wörner)도 미래의 동서관계 발전에 관해서는 미국보다 유럽이 훨씬 더 큰 이해관계를 가지고 있다는 것을 미국도 이해해야 한다고 주장했다. 이러한 적극적 자기주장은 특히 젊은 기민당 정치인들 사이에서 점차 강해졌지만, 슈트라우스처럼 과거에 서독이 차별대우를 받고 있다며 저항했던 정치인들 사이에서도 마찬가지였다. 다만 그들은 데탕트에 대한 서독의 이해관계를 강조하는 과정에서 독일의 정책수립 과정에서의 해방을 외치는 분노한 민족주의적 어조나 수사는 피했다. 대신 그들은 그러한 자기주장을 서독의 국가로서의 존재이유를 논리적으로 반영한 결과로 간주했고 자신들의 분별 있는 포괄정책이 그러한 운신의 공간을 만들어냈다고 생각했다.

따라서 기민/기사당은 집권을 준비하면서 경제적, 정치적 자본과 아울러 동서간 협력의 근원적 한계를 명확히 하는 수사법을 가지고—즉, 동서간 체제적, 이데올로기적, 법적, 권력정치적 차이가 도저히 좁혀질 수 없는 것임을 분명하게 강조함으로써—운신의 공간을 "살"(*buy*) 수 있기를 원했다. 이런 방식으로 연합당은 사민-자민당과 비교할 때 동구에 대해서는 비록 덜 포용적이긴 하지만 더 진지하고 예측 가능한 협상 파트너라는 점을 서구에 대해서는 더 믿을 만한 동맹이라는 점을 입증하려 했다.

2) 연합당 접근법의 평가

연합당에 대한 반대세력들은 두 정책을 조화시키지 않고 단순히 결합하려는 경향을 비판할 적절한 이유를 발견했다. 사민당은 연합당의 입장이 모호하고 편의주의적인 결합에 불과하며 당내단합을 유지하면서 유권자와 자민당의 지지를 얻으려는 교묘한 줄타기라고 비판했다. 그들은 이러한 이중적 정책을 계속해서 유지하는 것은 불가능하며, 슈미트, 겐셔와 마찬가지로 기민/기사당도 일단 집권한 뒤에는 복잡한 선택을 통해 우선순위를 정하고 결국 (국내외로부터의) 어떤 기대들은 거부해야 하는 상황에 직면할 수밖에 없을 것으로 보았다.

또한 비판자들이 지적했듯이 연합당은 동서관계와 민족문제에 대한 그들의 전통적 이론과 동구관계의 실제에 대한 새로운 접근법을 통합하지 않았으며, 그 결과 분명한 장기적 전략목표를 제시하거나 발전시키지 않았다. 연합당은 사민-자민당의 수단을 받아들였지만 목적이라는 문제와 정면으로 맞서지 않았다. 이중적 동방정책은 과연 어디로 향할 것인가?

연합당 지도자들은 대화가 구체적 이득을 가져올 것이라는 점은 인정했지만, 특히 근본주의자들은 미래에 대한 포괄적이고 지도적인 비전을 제시하지 못했다. 예를 들어 새로운 동구관계가 자유로운 자결권 행사를 통한 통일이라는 기민/기사당의 궁극적 목표를 달성하는 데 어떻게 기여할지에 대한 설득력 있는 설명을 제시하지 못했다. 적어도 1966년 키징거의 정부선언 이래 당은 유럽의 데탕트가 독일문제의 이상적 해결을 위한 필수 전제조건이라는 것을 공식적으로 인정했고, 인적 접촉이 민족문제를 미해결 상태로 유지하는 데 어느 정도 도움이 된다는 것도 인정했다. 그러나 조약논쟁 시기는 물론 그 이후에도 연합당은 진정한 데탕트가 과연 달성 가능한지에 대해 깊은 의구심을 나타냈으며, 비록 현상유지에 기초한 화해가 불가피하다 하더라도 통일추구에는 바람직하기보다는 위험하다는 입장을 분명히 했다. 연합당 정통노선은 소련진영의 정책에서 근본적이고 예상치 않은 변화가 없는데도 대화만을 통해 분단독일의 상황을 실질적으로 상당한 정도로 개선한다는 것은 불가능하며 오히려 서구 내에서의 서독의 위치에 새로운 위험만 초래할 수 있다고 보았다. 달리 말해 연합당은 통일을 향한 길은 안보를 위한 길과 마찬가지로 우선 서구를 통해야 한다고 주장했다. 결과적으로 기민/기사당의 전통적 장기목표를 달성하는 데 새로운 동구관계의 역할은 좋게 봐도 보조적인 것에 불과하고, 나쁘게 보면 위험한 역효과를 가진 것으로 받아들였다.

연합당은 자신의 비전은 만들어내지 못한 채, 사민당의 장기적 시나리오를 단호히 거부함으로써 결국 목적과 수단을 분리하는 결과를 초래했다. 실제적 조치들을 허용하고 또 지속시키면서도, 그에 대한 지침이 되는 목표나 광범위하게 인정되는 합리적 근거는 없었다. 연합당 지도자들은 동구권과의 관계개선과 협상, 협정, 무역, 정상회담들을 바람직한 것으로 받아들였지만, 그들의 관점에서는 이 모든 것들은 민족문제의 해결과 안보능력 강화를 위한 통합적 장기정책의 요소들이 아니라 그 자체가 목적이 되어버렸다.

그러나 그러한 실용적이고 이중적인 접근법이 비판자들의 주장처럼 연합당의 새로운 동방정책의 신뢰성을 전적으로 박탈한 것은 아니었다. 적어도 단기적으로는 어느 정도 성공할 가능성이 있었다. 진화 중이었던 연합당 정책을 가장 잘 특징짓는 것이 한계에 대한 인식이었기 때문이다. 부분적으로는 그러한 실용주의로 인해 기민/기사당의 접근법은 서독의 외교정책 내의 기본적 제약들, 그리고 그에 대한 다양한 영향들에 매우 민감할 수밖에 없었다. 이러한 점은 내적 모순과 모호성에도 불구하고 당의 정책이 어느 정도는 성공할 수 있다는 희망을 주었다. 명시적 장기목표가 없다는 것에 이점도 있었다. 비록 연합당이 야심에 찬 비전을 갖고 있지는 않았지만, 바로 그렇기 때문에 그러한 비전을 정당화해야 할 필요에 의해 구속받지도 않았기 때문이다. 사민당이 동구권과의 대화를 민족문제 해결과 중유럽의 새로운 포괄적 평화구조로 전환시켜 동방정책의 정당성을 입증해야 할 부담을 자초했던 반면, 연합당은 그러한 압박으로부터 자유로웠다.

대신 기민/기사당은 동서관계의 어떠한 변화에도 적응할 수 있는 전천후적인 동방정책을 발전시켰다. 연합당은 서독의 외부환경에 대한 특유의 민감성을 고려해 동서 대결구조의 맥락 내에서 관계를 증진시키는 것을 목표로 했다. 기민/기사당의 동방정책은 독일통일이나 블록간 이해충돌의 종식을 통해 대결구조를 극복하려는 정책이 아니었다. 슈트라우스의 말을 빌면 그들에게 “데탕트는 갈등의 끝이 아니라 갈등의 일부”였다.[39] 초강대국간 조화로운 관계가 가장 바람직하겠지만, 연합당의 실용적이고 규제된 공존정책은 동맹내부의 균열을 감수하면서까지 동구와의 협력을 추구하거나 우방국들을 압박하지는 않으려 했다. 연합당 지도자들은 또한 이렇게 동방정책과 서방정책의 균형을 추구하는 것이 오히려 동구진영의 신뢰를 강화하기를 원했다. 간간이 보도된 바와 같이 유권자들과 동맹국들의 신뢰를 결여한 분열된 사민당보다 “그들이 지금 어디에 있는지를 알게 해줄” 기민/기사당 정부를 선호하는 소련진영의 지도자들에게 힘을 실어주려고 했다.

한계에 대한 인식은 또한 동독이 연합당의 접근법을 신뢰할 수 있게 했다. 연합당의 새로운 동방정책은 독일 내 관계 성격에서의 어떠한 기본적 변화도 전제하지 않았다. 제한된 의제와 절제된 기대는 자발적이든 아니든 서독과의 관계에서 자신들의 유연성에 한계가 있다는 점을 공개적으로 인정한 동독정부의 기조와도 잘 맞는 것으로 여겨졌다. 양국 모두 각자의 동맹 내에서 자신들의 위치를 변경시킬 수도 있는 우호협정(*entente cordiale*)보다는 사무적 협상이 더 적합하다고 보았다.

더욱이 연합당의 접근법은 외교정책에 영향을 미치는 주요 국내요인들과도 잘 조화되는 것으로 보였다. 동방정책으로 인해 정치적으로 고립되었던 연합당이 10년 만에 광범위한 정치적 합의에 기초한 정책으로 주류로 복귀하고 있었다. 당의 적극적 대화의지는 지속성과 정상성에 대한 국민들의 희망을 충족시켰다. 당은 독일문제에 대한 타협을 배제하는 정책적 맥락에서 인도주의적 협력을 지지했는

39) FRG, Deutscher Bundestag, *Stenographische Bericht, 8. Wahlperiode*, 203. Sitzung, 1980년 2월 28일자, 16192.

데, 이는 서독 내 범독일주의 정서의 모호성을 반영한 것이다. 당은 대화를 계속하고 민족문제에 구체적 형태를 부여하기를 원했지만, 사민당과는 달리 분단을 영구적인 것으로 받아들이려는 의지표명은 없었다. 이러한 정책은 또한 연정정치의 요구에 따른 것으로서 자민당의 기조와도 점점 조화를 이루었다. 기민/기사당은 광범위한 국민적, 정치적 지지를 받는 슈미트-겐셔의 외교정책을 폐기하려 했던 사민당과는 달리 오히려 그에 더 다가갔다.

기민/기사당 동방정책의 잠재적 신뢰성을 더욱 강화시킨 것은 당 자체 내 의견균형에 대한 민감성이었다. 이중적 성격과 모호성 덕분에 이 정책은 개혁파와 근본주의자 모두를 만족시켰다. 단합에 대한 콜의 집착으로 인해 당은 지나치게 빨리 가거나 지속할 수 없는 위치까지 가는 일을 피할 수 있었다.

3) 모호성 내에서의 합의

기민/기사당의 사민-자민당 동방정책에의 적응은 외교정책에 관해 이제 막 형성되고 있던 서독 내 합의를 수동적으로 반영한 것이기도 했지만, 다른 한편 그것에 능동적으로 영향을 미치기도 했다. 그러한 합의는 공통의 소망이나 비전에 기초했다기보다는 서독 외교정책을 제약하고 형성하는 요소들을 공통적으로 수용한 데에 기인한 것이었다. 그러한 제약조건들로 인해 슈미트-겐셔 정부는 동구권과 관계개선의 속도를 조절하고 범위를 좁혀야 했으며, 연합당은 대화에 대한 이중성을 극복할 수 있었다. 그 결과 소련진영과의 관계에 대한 정부와 야당의 정책은 모두 온건하고 점진적이고 실용적인 접근법으로 수렴되었다.

그러나 동방정책을 일상적으로 수행하는 데 무엇이 필요하고 바람직한가에 대한 합의를 이끌어낼 수 있었던 바로 그 이유가 동시에 이 정책의 궁극적 방향에 대한 명확하고도 공유된 시각을 형성하는 것은 방해했다. 정부와 야당 누구도 서독의 미래를 위한 장기적 처방에 기초한 정책을 발전시키려 하지 않았다. 무엇보다도 양측 모두 동구대화를 동서 양진영의 유럽국가들과의 현재관계를 포괄적으로 변화시키는 첫 단계로서 다루려 하지 않았다. 그렇게 할 경우 서독의 블록체제 내에서의 위치와 서구와의 관계, 베를린의 취약성, 이측 가능성의 요구, 정상성에 대한 국민들의 희망, 민족문제를 미해결 상태로 유지할 구체적인 독일정책의 필요성, 연정정치의 요구 등 서독 외교정책의 국제적·사회적 한계에 도전하는 결과를 초래할 위험성을 가지고 있음을 양측 모두 알았기 때문이었다.

실제로 1982년까지 장기적 문제에 대해 양당 모두가 분명하게 동의하는 것은 근본적 변화란 개념은 가능한 한 일상적 정책수행 행위와 분리되어야 한다는 것뿐이었다. 기민/기사당, 자민당, 그리고 친정부적 사민당원들은 이 점에 대해 암묵적으로 동의했다. 장기 비전을 명확하게 내세운 것은 연합당과 사민당 내 비주류 정치인들뿐이었다. 변화를 거부하는 기민/기사당 근본주의자들은 여전히 전통적으로 서구가 주장한 방식으로, 즉 소련진영의 의사에 반하는 방식으로 독일의 미래를 해결하려는 희망에 집착했고, 사민당 좌파는 블록을 해체하거나 동·서독이 블록체제로부터 피할 수 있는 데탕트 정책을 펼 수 있다는 희망을 고수했다. 기민/기사당의 합류로 세가 불어난 주류 정치세력은 장기적 문제에 대해서는 모호한 태도를 유지하는 것이 더 적절하다고 보았다. 정부와 야당은 입을 맞춰 "유럽분할을 극복하는" 과정 중에서 민족분단을 "극복"하자는 주장을 점적 강하게 펼쳤다. 독일문제의 유럽화는 항상 그래왔듯이 두루뭉술하게 미래에 맡기면서 문제를 다루려는 편의주의적 방법이었다. 그리고 그것은 서독의 통제영역을 넘어서는 변화에 달려 있었기 때문에 굳이 상세한 청사진을 제시할 필요도 없는 것이었다. 정부와 야당은 소련진영과의 일상적 관계를 진행시키는 것이 긍정적이고 평화적인 변화의 가능성을 열어두는 하나의 방식이라는 정도로만 주장했다. 그러나 그러한 변화가 취할 형태는 불명확한 상태인 채로 놔두었다.

1970년대 말과 1980년대 초 정부와 야당의 이러한 모호성은 여전히 남아 있는 독일의 미래에 대한 견해차이를 가리고 있었을 뿐이다. 강력한 제약조건으로 인해 선택의 여지가 거의 없는 상황에서 단기적 합의를 이끌어내기는 쉽지만, 장기적 대안선택이 문제로 될 경우에는 비전과 이상의 갈등이 보다 분명하게 드러나는 법이다. 연합당이 대화정책(*policy of dialogue*)에 적응해간 것은 유럽의 미래를 위한 독일의 역할이 무엇인지에 대한 심각한 논쟁을 지연시키기만 했을 뿐 완전히 해소하지는 못했다. 또한 동방정책의 궁극적 목표에 대한 모호성은 미래에 대한 불확신과 양면적 전망을 정확하게 시사하는 것이기도 했다.

제 9 장

후기 : 연합당 집권 이후
1982~1988

1987년 9월 7일 동독공산당 서기인 에리히 호네커가 본의 총리실 청사 앞뜰에서 리무진에서 내렸고, 연합당 대표이자 5년째 서독총리로 재임 중인 헬무트 콜이 그를 맞이했다. 두 사람은 인사를 나누고 군악대가 양국국가를 연주하는 동안 차렷 자세를 취했다. 그 뒤로는 검정, 빨강, 금색의 삼색으로 된 독일국기들이 한 줄로 늘어서 있었다. 그러나 그 국기들 중 하나 걸러 하나씩은 한가운데에 망치와 컴퍼스가 그려진 동독의 문장(*emblem*)이 더해져 있었다.

콜은 자신의 당이 수십 년 동안이나 그 존재를 인정하지 않았던 제 2의 독일국가 수반을 최대한의 외교적 의전을 갖춰 환영했다. 비록 성과는 거의 없었지만, 회담 그 자체가 양국간의 거의 완전히 정상화된 관계를 상징하는 것이었다. 게다가 총리의 수석보좌관이 해외언론에 밝혔듯이 이미 "통일은 완전히 비현실적"이었다.[1]

반년가량 뒤에 콜은 비스바덴(Wiesbaden)의 한 회의장에서 기민당 대회를 주관했다. 몇 달간의 격렬한 내부논쟁 끝에 대의원들은 "독일

1) *Washington Post*, 1987년 9월 6일자.

통일이 당의 가장 시급한 목표"라는 내용의 새로운 외교정책 강령을 거의 만장일치로 채택했다. 내독장관은 "만약 통일정책을 포기한다면 유럽의 상황은 변할 것이며 장기적으로 연방공화국은 더 이상 소련에 어떠한 대항도 할 수 없을 것"[2] 이라고 했다.

이러한 상반된 이미지는 기민/기사당 동방정책의 이중적이고 모순된 성격을 보여주었다. 야당기간의 거의 절반인 6년 동안 당은 동구관계에 대해 이중적 양면정책을 추진했다. 콜이 이끄는 연합당이 재집권한 이후 동구와의 관계를 지속시킨 것은 놀랄 일이 아니었지만, 당이 보인 열의는 전혀 예상 밖이었다. 또한 연합당이 이끄는 신정부의 논조가 전 정부와는 다를 것이라고 예상되기는 했지만, 그럼에도 불구하고 연합당 지도자들이 통일과 안보문제에 대한 전통적 입장이나 수사의 변경을 완강히 거부한 것은 역시 매우 놀라운 일이었다.

이런 모습은 결국 연합당의 과거, 즉 집권시기와 야당시기로부터의 물려받은 유산이었다. 한 칼럼니스트가 썼듯이 1982년에 연합당은 콘라드 아데나워 시기로부터 유래하는 자신의 전통적 정책과 사민-자민당 연정으로부터 (매우 모호한 태도로) 승계한 동구정책이라는 "모순에 찬 이중적 유산"을 물려받았다.[3]

그러나 1982년 이후의 연합당 정책은 엄밀히 말해 더 이상 과거의 산물이 아니었다. 1982년 정권교체 이후 많은 일이 발생했고, 성공적인 운영적 정책, 즉 관계 "정상화"와 분단고통의 완화를 위한 동구진영 당국과의 대화에 박차가 가해졌다. 사실 연합당이 — 새로운 연정 파트너인 한스-디트리히 겐셔의 자민당과 함께 — 단순한 연속성의 차원을 넘어 보다 과감한 스스로의 동구정책을 펼치기 시작한 것인가 하는 질문이 제기될 수 있었던 것이다.

---

2) *Frankfurter Allgemeine Zeitung*(이후 *FAZ*로 칭함), 1988년 4월 13일자; *Die Zeit*(이후 *DZ*로 칭함), 1988년 6월 17일자.

3) *FAZ*, 1985년 2월 6일자.

그러한 방향에 따른 조치들 가운데 당의 의지에 반하는 것도 많았다. 많은 근본주의 지도자들은 이에 반발해 국가통일을 추구할 권리와 현존 경계선의 법적 잠재성 등 당의 전통적 원칙을 수호하려는 결의를 더욱 굳게 다졌다. 사실 동독이나 기타 동구국가들과의 협상 타결을 위해 경쟁적으로 나섰던 많은 정치인들이 현상유지를 부인하는 전통적 정책을 변경하는 것에 가장 강하게 반대했다.

1. 운영적 연속성 : 동구권 상대하기

1982년 이후 서독의 동구권 외교는 단속적 진전과정을 거쳤다. 초기 몇 달 동안은 일상적 연속성의 시기였고, 1983년 슈트라우스의 동독 방문 같은 뜻밖의 조화와 진전의 시기가 뒤따랐다. 이후 여러 해에 걸쳐 더욱더 냉각된 동서진영 관계로부터 서독 자신의 동독 및 동유럽국가들에 대한 관계를 보호하려 했던 "피해 최소화"의 시기가 있었다. 뒤이은 꾸준한 관계개선의 시기는 1987년 호네커의 방문과 콜의 모스크바 및 동베를린 방문일정으로 절정에 다다르게 된다. 속도와 방향의 차이는 있었지만, 다양한 형태의 끊임없는 움직임이 있었던 것이다.

고위급 외교의 측면에서 본다면 동구권과의 원활한 관계는 콜과 연합당의 우선순위에서 상위를 차지하는 것이었다. 취임 직후인 1983년 콜 총리는 소련을 전격 방문했다. 소련은 이후 한동안 냉대하다가 5년 만인 1988년 미하일 고르바초프(Mikhail Gorbachev)가 콜을 크렘린으로 초청했다. 콜은 프라하와 부다페스트도 공식 방문했고 개인자격으로 동독을 깜짝 방문하기도 했다.

총리실 소속의 볼프강 쇼이블레(Wolfgang Schäuble)와 호르스트 텔칙(Horst Teltschik)이 총리특사 자격으로 동베를린과 모스크바를 각각 방문했다. 기민/기사당 정부의 다른 장관들도 우편, 교통, 생태, 과학기술 등 각자의 분야를 논의하기 위해 동독을 방문했다.

당간부들 역시 모두 동베를린을 방문했다. 시장 시절의 폰 바이체커(1983년)에 이어 그의 후임인 에버하르트 디프겐(Eberhard Diepgen)(1987년), 바덴-뷔르템베르크의 로타르 슈페트, 가장 중요하게는 슈트라우스의 방문이 있었다. 슈트라우스는 전용 비행기로 여러 차례 라이프치히를 방문했는데, 그 가운데 한 번은 대규모 무역차관을 논의하기 위해서였다. 1987년 12월 말에는 크렘린에서 고르바초프와 건배를 나누었다. 폰 바이체커 대통령과 로타르 슈페트도 1980년대 말에 소련을 방문했다. 드레거 하원의장도 1985년 방문단을 이끌고 모스크바와 바르샤바로 향했다.

겐셔 외무장관의 순방외교는 끊이지 않았다. 티라나(Tirane: 알바니아 수도—옮긴이)를 제외한 동구진영의 모든 수도를 방문했고 동독을 한 차례 비공식적으로 방문하기도 했다. "비행기 두 대가 가로질러 갈 때 그 둘 다에 겐셔가 타고 있다"는 농담이 유행할 정도였다.

서독의 노력에도 불구하고 소련으로부터는 1982년에서 1988년 사이에 외무장관 외에 다른 고위관리의 방문은 없었다. 그러나 동유럽 정당 지도자들과 많은 동독 정치국원들이 서독을 방문했다. 1985년에 동독의회 의장인 호르스트 진더만(Horst Sindermann)이 사민당의 초청으로 방문했을 때, 의전을 둘러싼 상당한 논쟁이 있은 후 콜과 서독 하원의장이 그를 맞이했다.

콜과 호네커의 정상회담은 여러 차례 연기되었다. 둘은 세계 지도자들의 장례식에서나 만날 수 있을 것 같아 보였다. 동독은 1984년에 본에서 예정된 정상회담을 드레거의 냉소적 발언—"우리의 미래는 호네커 씨가 방문의 영광을 베풀어줄지에 달려 있는 것이 아니다"—을 빌미로 취소했다. 그러나 실제로 호네커의 방문을 막은 것은 소련이었다. 서독이 드레거의 발언 뒤에 보인 당혹감과 이 방문연기 당시 나타냈던 실망감은 콜 정부가 호네커의 방문을 얼마나 고대하였는지를 그대로 보여주는 것이었다. 서독 정부관리들은 호네커의 방문의사와 시기를 알아내기 위해 그의 공식연설에서부터 라이프치히 무역박람회에서 공작기계를 놓고 서독 기업인들과 가진 10분간의 대화에 이르기까지 그의 발언을 일일이 분석하기도 했다.

고위급 및 실무급 회담을 통해 콜 정부는 사민-자민당 연정이 추진했던 모든 주요의제들과 자신들이 새롭게 제기한 이슈들에 대한 협상을 계속 진행했다. 서독은 예를 들어 뢰데(Röde)강 정화, 우편배달 개선, 서독이나 서베를린 시민들의 연간 동독체류 허가일수 연장, 연금생활자와 아동들에 대한 의무환전액 인하, 제3세계 난민들의 동독을 경유한 서독입국 제한(1985년 7월), 동·서독간 통행로 보수(1985년), 도시간 자매결연 허용(1986년), 원자력발전소 안전을 위한 협력의 일반기준 확립(1987년), 서독주민들이 동독에 거주하는 친척들의 구좌로 직접 송금할 수 있도록 하는 방법개발 등에 대한 협약을 추진했다. 이러한 성공적 협상은 1986년 문화적 관계에 대한 협정과 1987년 생태 및 과학협력에 대한 일반협정들로 이어졌다.

기존협정들하에서 동독은 1987년에 동독 연금생활자들의 서독방문을 3백 8십만 회로 늘리는 데 합의했고, 이는 개인으로 치면 1백 5십만 명 이상에 해당했다. 보다 중요하게는 아직 은퇴연령 이전인 주민들의 방문허가 횟수가 1973년에서 1981년 사이에는 정체되었다가 1983년에 두 배로 늘어나 6만이 되었고, 이후 2년 동안 다시 거의 같은 수를 유지하다가 1986년에 6십만으로, 1987년에는 1백 2십만으로 급격히 증가했다. 요컨대 1987년에 1천 7백만 명 동독인구 가운데 2백 5십만 명이 서독을 방문한 것이다. 도로테 빌름스(Dorothee Wilms) 내독장관은 "이 여행횟수는 장벽설치 이후 최대규모"라고 밝혔다.[4]

상대적으로 더디긴 했지만 청소년 및 스포츠 교류도 지속적으로 증가했다. 1987년에 6만 명 이상의 서독 청소년들과 4천 명의 동독 청소년들이 각각 동독과 서독을 방문했다. 동독으로부터의 이주민의 수는 1984년에 4만 명 이상으로 늘어났다가 이후 몇 해 사이에 1만 명에서 2만 5천 명 사이로 안정되었다.

관계진전은 다른 분야로도 확산되었다. 1987년에 30여 건 안팎의 자매도시 결연행사가 있었고 제안단계에 있는 것도 수백 건에 달했다. 1988년에는 동독 내 90% 이상의 지역에 서독과 직통전화가 개설되었다.

비교적 덜 알려졌지만 동독의 정치범 석방과 그에 대한 서독의 보상문제에서도 성과가 있었다. 1985년에는 석방자 수가 2천 5백 명에 이르러 사상 최고치를 기록했다.[5] 1988년에는 순교한 맑스주의자인 로자 룩셈부르크(Rosa Luxemburg)의 상징물과 그녀가 호소했던 반대자에 대한 관용을 자신의 운동에 이용해 동독공산당의 미움을 샀던 저명한 작곡가 겸 인권운동가가 석방되기도 했다.

그러나 진전 여부가 불명확한 분야도 있었다. 동독이 이따금씩 탈출자에 대한 발포명령을 줄이는 듯 보였지만, 국경지역에서의 사망자 발생은 여전히 계속되었다. 국경지역의 자동발사 장치를 해체하고 대신 덜 치명적이지만 더 현대화된 탐지장치를 설치했다. 스포츠 교류와 환경협력에 관한 협정들은 모호한 의지선언에 그쳤고, 동독은 경계지역 강들의 대규모 정화작업을 위한 자금과 기술을 요구했다. 1987년 말에 서독에 체류하려는 동독 여행자들의 수가 늘어나자 동독정부는 서독을 방문하는 주민들에게 관례적으로 제공하는 현금

4) FRG, Bundesministerium für innerdeutsche Beziehungen, *Erfolgreiche Bilanz der Deutschlandpolitik 1987: Erklärung von Dorothee Wilms* (Bonn: Bundesministerium für innerdeutsche Beziehungen), 1988.

5) *Washington Post*, 1985년 12월 10일자.

의 액수를 줄였고, 향후 발행될 여행허가증 숫자도 불확실한 상황이 되었다. 동독정부는 서독정부에게 동독 여행자들에 대한 현금의 직접지급을 중단하고 대신 동독당국에 일괄 지불할 것을 요구했다.

그럼에도 불구하고 1980년대 중반의 진전은 인상적인 것이었다. 한 신문은 이를 두고 "독일인들을 위한 작은 기적"이라고 불렀다.[6)]

이와는 대조적으로 서독과 소련 간의 관계는 적어도 콜-겐셔 정부의 첫 몇 해 동안은 침체상태에 놓여 있었다. 이는 주로 소련이 서독을 고립시키고 1983년 미국의 미사일 배치에 대해 응징하려 한 데서 비롯되었다. 그러나 양측은 영사관계와 과학교류, 경제협력(슈미트와 브레즈네프 간의 1978년 조약 연장) 등에 대한 조약을 체결했고, 1987년에는 1950년 이후 가장 많은 수의 러시아 거주 독일인들이 서독으로 이주했다. 폴란드와의 관계도 1980년대 초에는 침체했지만 1986년 약 2만 7천 명이었던 서독 이주 독일계 주민들 수가 그 이듬해에는 4만 8천 명으로 늘어났다.[7)]

1) 관계진전의 대가

콜 정부와 연합당은 이러한 종류의 관계진전의 대가로 무엇을 지불하려 했을까?

첫째, 당은 협상 파트너로서 동독의 합법성을 더 이상 부인하지 않았다. 야당시절 연합당은 동독과 대화를 하더라도 동독공산당의 지위를 강화시키지 않으면서 협상에 임하는 것이 가능하다고 주장했다. 그러나 집권 이후 당 지도자들은 그러한 원칙을 포기했다.

한 예로 동독의회 의장인 진더만이 본에서의 회담을 위한 사민당의 초청을 받아들였을 때 정부는 난처한 입장이 되었다. 동독이 연

6) *DZ*, 1988년 1월 8일자.
7) *FAZ*, 1988년 1월 11일자.

방공화국과 동등한 지위를 가진다고 하고 또 동독공산당 체제와 민족분단을 합법적이라 주장하는 기관으로부터의 방문객을 서독정부가 공식적으로 어떻게 대접해야 할까? 몇 주 동안의 논쟁 끝에 복잡한 타협안이 나왔다. 서독이 받아들일 수 없는 동독의 지위격상을 막기 위해 집무실에서의 영접은 피하되 다른 한편 방문자가 모욕적으로 받아들일 수 있는 제3의 장소에서의 영접도 피해, 하원의장인 필립 예닝거(Philipp Jenninger)가 자신의 공관에서 맞기로 하였다.

진더만의 방문 이후 연합당은 양독의회간의 공식적 접촉에 대해 보다 유연해졌다. 겐셔의 자민당은 오랫동안 그러한 대화를 지지했고 볼프강 쇼이블레가 이끄는 총리실도 같은 의견을 내비쳤다. 1987년에 기민당 역시 조건부로 인정했다. 기사당만이 반대입장을 고수하였는데, 그 논거는 동독의회를 서독하원과 법적으로 동등한 것으로 인정할 경우 동독인들의 자결권을 보장하는 기관으로 인정한다는 의미가 된다는 것이었다. 그러나 1988년 슈트라우스는 당의 입장을 뒤집고 서베를린 대표가 어떤 식으로든 차별받지 않는다는 조건하에서 의회간 접촉을 승인했다. 그는 연방하원이 이미 서구 민주주의의 기준에 부합하지 않는 소비에트 최고위원회 같은 기관과도 장기적으로 관계를 유지했다는 점을 지적했다. 그는 기사당이 유연성을 보이지 않으면 이 문제로 고립될 것이라고 보았던 것이다.[8)]

베를린에서는 기민당이 공식접촉을 회피하지 않겠다는 의사를 더욱 강하게 표시했다. 폰 바이체커는 시장재임 시 동독주재 서독 상주대표의 수행 없이 동베를린을 방문했고, 그의 후임인 에버하르트 디프겐도 1988년에 그랬다. 이는 베를린 관리들이 호네커 정권을 상대할 때는 서독과의 관계를 특별히 강조해야 한다는 연합당의 기존 주장을 사실상 폐기한 것이었다.

---

8) *FAZ*, 1988년 3월 3일자.

1987년 베를린의 750주년 기념식을 둘러싼 사건들로 인해 지위문제가 다시 제기되었다. 디프겐은 호네커를 서베를린으로 초청하면서 서독국가를 연주하지 않을 것을 약속했다. 또한 국가수반으로서 대우하라는 호네커의 요구를 — 굴복은 아니더라도 — 수용하고, 콜과 폰 바이체커 대통령이 "외국"손님인 아닌 "국내"손님으로 참석하는 것에 대한 그의 우려를 해소할 수 있도록 타협안을 찾겠다고 약속했다. 그러나 결국 점령국 권리에 집착한 소련의 설득으로 호네커는 참석하지 않았다. 한편 동베를린 축하행사에 초청받은 디프겐은 이것이 "공동체"(*community*) 행사에 불과하고 4강의 지위를 침해하지 않는다며 응하려 했다. 서구 강대국들이 디프겐의 계획에 회의적 시각을 보였고 그의 참석도 결국 무산되었다.

호네커의 방문을 준비하는 과정에서도 의전논쟁이 불거졌다. 주 회담장이 수도여야 하는가 아니면 조금 더 떨어진 곳이어야 하는가, 호네커와 연방 대통령이 대통령 집무실에서 만나야 하는가 아니면 다른 적당한 시설에서 만나야 하는가? 그러나 1987년 9월 서독은 지위에 대한 우려를 이미 극복한 상태였고 호네커는 국가원수로서 영접되었다. 콜의 보좌관은 독일 내 관계의 "특수한 성격"은 외적 형식이 아니라 실질적 내용의 문제라며 수십 년 동안 유지한 연합당의 정책을 일축했다.[9]

그러나 기민/기사당은 한 분야에서만큼은 여전히 타협을 거부했다. 사민당과 자민당이 동독 내 자신들의 상대인 사회주의통일당, 동독자민당과의 공식관계를 수립한 반면, 연합당은 동독기민당이 또 하나의 불법적 체제유지 도구에 불과하다는 이유로 관계수립을 거부했다. 그러나 여기서도 변화의 조짐이 있었다. 사무총장 가이슬러가 이끄는 일부 기민당 지도자들이 동독의 "모든" 사회, 정치적 단체들

9) *FAZ*, 1988년 8월 11일자.

과 접촉할 필요성을 강조한 것이 그것이었다.

슈트라우스는 특유의 직설적 화법으로 지위문제가 "신성불가침의 영역"일 수 없다고 말했다.[10] 이러한 개혁정신은 또 하나의 연합당 정통노선의 원칙, 즉 동독을 안정시키는 행위를 금지한다는 원칙을 포기하게 했다.

야당시절 연합당은 동독의 불안을 조장할 의도는 없지만, 그렇다고 서독의 정책이 인적 교류나 인권을 희생하면서까지 동독정권의 내부적 문제를 해소해주어서는 안 된다고 주장했다. 그러나 1982년 집권 이후의 연합당 정부는 인적 교류와 인권문제를 위한 자신들의 노력이 동독공산당에 지나친 위협이 되지 않도록 항상 조심했다.

동독 여행객들이 이주비자를 요구하며 프라하 주재 서독대사관 안으로 진입했을 때, 서독은 조심스러운 경고로 그들을 내보냈다. 총리실 장관이던 필립 예닝거는 동독의 인구를 줄이는 것은 서독의 정책이 아니라고 선언했다.[11] 4년 후 서독에 잔류한 동독 여행객들의 비율이 0.3%에서 1%로 늘어나자, 동독의 교회 관계자들은 동독주민들의 서독여행 증가가 동독의 안정을 해칠 수 있다며 불만을 표시했다. 서독정부는 동독인들에 대한 시민권 발급을 중단하라는 그들의 요청을 거부하면서 그것이 이민을 부추기는 것은 결코 아니라고 주장했다.

더욱이 1980년대 후반 들어 서독은 공적 및 상업적 거래를 통해 동독정권의 모든 재정적 수요를 충족시켜주었다. 1980년대에 서독의 개인 방문객이 의무환전액, 비자수수료, 외국인 대상 상점에 대한 특별세, 동독친척들에게 주는 선물 등으로 동독에 제공한 돈만 연간 15억 마르크에 이르렀다. 콜 정부는 훨씬 더 많은 액수를 제공했는데, 주로 일괄 지급하는 서독인들의 베를린 통행로 사용료(연간 5억

---

10) *Der Spiegel*(이후 *DS*로 칭함), 1987년 3월 23일자.

11) *FAZ*, 1984년 3월 26일자.

마르크)와 독일 내 우편 및 전화료(연간 2억 마르크로 1982년 이전까지 지불한 액수의 두 배 이상) 등에서 지불액이 늘어났다.

서독정부는 특별한 사업을 통해서도 추가비용을 지불했다. 베를린과 함부르크 사이의 새 고속도로 건설(10억 마르크로 대부분 구간은 이미 슈미트 정부하에서 완공되었음), 기존 통행로와 다리의 개량과 확장(7억 마르크), 베를린으로 이어지는 철로의 개선(1억 5천만 마르크) 등이었다. 대규모 비용이 드는 많은 사업들이 1980년대 말경 종료되었지만, 한 관찰자는 "연방정부와 베를린 상원은 많은 새로운 사업을 원했고 이를 위해 기꺼이 경화를 제공할 준비가 되어 있다"고 지적했다.[12]

서독은 또한 동유럽국가들과 무역협정을 맺었고 1985년에는 동독과의 무역을 위해 "스윙"(*swing*)이라는 무이자 당좌대월을 25% 증액하기로 합의했다. 슈트라우스는 유럽공동체와 헝가리 간의 특수한 무역협정을 추진했다.

주목할 만한 점은 서독정부가 동구에 대한 차관제공에 적극 나섰다는 점이다. 가장 놀라운 일은 1983년 라이프치히에서 호네커를 만난 이후 슈트라우스가 개설한 10억 마르크 규모의 동독에 대한 신용보증이었다. 총리실 관리들은 사실상 자신들이 성사시켜놓고도 슈트라우스에게 그 공적을 돌렸던 것인데, 그 뒤 완고한 근본주의자만이 연합당 독일정책의 극적인 U턴을 비난받지 않고 해낼 수 있다는 생각에서 그런 것임을 은근히 시사했다.

그러나 슈트라우스조차 이러한 입장변화에 대한 비판에서 자유롭지 못했다. 실망한 기사당 당원들은 그의 유화적 태도를 맹공했다. 1983년 기사당 대회에서 대표로 재선되었을 때 그가 받은 지지는 약 80%에 불과했다. 만장일치에 가까웠던 과거와 비교할 때 이는 매우 아픈 결과였다. 그러나 그는 자신의 전략적 감각을 믿어 달라는 호

12) *DZ*, 1987년 7월 17일자.

소로 결국 지배력을 회복했다.

그 이후에는 흐름을 되돌릴 수 없었다. "사무적" 대화라는 과거 기민/기사당의 관념이 말 그대로 현실이 되었다. 추가적 차관이 1984년 동독에(10억 마르크), 1987년 헝가리에(약 10억 마르크), 그리고 가장 중요하게는 1988년에 소련에 제공되었다. 일군의 서독은행들이 소련 정부에 20억 달러(35억 마르크) 이상의 신용을 제공했는데, 이는 1982년 가스 파이프라인 논쟁 이후 가장 큰 규모의 동서간 계약이었다.

정부의 특별보증 여부와 상관없이 (소련의 경우 순전히 상업적 차원의 거래였다) 정부가 나서서 신용공여를 장려했고 연합당 간부들도 계약체결에 기쁨을 감추지 않았다. 동구무역의 점진적 확대는 1985년에 끝나고 사실상 침체기에 들어갔지만, 이는 세계적 유가하락에 기인한 것이었지 서독의 인센티브 결여 때문은 결코 아니었다.

무역관계에서 연합당이 신중한 태도를 보인 것은 단 한 가지 문제에 관해서였는데, 그것도 잠시 동안에 불과했다. 1982년 가스 파이프라인을 둘러싼 논쟁에 대한 타협적 해결책의 일환으로 서독은 서구동맹과 일본이 군사적 전용 가능성이 있는 것으로 판단한 "전략적" 품목에 대한 코콤 제한을 재점검하고 필요한 경우 보다 엄격히 하는데 협력하기로 동의했다. 그러나 이후 많은 연합당 간부들이 이 리스트를 보다 완화해야 한다고 주장했다. 1988년 초 크렘린 방문기간 동안 슈트라우스가, 그리고 1987년 고르바초프와의 정상회담에서 로널드 레이건이 각각 무역제한 완화에 대한 희망을 피력한 이후 연합당은 그러한 요구를 더 적극적으로 제기했다.

연합당은 서독의 지불과 교역, 차관이 불가피하게 동독 및 동구진영 국가들의 경제적 안정은 물론 사회적 안정에도 기여한다는 점을 인정했다. 동구로 흘러들어가는 현금과 신용의 규모는 연합당이 동구관계에서의 또 하나의 원칙에 관해 얼마든지 타협할 의지가 있음을 보여주었다. 연정 초기에 잠시 내독장관을 지낸 라이너 바르첼은

"약속을 대가로 한 현금제공"(*money in exchange for promises*)은 더 이상 없을 것이라고 장담했다. 그러나 기민/기사당은 돈으로 관계진전을 사는 데 적극 나섰고, 그 과정에서 엄격한 반대급부도 요구하지 않았다. 동구로부터의 구속력 있는 상호성 보장이 없는 경우에도 경제적 혜택을 제공했던 것이다.

이러한 새로운 유연성을 가장 잘 보여주는 것이 슈트라우스가 제공한 차관이었다. 1970년에 슈트라우스는 "나는 공산주의 세계에 차관을 제공하는 것, 또 그것을 통해 갑자기 정치적 양보를 얻어낼 수 있다는 주장을 그다지 중요시하지 않는다"고 말한 바 있었다.[13] 갑작스러운 라이프치히 방문이나 호네커와의 회담만으로는 그가 공들여 일군 강경주의자로서의 이미지를 불식시키는 데 충분하지 않다는 듯이, 그는 동독으로부터 이주확대나 발포명령 취소에 대한 공개적 보장이 전혀 없었음에도 불구하고 계약을 성사시킨 것을 자랑스러워했다. 놀라워하는 슈트라우스는 "나는 수단의 선택에서 보다 유연해졌다"고 말했다.[14]

정부관리들은 차관제공으로 납세자들은 한 푼도 손해를 보지 않았으며 그 대가로 동독이 여행확대, 원활한 통행, 아동들에 대한 의무환전액 인하 등 8년간의 교착상태를 끝낼 "일련의 긍정적 신호"를 브내왔다고 강조했다.[15] 그러나 동독의 공개적 약속은 전혀 없었고 연합당 정부는 단지 구속력 없는 개인적 차원의 보장만을 받았던 것이다.

헝가리에 신용을 제공하고 소련에 대한 무보증 신용을 장려했을 때도 마찬가지였다. 1984년의 10억 마르크 차관을 제외하고는 동구

13) Strauss, Deutschalnd Funk, "Interview der Woche im Deutschalnd Funk," 1970년 1월 11일자.

14) *FAZ*, 1983년 7월 28일자.

15) Philipp Jenninger, "Eine Deutsche Bilanz," FRG, Bundespresse-und Informationsamt, *Bulletin* 83/84 (1984년 2월 15일자).

로부터 이에 상응하는 어떠한 양보조치도 발표되지 않았다. 바르첼의 뒤를 이어 내독장관이 된 근본주의 추방자 그룹 지도자 하인리히 빈델렌(Heinrich Windelen)은 "우리는 적어도 이 지점에서는 주고받기식의 엄격한 인과관계"(*strict causality of give-and-take*)로부터 후퇴했다"고 밝혔다.[16]

1987년에 동독에 다시 10억 마르크 규모의 신용을 제공할 것이라는 소문이 돌자, 연합당 간부들은 이를 지지했다. 서독이 경제지원의 대가로 무엇을 요구할 것인가의 문제에 관해 연합당의 독일정책 대변인인 기사당의 에두아르트 린트너(Eduard Lintner)는 (관계진전에는 주고받기가 필요하다고 덧붙이기는 했지만) "나는 전제조건을 내세우는 것에는 항상 반대했다"고 밝혔다. 물론 그러한 신용공여가 "모호한 의지의 선언"을 구체적 독일 내 관계의 개선으로 전환시키는 일괄협상의 일부여야 한다고 주장한 정치인도 있었지만 그는 오히려 사민당 소속이었다.[17]

콜 정부는 또한 모호한 합의에 반대한 연합당의 오랜 입장을 기꺼이 포기하면서도 태연자약했다. 서독이 동구와 체결한 일부 조약들은 연합당이 야당시절에 맹렬히 비난했던 모호한 문구들을 담고 있었다. 예컨대 1986년의 문화적 관계에 대한 조약에서 양독은 서베를린을 모호하게만 서독의 일부로 규정하는 조항과 각국이 자신의 법적 원칙에 따라 운영한다는 조항에 합의했다. 이는 연합당이 야당이던 1970년대에 강력하게 비난했던 문구와 같은 내용이었다. 보수신문인 〈프랑크푸르터 알게마이네 차이퉁〉은 이러한 모호한 문구로 인해 발생할 문제를 우려하면서, "현정부는 지난 정부만큼 동독과 잘 지낼 수 있다는 것을 증명하려고 안달이었는데 결국 성공했다"라며 냉소적으로 평했다.[18]

---

16) *Die Welt*(이후 *DW*로 칭함), 1983년 12월 19일자.
17) *FAZ*, 1987년 10월 28일자.

지위와 재정문제에서도 콜 정부는 모호한 약속이나 문구만을 대가로 하여 협상 상대국들의 요구를 충족시켜주려 했다. 물론 항상 그렇지는 않았지만 근본주의자들까지 포함해서 연합당 전체가 전 정부의 접근방식을 그대로 답습하는 데 따른 양심의 가책을 손쉽게 극복해냈다.

더구나 보다 적극적인 기민당 지도자들은 미국과의 마찰이 예상되는 상황에서도 새로운 동방정책을 거리낌 없이 밀고 나갔다. 미국이 서독의 동구정책을 굳게 지지했지만 간혹 신경전이 벌어지기도 했다. 베를린에서는 폰 바이체커와 디프겐의 동독방문처럼 대화에 대한 희망이 앞선 나머지 베를린에 대한 4강의 권한을 침해하는 경우가 종종 있었다. 기민당이 게라 요구와 관련해 해법을 찾아볼 수 있을 것이라는 뜻을 비쳤을 때, 베를린 주재 미국 공관장인 존 콘블럼(John Kornblum)은 독일국적 같은 문제는 4강의 권리와 관련되어 있기 때문에 독일의 관점에서만 봐서는 안 된다고 지적했다. 양독간 대화에 대해 미국이 크게 우려했을 때, 폰 바이체커는 "미국인들은 독일인들을 동반자로서 신뢰할 수 있다. 그러나 그것은 독일인들을 있는 그대로 받아들이고 현재의 지정학적, 인간적 조건들을 변경하려 하지 않을 때에 국한된다. 우리 서독인들은 동독지역의 독일인들에 대해서 특별한 책임이 있다"고 말했다.[19]

기민/기사당이 이끄는 정부하에서 정책의 연속성은 철저히 관철되어 1984년에 연정정당들이 사민당과 함께 독일정책에 대한 공동결의문을 채택할 정도였다. 그러한 공식적인 초당적 협력이 비록 오래가지는 않았지만, 연합당이 자신들이 물려받은 동구대화를 지속시키고 또 사실상 확대시키는 데 매우 헌신적이고 또 성공적이었다는 것은 분명했다.

---

18) *FAZ*, 1985년 12월 17일자.

19) *FAZ*, 1985년 11월 21일자; 폰 바이체커, *Newsweek*, 1984년 8월 20일자.

2) 기민/기사당 동방정책의 원천

이와 같이 콜의 당은 동구관계를 계속 진전시켰을 뿐 아니라 동방정책에 박차를 가하고 상당한 규모의 차관공여로 모멘텀을 이어나갔다. 현상유지, 더 나쁘게는 그 현상유지의 불건전한 변화를 수용하는 것에 대한 유보가 엄연히 남아 있었음에도 불구하고, 당이 동구국가들과 협상하고 그들을 안정시키고 나아가 그들의 합법성을 사실상 인정하려고 한 이유는 무엇이었을까?

(1) 국제적 차원

이미 야당시절부터 연합당은 현상유지를 거부하는 정책으로 회귀하는 것은 유럽의 블록체제 공고화와 양립이 불가능하고 동맹국들의 희망에 어긋나며 불신을 자초해서 베를린을 위태롭게 할 수 있다는 것을 깨달았다. 이러한 엄연한 현실에 대한 일말의 의구심조차 일소해버린 이는 쥴리오 안드레오티(Guilio Andreotti) 이탈리아 외무장관이었다. 그는 1984년에 “두 개의 독일국가가 존재하며 두 개로 남아 있어야 한다”고 선언함으로써 근본주의자들 사이에 논란을 불러일으켰다. 오스트리아 총리는 안드레오티가 “우리 모두가 생각하고 있던 것을 보다 분명히 표현했다”며 거들었다.[20]

그러나 국제적 환경으로 인해 당이 현상유지를 거부하는 정책으로 회귀하지 않았다고 말하는 것은 당이 이미 야당시기에 얻은 교훈을 반복하는 데 지나지 않는다. 설명이 필요한 부분은 당이 왜 그렇게 멀리, 왜 그렇게 신속하게 나아갔는지에 대해서인데, 여기에도 역시 국제적 요인들이 작용했다.

1980년대 초 변화무쌍한 국제환경 속에서 연합당의 현명한 선택은 동구관계를 안정되게 유지하는 것이었다. 1980년대 초중반 미·소

---

20) *FAZ*, 1984년 9월 29일자.

두 초강대국간의 관계는 특히 미국의 INF 유럽 배치문제를 둘러싸고 날카로운 대립관계로 회귀했고, 미국과 NATO동맹을 분열시키려는 소련의 기도도 계속되었다. 연합당은 미국의 정책을 지지했다. 물론 소련이 서독을 외교적으로, 특히 동독으로부터 고립시키는 보복조치를 취하리라는 것을 이미 예상하고 있었다. 양독관계의 냉각은 국내에서 미사일 배치에 반대하는 압력을 강화하고 반미, 반NATO 정서를 더욱 부추길 가능성이 있었다. 그러한 사태를 막기 위해 연합당은 경제협력을 통해 동구관계를 보호하는 데 더 많은 노력을 기울였다. 즉, 경제적 희생을 하는 것이 서구의 신뢰를 훼손할 양보를 강요받는 것보다 낫다고 본 것이다.

결국 당 지도부는 동독에 상당한 무역차관을 제공함으로써 잠재적 손실을 줄이는 방안을 선택했다. 하인리히 빈델렌은 이에 대해 다음과 같이 밝혔다.

> 신 연방정부가 처한 상황은 간단하지 않다. 정부는 처음부터 국민들이 우선순위를 분명하게 이해할 수 있도록 했다. 즉, 우리가 독일 내 관계와 서구동맹에서의 안보 중에 선택을 해야 하는 상황에 놓인다면 후자를 택할 것이다. 군비 현대화를 반대하는 세력들이 그 선택을 어떻게 이용하려 들지 뻔하다. … 신용보증을 통해 신 연방정부는 서독의 안보와 동맹 이해관계가 계속해서 보호되는 한, 동독과 완전하게 협력할 준비가 되어 있다는 신호를 줄 수 있을 것이다.[21]

1985년 이후 초강대국들간의 해빙이 시작된 후에도 그러한 고려사항이 여전히 중요했다는 것은 매우 역설적이다. 연합당 간부들은 고르바초프의 유화적 외교가 — 다른 곳과 마찬가지로 독일에서도 — 관계개선의 기회를 제공할 수 있겠지만, 데탕트가 서독의 안보에 대한

21) Heinrich Windelen, "Grundfragen der Deutschlandpolitik der Bundesregierung," *Bulletin* 15(1984년 2월 8일자) : 135.

타협을 대가로 하는 것이라면 동맹의 분열을 초래할 가능성이 있다고 생각했다.

결국 서독은 대화와 교역을 통해 소련 및 동독과의 관계의 기초를 더욱 굳게 다지려 했다. 1985년에 드레거가 이끄는 연합당 의회 지도자들이 관계회복을 위해 모스크바를 방문했다. 소련의 냉대에도 불구하고 방문단은 대화가 유용하고 긍정적이었다는 표현에 커다란 의미를 부여했다.[22] 동시에 연합당은 호네커의 방문에 걸림돌이 될 모든 의전상 문제를 해결하는 데 착수했다.

1986년 레이캬비크(Reykjavik) 정상회담 이후 유럽 군비통제 회담의 진전 여부가 모호했기 때문에 연합당은 동구관계 개선을 위한 노력을 더욱 가속화했다. 연합당은 자신들의 강경한 안보정책 때문에 데탕트가 궤도를 이탈하고 동·서독 화합의 희망도 물거품이 되었다는 비난을 받고 싶지 않았던 것이다. (자민당은 아니더라도) 연합당은 이중적 모습을 보였다. 즉, 새로운 데탕트와 동방정책 활성화의 계기를 환영하면서도, 동시에 군비통제가 (미국이 서독에서 모든 INF와 핵미사일까지 철수하는 결과를 가져와) 서독의 안보를 위태롭게 할 정도로 진전되는 것은 막으려 했던 것이다.

그래서 당 지도자들이 홀로 제로옵션(*Zero option*, 브란트 총리가 81년 모스크바를 방문하였을 때 처음으로 사용한 표현으로 레이건이 NATO 결정을 토대로 소련이 서유럽을 겨냥해 증강배치 중인 SS-20, SS-4, SS-5 전역 핵미사일을 전면 철수한다면 미국도 1983년부터 서독을 중심으로 한 퍼싱-2 미사일과 잠수함발사 순항미사일의 유럽배치 계획을 중단한다는 내용—옮긴이)과 INF 협정에 반대하는 가운데, 연합당은 대화확대를 촉구하고 새로운 신용을 제공했으며 호네커의 방문을 준비하고 콜과 고르바초프의 정상회담을 추진했다. 1988년 초에 슈트라우스는 결국 소련방문의 숙원을 이루었다. 그는 크렘린에서 고르바초프와 건배하

---

22) *FAZ*, 1985년 12월 4일자.

면서 "전후시대는 끝나고 새로운 시대가 시작되었다"고 선언했으며 총리보다 모스크바를 먼저 방문했다는 점에 흡족해 했다.[23]

달리 말해 바로 동서진영간 군비통제에 대한 자신들의 양면적 입장 때문에 연합당 지도부는 동구대화를 지속시키는 것이 필요하다고 느꼈다(연합당은 나중에 동구의 압력보다는 동맹의 압력으로 제로옵션에 대해 양보했다). 당은 동독공산당과 크렘린에 대해 서독의 데탕트 의지를 보여줌으로써, 가능하면 동구가 안보와 군비통제에 대한 서독의 또 다른 양보를 얻기 위해 압력을 행사하는 것을 미리 차단하고자 했던 것이다.

요컨대 기민/기사당 지도자들은 차관으로 뒷받침된 외교를 통해 동서관계를 단단한 기반 위에 올려놓으려 했다. 또한 그럼으로써 소련이 (1983년, 1984년 경우처럼) 직접적 압박이나 (1985년 경우처럼) 동서관계의 해빙으로부터 배제하는 방법으로 서독을 고립시키려는 시도를 막으려 했다. 동서관계가 요동치던 1980년대에 기민/기사당은 안보 및 동맹정책의 희생을 수반하지 않는 전천후 동방정책을 수립하는 것이 절실했다. 그러나 공교롭게도 연합당은 동맹국들로부터 군비통제를 방해한다는 비판을 받았고, 더 나아가 일부 서방국가로부터 동구관계 개선에만 지나치게 집착한다는 의구심을 샀다.

또 다른 국제정세의 발전, 즉 서구와의 정치·경제적 관계증대를 통해 자신들의 국내적 정당성을 공고히 하려 한 동독 등 동구권국가의 태도변경도 연합당의 적극적 대화추구 경향을 강화시킨 요소가 되었다. 헝가리는 오래전부터 그랬지만, 1980년대 들어 동독도 서독과의 관계에서 보다 적극적이고 유연한 입장을 보였다. 미사일 배치를 둘러싸고 긴장이 한껏 고조되던 1983년, 서독을 고립시키려는 소련의 의지에 반하는 것임에도 불구하고 호네커는 "긴장이 동·서독

---

23) *Washington Post*, 1988년 1월 17일자.

관계에 미치는 영향을 제한하겠다"고 약속했다. 1986년에 호네커는 여행제한을 크게 완화해 전례 없이 많은 동독인들의 단기 서독방문을 허용했다. 이후 지나친 인적 접촉의 증가에 대해 제동을 걸기도 했지만, 동독공산당은 적어도 과거와는 달리 화해의사가 있다는 것을 보여주었다.

기민/기사당 간부들은 동독의 이러한 유연성에 주목하였는데, 그들은 "독일 내 관계의 극적 악화는 양국간의 경제관계에도 영향을 미칠 수밖에 없다"는 호네커 정권의 인식 때문이라고 보았다. 그들은 동독공산당이 삶의 질 개선과 여행기회 확대에 기초한 주민들의 "최소한의 동의"를 확보함으로써 내부개혁의 압력을 해소하기 위해 서독과의 무역과 접촉을 필요로 할 것이라고 판단했다.[24] 빈델렌 내독장관은 "1970년대 사민-자민당 정책에 대한 양독일에서의 지지를 과소평가해서는 안 된다. 동독에서는 특히 더 그렇다. 양독간의 특수한 관계는 동독주민들의 심리 속에 깊이 자리잡아 어느 정권이라도 결코 실망시켜서는 안 될 기대와 요구가 되었다"고 주장했다.[25]

1985년 이후 고르바초프의 내부개혁은 소련진영의 국제경제와의 연관성을 더욱 확대시키는 계기가 되었다. 동독정부는 더 많이 개방하라는 소련의 압력에 저항했지만, 서방과의 관계확대를 가능하게 하는 운신의 자유가 생긴 것에 대해서는 다른 동구국가들과 마찬가지로 환영했다.

그 결과 연합당은 동유럽지역에서 자유화까지는 아니더라도 최소한 어느 정도의 변화를 일으킬 가능성이 커졌다고 판단했다. 슈트라우스는 서독과의 경제관계가 헝가리로 하여금 경제에 대한 국가통제

24) Eduard Lintner, "Zur Lage der amerikanischen-sowjetischen Beziehungen: Rückwirkung auf das innerdeutsche Verhältnis" (콘라드 아데나워 재단 회의에서의 연설, 샌프란시스코, 1986년 11월 17-18일), 8-9.

25) Windelen, "Grundfragen," *Bulletin*, 135.

완화뿐 아니라 민주화를 향한 점진적 변화도 추진하게 했다고 주장했다. 드레거는 서독이 동독에서 헝가리식 개혁을 추진하는 데 간접적으로 도움이 될 수 있을 것이라고 시사했다. 한 베테랑 반조약 운동가는 경제적 유인이 어떻게 동독을 "중독자처럼" 의존하게 할 수 있는지를 생생하게 설명하기도 했다.[26]

연합당에 비판적인 측에서는 단지 운이 따랐을 뿐이라고 주장했는데, 사실 이것도 틀린 얘기는 아니었다. 고르바초프 체제하에서의 변화의 바람, 그리고 차단조치를 포기하지는 않더라도 완화하려는 동독의 의지 등을 볼 때 어느 정부의 동방정책이었더라드 성공적으로 보이게 했을 것이다. 그러나 중요한 것은 연합당이 이미 경제·외교적 측면에서 동구의 유연성에 부응했다는 점이며, 이는 부분적으로 서독과 동맹국을 이간시키려는 데 이용될 수 있는 동방정책의 교착을 막으려는 목적에서였다. 동구와의 부드러운 관계는 장기적 효과가 어떻든 현재상태를 안정시키는 데는 긴요한 것으로 보였다.

(2) 국내적 차원

국제적 요인들은 1970년대 연합당 동방정책의 변화에 결정적 역할을 했지만, 1980년대의 새롭고 보다 야심찬 노력들을 촉발시킨 주요 동인은 아니었다. 단지 대화정책을 보다 긴급하게 하고 더 많은 운신의 여지를 제공했을 뿐이었다. 동구관계의 교착이 서독과 동맹국들의 사이를 벌어지게 하는 쐐기로 이용될 위험성이 바로 어느 정부라도 무시할 수 없는 국내요인들이 대화정책을 추동했다는 사실을 보여준다. 1982년 이후 그러한 요인들의 중요성은 더욱 커졌고, 콜 정부는 시계바늘을 되돌리는 대신 앞으로 돌려놓았다.

경제적 요인도 비록 보조적인 정도에 머물긴 했지만, 일정한 역할

26) *FAZ*, 1987년 8월 21일자; 드레거, *Neueste Badische Zeitung*, 1984년 1월 18일자; 노르베르트 셰퍼, 1984년 4월 2일 필자와의 인터뷰.

을 한 것은 분명하다. 서독은행들이 동구국가들에 대한 자금지원에 관여하기 시작한 이상 그들의 경제성장을 지속적으로 촉진시켜야 할 이유가 있었다. 동구무역은 서독의 일정한 산업부문들에게는 극히 중요했다. 동독은 늘 중요한 기계수출 시장이었다. 게다가 동구진영의 서구 첨단기술에 대한 수요가 증가하면서 시장이 활성화될 가능성을 보였고, 서독기업들은 수출에 대한 코콤 제한이 완화되기를 바랐다.[27]

이것은 불가피하게 기민/기사당 정책에 영향을 미쳤다. 콜의 국가안보 보좌관 호르스트 텔칙은 소련진영과의 교역과 관련하여, "연방공화국의 해외무역 의존성, 즉 일자리의 3분의 1이 수출에 의존한다는 사실은 외교정책이 얼마만큼 해외무역에서의 이해관계를 고려해야만 하는지를 보여준다"고 언급했다.[28] 연합당은 제재조치가 수출에 미칠 부정적 효과에 대해 그 어느 때보다도 경계했다. 또한 당은 부분적이긴 하지만 경제적 이유로 무역확대를 추진하기도 했다. 예컨대 슈페트와 슈트라우스는 모스크바 방문 중에 서독 첨단기술 산업지역과 소련과의 교역을 추진했고 정치적 분위기만 호전되면 유망한 수출시장이 열릴 것으로 확신했다.

그러나 서독의 동구, 특히 동독과의 교역에 대한 관심은 경제적 동기만큼이나 정치적 동기에 의해서도 규정되었다. 동구무역이 1980년대 초에는 확대되었지만 1986년과 1987년에는 침체를 보였는데, 어떤 경우에든 서독의 전체 해외무역에서 차지하는 비중이 6% 정도를 넘지 못했을 정도로 미미한 것이었다. 서독은행들로부터의 지원이 계속 늘어났음에도 불구하고, 동구진영 국가들이 차관이나 수출대금으로 사들일 수 있는 물량에는 한계가 있었다. 서독기업들과 금융기관들은 무역거래가 확대되기를 원했지만, 전반적인 경제적 대가

27) *Hannoversche Allgemeine Zeitung*(이후 *HAZ*로 칭함), 1988년 3월 22일자.
28) *German Tribune*, 1985년 4월 21일자.

는 여전히 보잘것없었다. 실제로 한동안은 1988년에 소련에 제공된 차관이 과연 서독의 물건을 사는 데만 쓰이는지 여부도 불확실했다.

독일 내 무역에 대한 기대도 마찬가지로 크지 않았다. 동독에서 들여오는 주요품목은 섬유, 농산품, 정유제품 등으로 이 것들은 서독에서 부족한 물품들이 아니었다. 한 경제전문 기자의 말을 빌면 양독무역은 "이제 한계점에 도달한 것 같다. … 서독이 동독과의 무역을 지속하는 이유는 간단하다. 연방정부는 교역에서 양독간 관계를 돈독하게 할 수 있는 정치적 수단을 발견한 것이다." 총리실의 한 관계자도 이를 인정하며 "상황은 이렇게 요약될 수 있다. 동독은 경제적 이유로 독일 내 무역에 관심을 가지는 데 비해, 서독은 주로 정치적 동기에서 관심을 가진다"라고 말했다.[29]

연합당은 서독인들이 동구관계를 정상화할 정책과 분단의 고통을 완화할 구체적 조치를 원한다고 믿을 이유가 그 어느 때보다도 크다고 보았다. 1970년대 초의 화해에 대한 도취감은 퇴조했고 고대했던 범독일주의 정서의 부흥도 일어나지 않았지만 대부분의 서독인들은 동구와의 실질적 협력을 바로 오랫동안 추구한 "정상화"로, 그리고 성공적 독일정책의 필수조건(*sine qua non*)으로 받아들였다. NATO의 미사일 배치를 둘러싼 동서긴장이 최고조에 달했던 시기에 실시된 여론조사에서 응답자 중 4분의 3가량이 동독 및 동구와의 관계에 영향이 미치지 않기를 원한다고 답했다.[30]

고르바초프의 "신사고"(*new thinking*)가 구체화된 이후 국민들은 서

---

29) *HAZ*, 1988년 3월 21일자; Johannes Kindler, "The Inter-relationship between 'Deutschlandpolitik' and the Policies of the European Communities (EC)-the Economic Dimension" (1986년 11월 17-18일. 샌프란시스코 콘라드아데나워 재단 회의에서의 연설, 1986년 11월 17일), 3-4.

30) Stephen Szabo, "West German Public Attitudes on Arms Control," in *The Silent Partner: West Germany and Arms Control*, ed. Barry Blechman and Cathleen Fisher (Cambridge, Mass.: Ballinger, 1988), 207.

독도 그에 상응하는 조치를 취하기를 원했다. 1987년 이 소련 지도자는 독일인들 사이에서 미국 대통령보다 더 인기가 높았고, 소련이 위협이 된다고 생각하는 독일인들의 수는 극소수에 불과했다. 서독의 한 관리는 "고비를 맞을 때마다 서독 정치인들에게 가장 안전하고 확실한 길은 데탕트 과정이 지속되기를 바란다고 말하는 것"이라고 했다.[31]

연합당 지도자들은 데탕트를 경시하거나 무시하면 자신들의 외교 안보 정책 전반에 대한 정치적 합의가 손상될 수 있다는 것을 알았다(이런 요인이 1983년 대동독 차관제공에 기여했다). 더구나 그들은 대화와 접촉이 어떤 면에서는 범독일주의 정서를 유지시켜줄 수 있다는 증거를 보았다. 슈트라우스조차도 민족적 유대감을 유지하기 위한 실제적이고 인도주의적인 조치들이 "우리 독일 조국의 단일성을 회복시키려는 희망을 되살렸다"고 주장했다. 그는 당이 그러한 경로를 "마지못해 따라갈 뿐이고 서독의 정치상황이 허락하기만 하면 강경한 차단정책을 추진할 것"이라는 인상을 주어서는 안 된다고 경고했다.[32]

더구나 어떤 기민/기사당 지도자도 다시 사민당에게 동방정책 이슈의 주도권을 넘겨주는 것은 결코 원하지 않았다. 1982년부터 연합당은 사실상 사민당이 성공적 동구관계에 관한 독점적 권한을 주장할 근거를 박탈해버렸다. 연합당이 원했던 대로 1983년 및 1987년 총선에서 동방정책은 쟁점이 되지 못했다. 상대적으로 신중한 헬무트 슈미트의 접근법을 멀리했던 사민당 대신 오히려 연합당이 기존 정책의 옹호자로 비쳤다.

연정 내 정치와 당의 전략 또한 원활하고 성공적인 동구관계를 필요로 했다. 겐셔와 그가 임명한 관리들이 외무부를 계속 주도했다.

---

31) *Washington Post*, 1988년 1월 17일자.

32) *FAZ*, 1988년 3월 2일자.

국방과 내독 관계는 그의 관할영역이 아니었지만, 동유럽 관계의 기조는 사실상 겐셔가 정했다. 그의 보좌관들에 따르면 겐셔는 독·소 관계뿐 아니라 동유럽지역 업무에 갈수록 더 많은 시간을 할애했다.

자민당이 연정 파트너를 어느 방향으로 인도하려 했는지는 명백했다. 1987년 선거를 앞두고 겐셔는 "우리와 함께하는 한 사고(*thought*)에서든 행동이나 수사(*rhetoric*)에서든 동구조약이나 헬싱키 최종의정서 이전의 시대로 되돌아가는 일은 결코 없을 것이다"라고 공언했다.[33] 그는 갈수록 더 야심적인 목표를 갖게 되었는데, 특히 고르바초프의 집권 이후에는 일련의 포괄적인 정치·군사적 신뢰구축 조치를 원했다고 한다. 그는 고르바초프가 "공동의 집"(*common house*)으로 상징되는 공동운명체로서의 유럽을 강조한 것을 환영했다. 그들은 협상과 점증하는 상호의존성이 긴장에 대한 완충 역할을 하는 것으로 보았다. 보좌관들에 따르면 겐셔는 자신의 역할을 바이마르 시대 외무장관이었던 구스타프 슈트레제만(Gustav Stresemann)의 역할에 비견되는 것으로 보았다고 한다(슈트레제만의 목표가 화해였는지 아니면 베르사유 조약의 수정이었는지에 대한 역사가들의 평가가 엇갈리기 때문에 이러한 비유는 해답보다는 더 많은 흥미로운 의문을 제기한다). 국민들은 겐셔를 신뢰했고 1980년대 후반 무렵 그는 서독의 어떤 지도자보다도 높은 지지율을 기록했다.

연합당 지도자들은 자민당이 내각의 가장 중요한 직책을 독점하는 데에 실망했지만 (1966년 이래 기민/기사당 출신 외무장관은 한 명도 없었다), 무모하게 연정 파트너에 도전하려 하지는 않았다. 연합당은 그 어느 때보다도 자민당에 크게 의존했고, 성가시지만 없어서는 안 될 이 파트너를 떨쳐낼 수 있을 가망은 전혀 없었다. 자민당은 연합당에 합세한 직후 일련의 실패를 겪었고 그 여파로 겐셔가 당대표직

---

33) *FAZ*, 1986년 3월 18일자; Genscher at the special FDP party conference, 1986년 11월 22일자, FDP, 보도자료, 1986.

에서 사임하기도 했다. 그러나 그들은 1987년 연방선거에서 선전하고 일련의 주단위 선거에서 승리하면서 재기에 성공했고, 관측자들은 이 성공이 겐셔의 데탕트 정책에 대한 국민적 지지에 기인했다고 보았다.

연합당이 의회 내 다수의석을 유지하기 위해 상당 기간 동안 자민당을 필요로 할 것이라는 점은 분명했다. 주단위에서 보면 니더작센, 베를린, 라인란트-팔츠와 헤센에서 기민당은 자민당과의 연합을 통해서만 비로소 정권을 잡을 수 있었고, 다른 주들에서의 재집권 희망 역시 자민당과의 연합 여부에 달려 있었다. 슈트라우스의 기사당과 바덴-뷔르템베르크에서 슈페트가 이끄는 기민당만이 자민당 없이도 권력을 유지할 수 있는 것으로 보였다. 연방 수준에서는 연합당의 득표율이 1983년 49%에서 1987년 44%로 낮아진 반면, 같은 시기 자민당 득표율은 7%에서 9%로 상승했다.

이러한 의존 필요성으로 인해 연합당은 연정의 외교정책과 관련해 자민당을 멀리할 수 없었다. 빈델렌은 불만스런 당내 추방자 그룹 인사들에게 자민당을 공격하지 말고 정부정책을 지지해줄 것을 호소하면서 "우리가 절대다수를 차지하지 못하는 한, 연정 파트너가 필요하다"고 토로했다.[34]

겐셔의 외교정책과 자민당의 인기를 감안한 연합당의 새로운 전략적 계산도 더욱더 적극적인 동방정책을 추진하게 하였다. 기민당 사무총장 가이슬러는 유권자들의 지지성향이 갈수록 유동적이며 더 이상 한 당을 고정적으로 지지하지 않는다고 지적하면서, 유권자 진영을 크게 두 개로 대별했다. 하나는 기민/기사당이나 자민당에 투표하는 중도우파, 다른 하나는 사민당과 녹색당을 지지하는 좌파로서, 두 진영 사이를 넘나드는 투표자는 거의 없고 만일 지지를 바꿀 때

34) *DZ*, 1987년 1월 2일자.

는 대부분 같은 진영 내의 한 당에서 다른 당으로 옮겨가는데, 그것은 인기 있는 인물의 존재나 당면한 문제 등 "단기적 영향"의 결과라고 분석했다.

가이슬러는 자민당과 기민/기사당이 갈수록 동일한 유권자층, 특히 정당과의 유대관계가 가장 약한 청년, 여성, 첨단기술이나 서비스산업 종사자들을 놓고 경쟁하는 것으로 보았다. 겐셔의 온건한 어조와 대외관계의 안정, 조화에 대한 약속은 이러한 유권자들에게 호소력이 있었다. 가이슬러는 기민당이 "다수를 확보하기 위한 구조적 역량"을 회복하기 위해서는 무엇보다도 더욱 "현대적이고", "진보적인" 동방정책으로 이러한 유권자들을 공략해야 한다고 보았다. "정치적으로 구속력 있는" 조약들이나 데탕트 전반에 대한 연합당의 태도에 의심을 갖게 하는 일은 "자민당에게만 이익이 될 뿐"이라고 주장했다.[35]

당내 상황변화도 영향을 미쳤다. 기민당의 운동가들은 추방자 그룹에 대항할 자신을 갖게 되었다. 헤르베르트 후프카가 총선공천에서 탈락했고, 헤르베르트 차야(Herbert Czaja)는 바덴-뷔르템베르크 기민당 집행위원회 선거에서 재선에 실패했다. 의회 지도부의 세대교체도 "현대적" 외교정책으로의 경향을 강화시켰다. 폴커 뤼에(Volker Rühe) 하원 부의장과 칼 라머스(Karl Lamers), 루츠 슈타펜하겐(Lutz Stavenhagen), 한스-페터 레프니크(Hans-Peter Repnik), 칼-하인츠 호른후에즈(Karl-Heinz Hornhues) 등 외교위원회의 몇몇 기민당 위원들은 모두 콜보다 젊었으며, 따라서 (자동적으로는 아니더라도) 개혁적이고 "현대적인" 외교정책을 더욱 옹호하는 경향이 있었다. 일부는 기꺼이 "겐셔주의자"(*Gensherist*)를 자칭했다. 그들은 예컨대 독일정책위원회 같은 곳에서 근본주의자들의 영향력을 상쇄할

---

35) *DS*, 1987년 1월 26일자.

수 있었다.

기민/기사당 정치인들이 정부의 고위직에 진입하면서 동구관계의 성공에 개인적 이해관계를 갖게 되었다. 두 명의 추방자 그룹 대표자들인 빈델렌과 오트프리트 헤니히(Ottfried Hennig)가 내독장관과 차관에 임명되었다. 그간의 근본주의적 수사에도 불구하고 그들은 동독에 대한 무리한 요구는 접는 대신 동독과의 대화를 촉진할 과감한 방안들을 내놓기 시작했다. 프라하 주재 서독대사관에서 이주허가증을 요구하는 동독인들에게 동베를린으로 돌아가 정상적 절차를 통해 출국비자를 받으라고 한 이가 바로 빈델렌이었다. 그가 야당지도자였을 때라면 이러한 조치를 격하게 비난했을 것이었다. 그들의 태도는 강경 근본주의자들이라도 책임을 맡게 되면 견해가 바뀐다는 것을 보여주었다. 베를린에서 폰 바이체커 밑에서 일했던 한 당간부는 "전문가들이 빈델렌 같은 사람에게 가서 구체적 문제를 놓고 어떻게 할지를 묻는다. 실용주의는 그런 데에서 나오는 것이다"라고 말했다. 빈델렌 자신도 "많은 사람들이 내가 지금 주어진 한계 내에서 할 수 있는 것보다 더 많은 것을 기대했다는 사실을 부인할 수 없다. 그러나 또한—어쩌면 특히—이 분야에서도 정치는 가능성의 예술이다"라고 토로했다.[36]

유사한 실용주의가 의회 내 새로운 다수파의 일부 의원들에게도 영향을 미쳤다. 기사당의 에두아르트 린트너가 슈트라우스를 본받아, 그리고 자신이 이끄는 당위원회의 역할을 부각시키려는 의도에서, 독일 내 관계와 인적 접촉에 대한 초당적 결의문 채택을 추진했다. 그는 연합당이 과거 간부들의 동구방문을 금지할 정도였던 "접촉에 대한 공포"에 대해 "우리는 그들이 모두 공산주의자가 되어서 돌아올 것으로 생각했다"고 농담하면서 접촉을 활성화하려는 연합당의

---

36) 프리드버트 플뤼거, 1984년 2월 15일 필자와의 인터뷰; 빈델렌, *DS*, 1984년 9월 24일자.

(심지어 기사당의) 현재의 태도와 대비시켰다.

야당의 의무와 정부의 역할 간의 단순한 차이 또한 연합당의 사고에 영향을 미쳤다. 많은 당 지도자들은 그들이 더 이상 "감시자"의 기능이 아니라 정책을 만들어내는 역할을 해야 한다는 것을 받아들였다. 10년이란 세월 역시 많은 것을 변화시켰다. 한 기사당 대변인의 말처럼 1972년의 상황을 1982년의 상황에 적용할 수는 없었다. 슈트라우스도 당원들에게 "우리는 1969년에 멈춰 섰던 곳에서 다시 시작할 수는 없다"고 강조했다고 한다.[37]

집권 이후 연합당은 단순히 연속성을 유지하는 차원을 넘어 과감한 동방정책을 추진함으로써 동구국가들을 (적어도 경제적으로) 안정시키고 사실상 그들의 합법성을 인정하는 방향으로 나아갈 충분한 이유를 발견했다. 당의 판단에는 반했지만 받아들일 수밖에 없었던 바로 그 정책이 이제 연합당의 외교정책 전반에 굳게 뿌리내린 듯했다. 정통노선이 여전히 위험성을 경고하는 동구대화에 관해 이제 당 지도부는 대화의 보다 긍정적 측면을 바라보기 시작한 것이다.

---

37) 디이터 슈미트, 1984년 4월 11일 필자와의 인터뷰; 슈트라우스, *DS*, 1988년 1월 4일자.

2. 이중적 정책의 한계

그러나 기민/기사당 동방정책에는 사뭇 다른 요소들도 있었다. 공산 진영과의 협상이 민족문제를 미해결 상태로 유지하려는 노력을 방해하지 말아야 한다는 것이 야당시절부터 연합당 전체의 통일된 입장이었다. 집권 이후 연합당 정부가 동구접촉을 적극적으로 추진하고 무리를 해서라도 호네커의 방문을 성사시키려 애쓴 것은 틀림없지만, 반면에 연합당은 심지어 대화에 위험을 초래하는 한이 있더라도 민족문제를 다시 활성화하려는 것으로 보였다.

당 지도자들은 두 개의 트랙을 따라가는 것이 중요하며 또 가능해야 한다고 주장했다. 베를린 시의 관리 출신으로 훗날 국방장관이 된 루퍼트 숄츠(Rupert Schloz)는 당의 정책을 "독일정책이 결국 주어진 조건에서 분단상황을 개선하기 위한 운영적 정책으로 이해되어야 한다고 해도, 그것이 독일정책의 배타적인 규범적 과제여서는 안 된다. 독일정책이 진정한 규범적 과제인 통일, 민족문제의 유지, 국가통일 추구의 의무 등을 포기하고 그 반대의 것으로 변형되어서는 안 된다"[38] 고 설명했다.

이러한 주장은 동구조약들이 잠정협정이며 서독의 전통적인 법적 입장을 손상하지 말아야 하고 호네커의 게라 요구를 거부해야 한다는 것을 의미했다. 예컨대 빈델렌은 "우리는 조약을 지킬 것이다. 협상된 내용 그대로 말이다. 그러나 그 의미는 우리가 연방공화국으로서만 오데르-나이세 선의 불가침성을 인정한다는 것이다"라고 강조했다. 이는 1970년 조약이 통일된 독일에는 구속력을 갖지 않는다는 최소주의적 해석인 것이다. 개혁주의자인 쇼이블레 총리실 장관은

---

38) *FAZ*, 1988년 3월 23일자.

게라 요구에 관해서 "근본적 입장에서는 운신의 여지가 없다는 것을 양측(서독과 동독) 모두 분명히 알고 있다"고 지적했다. 그는 더 나아가 게라 요구에 대해 양측은 이미 잠정협정에 도달한 셈이라고 강조했다. 즉, 합의하지 않기로 합의했다는 것이다.[39]

법률중심주의(*legalism*) 외에도 또 하나의 "새로운 강조점"이 서독의 정책을 지배하였다. 즉, 민족분단이 국내의 정치토론과 해외에서의 외교적 대화에서 두드러지게 강조된 것이다. 콜은 1983년 처음으로 모스크바를 방문했을 때, 소련관리들에게 소련이 분단되었다면 그들은 과연 어떻게 느꼈을 것인지를 물었다. 슈트라우스도 1987년 소련을 방문했을 때, 소련인들에게 통일에 대한 독일의 사명감을 강조했다.

기민/기사당 지도자들은 또한 정치토론에서 범독일주의적 논조를 확산시키려 노력했다. 콜은 "우리의 조국 독일"(*our German fatherland*) 같은 어구가 다시금 존중받도록 만들었고, 정부의 수사 덕분에 "고향"(*Heimat*) 같은 단어가 다시 유행했다. 폴란드의 맹렬한 비판에도 불구하고, 콜은 1984년과 1985년 총리로서는 20년 만에 처음으로 대규모 추방자 집회에 참석해 연설을 했다. 오트프리트 헤니히 내독부 차관은 "동프러시아는 독일에 속한다"고 선언했다. 콜은 "조국이란 독일연방공화국만이 아니다. 그것은 수세기에 걸쳐 우리의 문화가 자라나온 터전을 말하는 것이다"라고 주장했다.[40] 재집권 후 첫번째 임기를 마칠 무렵 당은 민족문제에 대한 토론을 되살린 것에 대해 자부심을 느끼는 듯했다.

같은 맥락에서 신정부는 — 특히 콜은 — 독일역사에 대한 토론을 장려했다. 이러한 노력을 동방정책의 일부로 여긴 것은 아니지만,

---

39) 빈델렌, *DS*, 1984년 9월 24일자; 쇼이블레, *DS*, 1985년 1월 28일자.

40) 헬무트 콜, "Politik der Verständigung im Interesse des Friedens," *Bulletin* 99 (1984년 9월 4일자) : 874.

총리는 오래전부터 이미 가까운 조언자인 미카엘 슈튀르머(Michael Stürmer) 교수의 지원을 받아 서독인들이 자연스럽고 건강한 민족주의를 가져야 하며, 이를 위해서는 나치주의의 유산을 극복하고 독일 역사 가운데 수치스럽지 않은 부분을 존중하는 것이 필요하다고 주장했다. 콜은 이후에도 그러한 노력에 본격적으로 나서면서 역사박물관과 독일 전몰장병들을 위한 기념물들을 지을 것을 촉구했고, 레이건으로 하여금 1985년 비트부르크(Bitburg) 독일군 묘지에서의 짧은 기념식에 참석하도록 하기도 했다.

기민/기사당 지도자들은 또한 소련진영의 행동에 대한 비판도 게을리 하지 않았다. 그들은 소련의 인권침해 사례들을 계속 부각시켰다. 슈트라우스는 동독 국경수비대가 관광객을 사살한 행위를 비난했고, 콜 자신도 고르바초프를 요제프 괴벨스(Josef Göbbels)에—둘 다 선전의 명수들이라며—비유하고, 동독감옥을 "강제수용소"(*concentration camp*)라고 비난했다. 당은 데탕트가 "분명한 발언"을 가로막아서는 안 된다고 주장했다.

일부 기민당 개혁주의자들이 과도한 수사에 불만을 표시하긴 했지만, 당내에 동방정책의 운영적·규범적 이중 트랙에 대한 광범위한 합의가 있었다. 그러나 간혹 두 트랙이 서로 충돌해 심각한 경계심을 야기하고 혼란스러운 모습을 연출하기도 했다.

결국 연합당은 서독과 동구 상대국들 사이에 여러 차례 해석을 둘러싼 논쟁이 빚어졌던 조약들을 승계하였다. 게다가 당은 여전히 이 문제에 대해 두 파로 갈려 있었다. 한편은 개혁파들로 주로 쇼이블레 휘하의 총리실과 가이슬러가 이끄는 기민당 본부, 에버하르트 디프겐의 베를린파, 노조파, 외곽 청년조직 등이었다(뒤의 두 집단들은 계속해서 보다 적극적인 대화정책과 서독인들 사이에 동독에 대한 관심을 일깨우기 위한 노력을 요구했다).

다른 한편은 근본주의자들로서 드레거가 이끄는 의원단과 슈트라우스의 기사당, 후프카의 추방자 그룹, 일부 지역조직들을 주도하였다. 이들은 영향력이 줄어들기 시작하면서 갈수록 더 완고해졌다.

특히 추방자 그룹 사이에는 피포위 의식(*siege mentality*)이 작용하였다. 그들은 바덴-뷔르템베르크에서 그들의 고향에 대한 권리문제에 관해 의원들을 상대로 의견조사를 했다. 결과가 실망스럽게 나오자 "이 문제에 관해 아무런 유보 없이 우리와 일치하는 의사를 표시한 이들에게만 표를 줄 수 있다. 연합당 정치인들이 공허한 말로 우리를 박대하도록 놔둬서는 안 된다"고 선언했다. 주데텐 출신들은 "기민당이 가장 충실한 지지자인 추방자들과 '중간 독일인들'(*middle-Germans*)을 실망시킬 생각이라면 다음 총선부터는 영원히 집권할 수 없을 것이다"라고 경고했다.[41]

기사당과 기민당 보수주의자들은 계속해서 전면적 반자민당 캠페인을 벌일 것을 주장했다. 그들은 연합당이 자민당을 달래거나 모방하면서 이미 보수적 유권자들의 지지를 잃고 있다고 주장했다(물론 10억 마르크 차관제공을 주도해 일부 극보수주의자들이 기사당을 떠나 새로운 당을 만들도록 원인을 제공한 것은 바로 기사당의 슈트라우스였지만). 다른 한편 이들의 반발에는 정치적 동기 이상의 것이 작용하였다. 근본주의자들이 동방정책에 적응할 수 있었던 것은 동구관계가 과거의 근본문제에 대한 단호한 입장을 금지해서도 안 되고 금지할 필요도 없다는 믿음 때문이었다. 그들은 연합당이 협상정책을 마지못해 받아들였지만, 그렇다고 해서 원칙의 문제에 대해 침묵을 지켜야 하는 것은 아니라고 보았다. 동독에 지위를 부여하고 경제를 안정시키는 것을 막으려는 싸움에서 패배한 이후 많은 근본주의자들은 다른 문제들에 대해서는 선을 그었다.

이러한 호전적 분위기를 가장 먼저 발견한 것은 개혁파와 (종종 그

---

41) *FAZ*, 1987년 9월 16일자; *FAZ*, 1988년 2월 22일자.

자신도 근본주의자들이었던) 정부관리들이었다. 당내 동의를 과대평가해 동구정책의 진전에 그치지 않고 그 확대와 다양화를 촉구했던 그들은 관계개선의 장애물을 제거하는 과정에서 당이 오랫동안 신성시한 입장들의 일부를 바꾸려 — 폰 바이체커의 말을 빌리면 뛰어넘으려 — 했는데 그러한 시도는 저항과 강한 반발을 초래했다.

논쟁의 초점은 국경문제였다. 폴란드와의 관계개선을 바랬던 알로이스 메르테스는 연합당 내 조약 수정주의에 대한 폴란드의 우려를 불식시키기 위해 1937년의 국경은 "회담의 출발점이지 영토적 목표가 아니며", 따라서 미래의 독일국경에 대한 논의는 "적절하지 않다"고 강조했다. 폴커 뤼에는 논란에 종지부를 찍으려는 희망에서, 오데르-나이세 선을 인정한 1970년 바르샤바 조약이 통일독일에 법적 의무를 지우는 것은 아니지만, "정치적으로는 구속력이 있다"고 주장했다.

기사당과 근본주의자들은 메르테스와 뤼에의 발언을 당정책에 위배되는 것으로 비판했다. 그들은 뤼에의 관점은 당의 최소주의적 입장, 즉 바르샤바 조약이 서독에만 법적 구속력이 있으며 미래의 통일독일에 대해서는 구속하지 않다는 입장에서 벗어난 것이라고 보았다. 그들은 1972년 공동결의문이 동구조약들을 미래의 통일독일에는 구속력이 없는 잠정협정으로 분류했다는 점을 지적했다. 뤼에의 발언은 논쟁거리로 남았고 연합당의 정책성명에 반영되지 못했다. 콜은 이 논쟁이 — 따라서 뤼에의 생각이 — 불필요한 것이라고 정리했지만, 추방자들은 거기서 멈추려 하지 않았다. 슐레지엔 연맹은 콜의 연설이 예정된 1985년 연맹대회를 앞두고 "슐레지엔은 우리 것이다"라는 슬로건을 내걸었다. 총리실의 항의가 있은 후 "슐레지엔은 자유민들의 유럽 내에서 우리 것이다"로 조금 바뀌었다.

기사당의 에두아르트 린트너 같은 근본주의자들도 논란에 휘말렸다. 1985년 자민당, 사민당과의 공동 의회결의안을 검토하면서 그는

"독일문제는 국경들의 변경이 아니라 국경들에서 분할적 성격을 제거하는 것을 의미한다", "의회는 모스크바 조약과 바르샤바 조약에 명시된 국경들의 불가침성, 현존영토 내에서 모든 국가들의 영토적 통합성과 주권적 권리에 대한 존중이 현재, 그리고 미래에도 평화와 독일정책을 위한 근본적 조건임을 확인한다"는 조항을 승인했다. 콜 총리도 소련 지도자 체르넨코(Chernenko)의 장례식에서 호네커와의 짧은 만남을 가진 뒤 비슷한 내용을 담은 공동성명을 발표했음에도[42] 근본주의자들은 이 결의안을 "위법적이고 위헌적이고 조약에 어긋나며", "그 여파가 가히 폭발적일 것"이라며 맹비난했다.

동독의 지위격상을 주장한 게라 요구에 관해서는 대부분의 기민당 개혁주의자들은, 그리고 빈델렌을 비롯한 많은 근본주의자들조차도 "협상은 불가능"하지만 논의해볼 만한 가치는 있다고 밝혔다. 서독관리들은 엘베 강 국경에 대한 잠정협정의 필요성을 언급했다. 성급한 기민당의 의회 참모진들은 비공개 자리에서 "굵은 선들이 그어진 옛날 연합군 지도"를 냉소적으로 언급하며, 연합국들의 합의를 전제로 강 중간을 독일 내 경계로 받아들일 수 있음을 암시했다. 추방자 출신의 근본주의자인 오트프리트 헤니히 내독부 차관도 동독이 국경에서의 "발포명령"을 철회하면 이들 불법행위를 모니터한 잘츠기터 중앙기록보존소를 폐쇄할 수 있다고 밝혔다. 그는 게라 요구 중 가장 중요한 사항인 동독 탈출자에 대한 국적부여 중단문제에 대해서도 타협할 수 있다는 의사를 비쳤다. 즉, 비록 서독이 국적발급을 포기하지는 않겠지만, 호네커가 "동독"국적에 대한 서독의 "존중"을 요구한 것이 무슨 의미인지 숙고해볼 수는 있다고 말했다.[43]

그러나 근본주의자들은 이 모든 문제들에 대해 타협을 거부했다. 과거의 지도는 경계선이 "명백히 엘베 강의 북쪽 둑에 걸쳐 있다"는

---

42) *FAZ*, 1985년 10월 15일자.

43) 빈델렌, *DS*, 1984년 9월 24일자; 헤니그, *FAZ*, 1986년 1월 4일자.

것을 보여주고 있으며 잘츠기터 보존소는 동독이 국경발포와 망명희망자에 대한 정치적 박해를 중단하기 전에는 폐쇄할 수 없다고 주장했다. 결국 게라 요구에 대응하려던 시도도 무산되어버렸다.

연정의 두 번째 임기에 이르러 근본주의자들의 반발은 새로운 논조를 띠기 시작했다. 연합당 보수주의자들은 수십 년 만에 처음으로 당지도자들에게 민족통일을 절대적으로 우선시할 것을 요구한 것이다.

1988년에 빈델렌에 이어 내독장관이 된 도로테 빌름스는 추방자 출신은 아니었고, 서독 기본법이 독일인들에게 굳이 "민족국가를" 추구할 의무를 지우고 있지 않고 국가통일은 "그 자체가 목적이" 아니며 "역사적 과정에서" 유럽의 분할이 극복될 때만 달성 가능하다고 선언했다. 그녀는 근본주의자들, 특히 추방자 그룹으로부터 호된 공격을 받았다. 일군의 기민당원들은 그녀의 연설의 한 마디 한 마디가 "의도된 도발"이며 민족통일을 포기할 수 있다는 의사를 표시함으로써 스스로 장관"자격을 박탈"했다고 비난했다. "이른바 작은 걸음 정책(*policy of small steps*)이 작은 기회주의 정책(*policy of small opportunism*) 속에 해소되어서는 안 된다"고 주장했다.[44]

1988년에 사무총장 가이슬러는 당의 새로운 외교정책에 관한 정강 작성을 위해 개혁파 인물들로 실무팀을 구성했다. 작성자들은 정강을 단지 "정부정책들을 요약한 것"으로 간주했지만, 근본주의자들은 초안내용이 "분단관리" 방안과 다름없다며 강하게 비난했다. 비판자들은 정강초안이 분단극복을 먼 미래의 일로 미루어 사실상 포기한 것이라고 비판했고 심지어 서구와의 관계를 "지나치게 강조했다"고 주장했다. 루퍼트 숄츠는 그것이 "정치적으로 옳은" 운영적 목적들(*operative aims*)과 규범적 목표들(*normative goals*)의 차이를 구분하지 못했다고 주장했다. 현재의 조건하에서 인적 접촉을 추구하고 국경

---

44) *FAZ*, 1988년 1월 28일자; *FAZ*, 1988년 2월 1일자.

을 보다 분명하게 하는 것은 가치 있는 목표이지만, 국경문제를 미해결인 상태로 둘 것을 요구하는, 국가통일이라는 진정한 목표를 대체할 수 없다는 것이다. 또한 자유를 통일의 전제조건으로 말하는 것은 옳지 않다고 반박했다. 통일과 자결은 본질에서 자유이기 때문이라는 것이 그 이유였다.[45]

가이슬러의 실무팀은 논란을 피하기 위해서는 내용을 수정해야만 했다. 정강의 초기안은 "통일의 목표는 동서양측 이웃국가들의 승인과 지지가 있어야 비로소 달성될 수 있다"고 되어 있었는데, 이것은 통일에 대한 동구의(그리고 서구의) 거부권을 의미하는 것으로 해석될 수 있기 때문에, 이 조항은 "우리는 이웃국가들의 이해와 지지를 … 필요로 한다"로 바뀌었다. 마찬가지로 유럽의 통일을 서독의 목표로 설정한 초기안을 고쳐 수정안에서는 이전의 정강들에는 없었던 용어인 독일통일을 새롭게 강조했다. 또한 최초의 안이 동구조약들을 언급하면서 빠뜨렸던 통일에 대한 서한들이나 1972년 공동결의문이 두 번째 안에 추가되었다. 국경을 덜 분열적인 것으로 만들고자 하는 서독의 희망을 기술한 초기안의 조항은 평화적 수단으로 독일 내 경계를 제거하기 위해 노력하겠다는 약속으로 대체되었다.[46]

요컨대 연합당이 동구정책, 특히 동독과의 관계에서 새로운 방향을 모색해보기 위해 시도한 많은 시안들이 거부되거나 표류되어버린 것이다. 명백히 여기에는 역설과 모순이 존재했다. 똑같이 유연한 태도를 취하더라도, 빈델렌과 슈트라우스는 별 탈이 없었지만 개혁파에게는 엄청난 비난이 쏟아졌다. 또한 국경문제와 독일 내 관계에 관한 정부의 공식성명과 당의 정책 사이에는 분명한 괴리가 있었다. 기민/기사당은 간혹 당대표인 헬무트 콜의 발언내용조차 당의 정강선언에 담지 않으려 했다.

45) *FAZ*, 1988년 3월 1일자; *FAZ*, 1988년 3월 24일자.

46) *FAZ*, 1988년 4월 13일자.

역사논쟁 또한 불화를 야기했다. 폰 바이체커는 제2차 세계대전 종전 40주년 기념연설에서 독일의 책임을 인정하였고 유대인 추방에 대해 몰랐던 이들은 단지 그것을 외면했기에 몰랐던 것에 불과하다고 주장했다. 독일의 죄과에 대한 그의 공개발언은 정상적 민족주의 의식을 되살리려는 콜의 노력과 첨예하게 대립했고 당내로부터의 거센 비판을 일으켰다. 같은 시기 안드레아스 힐그루버(Andreas Hillgruber) 교수와 에른스트 놀테(Ernst Nolte) 교수는 콜과 보좌역인 슈튀르머보다도 더 강하게 독일역사를 "정화"시키려 했다. 놀테는 유대인 대학살(*Holocaust*)을 포함해 나치주의는 사실상 볼셰비즘에 대한 방어였다고 주장했고, 힐그루버는 독일군이 사실상 조국을 방어했던 것이라고 주장했다. 이는 신랄한 비난과 아울러 역사가들 사이에서의 정치적 논쟁을 불러일으켰다.

콜은 자신이 조장하고 또 용인한 정서였지만 사실상 통제할 수가 없었다. 당과 정부가 국경과 지위문제에 대해 새로운 입장을 채택하게 하는 것을 거부하고 두 추방자 그룹 대회의 초청에 응하고 "건강한 역사의식"을 배양하도록 장려한 것은 바로 콜 자신이었다. 많은 비판가들은 그에 따른 혼란을 콜의 리더십 스타일과 당의 화합에 대한 집착 탓으로 돌렸다. 콜은 야당시절과 마찬가지로 당내 모든 세력들, 특히 자신이 빚을 졌다고 느낀 추방자 그룹 등 근본주의자들을 끌어안으려 애썼다.

더구나 1985년 알로이스 메르테스의 사망 이후 콜은 혼자서 당내 하부집단들을 중재해야 했다. 콜은 운영적 정책과 규범적 정책 사이에서 균형을 취하려고 노력했다. 한 연합당 지도자가 내린 데탕트 정의를 둘러싼 논쟁이 있은 후, 콜은 "기민/기사당의 어느 누구도 현실주의적이고, 환상이 없는 데탕트 정책을 추진하지 말라고 한 적은 없다"[47]며 복잡하게 꼬인 타협적 입장을 내놓기도 했다. 무엇보다도 그는 운영상의 진전(*operative progress*)과 규범적 일관성(*normative consistency*) 사이에서, 다시 말해 당내 두 개의 사상적 계파 사이에서 하나를 선택해야 하는 상황을 피하려 애썼던 것이다.

1) 동방정책과 안보

연합당은 민족문제에 대해 전통적 입장을 고수했을 뿐 아니라 서구동맹에 기초한 전통적 안보 개념에도 충실했다. 따라서 당 지도자들은 새로운 역동적 동구정책이 서구동맹들, 특히 미국과의 관계에 미칠 영향에 대해 이중적인 입장을 보였다. 사민당과 달리 연합당은 안보정책과 동방정책을 가능한 한 명확히 분리하려고 했다.

예를 들어 연합당은 유럽의 평화에 대한 "책임을 지닌 독일공동체"(*German community of responsibility*)를 언급하면서도, 겐셔가 제안한 양독간 안보관련 대화는 지지하지 않았다. 기민/기사당 지도자들은 양독간 안보문제는 블록 대 블록의 수준에 맡겨둬야 한다고 주장했고, 겐셔로 하여금 그에 대한 논의를 다자간 협의에서 이미 다뤄진 이슈들, 따라서 NATO의 합의가 필요한 이슈들로 제한하도록 했다.

콜은 처음부터 서독이 "유럽의 지진관측소"(*Europe's earthquake observatory*) 역할을 한다고 주장했다. 즉, 중요한 지정학적 단층선에 위치한 서독은 동서관계의 모든 변화에 민감하다는 것이다. 총리가 지적한 대로 블록간 대화, 특히 미·소 지도자들간의 회담은 서독 스스로의 동구정책 전개에 필요한 조건을 형성했고 유럽 내의 전반적 긴장 분위기를 완화시켰다. 그러나 연합당은 미국을 강하게 압박하지는 않았다. 콜의 국가안보 보좌관인 호르스트 텔칙은 서독이 미국과의 좋은 관계를 이용해 초강대국간 대화를 추진하고자 했지만, 오직 서독과 주요 동맹국들 간 관계가 튼튼할 때에만 그랬다고 평가

---

47) *DZ*, 1987년 3월 6일자.

했다. 여론조사 결과 다수의 독일인들이 연합당이 안보정책을 데탕트에 비해 지나치게 중시한다고 보는 것으로 나타났다.[48]

1985년에 초강대국들간의 대화가 재개되자 연합당 지도자들은 그로 인한 동서관계의 해빙을 환영했다. 그러나 당내에서는 "양자주의"(*bilateralism*)가 NATO의 안보정책을 대체해버릴 가능성에 대한 불안감도 커져갔다. 그들은 지나친 데탕트에 대해 우려한 것이다. 1986년 말 슈트라우스는 "우리는 미국이 자신들의 안보에는 해가 안 되지만 우리에게는 심각한 문제가 될 방안에 합의하는 일이 없도록 경계를 늦추지 말아야 한다"고 경고했다.[49]

이러한 양면성이 가장 분명하게 드러났던 것은 군비통제 분야였다. 확실히 1982년 이후부터 연합당은 부분적으로는 동서대화를 상시화하려는 목적에서 미국에 대해 군비감축을 위한 적절한 방안을 모색할 것을 정중히 요구했다. 콜 스스로 1983년에 NATO에 대해 실현 가능성이 없는 제로옵션, 즉 미·소 INF의 완전한 제거에 집착하기보다는 중거리 미사일 감축협상에서의 "잠정적 해결책"(*interm solution*)을 받아들이라고 요구했다. 기민당의 폴커 뤼에는 미국의 전략적 방위계획이 동서관계와 군비통제에 미칠 영향을 우려해서 1972년 체결된 미·소간의 탄도탄 요격미사일 협정(*antiballistic treaty*)을 폐기하지 않기로 하는 "협력적 해결책"(*cooperative solution*)을 추진했다. 1986년 미·소간 레이캬비크 정상회담이 열리기 전날까지도 콜은 미국에 대해 전략적 방위계획으로 유럽에서의 INF 제한합의를 가로막지 말 것을 촉구했다.

그러나 안보정책과 군비감축 중 하나를 선택해야 하는 상황에 직면하자 연합당은 동방정책에는 후자가 도움이 되는 것임에도 불구하

---

48) *German Tribune*, 1985년 4월 21일자; Szabo, "West German Public Attitudes on Arms Control," 209.

49) *FAZ*, 1986년 10월 27일자.

고 전자를 택했다. 1983년에 양독간에 "빙하기"가 올 것이라는 동구권의 위협에도 불구하고 연합당은 미국 INF의 배치를 강행했다. 이는 콜 정부가 취한 조치 중 가장 큰 논란을 불러일으킨 것이었다.

1987년의 격변을 거치면서 연합당의 우선순위가 더욱더 분명하게 드러났다. 군비통제와 유럽 중거리 미사일 감축을 위해 미국을 압박하던 연합당이 막상 레이건과 고르바초프가 INF 협정타결을 위한 극적인 돌파구를 마련하자 놀라움을 감추지 못했다. 연합당은 미국과의 안보유대를 과시하기를 원했지만, 미국 정책결정자들이 확대된 핵억지력의 위험이 고조되는 것을 피하려 하고 동시에 유럽에 대한 책임에 대해서는 피로감을 보이는 것을 우려했다. 동서 양측으로부터의 엄청난 압박에도 불구하고 연합당 지도부는 뤼에나 쇼이블레 같은 개혁주의자까지도 힘을 합쳐 INF 협정에 대항해 외로운 싸움을 전개했다.

연합당은 결국 굴복해 제로옵션을 (그리고 미국과 독일이 공동으로 통제하던 무기체제의 일부 제거를) 수용했고, 그에 따라 미·소간 협정이 최종 마무리되었다. 연합당의 후퇴는 일정 부분 동구와의 관계악화에 대한 책임을 피하기 위한 것이었다. 호네커의 본 방문이 1987년 9월로 예정되어 있었는데, 콜은 이 역사적 회담이 무산되기를 원치 않았다. 겐셔는 연합당에 대해 군축을 가로막는 것은 "우리와 저쪽 동독동포들 간의 깊은 단절"을 일으킬 수 있다고 경고했다.[50] 연합당 지도자들은 또한 화해지향적인 고르바초프 정부와 소원해지는 것을 원하지 않았다.

그러나 연합당이 기존입장에서 후퇴한 주된 이유는 동구와의 관계를 보호하기 위해서가 아니었다. 동맹국, 특히 미국의 결정이 없었다면, INF의 제거가 핵억지력을 크게 약화시킬 것이라 믿고 있던 당

---

50) *DZ*, 1987년 5월 18일자.

지도자들이 제로옵션에 대한 반대를 굽히지 않았을 것이다. 또한 연합당 내 많은 이들은 당이 군축합의에 계속해서 반대할 경우 평화운동이 되살아나고, 국민들에게 억지전략이 반드시 영구적 군비경쟁을 의미하지 않는다는 것을 설득할 수 없게 되는 상황을 우려했기 때문이었다.[51]

물론 연합당은 군비통제 협상의 진전이 동구, 특히 동독과의 추가적 대화를 용이하게 할 것임을 잘 알고 있었지만, 뤼에 등 개혁파를 포함한 대부분의 당 지도자들은 동맹국으로부터의 고립과 국내정치적 비판을 감수하면서도 전통적 안보정책에 분명한 우선순위를 두었다.

요컨대 연합당은 여전히 아데나워 식의 우선순위에 갇혀 있었다. 당은 물론 소련진영과 대화하고 민족문제를 미해결 상태로 유지하기 바랐지만, 그 목표들보다 서구정책과 안보정책을 우선시했다. 독일통일이 서구와의 관계를 희생해서는 안 된다는 당의 전통적 주장과 똑같은 논리로, 데탕트가 동맹 내에서 서독의 위치를 훼손시켜서는 안 된다고 주장했다. 물론 동서간 긴장완화의 혜택은 바랐지만, 급작스럽고 섣부른 핵무기 감축이 초래할 유럽 내 근본적 변화를 걱정했다.

당내에서 이러한 우선순위에 반대한 세력들은 주로 민족통일을 더 강조하는 근본주의자들이나 더 많은 대화를 지지하는 개혁주의자들이었다. 그러나 변화의 가능성이 대두되는 시기에 지도부가 기초적 변화에도 무관심한 태도를 보이자 새로운 노선의 반대파가 생겨났다.

1987년과 1988년에 수십 년 만에 처음으로 연합당 내에 본격적인 민족적 중립주의 노선이 등장했다. 이 입장을 가장 분명하게 주장한 이는 신출내기 하원의원 빌헬름 프리드만(Wilhelm Friedmann)이었다. 그는 미·소간 군축협상의 신속한 진전에 따라 독일통일 문제가

51) Clay Clemens, "The CDU/CSU and Arms Control," in *The Silent Partner*, 61-128.

이들 초강대국간 대화의 의제가 될 때가 되었다고 주장했다. 그는 독일분단이 동서긴장의 주요요인으로서 논의되어야 한다고 강조했다. 특히 미국이 유럽에 대한 책임을 줄이려 하는 마당에 독일조약이 부여한 통일추진의 의무를 이행하는 것은 그들의 책임이라고 주장했다. 또한 유럽통합 노력이 지지부진함에 따라 차라리 "민족국가"의 실현 가능성이 더욱 커 보인다고 주장했다. 전적으로 "중립적" 국가는 아니지만, 소련의 안보우려에 배치되지 않는 외교정책을 편다는 의미에서 "중립주의적인" 국가를 수립할 수 있다는 것이다.[52]

프리드만은 기민/기사당 유권자들로부터 수천 통의 지지편지를 받았다고 말했다. 또한 전 베를린 내무장관 하인리히 루머(Heinrich Lummer) 등 기사당의 소규모 보수주의 그룹이 그의 제안을 지지했고 신임 국방장관 루퍼트 숄츠도 공감을 표시했다고 주장했다. 연합당 지도자들은 프리드만의 지지자들에게 당이 통일이라는 목표를 경시하지 않는다는 것을 서둘러 호소했지만 그의 제안은 국살했다. 콜은 허황된 생각이라며 일축했고 드레거 같은 근본주의자들도 소련이 동독을 포기하는 일은 없을 것이라고 반박했다. 당 지도자들은 새로운 데탕트 시대에서조차도 "특별한 독일의 길"(*special German path*)은 가능하지 않으며, 유럽의 분할이 먼저 극복되고 서구의 안보가 보장되어야 한다고 강조했다. 어떠한 통일구상도 민주주의를 희생해서는 안 되며 "'통일보다 자유가 먼저'라는 기본입장에 변함이 없다"고 주장했다.[53]

프리드만의 제안을 둘러싼 치열한 논쟁은 연합당 정치인들의 마음속에 민족적 목표가 얼마나 크게 자리잡고 있는지, 그리고 미하일 고르바초프가 이끈 새로운 데탕트 시대에 기민/기사당이 얼마나 커다란 불확실성에 직면하게 되었는지를 보여주었다.

52) *FAZ*, 1987년 10월 8일자; *DW*, 1988년 2월 18일자.

53) Ibid. ; *DW*, 1988년 2월 18일자.

2) 결 론

기민/기사당 동방정책의 장기적 목표에 대해 어떤 결론을 내릴 수 있을까? 그토록 이중적인 태도로 동구대화를 수용했던 당이 과연 야당시절에는 가지고 있지 않았던 동구관계에 대한 지도적 비전이나 아니면 적어도 전략을 만들어냈던 것일까?

좌우를 막론하고 국내의 연합당 비판세력들은 당의 동구정책을 대체로 기회주의적(*opportunistic*)이라고 보았다. 사민당은 동독과의 교류를 높이 평가하고 환영했지만, 연합당이 내부분열과 상상력 부족에 시달린다고 보았다. 사민당은 콜이 당내 영토회복주의 정서를 용인하고 심지어는 조장하고 있다고 비난했다. 그들은 또한 서독의 운신의 폭이 제한되어 있으므로, 동독과의 관계를 소련과의 더 포괄적인 데탕트의 일부로 접근해야 한다고 충고했다. 군축문제와 동방정책을 분리하려는 것은 헛수고라는 것이었다.

콜 정부가 동독과의 관계를 성공적으로 관리한 것은 사민당에 도미노 효과를 일으켰다. 사민당 지도자들은 슈미트 정부도 고수했던 선례들을 무너뜨리는 일련의 과업들을 추진했다. 1980년대 초에 유력한 사민당 인사들이 기본법 전문을 개정해 통일추구의 의무를 규정한 조항을 없애자고 제안했다. 당내 많은 이들이 호네커의 게라 요구 네 가지 항목 모두에 대해 타협하는 안을 지지했고, 바르는 모든 법적 문제와 지위문제를 포기하자고까지 주장했다. 더 나아가 사민당은 독자적 외교정책 수행에 나서면서 협력과 군축을 목적으로 한 "협정"체결을 위해 동독 공산당이나 폴란드 및 체코슬로바키아 공산당들과 협상을 벌였다.

비판적 언론들은 연합당의 동구정책이 즉흥적이라고 보았다. 보수적인 〈프랑크푸르터 알게마이네 차이퉁〉은 기민/기사당의 동방정책이 표를 얻으려는 "대중영합적" 경향이 있고 민족문제를 경시하였을 뿐 아니라 동구조약에 대한 사민당의 지나치게 유화적인 해석을 그대로 이어받았다는 점에서 "기회주의적"이라고 비판했다. 상대적으로 자유주의적인 〈디 차이트〉는 기민/기사당이 대중영합적이고 아무런 지도적 원칙도 없다고 비판하면서 아울러 동구관계를 충분히 진전시키지도 못했다고 지적했다.

한 중견 언론인은 논평에서 연합당의 정책을 이렇게 요약했다. "연합당의 정책에서 개념적으로 새로운 것은 전혀 없다. 그들은 사민-자민당 정책에 전적으로 의존하면서 '합리적 경로'(*reasonable course*)를 추구하였는데, 거기에는 통일은 물론이고 이렇다 할 장기적 목표 지향성을 전혀 갖고 있지 않다."[54]

그러나 일부 연합당 지도자들은 장기전략을 암시하기도 했다. 그들 대부분은 대화정책이 민족적 유대감을 유지시켰고 "우리 독일 조국의 단일성을 회복시키려는 희망을 되살렸다"는 슈트라우스의 의견에 공감했다. 많은 외국정부나 언론들은 이러한 독일 내 대화에 대한 강조가 통일의 열망을 담은 것이라고 우려했다. 안드레오티 이탈리아 외무장관은 "범독일주의"를 경계하며 독일의 분단이 유지되어야 한다고 주장했다. 미국의 한 주요신문은 서독의 정책이 "독일인들의 감춰진 열망, 즉 동·서독의 통일로 이어질 것"이라고 전망했다. 독일이 중립주의로 향하고 있다고 보는 이들도 있었다.[55]

연합당이 동독과의 대화를 추진하며 독일문제의 미해결성을 강조한 것이 그러한 가정과 의구심을 뒷받침하기도 했지만, 이런 관측들은 서독이 동구와의 협상에 여전히 엄격한 제한을 둔다는 것을 간과한 것이었다. 게다가 이들은 당이 대화에 헌신하는 것과 전통적 입

---

54) 데트마르 크라머, 1984년 2월 14일 필자와의 인터뷰

55) *Chicago Tribune*, *Daily Press* (Norfolk, Virginia), 1987년 4월 5일자; Christopher Layne, "Deutschland Über Alles," *The New Republic* (1987년 9월 28일자): 12-14.

장을 고수하는 것이 실제로는 자주 긴장관계에 있었음에도 불구하고 상호 보강한다고 보았던 것이다. 연합당 정책의 두 경향이 모두 해결되지 않은 독일문제에서 비롯된 것은 분명하지만, 그렇다고 해서 하나의 장기전략의 상호 양립하는 부분들이라고 할 수는 없는 것이었다. 대화에 가장 적극적인 개혁파들은 국가통일 같은 목표를 포기하려 했고, 국가통일을 강조하는 근본주의자들은 (슈트라우스처럼 두드러진 예외는 있었지만) 협상을 제한하기를 원했다.

동방정책의 다른 차원들에서 일부 연합당 지도자들은 겐셔 외무장관과 비슷한 관점을 제시했다. 즉, 소련과 동유럽을 서구와의 다자 및 양자적 관계망(*web of multilateral and bilateral relationships*) 속으로 끌어들여야 하며, 거기에서의 상호작용이 억제의 한 형식으로 작용할 수 있다는 것이다. 폰 바이체커는 1987년 소련을 방문했을 때, "국제적 상호의존에 대한 당신들의 의지가 크면 클수록 우리 서방이 협력할 수 있는 여지도 커진다. 힘을 얻는 데 목표를 둘 것이 아니라, 갈등을 정치적으로 풀 수 있게 할 공존을 실현하는 데 두어야 할 것이다"라고 말했다. 기민당의 폴커 뤼에는 1987년 독일-폴란드 포럼에서 "수세기 만에 처음으로 이 주제 (우리가 유럽을 위해 함께 할 수 있는 일이 무엇인가)가 독일과 폴란드를 '우리'로 묶었고, 처음으로 공동행동에 관한 대화가 마련되었다"고 말했다. 도로테 빌름스 내독장관은 "우리가 가장 절실하게 원하는 것은 모든 유럽이 — 서, 중, 동유럽과 우리 독일들을 포함해서 — 다시 함께 뭉치는 것이다. … 동유럽의 이 사람들이 유럽인의 본성에 부합하는 삶을 갈구하는데, 우리 서유럽인들이 단지 구경하고 있을 수만은 없다"고 선언했다.[56)]

그 결과 일부 관측자들 — 특히 독일외부의 언론과 지식인들 — 은 기민/기사당의 동구정책을 초강대국들 사이에 통일된 중유럽을 재건

56) 폰 바이체커, *DZ*, 1987년 7월 17일자; 뤼에, *DZ*, 1987년 5월 22일자; 빌름스, *DZ*, 1988년 4월 8일자.

하기 위한 움직임으로 설명하기 시작했다. 이는 1980년대에 학술토론회에서 자주 논의되었던 중유럽(*Mitteleuropa*)을 의미했다. 정확한 정의는 내려지지 않았지만(특히 소련의 위치설정과 관련해서), 학자들은 그 개념의 주요요소로서 중유럽 정체성 의식을 제시했다.

그러나 폰 바이체커와 뤼에 같은 이들의 주장이 당의 계획이나 생각을 대표한다고 볼 수는 없었다. 기민/기사당이 현실에서 수행하는 정책의 핵심취지는 블록들의 해체를 막는 것이지 고무하는 것은 아니었다. 연합당이 INF 문제로 고립되었던 것이 그러한 결론을 뒷받침한다. 하루하루를 유럽공동체(EC)와 NATO 정책에 몰두하였던 당에게 중유럽이라는 개념은 현실성이 없는 관념이었다. 그것은 단지 저술가들이나 지식인들의 모임에서 토론될 만한 주제에 불과하였다.

요컨대 국내의 비판가들은 당의 장기적 사고를 과소평가하고 있었음에도, 많은 해외 관측자들은 실제로는 존재하지도 않았던 전략적 계획을 알아내려 하였다.

물론 기민/기사당 정책이 단지 기회주의적이거나 편의주의적인 성격 이상의 요소를 가지고 있었다는 것은 분명하다. 대부분의 당 지도자들은 동구와의 대화가 자신들이 민족문제 해결의 전제조건으로 생각한 더 광범위한 유럽의 변화에 기여할 것이라고 믿게 되었다. 즉, 그들은 데탕트가 현재상황을 계속해서 유동적 상태로 유지시켰고, 그래서 독일의 미래에 대한 "유럽적 해법"(*European solution*)에 적합한 여건을 조성하는 데 기여할 수 있다고 본 것이다.

그러나 연합당 지도자들은 거기서 한 걸음 더 나아가 유럽의 장기적 미래에 대한 비전을 제시함으로써 "유럽적 해법"이라는 편의주의적 관념이 가지는 모호성을 해소하려 하지는 않았다. 유럽적 해법이 국가통일에 기초하는 것인지 아니면 "오스트리아적 해법"을 의미하는 것인지, 그리고 블록체제의 근본적 변화와 관련되는 것인지, 만일 그렇다면 그것은 어떤 종류의 변화인지를 명확하게 언급한 지도자는 없었다.

만일 기민/기사당이 그러한 문제들에 대한 구체적 대답을 구하려 했다면 당의 단합을 유지할 수 없었을 것이다. 그러나 당의 그러한 신중한 태도는 단지 내부단합에 대한 고려에서만 나온 것은 아니었다. 그것은 미래를 모호한 채로 놓아두는 것이 오랫동안 서독 외교정책을 규정한 제약조건에 가장 적합하다는 인식을 반영한 결과였다. 국내외적 요인들이 당으로 하여금 대화의 필요성을 받아들이게 했던 것과 마찬가지로, 바로 그 제약조건들이 당으로 하여금 동방정책을 사민당, 자민당, 그리고 당내의 일부인사 — 개혁파, 전통적 근본주의자들, 새로 부상한 민족적 중립주의자 — 들이 의도하는 만큼 멀리 나아가지는 않도록 한 것이다.

기민/기사당 지도자들은 동구와의 관계개선을 통해 어느 정도 자율적인 외교정책 공간을 확보했지만, 그렇다고 장기적인 유럽재건의 청사진에 따라 구체적 행동을 전개해나갈 수 있을 정도로 해방되지는 않았다고 보았다. 블록체제가 유럽을 지배하고 그중 한 블록에 의해 서독의 안보가 보장되는 상황에서 흡수통일이나 중립화, 중유럽 재건을 위한 구체적 전략은 서독의 현상황에 적합하지 않다고 본 것이다.

더구나 서독 내에는 그러한 전략에 대한 사회적 합의도 존재하지 않았다. 게브하르트 슈바이글러는 "대부분의 서독인들은 현재 외교정책 방향의 중대한 변화를 제시하는 분명하고 상세한 계획을 결코 지지하지 않는다"고 지적했다.[57] 슈바이글러가 진단했듯이 서독인들은 서독의 "운신의 여지"에 부과된 외부적 제한을 내면화했다. 일부 여론조사 결과 서독국민 다수가 통일과 서독의 중립화를 선호하는 것으로 나타난 경우가 있었지만, 이것을 지지하는 이들조차 이 목표

57) Gebhard Schweigler, *West German Foreign Policy: The Domestic Context*, The Washington Papers, vol. 12, no. 106 (New York: Praeger, 1984), 48.

들을 진지하게 받아들이지 않았다.

그러나 1980년대 후반 들어 독일문제의 핵심요소인 외부적 제약조건이 변화하기 시작했다. 미하일 고르바초프가 주도하는 소련의 "신사고", 그리고 논란의 여지는 있지만 INF 협정에서 드러난 유럽에 대한 미국의 전략적 이해 감소로 인하여 유럽의 블록체제, 서구동맹, 그리고 어쩌면 과거 4강의 독일 내 역할 등에도 근본적 전환이 발생할 전망이 대두되었다. 그러한 전망이 실현된다면, 독일 외교정책의 사회적 조건에서도 그에 상응하는 변화를 일으킴으로써 이제까지는 비현실적이라고 거부된 새로운 방향에 대한 국민적 관심을 유발할 수 있을 것으로 보였다. 유럽정치에서의 그러한 지각변동은 그 가능성과 잠재력이 어떻든 간에 40년 동안이나 기민/기사당의 외교정책을 틀지었던 아데나워적 합의의 근간을 뒤흔들 것이 분명한 것이었다.

부 록

동방정책에 대한 기민/기사당 지도부의 분파들, 1969-1974

개혁주의자 ·

- 노르베르트 블륌
- 리하르트 폰 바이체커
- 요한 밥티스트 그라들
- 한스 카처
- 필립 폰 비스마르크
- 발터 라이슬러 키이프

근본주의자 ·

- 프란츠 요제프 슈트라우스 (기사당)
- 바론 폰 주 구텐베르크 (기사당)
- 한스 그라프 휜(기사당)
- 알프레드 드레거
- 헤르베르트 후프카
- 헤르베르트 차야
- 하인리히 빈델렌
- 만프레드 아벨라인
- 베르너 맑스

중립적/조정주의자 ·

- 헬무트 콜
- 라이너 바르첼
- 게르하르트 슈뢰더
- 쿠르트 게오르크 키징어
- 쿠르트 비렌바흐
- 올라프 폰 브랑겔

동방정책에 대한 기민/기사당 지도부의 분파들, 1974-1982

개혁주의자 ·

- 하이너 가이슬러
- 쿠르트 비덴코프
- 노르베르트 블륌
- 요한 밥티스트 그라들
- 발터 라이슬러 키이프
- 에른스트 알브레히트
- 로타르 슈페트
- 게르하르트 슈톨텐베르크
- 발터 발만
- 마티아스 비스만
- 페터 로렌츠
- 필립 예닝거
- 리하르트 폰 바이체커
- 폴커 뤼에
- 필립 폰 비스마르크

근본주의자 ·

- 프란츠 요제프 슈트라우스 (기사당)
- 프리에드리히 짐머만(기사당)
- 한스 그라프 휜(기사당)
- 한스 클라인(기사당)
- 프란츠 루드비히 폰 슈타우펜베르크(기사당)
- 만프레드 아벨라인
- 게르하르트 레데만
- 알프레드 드레거
- 헤르베르트 차야
- 헤르베르트 후프카
- 하인리히 빈델렌
- 오트프리트 헤니히
- 하인리히 루머
- 위르겐 토덴회퍼

중립적/조정주의자 ·

- 헬무트 콜
- 만프레드 뵈르너
- 알로이스 메르테스
- 올라프 폰 브랑겔
- 칼 카스텐스

동방정책에 대한 기민/기사당 지도부의 분파들, 1982-

개혁주의자 ·

- 하이너 가이슬러
- 노르베르트 블륌
- 로타르 슈페트
- 게르하르트 슈톨텐베르크
- 마티아스 비스만
- 페터 로렌츠
- 필립 예닝거
- 폴커 뤼에
- 볼프강 쇼이블레
- 칼-하인츠 호른후에즈
- 한스-페터 레프니크
- 칼 라머스
- 루츠 슈타펜하겐

근본주의자 ·

- 프란츠 요제프 슈트라우스
- 프리에드리히 짐머만
- 한스 그라프 휜
- 한스 클라인
- 알프레드 드레거
- 헤르베르트 차야
- 헤르베르트 후프카
- 위르겐 토덴회퍼

중립적/조정주의자 ·

- 헬무트 콜
- 발터 발만
- 만프레드 뵈르너
- 알로이스 메르테스
- 하인리히 빈델렌
- 오트프리트 헤니히
- 에두아르트 린트너
- 도로테 빌름스
- 호르스트 텔칙

주요 당직자 · 정부 내각, 1969-1982

총리 ·

- 빌리 브란트(사민당), 1969-74
- 헬무트 슈미트(사민당), 1974-82
- 헬무트 콜(기민당), 1982-

외무장관 ·

- 발터 쉘(자민당), 1969-74
- 한스-디트리히 겐셔(자민당), 1974-

기민당 대표 ·

- 쿠르트 게오르크 키징어, 1969-71
- 라이너 바르첼, 1971-73
- 헬무트 콜, 1973-

기사당 대표 ·

- 프란츠 요제프 슈트라우스, 1961-88

연합당 총리 후보 ·

- 쿠르트 게오르크 키징어, 1969
- 라이너 바르첼, 1972
- 헬무트 콜, 1976
- 프란츠 요제프 슈트라우스, 1980
- 헬무트 콜, 1983, 1987

연합당 원내대표 ·

- 라이너 바르첼(기민당), 1966-73
- 칼 카스텐스(기민당), 1973-76
- 헬무트 콜(기민당), 1976-82
- 알프레드 드레거(기민당), 1982-

기민당 사무총장 ·

- 브루노 헤크, 1967-71
- 콘라드 크라스케, 1971-73
- 쿠르트 비덴코프, 1973-76
- 하이너 가이슬러, 1976-

사민당 대표 ·

- 빌리 브란트, 1964-1987
- 한스-요헨 포겔, 1987-

사민당 원내대표 ·

- 헤르베르트 붸너, 1969-1983
- 한스-요헨 포겔, 1983-

동독공산당 서기 ·

- 발터 울브리히트, 1953-71
- 에리히 호네커, 1971-

1) 1차 문헌

인터뷰

Baring, Arnulf. Professor, Freie Universität Berlin. Interview, Berlin, 15 February 1984.

Bergsdorff, Wolfgang. Staff, Bundespresse- und Informationsamt, Interview, Bonn, 1 February 1984.

Cramer, Dettmar. Editor, Radio-RIAS. Interview, Berlin, 14 February 1984.

Dexheimer, Wolfgang. Staff, Bundestag. Interview, Bonn, 16 March 1984.

Dobiey, Burckhardt. Staff, Bundestag Member. Interview, Bonn, 30 January 1984.

Görtemaker, Manfred. Instructor, Freie Universität Berlin. Interview, Berlin, 15 February 1984.

Hindrichs, Günther. Staff Director, Bundestag, Innerdeutsche Ausschuss. Interview, Bonn, 2 April 1984.

Hupka, Herbert. Member, Bundestag, CDU. Interview, Bonn, 25 June 1984.

Huyn, Hans Graf Huyn. Member, Bundestag, CSU. Interview, Bonn, 16 March 1984.

Kaack, Hans-Jürgen. Staff, Bundestag, Innerdeutsche Ausschuss. Interview, Bonn, 22 March 1984.

Kaltefleiter, Werner. Professor, Universität Kiel. Interview, Boston, 1982.

Kiep, Walther Leisler. Treasurer, CDU. Interview, Bonn-Plittersdorf, 15 June 1984.

Klein, Hans. Member, Bundestag, CSU. Interview, Bonn, 20 February 1984.

Kupper, Siegfried. Staff, Gesamtdeutsches Institut. Interview, Bonn, 19 January 1984.

Lintner, Eduard. Member, Bundestag, CSU. Interview, Bonn, 19 March 1984.

Marx, Werner. Member, Bundestag, CDU. Interview, Bonn, 20 June 1984.

Merkel, Hans. Staff, Bundestag, Interview, Bonn, March 1984.

Mertes, Alois. State Minister, Auswärtiges Amt. Interview, Bonn, 13 June 1984.

Niclauss, Karl-Heinz. Instructor, Universität Bonn. Interview, Bonn, 22 February 1984.

Pfeiler, Wolfgang. Researcher, Konrad Adenauer Stiftung. Interview, Sankt Augustin, January 1984.

Pflüger, Friedbert. Staff, Governing Mayor of Berlin. Interview, Berlin, 15 February 1984.

Plate, Bernard von. Researcher, Stiftung Wissenschaft und Politik. Interview, Ebenhausen, 10 April 1984.

Pond, Elizabeth. Correspondent, Christian Science Monitor. Interview, Bonn, 2 March 1984.

Royen, Christoph. Researcher, Stiftung Wissenschaft und Politik. Interview, Ebenhausen, 10 April 1984.

Rüddenklau, Harald. Staff, Deutsche Gesellschaft für Auswärtige Politik. Interview, Bonn, 10 January 1984.

Rummel, Rheinhardt. Researcher, Stiftung Wissenschaft und Politik. Interview, Ebenhausen, 10 April 1984.

Rupprecht, Wilfried. Staff, FDP, Fraktion. Interview, Bonn, 8 March 1984.

Schäfer, Norbert. Staff, Bundespresse- und Informationsamt. Interview,

Bonn, 2 April 1984.
Schmid, Günther. Professor, Universität München. Interview, Munich, 12 April 1984.
Schmidt, Dieter. Staff, Hanns-Seidel Stiftung. Interview. Munich, 11 April 1984.
Schönbohm, Wolf. Staff, CDU. Interview, Bonn, 2 April 1984.
Schwarz, Hans-Peter. Professor, Universität Köln. Interview, Cologne. 9 February 1984.
Sontheimer, Kurt. Professor, Universität München. Interview, Munich, 10 April 1984.
Veen, Hans-Joachim, Director, Social Science Research Institute, Konrad Adenauer Stiftung. Interview, Sankt Augustin, 17 May 1984.
Wrangel, Olaf von. Director, Norddeutsche Rundfunk. Interview, Hamburg, July 1984.

문서

정부 문서

FRG. Bundesminister für innerdeutsche Beziehungen. *Auskünfte zur Deutschlandpolitik*. 1983.
FRG. Bundesministerium für innerdeutsche Beziehungen. *Erfolgreiche Bilanz der Deutschlandpolitik 1987: Erklärung von Dorothee Wilms*. 1988.
FRG. *Bundesminister für innerdeutsche Beziehungen Texte zur Deutschlandpolitik*. Melsungen: A. Bernecker, series 1, 1968-73, series 2, 1975-83.
FRG. Deutscher Bundestag. *Verhandlungen des deutschen Bundestages, Stenographischer Bericht*. 8. Wahlperiode (1976-80); 9. Wahlperiode (1980-83).
FRG. Presse- und Informationsamt der Bundesregierung. *Bulletin*.
FRG. Presse- und Informationsamt der Bundesregierung. *Facts and Figures: A Comparative Study of the Federal Republic of Germany*

and the German Democratic Republic. Bonn: Presse- und Informationsamt. 1981.

FRG. Bundeszentrale für Politische Bildung. *Kontrovers: Die Ostpolitik der Bundesrepublik Deutschland 1966-1973.* 1982.

기민/기사당 문서

CDU. Deutschland Union Dienst (1969-82).

CDU. *Grundsatzprogramm der Christlichen Demokratischen* Union *Deutschlands* (1978).

CDU. "Der sowjetische Überfall auf Afghanistan - die Konsequenzen für die freie Welt." Helmut Kohl, Franz Josef Strauss. Speeches to the Bundestag. (1980).

CDU. "Die deutsche Einheit bleibt unser Auftrag. Reden vor dem Deutschen Bundestag, 17. Juni 1980. Helmut Kohl, Richard von Weizsäcker." Speeches to the Bundestag (1980).

CDU. "Freiheit durch Sicherheit: Sicherheitspolitischer Kongress der CDU am 11. und 12. Januar 1980 in Bonn." Speeches at security policy conference. (1980).

CDU. *Protokoll: 23. Bundesparteitag der Christlichen Demokratischen Union Deutschlands, Niederschrift,* Mannheim, 23-25 June 1975.

CDU. *Protokoll: 26. Bundesparteitag der Christlichen Demokratischen Union Deutschlands, Niederschrift,* Ludwigshafen, 23-25 October 1978.

CDU. *Protokoll: 27. Bundesparteitag der Christlichen Demokratischen Union Deutschlands, Niederschrift,* Kiel, 25-27 March 1979.

CDU. *Protokoll: 28. Bundesparteitag der Christlichen Demokratischen Union Deutschlands, Niederschrift,* Berlin, 19-20 May 1980.

CDU. *Protokoll: 30. Bundesparteitag der Christlichen Demokratischen Union Deutschlands, Niederschrift,* Hamburg, 2-5 November 1981.

CDU. *Union in Deutschland,* 8, 29. *Bundesparteitag der CDU,* Mannheim. 9-10 March 1981.

CDU. *Union in Deutschland* 27, "Das versteht die Union unter Entspannung." 1976.

CDU/CSU. Fraktion, press releases.

CSU. *Information zur Deutschlandpolitik, vol. 6, Anspruch und Wirklichkeit*, Dokumente der Konferenz für Sicherheit und Zusammenarbeit in Europa (KSZE), Gerhard Baumann (1976).

CSU. *Information zur Deutschlandpolitik*, vol. 8, *Freiheit und Recht für Deutschland und Europa*, Dokumentation zum deutschland-politischen Kongress der CDU/CSU, Ingolstadt, 28-29 November 1975.

CSU. Landesgruppe, Correspondenz (press releases).

CSU. Landesgruppe. Deutschlandpolitische Grundsatzpapier: Sonderdruck zum 17. Juni (1978).

Exil-CDU. *An der Einheit Festhalten. Parteitag und Deutschland-Tagung der Exil-CDU*, Fulda, 1981.

Exil-CDU. *Europa und die deutsche Frage. Deutschland-Tagung der Exil-CDU*, Lübeck-Travemuende, 2-4 March 1979.

Exil-CDU. *Ringen um Deutschland. Feststellungen und Forderungen des XII, Exil-Parteitages der Christlich Demokratischen Union der sowjetischen Besatzungszone*, Lübeck, 1-3 July 1972.

문서/연설/기타

Deutschland Funk, "Interview der Woche im Deutschland Funk." 11 January 1970.

Deutschland nach den Verträgen. 19th Gesamtdeutsch session of the Coburg Convent and the German Sängerschaft. Berlin, 1974.

Infas. *Infas-Report: Wahlen, Bundestagswahl 1980.*

Jenninger, Philipp. "Eine Deutsche Bilanz." Speech cited in FRG, Bundespresse- und Informationsamt, *Bulletin* 83-84. 15 February 1984.

Kindler, Johannes. "The Inter-Relationship between 'Deutschlandpolitik' and the Policies of the European Communities (EC) - the Economic Dimension." Speech at the Konrad Adenauer Stiftung Conference, San Francisco. 17-18 November 1986.

Kohl, Helmut. "Politik der Verständigung im Interesse des Friedens." Speech cited in FRG, Presse-und Informationsamt der Bundesregierung 99. 4 September 1984.

Lintner, Eduard. "Zur Lage der amerikanischen-sowjetischen Beziehungen: Rückwirkung auf das innerdeutsche Verhältnis." Speech at the Konrad Adenauer Stiftung Conference, San Francisco. 17-18 November 1986.

Radio Free Europe. Research Reports.

SPD. Fraktion. *Informationen* (press releases).

SPD. Fraktion. Sicherheitspolitische Informationstagung der SPD Bundestags Fraktion. Augsburg. 17 September 1978.

SPD. Parteivorstand. *Service: Presse, Funk, TV* (press releases).

Windelen, Heinrich. "Grundfragen der Deutschlandpolitik der Bundesregierung." Speech cited in FRG, Bundespresse- und Informationsamt, Bulletin 15. 8 February 1984.

신문, 잡지

Augsburger Allgemeine Zeitung

Bayernkurier (BK)

Berliner Rundschau

Bonner General-Anzeiger

Boston Globe

Capital

Deutsche Allgemeine Sonntagsblatt (DAS)

Deutsche Zeitung/Christ und Welt (DZ/CW)

Deutschland Union Dienst (DUD)

Economist

Financial Times (FT)

Frankfurter Allgemeine Zeitung (FAZ)

Frankfurter Neue Presse

Frankfurter Rundschau

German Tribune
Handelsblatt (HB)
Hannoversche Allgemeine Zeitung (HAZ)
Kölner Stadt-Anzeiger
Kölnische Rundschau
Mannheimer Morgen
Münchner Merkur
Neue Zürcher Zeitung (NZZ)
Neueste Badische Zeitung
New York Times (NYT)
Newsweek
Nürnberger Nachrichten
Quick
Der Spiegel (DS)
Stern
Stuttgarter Nachrichten
Stuttgarter Zeitung
Süddeutsche Zeitung (SdZ)
Der Tagesspiegel
Texte zur Deutschlandpolitik (TzDp)
Times (London)
Vorwärts
Washington Post
Washington Quarterly
Die Welt (DW)
Welt am Sonntag
Westdeutsche Allgemeine Zeitung
Die Zeit (DZ)
Zycie Warszway

2) 2차 문헌

서적

일반 서적

Baring, Arnulf. *Im Anfang war Adenauer: Die Entstehung der Kanzlerdemokratie*. Munich: Deutscher Taschenbuch Verlag, 1982.

_______. *Machtwechsel: Die Ära Brandt-Scheel*. Stuttgart: Deutsche Verlags-Anstalt, 1982.

Besson, Waldemar. *Die Aussenpolitik der Bundesrepublik: Erfahrungen und Massstäbe*. Frankfurt: Ullstein, 1970.

Beyme, Klaus von. "Gewerkschaftliche Politik: Reform aus Solidarität." In *Zum 60. Geburtstag von Heinz O. Vetter*, edited by Ulrich Borsdorff, Hans O. Hemmer, Gerhard Leminsky, and Heinz Markmann, 597-613. Cologne: Bund Verlag, 1977.

Blechman, Barry, and Cathleen Fisher, eds. *The Silent Partner: West Germany and Arms Control*. Cambridge, Mass.: Ballinger, 1988.

Burzig, Arno. "Ostpolitik und Osthandel: Das Zusammenwirken von Regierung und Wirtschaftsverbänden in der Ost-West Wirtschaftspolitik." In *Verwaltete Aussenpolitik: Sicherheits- und Entspannungspolitische Entscheidungsprozesse in Bonn*, edited by Helga Haftendorn, Wolf-Dieter Karl, Joachim Krauss, and Lothar Wilkar, 225-40. Cologne: Verlag Wissenschaft und Politik, 1978.

Brzezinski, Zbigniew. *Power and Principles: Memoirs of the National Security Advisor*. New York: Farrar, Straus & Giroux, 1983.

Carter, Jimmy. *Keeping the Faith: Memoirs of a President*. Toronto: Bantam, 1982.

Catudal, Honoré M. *The Diplomacy of the Quadripartite Agreement on Berlin: A New Era in East-West Politics*. Berlin: Berlin Verlag, 1978.

Cerny, Karl. *Germany at the Polls: The Bundestag Elections of 1976.* Washington, D.C.: The American Enterprise Institute, 1978.

Conradt, David. *The German Polity.* New York: Longman, 1986.

DePorte, Anton. *Europe between the Superpowers: The Enduring Balance.* New Haven, Conn.: Yale University Press, 1979.

Eisner, Erich. *Das europäische Konzept von Franz Josef Strauss. Die gesamteuropäischen Ordungsvorstellungen der CSU.* Meisenheim am Glan: Verlag Anton Hain, 1975.

Griffith, William. *The Ostpolitik of the Federal Republic of Germany.* Cambridge: MIT Press, 1978.

Hacke, Christian. "Parlamentarische Opposition und Entspannungspolitik-Die Position der CDU/CSU zur KSZE." In Verwaltete Aussenpolitik, 263-78.

_______. *Die Ost- und Deutschlandpolitik der CDU/CSU: Wege und Irrwege der Opposition seit 1969.* Cologne: Verlag Wissenschaft und Politik, 1975.

Haig, Alexander. *Caveat: Realism, Reagan, and Foreign Policy.* New York: Macmillan, 1984.

Haftendorn, Helga. *Abrüstungs- und Entspannungpolitik zwischen Sicherheitsbefriedigung und Friedensicherung. Zur Aussenpolitik der BRD 1955-1973.* Düsseldorf: Bertelsmann, 1974.

Hanrieder, Wolfram. "Compatibility and Consensus: A Proposal for the Conceptual Linkage of External and Internal Dimensions of Foreign Policy." In *Comparative Foreign Policy: Theoretical Essays*, edited by Wolfram Hanrieder, 242-64. New York: David Mckay, 1971.

Heidenheimer, Arnold. Adenauer and the CDU: *The Rise of the Leader and the Integration of the Party.* The Hague: Nijhof, 1960.

Irving, R. E. M. *The Christian Democratic Parties of Western Europe.* London: Allen and Unwin, 1979.

Joffe, Josef. *The Limited Partnership: Europe, the United States and the Burdens of Alliance.* Cambridge, Mass.: Ballinger, 1987.

Joop, Mathias. "Embargo oder Business? Der Osthandel der Bundesrepublik Deutschland und die deutsch-amerikanischen Beziehungen." In *Europa zwischen Konfrontation und Kooperation: Entspannung für die achtziger Jahre*, edited by Peter Schlotter, 193-220. Frankfurt: Campus Verlag, 1982.

Kaiser, Karl. *German Foreign Policy in Transition: Bonn between East and West*. London: Oxford University Press, 1968.

Kelleher, Catherine McArdle. *Germany and the Politics of Nuclear Weapons*. New York: Columbia University Press, 1975.

Kissinger, Henry. *The Troubled Partnership*. New York: McGraw-Hill, 1965.

_______. *White House Years*. Boston: Little, Brown, 1979.

_______. *Years of Upheaval*. Boston: Little, Brown, 1982.

Kreile, Michael. *Osthandel und Ostpolitik*. Baden-Baden: Nomos Verlag, 1978.

Ludz, Peter. "Ostpolitik and the Present State and Future Course of Inner German Contacts." In *The Political Implications of Soviet Military Power*, edited by Lawrence Whetten, 65-80. London: Macdonald and Jane's, 1977.

Löwenthal, Richard. *Vom kalten Krieg zur Ostpolitik*. Stuttgart: Seewald Verlag, 1974.

Mintzel, Alf. Die CSU: *Anatomie einer konservativen Partei, 1945-1972*. Opladen: Westdeutscher Verlag, 1975.

_______. "Conservatism and Christian Democracy in the Federal Republic of Germany." In Conservative Politics in *Western Europe*, edited by Zig-Layton Henry, 131-59. London: MacMillan, 1982.

_______. "Die CSU in Bayern." In *Parteiensystem in der Legitimationskrise: Studien und Materialien zur Soziologie der Parteien in der Bundesrepublik Deutschland*, edited by Jürgen Dittberner and Rolf Ebbighausen, 349-426. Opladen: Westdeutscher Verlag, 1973.

Moreton, Edwina, ed. *Germany between East and West*. Cambridge, England: Cambridge University Press, 1987.

Niclauss, Karlheinz. *Kontroverse Deutschlandpolitik: Die Politische Auseinandersetzung in der Bundesrepublik Deutschland über den Grundlagenvertrag mit der DDR*. Dokumente zur Deutschlandpolitik. Beihefte, Band 3. FRG, Bundesministerium für Innerdeutsche Beziehungen. Frankfurt: Alfred Metzner Verlag, 1977.

Noelle-Neumann, Elisabeth, and Edgar Piel. *Allensbacher Jahrbuch der Demoskopie 1978-1983*. Munich: Saur, 1983.

Patz, Günther. *Parlamentarische Kontrolle der Aussenpolitik: Fallstudien zur politischen Bedeutung des Auswärtigen Ausschusses des Deutschen Bundestages*. Studien zum politischen System der Bundesrepublik Deutschland, no. 7. Edited by Heino Kaack. Meisenheim am Glan: Anton Hain, 1976.

Pridham, Geoffrey. *Christian Democracy in Western Germany: The CDU/CSU in Government and Opposition*. New York: St. Martin's Press, 1977.

Rhöndorfer Gespräche. *Entspannung und Wiedervereinigung: Deutschlandpolitische Vorstellungen Konrad Adenauers 1955-1958*. Stuttgart: Belser Verlag, 1979.

Ropers, Norbert. "Zwischen Wiedervereinigung, Abgrenzung und Entspannung: Der innerdeutsche Reiseverkehr und die Politik zwischen den beiden deutschen Staaten." In *Europa zwischen Konfrontation und Kooperation: Entspannung für die achtziger Jahre*, edited by Peter Schlotter, 265-87. Frankfurt: Campus Verlag, 1982.

Schmid, Günther. *Entscheidung in Bonn: Die Entstehung der Ost- und Deutschlandpolitik 1969/1970*. Cologne: Verlag Wissenschaft und Politik, 1979.

Schwarz, Hans-Peter. *Adenauer: Der Aufstieg 1876-1952*. Stuttgart: Deutsche Verlags-Anstalt, 1986.

_______. "Das aussenpolitische Konzept Konrad Adenauers." In *Adenauer Studien- I*, edited by Rudolf Morsey and Konrad Repgen, 71-108. Kommission für Zeitgeschichte bei der katholischen Akademie in Bayern, ser. B, vol. 10. Mainz: Matthias Grünewald Verlag, 1971.

_______. "Adenauer und Russland." In *Im Dienste Deutschland und des Rechtes: Festschrift für Wilhelm Grewe zum 70. Geburtstag am 16. Oktober 1981*, edited by Friedrich J. Kroneck and Thomas Oppermann, 365-89. Baden-Baden: Nomos Verlag, 1981.

Schweigler, Gebhard. *West German Foreign Policy: The Domestic Context*. The Washington Papers, vol. 12, no. 106. New York: Praeger, 1984.

Seeligen, Rolf, ed. *Koalition auf Entspannungskurs: Beiträge zur Abrüstungspolitik mit einer Dokumentation*. Munich: Rolf Seeligen, 1979.

Stent, Angela. *From Embargo to Ostpolitik: The Political Economy of West German-Soviet Relations 1955-1980*. New York: Cambridge University Press, 1981.

Tilford, Roger, ed. *The Ostpolitik and Political Change in Germany*. Westmead, England: Saxon House, 1975.

Veen, Hans-Joachim. *Opposition im Bundestag: Ihre Funktionen, institutionellen Handlungsbedingungen und das Verhalten der CDU/CSU Fraktion in der 6. Wahlperiode 1969-1972*. Bonn: Eichholz Verlag, 1976.

Whetten, Lawrence, ed. *The Political Implications of Soviet Military Power*. London: Macdonald and Jane's, 1977.

기민/기사당 서적

Adenauer, Konrad. *Erinnerungen*, 4 vols. Stuttgart: Deutsche Verlags-Anstalt, 1965-68.

Amrehn, Franz. "Berlin: Schlüssel zur Vorherrschaft." In *Ostpolitik in Kreuzfeuer*, edited by Hans Graf Huyn, 122-43. Stuttgart:

Seewald Verlag, 1971.

Barzel, Rainer. *Auf dem Drahtseil*. Munich: Drümer Knaur, 1978.

________. *Im Streit und umstritten*. Frankfurt: Ullstein, 1986.

Beidenkopf, Kurt. *Fortschritt in Freiheit: Umrisse einer politischen Strategie*. Munich: Piper Verlag, 1974.

Birrenbach, Kurt. *Meine Sondermissionen: Rückblick auf zwei Jahrzehnte bundesdeutscher Aussenpolitik*. Düsseldorf: Econ Verlag, 1984.

Brentano, Heinrich von. *Deutschland, Europa and die Welt: Reden zur Deutschen Aussenpolitik*, edited by Professor Dr. Franz Bchm. Bonn: Siegler, 1962.

Dregger, Alfred. *Freiheit in unserer Zeit: Reden und Aufsätze*, edited by Günter Reichart. Munich: Herbig, 1980.

Gradl, Johann Baptist. *Stets auf der Suche: Reden, Äusserungen und Aufsätze zur Deutschlandpolitik*, edited by Christian Hacke. Cologne: Verlag Wissenschaft und Politik, 1979.

Guttenberg, Karl-Theodor Freiherr zu. *Die Neue Ostpolitik: Wege und Irrwege*. Osnabrück: A. Fromm, 1971.

Kiep, Walther Leisler. *A New Challenge for Western Europe: A View from Bonn*. New York: Mason and Lipscomb, 1974.

Kohl, Helmut. *Zwischen Ideologie und Pragmatismus: Aspekte und Ansichten zu Grundfragen der Politik*. Stuttgart: Verlag Bonn Aktuell, 1973.

Mertes, Alois. "Die Union und Polen." In *Union Alternativ*, edited by Gerhard Mayor-Vorfelder and Hubertus Zuber, 113-19. Stuttgart: Seewald Verlag, 1976.

Rollman, Dietrich, ed. *Die CDU in der Opposition: Eine Selbstdarstellung*. Hamburg: Christian Wegner, 1970.

Strauss, Franz Josef. *The Grand Design: A European Solution to German Reunification*. London: Weidenfeld and Nicolson, 1965.

Weizsäcker, Richard Von. "Deutsche Ost- und Westpolitik." In *Die CDU in der Opposition: Eine Selbstdarstellung*, edited by Dietrich Rollman, 35-46. Homburg: Christian Wegner, 1970.

저널/기사

일반 저널

Bender, Peter. "Deutsch-Polnische Beziehungen-Ein Stück Gesamteuropa." *Deutschland Archiv* 11 (December 1978): 1280-83.

Buchheim, Hans. "Freiheit als Staatsprinzip: Die Deutschlandfrage und die Ostpolitik." *Die Politische Meinung* 17 (March/April 1972): 5-20.

Cramer, Dettmar. "Die deutsche Frage bleibt offen." *Europäische Rundschau* 7 (1979): 27-35.

_______. "Kommentare und aktuelle Beiträge." *Deutschland Archiv* 6 (1981): 562-63.

_______. "Kommentare und aktuelle Beiträge." *Deutschland Archiv* 14 (June 1981): 562-63.

Hacke, Christian. "Soll und Haben des Grundlagenvertrages." *Deutschland Archiv* 15 (December 1982): 1282-1304.

Hahn, Walter. "West Germany's Ostpolitik: The Grand Design of Egon Bahr." *Orbis* 16 (Winter 1973): 859-80.

Hassner, Pierre. "Europe: Old Conflicts, New Rules." *Orbis* 17 (Fall 1973): 895-911.

Joffe, Josef. "Westverträge, Ostverträge und die Kontinuität der deutschen Aussenpolitik." *Europa Archiv* 4 (1973): 11-24.

Noelle-Neumann, Elisabeth. "In West Germany, Conservative Mood Isn't Helping the Conservative Candidate." *Public Opinion* (August/September 1980): 41-45.

Pridham, Geoffrey. "The CDU/CSU Opposition in West Germany 1969-1972: A Party in Search of an Organization." *Parliamentary Affairs* 26 (Spring 1973): 201-17.

Schwarz, Hans-Peter. "What Is Wrong with US-West German Relations?" *SAIS-Review* (Spring 1982): 53-70.

Wagner, Wolfgang. "Ein Modus Vivendi für Deutschland." *Europa Archiv* 1 (1973): 1-6.

Wallach, John. "What Europe's Leaders Are Saying." *Washington Quarterly* 5 (Winter 1982) : 33-46.

Wegener, Henning. "Deutschland in der Welt." *Aus Politik und Zeitgeschichte* (17 February 1979) : 45-48.

Yost, David. S., and Glad, Thomas C. "West German Party Politics and Theater Nuclear Modernization Since 1977." *Armed Forces and Society* (Summer 1982) : 525-60.

기민/기사당 저널

Gradl, Johann Baptist. "Ausgangsposition, nicht Endstation: Deutschlandpolitik auf der Grundlage der Verträge." *Politik und Kultur* 1 (January/February 1974) : 13-23.

_______. "Deutschlandpolitik-permanente Herausforderung." *Deutschland Archiv* 10 (1977) : 252-57.

_______. "Nation auf dem Prüfstand." *Politik und Kultur* 4 (May/June 1977) : 23-30.

Lummer, Heinrich. "Die Vorteile des Ostens aus Handel und Verträgen." *Politik und Kultur* 4 (March/April 1977) : 37-50.

Mertes, Alois. "Wie offen ist die deutsche Frage?" *Politik und Kultur* 9 (July/August 1982) : 3-21.

_______. "Wie relevant ist die deutsche Frage?" *Politik und Kultur* 7 (March/April 1980) : 17-30.

_______. "Neue Wind aus Washington: die deutsche Aussenpolitik unter der Ägide Reagan." *Die Politische Meinung* 26 (May/June 1981) : 14-21.

_______. "Hinter Honeckers Forderungen steht Moskau." *Deutschland Archiv* 14 (1981) : 374-77.

Rühle, Hans. "German Security Policy: Position, Problems, Prospects." *International Security Review* 5 (Summer 1980) : 194

Strauss, Franz Josef. "Manifesto of a German Atlanticist." Strategic *Review* 10 (Summer 1982) : 11-15.

Weizsäcker, Richard Freiherr von. "Deutsche Frage im internationalen

Zusammenhang." *Politik und Kultur* 4 (May/June 1977): 11-30.

Wrangel, Olaf von. "Verpflichtungen der Bundesrepublik Deutschland." *Politik und Kultur* 1 (January/February 1974): 31-36.

사민당 저널

Bruns, Wilhelm. "Polemik statt Politik: Die CDU tut sich mit Deutschland schwer." *Die Neue Gesellschaft* 25 (December 1978): 980-83.

Mosdorf, Siegmar. "CDU-Ludwigshafen war kein Godesberg." *Die Neue Gesellschaft* 26 (March 1979): 203-7.

Prauss, Herbert. "CDU/CSU Aussenpolitik-nichts dazugelernt." *Die Neue Gesellschaft* 25 (May 1978): 402-6.

Wehner, Herbert. "'Deutschland' statt Politik." *Die Neue Gesellschaft* 24(April 1977): 268-71.

3) 기타 자료

논문

Pauly, Wolfgang. "Christliche Demokraten und Christlich Soziale: Untersuchung zum innenpolitischen Bündnisverhalten von CDU und CSU, 1969-1979." Ph.D. dissertation, University of Trier, 1981.

Smith, David Brent. "The Opposition to Ostpolitik: Foreign Policy as an Issue in West Germain Politics, 1969-72." Ph.D. dissertation, Harvard University, 1977.

찾아보기
(용 어)

ㄱ~ㄹ

ㅁ～ㅇ

ㅈ～ㅎ

찾아보기
(인 명)

ㄱ~ㄹ

ㅅ~ㅈ

ㅊ~ㅎ

권 영 세 (權寧世)

▪ 학 력

배재고등학교 卒

서울대학교 법과대학 법학과 卒

서울대학교 대학원 법학과 卒(법학 석사)

하버드대 케네디스쿨 卒(행정학 석사)

▪ 경 력

前) 법무부, 대검찰청 검사

前) 독일연방 법무부 파견 검사

現) 제16, 17, 18대 국회의원(한나라당, 영등포乙)

前) 국회 외교통상통일위원회 위원

現) 국회 정보위원회 위원장

現) 국회 기획재정위원회 위원

現) 국회 한독의원친선협회 회장

前) 한나라당 최고위원, 사무총장, 서울시당위원장

▪ 저 서

《통일 독일·동구제국의 몰수재산 처리》(공저, 1994 법무부)